U0685956

【北京社科名家文库】

不息集

BEIJING SHEKE MINGJIA WENKU

瞿林东自选集

瞿林东◎著

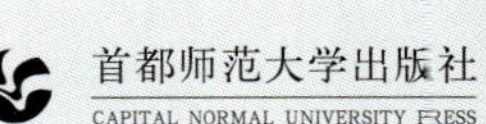

图书在版编目(CIP)数据

不息集 : 瞿林东自选集 / 瞿林东著. -- 北京 : 首都师范大学出版社, 2025. 5. --(北京社科名家文库).

ISBN 978-7-5656-8826-3

Ⅰ. K092-53

中国国家版本馆 CIP 数据核字第 202583DB49 号

北京社科名家文库

BUXI JI

不息集

瞿林东自选集

瞿林东 著

项目统筹:杨林玉　　责任编辑:钱　浩

责任设计:周奕婷　　封面绘画:申展桥

责任校对:李佳阳　　责任印制:李　然

首都师范大学出版社出版发行

地　址　北京西三环北路 105 号

邮　编　100048

电　话　68418523(总编室)　68982468(发行部)

网　址　http://cnupn.cnu.edu.cn

印　刷　北京印刷集团有限责任公司

经　销　全国新华书店

版　次　2025 年 5 月第 1 版

印　次　2025 年 5 月第 1 次印刷

开　本　710mm×1 000mm　1/16

印　张　32.5　　插页　2

字　数　350 千

定　价　95.00 元

《北京社科名家文库》编委会

出版说明

1978年，中国改革开放的元年。自那一年开始，中国已经走过了波澜壮阔的30年。这是伟大的30年，是改变中国的30年，是震惊世界的30年，也是哲学社会科学蓬勃发展的30年。

在哲学社会科学这30年的辉煌成就里，浸透着为新中国哲学社会科学奠基的老一辈专家呕心沥血的求索，也镌刻着寻着他们足迹的后来者追求真理的步伐。“学之大者，国之重器”。我们有责任将这些“大者”潜心研究的成果，重新编辑出版以飨读者。为此，北京市社会科学界联合会和首都师范大学出版社将这一套“北京社科名家文库”奉献给读者。她以自选集的体例形式，每年推出一批，争取在几年内达到百种以上。“北京社科名家文库”将系统展示当代哲学社会科学名家学者30年来的学思精华，展示他们的学术探索历程和风采。同时，为使这套“北京社科名家文库”更加丰富，编委会决定在首都师范大学出版社已出版的“当代著名学者自选集”中挑选符合体例的图书，编辑成“北京社科名家文库·纪念辑”，这将更完整地反映北京学人在学术风范和学术使命上的历史延续。

我们相信，“北京社科名家文库”将能够成为具有文化传承价值的经典性大型出版工程，成为集中展示首都哲学社会科学重要成果的一个窗口。由于我们水平所限，定有不足之处，希望读者和同仁给予批评指正。

编　委　会

2009年11月

瞿林东先生

目录

北京社科
名家文库

北京社科
名家文库

学术自述

一

1937 年 12 月，我出生在安徽省肥东县巢湖之滨的一个农村里。幼时因家贫未能读书，跟随母亲做一些简单的家务和农活。十岁时，在乡村私塾念了几个月书，并学习写大楷、小楷。这几个月的私塾对我是很宝贵的，一则是我开始接触了书本，再则是我感受到读书是多么重要。不久，我又辍学了。1950 年初，家乡实行土地改革，我们家里也分得了土地，成立了互助组。就在这时，我离开家乡到南京求学。

在南京，我寄居在叔父家中。因得到邻居家一个正在读小学四年级的小孩的热心帮助，经过一个夏天的努力，这年秋天，我插班考入了白下区游府西街小学四年级，从而开始了我的正规的读书生活。三年小学时期，我读了不少小说，尤其是苏联小说读得最多，所以曾经梦想将来也当一个作家。

1953 年 9 月，我考入南京市第一中学，并于 1956 年 7 月初中毕业时被保送进入本校高中。这样，我在南京一中度过了六年中学时代。在中学，我依然酷爱文学，希望将来从事文学创作。高中时，教我们文学课(当时，我正赶上语言、文学分科的实验时期，故有文学课）的老师朱希平老先生，讲课很认真，很投入，对学生有很大的吸引力。有一次，他出了一道作文题：《孔雀东南飞》读后有感。后来，他在我的作文上写了这样的批语："分析深刻，语言流畅，可另纸抄写，向报刊投稿。"我没有按照他的要求去做，但却从中受到了很大的鼓励，似乎自己将来真的可以去做一个文学创作者了。高中毕业前一年，同学们偏科的现象非常突出，文科课程越来越不受重视了。在这种情况下，我有两次在历史课的小测验中得了5分，引起了老师的注意。于是，在填报高考志愿书的时候，我写上了历史专业，而把新闻专业反倒填到历史专业的后面去了。

1959年9月，我进入北京师范大学历史系本科学习。从我们这一届起，历史专业由四年制改为五年制。五年中，除学习了必修的基础课，还学习了一些选修课程。在基础课中，我偏好"中国古代史""中国史学史"；在选修课中，我选了"先秦史"和"《三国志》研读"。这对我后来的教学和治学，都有极大的影响。我偏好中国古代史课程，这同我小学、初中阶段读了一些古典小说，高中时又读了一些其他的古典文学作品有关。中国史学史课程是白寿彝先生讲授。这是一门新课，白先生又讲得有理论色彩，所以对我很有吸引力。赵光贤先生开设的"先秦史"、何兹全先生开设的"《三国志》研读"两门课，都同中国古代史相关联，我自然不愿意错过学习的机会。在五年的本科学习中，我从许多老师那里得到教益，有些教益可以说是终身受用的；其中，尤其是白寿彝先生、赵光贤先生、何兹全先生给予我的教益最多。白先生后来是指导我读研究生的导师，对我的影响最大。赵先生指导我的学年论文、毕业论文《论春秋时期各族的融合》，在如何搜集和运用文献资料方面，给予我不少教益。这篇论文是1964年写成的，而经历了十七年之后得以在杂志上发表，是赵先生和我都不曾想到的。当我把载有这篇论文的杂志送给赵先生时，他的高兴和感慨，给我留下了深刻的印象。1963年，我听何先生讲“《三国志》研读”这门课时，随手在书上记下何先生讲的一些论点。这部中华书局点校本《三国志》一直留在我的身边。1985年，在治学中偶有所感，就凭借当年在书上所记下的那些论点，写了一篇文章《怎样讲授史学名著——记何兹全先生讲〈三国志〉》，发表在《河南大学学报》上。我写此文的本意，是想借着介绍何先生讲《三国志》，说明历史专业学生研读史学名著的重要。后来我得知，史学界有两三位朋友，在读到这篇文章后，也开设了“《三国志》研读”这门课。对此，我自然感到欣慰。三十多年过去了，如今，我仍然可以时时得到这几位年事已高的老师的教诲，我想这也是人生的一大幸事。

二

经过大学本科五年的学习，我已经不再想着去做一个文学创作者了，而是一心一意准备做一个史学工作者。1963年10月，国家计委下达文件，鼓励应届本科毕业生报考研究生。经过反复考虑，我报考了白寿彝先生为导师的中国史学史专业研究生。

那时报考研究生要考六门课程，其中有语文一门。而语文中除语文知识外，主要是写出一篇作文。我还清楚地记得有两个作文题任选其中之一：一个题目是“科学工作者为什么要重视语言修养”，一个题目是“展望我国的科学(可结合报考的专业论述)”。我们同班和我一齐报考中国史学史专业的一位同学选择了前者，而我选择了后者。我的题目是《展望我国的科学——谈中国史学史学科的兴起》，记得当时所写的内容，大意是说中国史学素来发达，而中国史学史的研究则相对滞后，1961年以来关于史学史研究对象、任务的讨论，预示着中国史学史学科的兴起，这对于我们研究、认识中国史学遗产有重要意义。后来，白先生曾对我说，我的那位同班同学的作文和我的作文，在本考区内都获得了高分，我当然把它看作一个激励。我想，这或许就是我走上中国史学史研究道路的一个思想准备吧。

1964年9月，我开始了攻读研究生的学习阶段。在白先生的指导下，我的第一门课程是“毛泽东同志关于批判继承历史遗产的理论”。在反复研读毛泽东同志的有关论述的基础上，展开讨论，共同切磋，然后写出小结性的论文。至今回想起来，这一门课对我有很大的帮助，主要在三个方面提高了认识：一是对中国拥有优秀的历史文化遗产应有足够的认识，在批判继承的基础上建设中华民族的新文化；二是要注意区分精华和糟粕，不能兼收并蓄，更不能全盘否定；三是批判继承历史文化遗产对于当前的历史运动具有重大的意义。可以说，三十多年来，我始终恪守这些原则和信念，成为我的历史观点和治学准则的根据。这个时期，我还就《史记》《汉书》的评价标准问题进行了探索，着重思考了《史记》《汉书》比较研究的方法论问题，认为应当把历史观的比较及评价与编纂学的比较及评价加以区别，既不应混为一谈，也不应相提并论。这篇习作送交白先生指正。后来文章虽然没有发表，但我通过对这个问题的思考，在理论上还是有收获的，因而留下很深的印象。二十年后，当白先生把它交还给我时，我看着发黄的稿纸，回忆当年的情景，尤其是经历这么多年它在白先生那里被保存下来，真是感慨万千！

1967年，研究生毕业后，我被分配到内蒙古民族师范学院（当时称通辽师范学院）工作，一干就是十三年。1980年，白先生创办了北京师范大学史学研究所。翌年，我被调回母校，在史学研究所从事研究工作和教学工作至今。

在读研究生期间，特别是1981年到史学研究所以来，在治学上，我所受到的白先生的教诲是多方面的。细想起来，最重要的有三个方面。

第一，是重视理论的指导作用。白先生非常重视以唯物史观指导研究历史，这是他近半个世纪以来的追求。在这个问题上，白先生给我极深刻的教育。他提出了这样一个论点：我们首先要坚持唯物史观的指导；同时，我们也应该在唯物史观指导下进行新的理论创造。我想，这是对马克思主义理论的很深刻的理解。这种理论上的坚定性和创新精神相结合，是对待理论指导的辩证态度，是理论上有生命力的表现。

第二，是重视发现新问题，说明新问题。白先生认为，创新的学术才有生命力。对于读书、治学、写文章，他都强调发现、提出、说明新的问题。因此，他从不固守已有的成果和见解，一旦有了新的认识，即以其补充甚至修订过去的认识，他认为这也是发展。不囿于前人的陈见，固然不容易，不囿于自身的陈见，就更不容易了。这种治学态度，总是催促着自己自我更新，不断进步，永无止境。

第三，是重视文章表述的平实和精练。他不赞成烦琐的考证，认为选用最关键的材料才是真正的功夫所在；他也不赞成猎奇和对于孤证的夸张，认为一般说来，还是要靠基本材料来说明问题。他主张力戒浮词，同时也不赞成刻板，提倡准确、凝练、明白的文风。

此外，还有一条最重要的原则，即史学工作同社会的关系。白先生始终恪守这样一个信念：史学工作者应当出其所学为社会服务，这是史学工作者的时代使命，也是史学工作者自觉地参与当前的历史运动的重要途径。

总之，不论是治学还是做人，我从寿彝先生那里所得到的教益是深刻的，难忘的。虽然我自己做得很不够，但我始终非常珍惜这些教益。

三

我真正着手研究中国史学史，始于1977年，至今已有二十一个年头了。回顾这些年来，我在中国史学史这个领域中所做的研究，大致经历了这样几个认识过程和发展阶段：

（一）从研究断代史学入手，以取得一个研究上的立足点

中国史学史是一门内容非常丰富的专史，需要接触许多原始文献，而一个人的能力、精力都是有限的。为了避免浅尝辄止、游离无根的弊端，我经过大约一年时间的思考和准备，下决心把研究唐代史学作为我的研究工作的出发点。我做出这种选择的原因，一是我对唐代历史有浓厚的兴趣；二是唐代史学在中国史学发展过程中出现了一系列的转折，如设馆修史、系统的史学批评著作的出现、典制体通史的问世、各种体裁通史著作的复兴和创造、历史笔记的崛起等等；三是以往关于唐代史学的研究成果甚少，大多都还是有待填补的空白。当然，因以往的研究成果少，可资参考者不多，自然给研究工作带来不少困难。但这种困难比起那种希望能够去进行开拓的激情，就是第二位的了。因此，当时我是抱着"破釜沉舟""义无反顾"的决心，开始对唐代史学进行研究的。大致经过十年的积累，我在1989年出版了《唐代史学论稿》一书。这给了我两点收获：第一，对于唐代史家群体的思想、活动、成果，对于唐代许多历史著作、史学评论的产生、内容、观点，有了一个比较系统的和全面的认识，初步把握了其中发展的脉络及其得失，以及它在承上启下中的作用。第二，对于唐代历史发展同唐代史学发展的相互关系形成了比较具体的、深刻的认识，如

唐代的政治统一局面、唐代的门阀制度、唐代中后期的藩镇割据等，如何影响到唐代史学的发展等等；又如唐初八史的修撰、关于“封建”的讨论对于在思想观念上维护国家统一所起的积极作用，《贞观政要》《通典》等政治史、制度史的问世对于当时政治生活的积极影响，民族史和域外记载的增多进一步开阔了人们的视野，加深了人们对国家和世界的认识，而谱系之学的发展则延续着人们的门阀意识、影响着当时的社会风气等等。我认为，有了这两个方面的收获，才谈得上对唐代史学有了初步的认识，才算得上在中国史学史研究领域里有了一个立足点，当然也是继续前进的出发点。

我在唐代史学研究方面的另一个成果，是出版了《杜佑评传》一书(1996)。杜佑宦海生涯六十年，以三十六年时间撰写成第一部典制体通史《通典》二百卷。这发生在安史之乱之后，绝不是偶然的。杜佑及其《通典》之所以对我有很大的吸引力，一是杜佑的明确的经世致用思想，即“所撰《通典》，实采群言，征诸人事，将施有政”，这在中国史学上是第一次；二是《通典》分九门，而以《食货》为之首，以及九门的逻辑结构，反映出他对国家政权职能的合理认识；三是杜佑的朴素进化观点的多方面表现，具有较高的历史理论价值。此书的撰写和出版，进一步加深了我对唐代史学和史学名著的认识。

(二)着意于“通”的追求，以便对中国史学史有一个比较完整的认识，这是向着研究工作的深度、广度发展的前提

中国史学史是一门专史，而对于专史的认识仅仅停留在对某一个断代的认识上是远远不够的。这是因为：不“通”，便不能纵观全局，看清脉络，揭示规律，从根本的意义上认识中国史学史；不“通”，便不能对局部作出准确的认识和恰当的评价，容易陷入以偏概全，甚至是“一叶障目，不见泰山”的误区，此乃学术研究之大忌；不“通”，难

以深入到理论层次，而缺乏理论上的综合便影响到学科建设的发展；不“通”，也不符合中国史学之“会通”的传统。基于这些认识，我是有几分自觉而着意于“通”的追求和努力，不论我事实上达到何种程度，我以为这种追求和努力是正确的。

在“通”的追求和努力方面，是很艰难的，我时时感到力不从心，一是中国史书汗牛充栋，一生当中读不了多少，这里就有选择上的难度；二是自己功力不足，对不少历史著作理解不深，难以揭示其要义。尽管如此，只要方向对头，就应坚持去做。因此，我逐步地把自己的视野拓展到唐代史学以外，并逐步地拓展到古代以外，涉及近现代。1992年，我出版了《中国史学散论》。这是一本论集，其时限上起先秦，下迄当代。其内容则有史学史方面的专论，也有从宏观上对一些理论问题的阐述。这本书的出版使我在两个方面增强了信心：一个方面是对有些理论的阐述(如中国古代史学理论发展大势、传统史学的现代价值等)受到史学界不少朋友的关注，又一个方面是“通”的追求和努力的确在不断提高自己对中国史学史的认识。在这种心情驱动下的攀登，虽然很艰苦，但总是很有兴味的。1994年，十卷本的《中华文明史》出版，其中起于先秦、迄于清末的史学史各章，是我在“通”的追求方面的又一成果。在这一撰述过程中，我力图把史学同时代的关系和史学自身发展的特点结合起来，既反映出史学史发展的总的脉络，又显示其各个发展阶段上的独特面貌。比如，我从魏晋南北朝的历史特点和史学特点中，概括出“史学的多途发展”，从明代社会特点和史学特点中概括出“史学走向社会深层”等认识。这似乎多少有一点自得之学的意境，但总的说来，如前所述，在我作此种努力的过程中，甚感自己功力不足。我时时在想，对于中国史学史的“通”的追求，应当是终生努力的目标。学无止境，这是真理。

（三）向理论方面提高，探索学科建设的重大问题

中国古代史学有丰富的史籍、多样的体裁、生动优美的表述，为世所公认。但是，它有没有理论呢？这个问题长期困惑着人们。在20世纪80年代的一次全国性的史学讨论会上，不少人认为：中国古代史学以描述见长，没有理论。我不同意这种看法，提出了中国史学上的五次反思说（此说发表后，《人民日报》海外版、《解放军报》、《文汇报》、《新华文摘》等七家报刊予以转载），但却拿不出充分的、有力的根据来证明中国古代史学也有自己的理论。因此，我只能承认还有待于研究。这件事情给了我很大的刺激，也给了我很大的启发：在中国史学史研究中，要十分关注理论问题。1992年，我在《历史研究》上发表了《中国古代史学理论发展大势》一文，首次对中国古代史学理论发表较系统的认识。这篇论文的基本观点和主要思路是：在文字被创造出来以前，人们就有了历史意识；有了文字以后，人们的这种历史意识便通过历史记载、历史撰述保存下来。这一点，过去人们都讲到了。当历史记载、历史撰述有了一定的积累，人们便开始了对它们和它们的作者进行评论，于是便形成了史学意识；这种史学意识的发展，启发着人们改进、发展史学工作，这就是自觉的史学发展意识。史学意识、自觉的史学发展意识启发着史学批评的展开；而史学批评所涉及的各个方面的问题的积累与深化，便促进了史学理论的产生和发展。概括说来，就是这样一个演变过程：历史意识—史学意识—史学批评—史学理论。当然，这个演变过程不能脱离人们对客观历史的认识，这是毋庸置疑的。回想起来，这篇论文大致反映了我对中国古代史学理论的认识，尽管这个认识只是粗线条的，它还有待于进一步深化，并取得具体的表现形式。1994年，我出版了《中国古代史学批评纵横》一书，可以看作这种深化的一个阶段，这种深化的具体表现

形式之一。

《中国古代史学批评纵横》是一本带有开创性质的书，以前还没有类似的著作。本书涉及中国古代史学批评的一些主要范畴，如史德、史才、史学、史识、直书、曲笔、史法、史意等，也涉及史学批评的标准、原则、方法，还涉及史学批评的主体把握和社会效果，以及史学批评对史学理论的发展以至于史学的发展所起的作用等问题。

我之所以确定要写古代史学批评方面的问题，在认识上是有一个不断积累和发展的过程。归纳起来，大致有这样几点认识。

第一，中国古代史学评论著作如《史通》《文史通义》素有盛名，多为人们所称引，因而有很大的影响。但是，中国古代史家和学人关于史学评论方面的论著或言论，是一个非常广阔的领域，其真知灼见、发展历程，并不是这两部名著所能代替的。古代的历史撰述、史学论著、文集、笔记中，多有史学评论的闪光思想。这是一笔丰厚的史学遗产，只因我们注意不够，或是缺乏自觉的系统发掘、整理、阐释，故这一宝藏尚未充分显露出它的光华。这是需要我们努力去发掘的。

第二，我在研读古代历史撰述、史学论著过程中，获得一个不断明确起来的认识，即中国古代史学的发展除了历史的、社会的推动之外，史学评论或史学批评作为史学自身的反省也是一个重要的原因。从这个意义上说，对中国古代史学评论或史学批评的探讨，将有助于我们更全面地认识中国古代史学发展的过程及其规律。

第三，20 世纪 80 年代以来，我国历史学界在史学理论研究方面有了很大的进展，取得了不少成绩。这方面研究的不断深入，要求我们进一步从理论上去认识和总结中国古代史学，撷其成果，为丰富和发展当代史学理论提供借鉴，这是史学理论建设上的继承与创新所不可缺少的。这些年来，我逐渐领悟到、认识到，中国古代史学理论的发展，虽非全然是但却往往是在史学批评中实现的，并取得了自己的表现形式。极而言之，不能脱离研究史学批评问题而探讨中国古代史学理论。

本书出版后，在史学界有较大的反响，几家报刊发表了评论，认为它开拓了中国史学史研究的领域，提出了研究中国史学史的一种新的模式，对促进史学理论研究的发展和当代史学批评理论的建设，有比较重要的学术参考价值。

在向着理论方面提高的思考过程中，还有一个问题是我时时都会碰到的，即史学究竟有什么用？80年代以来，随着外国史学著作的大量引进，人们可以读到关于这个问题的种种解释，同时也产生了对中国古代史学的种种误解(有些误解至今仍然存在)，比如有人认为中国古代史学是“资治”史学、“劝诫”史学，因而在今天没有什么值得人们重视的地方。中国古代史学确有资治、劝诫的功能，但它的功能绝不止于此，它在今天也还有现实的价值。1991年，我发表了《传统史学的现代价值》一文，从进取精神、凝聚意识、历史智慧等三个方面，论述了传统史学中的优秀部分在当代的现实意义，受到学术界的关注。在这个认识的基础上，1994年，我出版了《历史·现实·人生——史学的沉思》一书，这是专门论述史学社会功用的著作，这样的著作似乎也不多见。本书依据中国丰富的史学遗产，试图通过深入浅出的叙述和阐释，来说明史学在人们思想历程的发展上所占有的位置，说明史学同社会、文化、人生的关系，从而说明史学对于人们认识历史、现实、人生所具有的重要作用，以及它对于促进社会进步所具有的特殊功能。本书首先论述了中华民族是一个有深刻历史意识的伟大的民族，以及人们历史意识的发展同人们社会实践的关系，然后依次论述了史学与认识历史、史学与社会进步、史学与文化发展、史学与人生修养、史学与历史教育等问题。本书在理论上的特点是：强调人们的历史活动是人们的历史意识产生的前提，而人们通过史学去认识历史则是史学之社会作用得以发挥出来的前提。人们重视历史，则不能不重视史学，其理固无疑义。

这本书在推进人们对历史科学与现实历史运动之关系的认识方面，提供了理论上和历史上的较系统的说明，从而有助于提高人们对历史科学与社会实践之密切关系的认识和理解，进而对史学的社会功能有深刻的认识和理解。

（四）史学史与史学理论的结合，史学史研究与现实历史运动的结合

这些年来，我在中国史学史研究过程中，对这两个结合是逐步认识到、逐步明确起来的。我认为，只有自觉地意识到这种结合的重要性，才可能作长期的努力，才可能有些许的积累。中国史学史研究的学术意义和社会意义，最终应以此为归宿。

1998年4月，我的一本论集《史学与史学评论》出版。此书以朴素的、平常的方式，表明了作者对现实的历史运动的关注，其中也包括对当前史学发展的关注。在这里，参与意识和责任意识更能反映作者的旨趣和追求。学术工作的出发点与归宿，不应当限于个人的范围，它是同社会联系在一起的，中国史学史的研究也是如此。基于这一认识，我把探索中国传统史学的精神本质同对当前史学工作发表评论性意见，看得同样重要，并孜孜不倦地去从事这些工作。当我展读此书之时，我的确有一种自我庆幸（不是自我陶醉）之感：我所从事的研究没有脱离社会，没有脱离他人，而是同社会联系在一起，同他人联系在一起。

我的另一本书《史学志》（《中华文化通志》之一，1998年10月出

版)，是以中国传统志书的形式来反映中国史学的历史、理论之诸多方面成就的尝试，其核心部分则是“史”的演进与“论”的展开相结合。本书包含的内容是：中国史学发展的历程、史官制度和修史机构、史书的内容和形式、历史文献整理和历史研究方法、历史观念、史学理论、史学发展的基本规律和优良的史学传统。全书有史有论，论史结合。其中，“历史观念”及其以下各部分，在理论上的创获显得更为突出一些。概括说来，本书是一部旨在反映中国史学之面貌、成就与特点的著作。全书首叙中国史学发展的历程，概述其产生与成“家”、发展与转折、繁荣与嬗变、近代化趋势与科学化道路之总的脉络，上起先秦，下迄 20 世纪 40 年代。其后各部分内容是为本书主体，即对中国史学之若干重要领域作历史的与逻辑的论述：从史官、史家而及于修史机构，从史学成果的内容与形式而及于历史文献的利用与历史研究的方法，进而及于历史观念的发展、史学理论的形成，最后以论述中国史学发展规律与优良传统为殿。本书在关于中国史学发展的总相及其阶段性特征方面，在关于历史观念与史学理论的发掘、清理和阐释方面，在中国史学的发展规律与优良传统方面，提出了比较系统的见解，更多地反映出了许多年来我在中国史学史研究方面的思考、积累所得。

综合以上所说，我的中国史学史研究可以用四句话来概括：从断代史学入手，着意于“通”的追求，努力向理论方面提高，致力于史与论的结合、理论与实践的结合。其中，有的问题是起初就有了自觉的认识的，有的问题则是在研究过程中逐步形成自觉的认识的，而对有的问题或许至今尚无自觉的认识，还须继续努力才能达到自觉的境地。

四

中国史学史研究同任何其他学术研究一样，不能不讲究研究方法。然而，说到研究方法，我觉得很惭愧，一是不懂得新颖的方法，二是不精于传统的方法，只是恪守以勤补拙、自强不息的信念罢了。

当然，经过这些年来的研究，也有一些做法和感受。

第一，对中国史学的认识，一定要建立在对中国历史的认识的基础之上。这是因为：首先，一定的时代产生一定的史学，对时代特点认识不清，便不可能准确地阐说这个时代的史学特点。其次，任何关于史学的评价，归根到底都是以历史评价为前提。因此，要在中国史学史研究方面有所创获，就应当在认识中国历史上多用些功夫。我在20世纪70年代至80年代初的八九个年头中，从事中国古代史的教学。我曾以此向白寿彝先生“诉苦”，说是耽误了许多宝贵时间。白先生却认为，不仅没有耽误时间，而且对研究中国史学史大有益处。事后，我才逐渐领悟到这话的含义和分量。因此，这些年来，我虽然不再讲授中国古代史的课程，但却仍然十分关注中国古代史领域研究的新进展，以便使自己随时补充新知，使中国史学史研究与之相适应。

第二，以研究一个时期或一个朝代的史学为立足点，进而向纵向或横向深入发展，是研究中国史学史的路径之一。这是因为：首先，中国史籍浩繁，任何个人都难以在短时间内展开全面的研究，势必要有一个立足点，然后向外拓展。其次，对于一个时期或一个朝代的史学作深入的研究，大致可以获得对史学之诸多重要问题的认识。以此为出发点，可收举一反三之功。我以为，以研究一两部史学名著作为研究中国史学史的出发点，是不可取的，因为这很难全面反映时代与史学相互间的种种关系，从而局限了研究者的视野和思路，进而局限了研究者的发展前景。

第三，对于一个时期或一个朝代的史学的研究，一个有效的方法是先做编年。做编年有两个好处，一是了解大势，二是发现问题。我在研究唐代史学之初，先读了有关的八九十种文献，数易其稿，做了十几万字的唐代史学编年，于是大致了解了唐代史学发展的脉络，同时发现了二三十个需要研究的问题。其收获之大，是我始料所不及的。应当承认，这个方法很笨，但却扎扎实实。南开大学杨翼骧教授编有《中国史学史资料编年》，现已出版第一、二册，足资参考：可以选择与自己研究相关的时段，参阅原始文献，重做一次，当大有裨益。

第四，中国史学史是一门专史，它同任何专史一样，贵在通识。因此，对于任何时期之史学的研究，对于任何史家、史著的研究，一是要根据那个时期的历史条件去评价，二是要置于中国史学发展过程之中去评价，这样才可能避免或减少片面与夸大，不至于在评价中否定前人、无视后人，产生这样那样的偏颇。中国史籍的浩繁，以致任何人都难以达到真正的“通识”；因此，“通识”只能是相对的，但“通识”的意识和要求，却不可完全没有。踏上走向“通识”的道路，没有捷径，多读书、多思考是唯一可靠而有效的方法。

最后我想着重指出一点：中国史学源远流长，博大精深，为世界各国所仅有。中国古代史学遗产中，有些已经落后了，有些是没有继承的必要了，但优秀的遗产仍然十分丰富，在当代仍然有活泼泼的生命力和现实的价值。因此，当我们还没有认识这些问题的时候，不要轻易地发表议论，尤其不要轻易地去否定古代史学，因为那样做不仅显示出自身的浅薄，而且无益于一般社会公众。中国史学是中国历史的记录，从这个意义上说，它是神圣的；尽管它有缺点、有局限，但这并不能改变它的神圣性。

作为近代学科史之一的中国史学史研究，是20世纪20年代梁启超提出来的，三四十年代是其草创时期比较活跃的阶段，50年代相对沉寂，60年代初是草创时期又一个比较活跃的阶段。八九十年代，中国史学史研究有了迅速的发展，取得了丰硕的成果，作为学科史的中国史学史进入了它的建设时期；这个建设时期还将继续下去，不论是历史的研究，还是理论的研究，都还有许多课题亟待进行。前面的路还很长。

我的研究，只是为中国史学史学科建设增添一砖一瓦而已；中国史学史学科大厦，要靠师友、同人共同努力，甚至是几代人的努力才能建设起来。

在今后的岁月里，我将致力于两个方面的研究：一个方面是关于20世纪中国史学的发展，再一个方面是关于中国古代史学的理论成就。我认为，这对中国史学史学科建设来说，都是很重要的研究课题，希望有更多的同人予以关注。

第一辑

史学理论与历史理论

史学理论与历史理论[*]

近二三年来，我国历史学界对理论的研究显得很活跃，这是令人振奋的。那么，这样的理论研究如何才能深入下去呢？我以为，陈启能同志的文章《历史理论与史学理论》①在这方面提出了一个值得思考和探讨的问题。陈文提出，历史理论与史学理论应作为两个不同内涵的研究对象来看待，并进而认为："近年来我国史学界对理论问题的研讨虽然相当活跃，但却有一个很大的不足，那就是所讨论的问题大都属于历史理论的范围，而很少涉及史学理论。"这个论点和这些说法，不是没有道理的。这里，我想对陈文作一点补充，陈文侧重于理论的说明和外国史学，我打算侧重于历史的说明和中国史学。

先从两个具体问题说起。1983年，北京师范大学史学研究所办了一个史学概论进修班。开班以后，有些同志提出，这个进修班可否把历史分期问题、农民起义问题、资

---

* 原载《史学理论》1987年第1期。

① 陈启能：《历史理论与史学理论》，《光明日报》 1986年12月3日。

本主义萌芽问题、民族关系问题等列入教学计划。显然，这跟进修班的主持者以研讨史学本身在发展过程中提出的问题的考虑，并不是一回事。1985年，我给《文史知识》写了一篇文章，叫作《略说中国古代的史学评论》。文章开头有一段话是这样讲的：

> 这里说的史学评论，是指人们对史家、史学或某一种史学现象、史学思想的评论，它不同于人们对史事或一般历史人物所作的评论即史事评论。其实，如若从广义上来理解的话，上述两种评论都可以称作历史评论。不过为了讨论问题和说明问题，还是把它们略作一点区别为好。①

当时，我是试图以"史事评论"来跟"史学评论"相区别，而以"历史评论"作为一个总的概念。这样讲，究竟准确不准确，还有待进一步讨论。这两个例子表明：在史学工作中，有关史学理论与历史理论之相互联系和区别的问题，是客观存在着的，也是经常会碰到的。

历史和史学不是一回事，人们对历史的研究和对史学的研究也不是一回事，这都是不难理解的。从事物的发展过程来看，先有历史尔后乃有史学；从人们的认识活动来看，先有对历史的研究尔后乃有对史学的研究，这也是不难理解的。中国学人之开始研究历史，至晚亦当从孔子作《春秋》算起，降至司马迁撰成巨著《史记》，则对于历史的研究已经"成一家之言"了。人们从对于历史的简单记忆、口耳相传而发展到研究历史、撰写历史，这是人们在认识历史方面的一次飞跃。值得注意的是，《史记》在历史理论上已初步形成了一些体系。司马迁

① 瞿林东：《略说中国古代的史学评论》，《文史知识》，1985年第6期。

说，他写《史记》是要“究天人之际，通古今之变，成一家之言”。“究天人之际”，虽未能完全跳出唯心主义的窠臼，但主要是研究历史的发展和各种不同阶层、身份的人在这个发展过程中的作用。“通古今之变”，这是司马迁历史理论的核心，即着重于讲社会历史的变化。“变”的思想，贯串于《史记》全书，而于十表的序体现得最为突出。司马迁提出“原始察终，见盛观衰”，认为对于一个时代的开端作认真的追寻、分析，再仔细考察它的末尾，人们是能够从盛世看到衰落的征兆的。司马迁在讲历史变化时，还注意到社会经济所起的重要作用，这在《史记·货殖列传》里看得很清楚。此外，司马迁对历史环境之影响于社会风俗、生产力发展，也都提出了比较明确的看法，等等。司马迁的主要功绩是对于历史作“通”与“变”的研究。但是，他的“成一家之言”，表明在历史撰述上要开辟新的途径，确也包含着对于史学问题的探讨。例如，《史记》诸表序，大多还涉及作者对所撰史事之材料来源的说明，以及作者是怎样选择和运用这些材料的。而《太史公自序》里对于《春秋》的评价，则已经广泛地讨论到史学的作用、史学与社会的关系等问题。司马迁诚恳地认为：“且余尝掌其官，废明圣盛德不载，灭功臣世家贤大夫之业不述，堕先人所言，罪莫大焉。”① 这是把史学工作作为一种神圣的职责来看待的。像司马迁这样，以研究和撰述历史为主，同时也论及一些史学问题的史学家，历代都有一些。不过，他们都还没有把史学作为专门研究的对象来看待。这种情况，到了唐初开始有所变化。

盛唐时期的史学家刘知幾著《史通》一书，表明在中国历史上，人们对于历史的认识又产生了一个新的飞跃。这就是，史学家从研究历

---

① 《史记·太史公自序》。

史、撰写历史的自觉要求，进而走向把这种工作本身作为研究对象的新的自觉意识。简言之，人们从认识、表述客观历史的阶段，发展到对这种认识和表述进行认识的阶段，这是前后两个不同的自觉，是两个不同层次上的飞跃。刘知幾说，他撰《史通》，是“商榷史篇”①而成。又说：“若《史通》之为书也，盖伤当时载笔之士，其义不纯。思欲辨其指归，殚其体统。……夫其为义也，有与夺焉，有讽刺焉。其为贯穿者深矣，其为网罗者密矣，其所商略者远矣，其所发明者多矣。”②可见，刘知幾是十分明确地把史学作为研究对象来看待的。《史通》的大部分篇章是讨论史学编纂的体裁和体例的，但也不乏理论之光的闪现。作者主张：“史之为务，申以劝诫，树之风声。”③这是关于史学与社会之关系的看法。作者进而讲到史学的作用是：“盖史之为用也，记功司过，彰善瘅恶，得失一朝，荣辱千载。”④。作者还认为，史学家因其作史态度、研究成果、知识水平的不同而有高下之分。刘知幾说：

> 史之为务，厥途有三焉。何则？彰善贬恶，不避强御，若晋之董狐，齐之南史，此其上也。编次勒成，郁为不朽，若鲁之丘明，汉之子长，此其次也。高才博学，名重一时，若周之史佚，楚之倚相，此其下也。苟三者并阙，复何为者哉？⑤

① 《史通》原序。
② 《史通·自叙》。
③ 《史通·直书》。
④ 《史通·曲笔》。
⑤ 《史通·辨职》。

这实际上是在讲一个史学家怎样运用他的见解、胆略、知识为社会服务的问题。如果从另一个角度来看的话，那么这些说法已经涉及历史研究中的主体即史学家的优长与特点了。关于这一点，刘知幾在回答别人向他提出的为什么“自古文士多，史才少”的问题时，有更明确的阐述。他认为：

> 史有三长：才、学、识，世罕兼之，故史才少。夫有学无才，犹愚贾操金，不能货殖；有才无学，犹巧匠无楩楠斧斤，弗能成室；善恶必书，使骄君贼臣知惧，此为无可加者。①

这里讲的史才、史学、史识，都是从认识历史的主体来考察的，它涉及史学家的历史知识构成（史学）、历史见解水平（史识）和对于历史知识与历史见解的表述能力（史才）。刘知幾的这些看法，后来经章学诚、梁启超的阐释，又不断有所发展。

从司马迁的《史记》到刘知幾的《史通》，说明在中国史学史上，史学家对历史的研究和对史学的研究在内涵上是不相同的，在理论探讨的侧重点上也是不相同的。这两种不同的趋向，在后来都有所发展。从理论形式上看，前者如王夫之的《读通鉴论》，后者如章学诚的《文史通义》，是他们在中国古代史学史上发展到较高水平的代表著作。清代官修《四库全书总目·史部》有“史评类”，正式著录二十二部著作。著录存目者凡一百部。这是一个不小的数目。其中评论历史者居多，评论史学者只占少数。20世纪初，梁启超的《新史学》、《中国历史研究法》及其《补编》，李守常（大钊）的《史学要论》，是在新的历史

① 《新唐书·刘子玄传》。

条件下较有影响的史学理论著作。近年来，我国历史学界对史学理论的研究开始活跃，从史学发展的继承关系看，有的还是跟他们的这些著作相关联的。

这里，我想顺便说说：史学界有一种看法，认为中国史学，尤其是中国传统史学没有理论。我以为这种看法是可以进一步商榷的。这里，是否涉及如何看待中国史学在理论上的特色问题？譬如说，就历史理论而言，第一，中国史学所包含的历史理论，一般是结合对具体历史过程的叙述而阐发的，《二十四史》、《资治通鉴》、“三通”等著作大多如此；《唐鉴》《藏书》《续藏书》《宋论》《读通鉴论》《读史方舆纪要》等著作在理论成分上要更多一些，但也还不是脱离具体的历史事件、历史人物、历史环境而专讲理论的。第二，从先秦诸子开始，中国的大思想家很少有不讲历史理论的，其中如荀况、韩非、董仲舒、王充、柳宗元、黄宗羲等是很突出的。第三，中国学人很早就把“史论”视为一种专门的文体而加以重视，如6世纪初编纂成书的《文选》，其中有“史论”两卷；10世纪下半叶纂修成书的《文苑英华》不仅收入了更多“史论”，它收编的论封建、论文、论武、论臣道、论政理、论食货、论兴亡，亦大多属于史论的性质。再以史学理论而言，除《史通》《文史通义》这样著名的专书外，在许多史学家、思想家的序录、简牍、论文中，尚有不少可供发掘的地方。应当承认，对这一大笔史学遗产能够真正了解和运用的人，还不是很多的。我说这些，并不是为了证明我们今天的史学理论研究只应限于对传统史学理论的发掘，不必研究马克思主义史学理论，不必吸收外国史学理论，那显然是不对的，也是幼稚可笑的；我只是想说明，对这一部分史学遗产的重视和研究，或许对推动当前史学理论的发展会产生一点积极的作用，对建立中国风格的史学理论体系会有一些有益的启示。

从以上这样一个极粗略的历史考察来看，我以为至少可以得到两点认识。第一，历史学发展的历程表明，史学理论与历史理论的分途，是在历史学发展到相当高的水平之后才出现的；它们在分途后虽仍有不可截然割断的联系，然其各自内涵的不同则是显而易见的。第二，中国古代的历史学，在史学理论研究上，从刘知幾到章学诚，是有优良传统的。其成就固不可与近代以来的中国史学相比，亦不可与近代以来的外国史学相比，但作为史学遗产和优良传统，还是应当受到足够的重视的。甚至可以这样认为：中国的历史科学要面向现代化，面向世界，面向未来，就应当在批判继承、吸收古今中外史学理论成就的基础上，产生出如同《史通》和《文史通义》那样影响深远、可以传世的新的史学理论著作。

史学理论与历史理论是两个既互相联系又互相区别的研究领域。后者是人们在研究宏观历史过程中积累和概括出来的理论，如历史发展的阶段性、规律性，统一性、多样性，历史发展的趋势，以及对重大历史现象和众多历史人物的评价的原则与方法，等等；前者是人们在研究史家、史书、史学流派、史学思潮等史学活动和史学现象过程中积累和概括出来的理论，如史学的目的、史家的修养、史书的编著、史学发展的阶段性和规律性、史学在社会实践中的作用，等等。这是它们的区别所在。同时，它们又是互相联系、互相渗透的：从历史的观点来看，史学活动也是一种历史活动，它也应当被包含在历史理论所概括的一切历史现象之内；从史学的观点来看，史学家乃至一切从事社会实践的人对历史的研究、评论，也都在史学理论所应当总结和概括的范围之内。唯其如此，作为一个史学工作者，似不应脱离对客观历史的研究而只致力于史学的研究；同样，似亦不应只停留在对客观历史的研究，而不涉足史学的研究，对自己的工作作自觉的反省，而应当把这二者结合起来。当然，这种结合不必是也不可能是"平分秋色"，可以各有所侧重。如果有较多的史学工作者能够这样来安排自己的研究工作，那么我国的历史科学事业一定会发展得更快一些，更好一些。

在弄清了各自的研究对象之后，进而碰到的问题是：史学理论研究的内容是什么？历史理论研究的内容是什么？这样的问题，只有经过反复的研讨、辩论，才可能逐步明确起来。这篇短文，已或多或少涉及这方面的问题，这里就不再作更多的阐述了。

中国古代史学理论发展大势*

在丰富的中国古代史学遗产中，史学理论是一个重要的方面。这里说的史学理论，是指史家对于史学自身的认识，它不同于历史理论，即史家对于历史的认识。简言之，前者是关于史学的理论，后者是关于历史的理论。史家对于历史的认识，是他们对于史学认识的前提之一；而史家对于史学认识的发展，又反过来促进他们对于历史认识的深入。这两个方面的理论本有密切的联系，为着研究上的方便，尤其是为了总结古代史家对于史学自身认识的丰富遗产，推动当前史学理论的建设和历史研究的发展，有必要加强对于古代史学理论的研究。

中国古代史学理论的发展，大致经历了四个阶段。第一个阶段，是先秦、秦汉时期，这是它的产生阶段；第二个阶段，是魏晋南北朝隋唐时期，这是它的形成阶段；第三个阶段和第四个阶段，分别是宋元时期和明清(1840年以前)时期，这是它的发展阶段和终结阶段。

---

* 原载《历史研究》1992年第2期。

一、中国古代史学理论的产生：从史学意识到自觉的史学发展意识

从春秋、战国之际到秦汉时期，中国古代史学理论逐步产生了。其标志是《春秋》、《左传》和《史记》等书所反映出来的对于史学的认识。从《春秋》和《左传》来看，它们的作者已经有了明确的史学意识；从《史记》来看，它更是突出地反映了司马迁的自觉的史学发展意识。这可以看作古代史学理论产生阶段的主要特点。

《春秋》在史学意识上的突出反映，一是"属辞比事"，二是用体的思想。如《礼记·经解》所说："属辞比事，《春秋》教也。""属辞比事而不乱，则深于《春秋》者也。""比事"是按年、时、月、日的顺序排比史事，是编年纪事的概括性说法。"属辞"，是指在表述史事时讲求遣词造句，注重文辞的锤炼。"属辞比事而不乱"，所谓"不乱"，除了编年纪事这种体裁之外，还包含了"属辞"中用例的思想。孔子修《春秋》，记二百四十二年史事，在史事和时间的关系的处理上，是"以事系日，以日系月，以月系时，以时系年"①，逐年编次。《春秋》以记鲁史为主，而包括周王朝及列国在这一时期的大事，这就要求汇集、编次同一段时间里发生在不同地区的史事。这是"比事"中对史事和空间之关系的处理。"比事"，还有一层含义，是对诸多史事比其大小、轻重而有所取舍、详略，以便用较少的文字表达出较多的历史情况和论断。这就是所谓"约其文辞而指博"。春秋时期，史事头绪纷繁，《春秋》的比事在对史事处理、史书编撰上作出了开创性的贡献。

《春秋》的"属辞"，首先也是有一定的体例上的要求。同是记战争，有伐、侵、入、战、围、救、取、执、溃、灭、败等不同的写

① 杜预：《春秋左传集解·序》。

法。同是记杀人，有杀、弑、尽杀、诱杀、歼等不同的写法。同是记人的死亡，有崩、薨、卒等不同的写法。《春秋》的“属辞”，还有缀辑文辞上的要求，即对于言辞、文采的重视。孔子重视言辞、文采的运用及其在社会实践中的效果，尤其重视对文辞的斟酌，认为“言之无文，行而不远”①。司马迁说：“孔子在位听讼，文辞有可与人共者，弗独有也。至于为《春秋》，笔则笔，削则削，子夏之徒不能赞一辞。”②这反映了孔子对历史撰述在文辞要求上的严肃态度。《左传》作者概括《春秋》在这方面的成就，说“《春秋》之称，微而显，志而晦，婉而成章，尽而不污”③。后来《左传》《史记》都继承、发展了《春秋》这方面的成就，取得了更大的成功。

从流传下来的远古传说里，可以看出人们很早就有了历史意识。从历史意识的产生、发展到史学意识的产生，其间经历了漫长的年代。至迟在西周晚年和春秋时期，周王朝和许多诸侯国都已经有了国史，这是当时贵族社会历史意识的反映。不过这些国史后来都失传了，我们很难推断当时人们在史学意识方面的情况。到了春秋末年，孔子修《春秋》，显然已经有了明确的史学意识。这除了上文所说的以外，还有两点是很重要的。第一，是孔子对于历史文献的认识。他说：“夏礼，吾能言之，杞不足征也；殷礼，吾能言之，宋不足征也。文献不足故也。足，则吾能征之矣。”④从这里可以看出孔子对于历史文献的重视，讲授前朝的制度，不能不以历史文献为根据，这无疑是史学上的一个基本原则。作为史学家和文献整理者，孔子的这个认识

① 《左传·襄公二十五年》。

② 《史记·孔子世家》。

③ 《左传·成公十四年》。

④ 《论语·八佾》。

和他的学术实践，对后来史学的发展有重大的影响。第二，是孔子对于历史撰述在思想上的要求。孟子这样说过："王者之迹熄而《诗》亡，《诗》亡然后《春秋》作。晋之《乘》，楚之《祷杌》，鲁之《春秋》，一也；其事则齐桓、晋文，其文则史。孔子曰：'其义则丘窃取之矣。'"①这里说的"义"，是褒贬之义，即是对于史事的认识和评价。孔子以前，已有一些史官善于指陈历史形势，对历史趋势作出判论，显示出了相当深刻的历史见解。而从历史撰述上即从史学上明确提出"义"的要求，孔子是最早的。这对后来中国古代史学的发展产生了极其深刻的影响。可以认为，孔子是中国史学上第一位具有明确的史学意识的人。

《左传》的史学意识，一方面，表现在上文所引它对《春秋》文辞的称赞。另一方面，表现在它十分关注史官记事的态度。《左传》宣公二年通过记载晋灵公被杀、太史董狐对此事的记述及其与赵盾的辩论，然后借孔子的话，称赞董狐"古之良史也，书法不隐"，突出了董狐坚持如实记事的原则。《左传》襄公二十五年记齐国崔杼派人杀死国君庄公之事后，写道："大史书曰：'崔杼弑其君。'崔子杀之。其弟嗣书，而死者二人。其弟又书，乃舍之。南史氏闻大史尽死，执简以往。闻既书矣，乃还。"《左传》作者对于这一史事未作评论，但联系宣公二年所记，这是非常鲜明地在称颂齐国太史兄弟和南史氏不惜以死殉职的精神。所谓"董狐精神""南、董之志"，成为中国史学上秉笔直书优良传统的先声和楷模，同《左传》的史学意识及有关的记载是密切相关的。

《左传》的史学意识在这两个方面的表现，表明中国古代史学此时

① 《孟子·离娄章句下》。

已开始滋生史学批评的思想。孔子对董狐的评论，《左传》对《春秋》的评论和对史官恪守职责、秉笔直书精神的称道，说明古代史学批评从开始滋生之时起，便具有很高的境界。

比《左传》成书年代稍晚的《孟子》，在史学方面提出了一些很重要的见解。上文所引的“王者之迹熄而《诗》亡，《诗》亡然后《春秋》作”以及“事”“文”“义”的说法，是指出了政治形势和史书编写之间的联系，即涉及历史进程和史学发展的关系；指出了历史编撰所包含的事、文、义三个基本方面，并用孔子的话强调了“义”的重要。孟子关于历史进程和史学发展的关系的思想，包含着史学是一定历史时代的产物的认识，即认为《诗》代表一个时代，这就是“王者之迹”；《春秋》代表另一个时代，这就是齐桓、晋文之世。他概括了史书应当包含事、文、义三个方面，而又不把它们作同等看待，突出了“义”的地位，这实际上是提出了史学上的三个重要范畴及其相互关系的认识。他的这些见解，在中国史学上都是很重要的。孟子在史学方面的见解，还突出反映在他明确地提出了有关史学的社会作用的认识。他说：“世衰道微，邪说暴行有作，臣弑其君者有之，子弑其父者有之。孔子惧，作《春秋》。《春秋》，天子之事也。是故孔子曰：‘知我者其惟《春秋》乎！罪我者其惟《春秋》乎！’”①还说：“孔子成《春秋》而乱臣贼子惧。”这一段话，包含的思想很丰富，一是指出了史家撰史的社会环境；二是从“孔子惧，作《春秋》”，看出了史家撰史具有明确的社会目的；三是指出了史学的社会作用，即“孔子成《春秋》而乱臣贼子惧”。孟子关于史学和社会关系的认识，在先秦时期的史学上是有代表性的，对后世也有深刻的影响。

---

① 《孟子·滕文公章句下》。

先秦时期，从《春秋》和孔子言论，以及《左传》和孟子言论中，大致可以看到人们的史学意识具有鲜明的特点和丰富的内涵。我们可以把它归结为以下几个方面：(一)重视史书的结构和文辞；(二)重视史家对于史事的评价；(三)推崇“书法不隐”的秉笔直书精神；(四)提出史学发展同历史发展之间关系的认识；(五)关于历史撰述的社会条件、社会目的和社会作用的认识；(六)提出了事、文、义史学上的三个范畴；等等。这些，对于中国古代史学理论的发展，都具有重要的意义。

西汉时期，古代史家的历史意识更进一步增强了。司马谈临终前同其子司马迁那一番激动人心的谈话，正是这种强烈的历史意识的生动写照。不仅如此，《史记》一书还洋溢着司马迁的一种自觉的史学发展意识，这是先秦时期的史家、史著中所不曾有的、更高层次的史学意识。所谓史学发展意识，它不只涉及有关史学的某些方面的认识，而且极为看重史学是史学家们不应为之中断的、具有连续性的神圣事业。他在《史记·太史公自序》中一字千钧地写道：

> 先人有言：“自周公卒五百岁而有孔子。孔子卒后至于今五百岁，有能绍明世，正《易传》，继《春秋》，本《诗》《书》《礼》《乐》之际？”意在斯乎！意在斯乎！小子何敢让焉。

“小子何敢让焉”，这是把“绍明世”“继《春秋》”的工作同周公、孔子的事业联系起来，还有什么比这更重要的呢？在司马迁看来，“《春秋》辨是非，故长于治人”；“《春秋》以道义”，“拨乱世反之正，莫近于《春秋》。《春秋》文成数万，其指数千。万物之散聚皆在《春秋》”。可见，所谓“继《春秋》”，确乎神圣的事业。司马迁自觉的史学发展意识，可谓鲜明而又强烈。

司马迁的这种史学发展意识产生了伟大的成果，即写出了《史记》（他自称为《太史公书》）。他说《太史公书》，“以拾遗补艺，成一家之言，厥协《六经》异传，整齐百家杂语”。这是他的史学发展意识在实践上的要求，即把继承前人成果同自己的“成一家之言”结合起来，作为努力的目标。从广泛的意义上看，司马迁的“成一家之言”，不仅仅是指《史记》说的，而且也是指“史家”说的。战国时期有诸子百家而“史记放绝”，司马迁是要改变这种状况，他要使历史撰述也成为一“家”。这在史学发展上，是一件具有划时代意义的事情。

从孔子到司马迁，古代史家的史学意识不断滋生、发展，提出了许多史学理论上的重要问题，直至提出“成一家之言”的庄严目标。中国史学走完了它的童年时代开始成熟起来，史学理论的产生是这一发展过程的重要标志。

二、中国古代史学理论的形成：系统的史学批评理论的提出

魏晋南北朝隋唐时期，在马、班所奠定的基础上，中国史学有了更大的发展。这时期的史学理论，已不限于提出来一些重要问题进行新的探讨，而是提出了系统的史学批评理论。这是古代史学理论的形成时期。南朝梁人刘勰《文心雕龙·史传》篇、唐初政治家关于史学的言论、《晋书》卷八二有关史家的传记、《隋书·经籍志》史部诸序等，都是反映这个时期史学理论发展的重要文献。尤其是刘知幾的《史通》，提出了系统的史学批评的理论和方法论，标志着古代史学理论的形成，是中国古代史学发展的里程碑。

《文心雕龙·史传》篇，是《史记·太史公自序》以后较早的评论史

学的专篇。它认为史书具有使人们“居今识古”“彰善瘅恶，树之风声”的作用。提出撰史的要求是：“贯乎百氏，被之千载；表征盛衰，殷鉴兴废；使一代之制，共日月而长存；王霸之迹，并天地而久大。”它认为在历史编纂上最难处理的是对于史事的“总会”和“诠配”；并强调“述远”而不致“诬矫”，“记近”应杜绝“回邪”，以存信史为贵。《晋书》卷八二记载了陈寿等两晋时期12个史家的传记，实际上是关于史家的类传。本卷后论说：“古之王者咸建史臣，昭法立训，莫近于此。若夫原始要终，纪情括性，其言微而显，其义皎而明，然后可以茵蔼缇油，作程遐世者也。”这不是评论一部史书或一个史家，而是从理论上说明“史臣”的政治作用和社会作用。这反映了唐初史家对于“史臣”群体的历史地位的重视，也反映了他们对于一个朝代的史家活动的历史的重视。这两点都表明从历史活动来看，史家成为考察和撰述的对象之一，是史学在社会生活中日益为人们所重视的结果；从史学活动来看，对于“史家”群体的研究和评论，正是史学活动主体对于自身历史的反省。《晋书》卷八二在这方面是一个开端。其赞语的最后一句话是“咸被简册，共传遥祀”，这是既涉及历史又涉及史学、意味深长的一句话。《隋书·经籍志》史部在史学发展上有重大贡献。从史学理论来看，它的贡献在于：第一，它把史书分成13个类别，从而对历史撰述的范围提出了明确的界说。这类的名称是：正史、古史、杂史、霸史、起居注、旧事、职官、仪注、刑法、杂传、地理、谱系、簿录。第二，《隋志》的历史文献分类思想具有力图反映史书之时代特征的自觉意识，这在霸史、杂传、谱系等类尤为突出。第三，它对史官所应具备的知识和所承担的职责作了简明的概括，这就是“夫史官者，必求博闻强识，疏通知远之士，使居其位，百官众职，咸所贰焉。是故前言往行，无不识也；天文地理，无不察也；人事之纪，无不达也。内掌八柄，以诏王治；外执六典，以逆官政。书美以彰善，记恶以垂戒，范围神化，昭明令德，穷圣人之至赜，详一代之亹亹。”《隋志》还考察了各类史书的源流，并作了简要的评价，这在史学史上有重要的参考价值。

唐初政治家和史学家唐高祖、唐太宗、唐高宗、魏徵、令狐德棻、朱敬则等，关于史学有丰富的言论，也提出了一些理论上的认识。首先，唐高祖、唐太宗都十分重视史学对于政治统治的重要作用。唐高祖《修六代史诏》说：“司典序言，史官纪事，考论得失，究尽变通，所以裁成义类，惩恶劝善，多识前古，贻鉴将来。”唐太宗在《修晋书诏》中讲到他自己阅读史籍的收获和认识，认为：“大矣哉，盖史籍之为用也。”指出，历代史书“莫不彰善瘅恶，激一代之清芬；褒吉惩凶，备百王之令典”①。可以认为，“贞观之治”局面的出现，跟当时的史学是有密切关系的。其次，重视对于史官的严格挑选。朱敬则《请择史官表》说：“董狐、南史，岂知生于往代，而独无于此时，在于求与不求、好与不好尔！”②根据他的提议，唐高宗有《简择史官诏》，指出：“修撰国史，义在典实。自非操履贞白、业量该通，谠正有闻，方堪此任。”③对史官的德行、学识提出了明确的要求。后来有“史德”的说法，其实这里讲的“操履贞白”“谠正有闻”就包含了对“史德”的要求。这些认识，在政治上和史学上都产生了积极的影响，对推动史学理论的发展也有一定的意义。

这个时期，史学家在史学理论上提出的问题还有：(一)关于史书

---

① 宋敏求编：《唐大诏令集》，北京：中华书局，2008年，第469页。

② 朱敬则：《请择史官表》，见董诰编：《全唐文》，北京：中华书局，1983年，第1735页。

③ 宋敏求编：《唐大诏令集》，第467页。

体例的认识。杜预的《春秋左氏传序》，对史书体例思想的发展有重要的作用。(二)关于历史评论的认识。范晔提出了“精意深旨”“笔势纵放”的要求，并认为史论可以起到“正一代得失”的作用。(三)批评意识进一步加强，提出了一些史学批评原则。《文心雕龙·史传》篇提出了“详实”“准当”“激抗难征”“疏阔寡要”“文质辨洽”“审正得序”“约举为能”等等，有肯定的，也有否定的。唐太宗《修晋书诏》批评诸家晋史“才非良史，事亏实录”，或“烦而寡要”，或“滋味同于画饼”，或“其文既野，其事罕有”等。颜师古《汉书叙例》对“近代注史，竞为该博，多引杂说，攻击本文”等弊端，也多有批评，主张注史“翼赞旧书，一遵轨辙，闭绝歧路”的原则。

这时期，反映在史学方法上主要有：(一)比较的方法。如张辅、范晔之论马、班优劣。① (二)连类列举的方法。袁宏《后汉纪序》说：“言行趣舍，各以类书”。这种方法扩大了编年体史书的容量，在历史编纂方法论上是有意义的。(三)考异的方法。裴松之注《三国志》，“务在周悉”，但并非盲目以“博”为目的。他注意到区别补阙、存异、惩妄、论辩等不同情况，较早提出了考异的方法论。②

以上这些史学理论、方法论的新进展，为系统的史学批评理论的提出准备了条件。刘知幾《史通》一书是我国古代史学中第一部以史学作为研究对象的、系统的理论著作。这部史学理论著作贯穿着强烈的批判精神，从这个意义上说，它应当被看作是一部史学批评著作。《史通》原为52篇，佚3篇，今存49篇，凡20卷。前10卷为内篇，是全书的主要部分，着重阐述了有关史书的体裁、体例、史料采辑、

① 参见《晋书·张辅传》，《后汉书·班彪传》后论。

② 参见裴松之：《上三国志注表》。

表述要求和撰史原则，以及史学功用等，其中以评论纪传体史书的各种体例居多。后卷为外篇，论述史官制度、正史源流，杂评史家、史著得失，并略申作者对于历史的见解。刘知幾撰《史通》的旨趣，是“商榷史篇”，“辨其指归”，又“多讥往哲，喜述前非”。① 他在继承前人思想成果的基础上，提出了系统的史学批评的理论。其主要内容是：

第一，关于史书内容的范围。《书事》篇引用荀悦“立典有五志”的论点，即达道义、彰法式、通古今、著功勋、表贤能为史书内容的范围。又引用干宝对于“五志”的阐释，即体国经野之言、用兵征伐之权、忠臣烈士孝子贞妇之节、文诰专对之辞、才力技艺殊异等。刘知幾认为“采二家之所议，征五志之所取，盖记言之所网罗，书事之所总括，粗得于兹矣”。同时，他又认为，要使书事没有“遗恨”，还必须增加“三科”，即叙沿革、明罪恶、旌怪异。“五志”加上“三科”，“则史氏所载，庶几无缺”。这里所说的史书内容范围的问题，实际上已触及史家主观意识如何更全面地反映客观历史的问题了。

第二，关于撰史原则。《采撰》篇一方面主张要慎于“史文有阙”的问题，一方面也强调“征求异说，采摭群言，然后能成一家”。刘知幾肯定魏晋南北朝以来史籍繁富，皆“寸有所长，实广见闻”，但也产生了“苟出异端，虚益新事”的弊病。他告诫人们：“作者恶道听途说之违理，街谈巷议之损实”；“异辞疑事，学者宜善思之”。《杂述》篇还说：“学者博闻，盖在择之而已。”慎于采撰，根本的问题是要辨别什么是历史事实，这是刘知幾论撰史原则的核心。

第三，关于史书的体裁、体例。《史通》以精辟地论述史书体裁、

① 参见刘知幾《史通》原序及《自叙》篇。

体例而享有盛誉。《序例》篇说："夫史之有例，犹国之有法。国无法，则上下靡定；史无例，则是非莫准。"这是指出史书体例本是史家反映历史见解的一种形式。刘知幾推崇《春秋》、《左传》、范晔《后汉书》、萧子显《南齐书》的体例思想；而他的新贡献是提出了"诸史之作，不恒厥体"的理论，并通过《六家》《二体》《杂述》等篇，对史书体裁作了总体上的把握，论述了纪传体史书的各种体例。

第四，关于史书的文字表述。《叙事》篇较早地从审美意识提出了这个问题："夫史之称美者，以叙事为工"。他认为"简要"是"美"与"工"的基本要求，主张"用晦"，认为："夫能略小存大，举重明轻，一言而巨细咸该，片语而洪纤靡漏，此皆用晦之道也。"他还提出史书文字表述应采用"当时口语"，"从实而书"，以不失"天然"。同时，他也反对"虚加练饰，轻事雕彩""体兼赋颂，词类徘优"的文风，反对"文非文，史非史"的文字表述。

第五，关于史家作史态度。《直书》《曲笔》两篇提出了"直书""曲笔"两个范畴，并作了理论上的说明，认为这是"君子之德"和"小人之道"在史学上的反映。从刘知幾所揭示出来的"直书"与"曲笔"对立的种种情况，说明它们的出现不仅有撰史者个人德行上的差异，也有社会的原因，如皇朝的更替、政权的对峙、等级的界限、民族的隔阂等。刘知幾认为，直书才有"实录"，曲笔导致"诬书"，它们的对立从根本上决定了史书的价值和命运。

第六，关于史学的功用。《史通》讲史学功用的地方很多，如《直书》《曲笔》《自叙》《史官建置》等。《辨职》篇尤为集中，提出了史学功用的三种情况："史之为务，厥途有三焉。何则？彰善贬恶，不避强御，若晋之董狐、齐之南史，此其上也。编次勒成，郁为不朽，若鲁之丘明、汉之子长，此其次也。高才博学，名重一时，若周之史佚，楚之倚相，此其下也。苟三者并阙，复何为者哉!”刘知幾对于这三种情况的划分，明确地显示出他的史学价值观。

以上这几个方面，是从史学工作的内在逻辑联系分析了《史通》一书所提出来的史学批评理论体系；尽管《史通》本身不是按照这个体系来编次的，但这个体系却包含在全书当中。它标志着古代史学理论的形成，也是古代史学发展的新阶段。同这个理论体系相表里的，是刘知幾的“史家三长”说。他提出了史才、史学、史识即“史家三长”这三个范畴，阐释了它们各自的内涵和相互间的关系①，是史学家自我意识的新发展，精神境界的新升华。从整体来看，刘知幾在史学理论发展上所达到的高度，的确是前无古人的，《史通》写成于唐中宗景龙四年(710)，这在世界史学史上，大概也是无与伦比的。

这个时期在史学理论发展上还值得提到的，主要有皇甫湜和柳宗元。皇甫湜的《编年纪传论》一文，是对东晋以来编年、纪传孰优孰劣数百年之争的总结。他指出：“编年、纪传，系于时之所宜、才之所长者耳，何常之有？故是非与众人同辨，善恶得圣人之中，不虚美，不隐恶，则为纪、为传、为编年，是皆良史矣。”②这反映了古代史家在理论上对史书体裁认识的成熟。柳宗元的《非国语》和《与韩愈论史官书》，也都是史学理论方面的重要文献。《非国语》67 篇，是一部史学批评专书。它主要从历史观点上，批评了《国语》在天人关系、历史进程中的因果关系、历史评价标准，以及史家书法等问题上的错

① 详见刘昫等：《旧唐书》卷一〇二《刘子玄传》，北京：中华书局，1975 年。

② 皇甫湜：《编年纪传论》，见董诰编：《全唐文》，北京：中华书局，1983 年，第 7030 页。

误。[①] 在这以前，对一部史书从历史观点上作这样严峻的批评，还没有先例。这反映了史学批评的发展。《与韩愈论史官书》指出了史家应具有坚定的信念和崇高的责任感，这就是“道苟直，虽死不可回也”和“孜孜不敢怠”的精神[②]。这是继《隋志》史部总序、朱敬则《请择史官表》、唐高宗《简择史官诏》、刘知幾“史家三长”说关于史家的评论之后，又一个重要的补充，反映了对于史学主体认识上的新进展。

三、中国古代史学理论的发展：史学批评的繁荣和理论形式的繁荣

五代、辽宋西夏金元时期，尤其是两宋时期，中国古代史学有了更大的发展。通史、民族史、当代史、历史文献学等方面，在这时期都取得了许多新成果。史学批评在相当广泛的范围里进一步展开，史学理论在不少问题的认识上更加深入，在表现形式上亦更加丰富了。这几个方面表明，中国古代史学理论进入了它的发展阶段。

没有批评就没有发展。史学理论的发展，在很大程度上是通过史学批评来实现的。这个时期的史学批评范围扩大了，不少问题的讨论更加深入了。北宋，如《册府元龟》国史部诸序、吴缜、曾巩；南宋，如郑樵、朱熹、洪迈、叶适、陈振孙、晁公武；元初，如马端临等，在史学批评方面都各有成就。

北宋官书《册府元龟》国史部在编纂思想上有很明确的批评意识，其公正、采撰、论议、记注、疏谬、不实、非才等门的序，以及国史部总序，在史学批评的理论上都提出了一些新问题。《论议》门序说：

---

① 柳宗元：《柳宗元集》卷四四、四五，北京：中华书局，1979年，第1265—1388页。

② 柳宗元：《柳宗元集》卷三一，北京：中华书局，1979年，第808—809页。

“至于考正先民之异同，论次一时之类例，断以年纪，裁以体范，深述惩劝之本，极谈书法之事，或列于封疏，或形于奏记。”这是对前人“论议”的问题作了归纳，也反映出作者在史学理论方面所作的思考。其以公正、恩奖等门称赞史学上“执简之余芳，书法之遗鼓者”与“鸿硕之志，良直之士”；而以疏谬、不实、非才诸门批评史家撰述上的种种弊端。《册府元龟》国史部立疏谬门，并增立不实、非才两门，使三者有区别，是对《史通·纰缪》篇的继承和发展，在理论上是有价值的。吴缜撰《新唐书纠谬》《五代史纂误》，都是专就一部史书的“谬”“误”进行评论。如《新唐书纠谬》按其所抽举之谬误，取其同类，加以整比，厘为20门，即：以无为有，似实而虚，书事失实，自相违舛，年月时世差互，官爵姓名谬误，世系乡里无法，尊敬君亲不严，纪志表传不相符合，一事两见而异同不完，载述脱误，事状丛复，宜削而反存，当书而反阙，义例不明，先后失序，编次未当，与夺不常，事有可疑，字书非是。它能列举出这么多的批评项目来，虽然未必都很中肯，但人们还是可以从中得到不少启发的。作者指出《新唐书》致误的8条原因，也具有这样的性质。在史学批评理论方面，吴缜提出了两个问题。第一，什么是“信史”？他给“信史”作了这样的理论概括：“必也编次、事实、详略、取舍、褒贬、文采，莫不适当，稽诸前人而不谬，传之后世而无疑，粲然如日星之明，符节之合，使后学观之而莫敢轻议，然后可以号信史。反是，则篇帙愈多，而讥谯愈众，奈天下后世何！”[①]给“信史”作这样的规范，下这样的定义，在史学上以前还没有过。第二，史学批评的标准是什么？他说：“夫为史之要有

① 曾枣庄、刘琳主编：《全宋文》第一百册《新唐书纠谬》序，上海：上海辞书出版社，2006年，第120页。

三：一曰事实，二曰褒贬，三曰文采。有是事而如是书，斯谓事实；因事实而寓惩劝，斯谓褒贬；事实、褒贬既得矣，必资文采以行之，夫然后成史。至于事得其实矣，而褒贬、文采则阙焉，虽能成书，犹不失为史意。若乃事实未明，而徒以褒贬、文采为事，则是既不成书，而又失为史之意矣。”[①]把事实、褒贬、文采尤其是事实作为史学批评标准，在以前也是不曾有过的。《新唐书纠谬》在史学批评的理论和方法上，都有不可忽视的价值。曾巩撰有《南齐书目录序》《梁书目录序》《陈书目录序》等文，反映出他的史学批评思想。曾巩指出：历史上的经验教训要能“传于久”，为后人“法戒”，“则必得其所托”，“此史之所以作也”。这实际上是讲到了历史的鉴戒作用是通过历史撰述作为中介来实现的，其中包含了把客观历史和历史撰述加以区别开来的思想。曾巩还对“良史”提出了明确的标准：“尝试论之，古之所谓良史者，其明必足以周万事之理，其道必足以适天下之用，其智必足以通难知之意，其文必足以发难显之情，然后其任可得而称也。”[②]这里提出了“明”“道”“智”“文”四个概念，同刘知幾提出的才、学、识相参照，前者更强调了“适天下之用”，这一个变化是值得注意的。

郑樵的“会通”之论、叶适的“史法”之议、朱熹的读史之论，在史学批评上都占有重要的位置。郑樵的《通志·总序》是一篇阐释“会通之义”的宏文。他认为，孔子和司马迁是两位最深谙“会通之义”的史家。孔子“总《诗》《书》《礼》《乐》会于一手，然后能同天下之文；贯二帝、三王通为一家，然后能极古今之变”。司马迁“上稽仲尼之意，会

① 曾枣庄、刘琳主编：《全宋文》第一百册《新唐书纠谬》序，上海：上海辞书出版社，2006年，第122页。

② 以上均见曾巩：《曾巩集》卷一〇，北京：中华书局，1984年，第176—192页。

《诗》《书》《左传》《国语》《世本》《战国策》《楚汉春秋》之言，通黄帝、尧、舜至于秦、汉之世，勒成一书”，“使百代而下，史官不能易其法，学者不能舍其书。六经之后，惟有此作”。郑樵说的“同天下之文”，是从空间上同时也是从文献上着眼的；他说的“极古今之变”，是从时间上亦即历史进程上着眼的。郑樵所谓“会通之义”的含义，从对司马迁的称赞和对班固的批评中，可以归结为“重古今之相因”“极古今之变化”这两句话。他在这方面的理论阐释是有理论价值的，而他对班固“断代为史”的批评，则未免失之过当。叶适有不少关于“史法”的议论，并对自《春秋》以下至《五代史》均有评论。叶适认为，《春秋》以前已有“史法”，但“史有书法而未至乎道，书法有是非而不尽乎义，故孔子修而正之，所以示法戒，垂统纪，存旧章，录世变也”①。叶适论“史法”，有一个中心，即反复批评司马迁破坏了“古之史法”，而这些批评大多是不可取的。他的“史法”论，在史学批评史上，只能是是非得失两存之。朱熹有许多史学批评方面的言论，其中不乏精辟论断。他评论史家才、识，说：“司马迁才高，识亦高，但粗率。”他评论史书之通俗、可读，说：“温公之言如桑麻谷粟。且如《稽古录》，极好看，常思量教太子诸王。……人家子弟若是先看得此，便是一部古今在肚里了。”他评论史家的史论，说：“《唐鉴》意正有疏处。孙之翰《唐论》精练，说利害如身处亲历之，但理不及《唐鉴》耳。”他论史家经世致用思想，说：“杜佑可谓有意于世务者。”朱熹论读史有一个很重要的见解，就是：“读史当观大伦理、大机会、大治乱得失。”②这

---

① 叶适：《习学记言序目》卷九、一〇、一一，北京：中华书局，1977 年，第 117—153 页。

② 以上分别见黎靖德编：《朱子语类》卷一三四、一三六、一一，北京：中华书局，1986 年，第 3202、3207、196 页。

实际上是提出了一条重要的史学批评标准，即以此可以审察历史撰述是否真正把握了有关时代的“大伦理、大机会、大治乱得失”。历史的内容纷繁复杂，并非所有的事件、人物都可以写入史书。史家究竟应当着重写什么？朱熹提出的见解是有启发的。南宋时期，还有不少史家在史学批评上也都有所建树，不一一列举。

元初马端临撰《文献通考》，在史学理论上颇提出一些新问题。他认为《资治通鉴》“详于理乱兴衰，而略于典章经制”，这是因为“著述自有体要，其势不能以两得也”。关于典章经制的著作，他称赞杜佑《通典》“纲领宏大，考订该洽，固无以议为也”。马端临同郑樵一样，也是力主“会通”思想的。他在郑樵的基础上又提出了一个新的认识，就是“理乱兴衰，不相因者也”；“典章经制，实相因者也”①。这是说历代治乱兴衰，在具体史事上不一定相承相因；而历代典章制度，却是相承相因的。换言之，治乱兴衰有种种景象，不以连续性为其特点；典章制度虽有损益，而发展的连续性则是其特点。他把对于史事的记载同对于制度的记载作区别，在理论上还是第一次。

以上这些，都在不同的方面反映出古代史学理论处于新的发展阶段。

四、中国古代史学理论的终结：批判、总结、嬗变

中国古代史学发展到明清时期，有两个极明显的特点，一是越来越具有更广泛的社会性，二是出现了批判、总结的趋势，同时也萌生着嬗变的迹象。大致来说，史学理论的发展，也不能脱离这两个特点，而在后一个特点上表现得更突出一些。因此，这可以看作是中国

① 以上均见马端临：《文献通考》序，北京：中华书局，2011年，第1页。

古代史学理论的终结阶段，其特征便是批判、总结和嬗变。明后期的王世贞、王圻、李贽，明清之际的顾炎武、黄宗羲、王夫之，清前期的王鸣盛、赵翼、钱大昕、崔述、章学诚、阮元、龚自珍等，在史学理论、方法论方面，都各有不同的成就和贡献。

在史学的批判总结方面，王世贞对国史、野史、家史的总体性评论，具有方法论的意义。他曾著《史乘考误》100卷。在卷首小引中，他指出了国史、野史、家乘的种种弊端，然后写道："虽然国史人恣而善蔽真，其叙章典、述文献、不可废也；野史人臆而善失真，其征是非，削讳忌，不可废也；家史人谀而善溢真，其赞宗阀、表官绩，不可废也。"他对国史、野史、家史的这种估价，不同于一些史家所持的片面性看法，而带有辩证的因素。同时，他的这个见解，是建立在对于许多文献、史料辨析的基础上提出来的，故尤其具有方法论的价值。李贽在史学理论上的批判精神，比王世贞要突出得多。其主要之点，是针对以往的社会历史观提出来的，而核心又在于历史评价的是非标准。李贽认为："人之是非，初无定质；人之是非人也，亦无定论。无定质，则此是彼非并育而不相害；无定论，则是此非彼亦并行而不相悖矣。"这是肯定了人们认识事物的"是"与"非"是可以同时存在的，甚至可以"并育"以促进认识的发展。他进而指出：汉、唐、宋三代，"中间千百余年而独无是非者，岂其人无是非哉？咸以孔子之是非为是非，故未尝有是非耳。"①这是明确地提出，在历史评价上应当改变"咸以孔子之是非为是非"的传统价值观念。李贽的这一认识，包含有相对主义的因素，但在当时对于突破传统历史思想的束缚方面，

① 李贽：《世纪列传总目前论》，见《藏书》，北京：中华书局，1959年，第1页。

是有积极意义的。这反映出史家在史识的理解上已开始提出了新的认识。王圻有丰富的历史撰述，《续文献通考》是他的代表作。《续文献通考》在史学理论上有两点是极为突出的，一是重视历史撰述上的批判继承，二是重视史学的经世致用。他对马端临《文献通考》的批判继承表现在：第一，是要改变“详于文而献则略”的情况；第二，是增加辽、金典制；第三，是增设若干新的门类。从《通典》《通志·略》《文献通考》到《续文献通考》，古代史家尊重前人成果又不囿于前人陈说的学风和思想，表现得十分明显。对前人著述和思想批判继承的理论，无疑是古代史学理论的一部分。

顾炎武、黄宗羲、王夫之是大思想家，也是史学的大师。他们在史学理论上有一个共同的特点，即十分强调史学的经世致用，从而把唐宋以来逐渐明确起来的经世致用的史学思想发展到新的阶段。顾炎武认为，重视史学，若干年间，“可得通达政体之士，未必无益于国家”①。黄宗羲在为万斯同所撰《历代史表》写的序言中说：“二十一史所载，凡经世之业，亦无不备矣。”这反映了他对史学社会作用的认识。他和顾炎武一样，深感史学对于人才培养的至关重要。他说：“自科举之学盛，而史学遂废。昔蔡京、蔡卞当国，欲绝灭史学，即《资治通鉴》板亦议毁之，然而不能。今未尝有史学之禁，而读史者顾无其人，由是而叹人才之日下也。”王夫之《读通鉴论》叙论四之二，对“资”“治”“通”“鉴”作了深刻的阐述，通篇论述了优秀的历史著作何以与政治、社会、人生有极大的关系。他认为，读史，既置身于现实之中，又要设想置身于历史环境之中，作认真的思考、比较，就会认识到历史的借鉴作用。他说：“设身于古之时势，为己之所躬逢；研虑于古之谋为，为己

① 顾炎武：《日知录》卷一六“史学”条，北京：中华书局，2020年，第860页。

之所身任。取古人宗社之安危，代之以忧患，而己之去危以即安者在矣；取古昔民情之利病，代之以斟酌，而今之兴利以除害者在矣。得可资，失亦可资；同可资，异亦可资也。故治之所资，唯在一心，而史特其鉴也。”这一段话，把历史和现实，古人和今人，成功和失败，经验和教训、相同和相异，这几层关系都讲到了，而且洋溢着辩证的思想。顾炎武、黄宗羲、王夫之三人的经世致用史学思想，把中国古代史学经世致用的优良传统推到了那个时代的最高峰。

王鸣盛、赵翼、钱大昕、崔述、阮元等，是清代前期在历史文献学的理论和方法论上都各有建树的几位名家。他们在史学理论上的一个共同的重要论点，就是认为由于种种不同的原因，前人的历史撰述以及其他一些历史文献，有不少是可以商榷、考异或考信的；只有经过严格的考证和辨析，人们才可能更清楚地认识到历史的真实。其核心在于求实、求信。钱大昕说：“史非一家之书，实千载之书，祛其疑，乃能坚其信；指其瑕，益以见其美。”①王鸣盛认为：“大抵史家所记典制，有得有失，读史者不必横生意见，驰骋议论，以明法戒也。但当考其典制之实，俾数千百年建置沿革，了如指掌，而或宜法，或宜戒，待人之自择焉可矣。其事迹则有美有恶，读史者亦不必强立文法，擅加与夺，以为褒贬也。但当考其事迹之实，俾年经事纬，部居州次，记载之异同，见闻之离合，一一条析无疑，而若者可褒，若者可贬，听诸天下之公论焉可矣。”②一是“考其典制之实”，二是“考其事迹之实”，这是求实的两个方面。跟王鸣盛、赵翼、钱大昕有所不同的是，崔述是从社会历史的变迁和学风的变化发现了历代经

① 钱大昕：《廿二史考异》序，见《嘉定钱大昕全集》，南京：凤凰出版社，2016年，第378页。

② 王鸣盛：《十七史商榷》序，北京：中华书局，2010年，第1页。

师所说古史的可疑之处，即他说的“二帝、三王、孔门之事于是大失其实”①，从而提出了古史考信的理论和方法。阮元是古代最后一位历史文献学大师，他“论学宗旨在实事求是，自经史、小学、历算、舆地、金石、辞章，巨细无所不包，尤以发明大义为主”。他的不少著作，“推阐古圣贤训世之意，务在切于日用，使人人可以身体力行”②。他们在考证、校勘、汇刻历史文献的方法上，各具特色。王鸣盛是搜罗正史以外群书，“尽取以供佐证，参伍错综，比物连类，以互相检照，所谓考其典制、事迹之实也”。他不主张“以议论求法戒”“以褒贬为与夺”。赵翼则认为：“盖一代修史时，此等记载无不搜入史局，其所弃而不取者，必有难以征信之处，今或反据以驳正史之讹，不免贻讥有识。”③所以他的考证工作，主要是就正史纪、传、表、志中“参互勘校”。同时，他对于“古今风气之递变，政事之屡更，有关治乱兴衰之故者，亦随所见附著之”。王、赵在考证的方法论上，各有长短，而历史见识上则赵胜于王。钱大昕在方法论上更有一种近于历史主义的认识，他反对“空疏措大，辄以褒贬自任，强作聪明，妄生疻痏，不卟年代，不揆时势，强人以所难行，责人以所难受，陈义甚高，居心过刻”的治学态度，而持“唯有实事求是，护惜古人之苦心，可与海内共白”④的治学态度。钱大昕作为考史学派的最主要的代表人物，跟他的这种治学态度是密切相关的。崔述的方法是“取经传之文，类而辑之，比而察之，久之而后晓然知传记、注疏之失”；

① 徐世昌等编纂：《清儒学案》卷九七《考信录提要》上，北京：中华书局，2008年，第3933页。

② 徐世昌等编纂：《清儒学案》卷一二一《仪征学案》上，北京：中华书局，2008年，第4798页。

③ 赵翼：《廿二史札记》小引，北京：中华书局，2013年，第1页。

④ 钱大昕：《廿二史考异》序，见《嘉定钱大昕全集》，南京：凤凰出版社，2016年，第378页。

阮元整理、校勘、阐释历史文献的方法则是“汇汉、宋之全”，即“持汉学、宋学之平”①，把考证和义理结合起来。而王、赵、钱、崔、阮在方法论上有一个共同的地方，即他们都强调“实事求是”。他们从历史文献学方面提出的理论和方法论，正是古代史学理论和方法论在这个领域里的批判性总结。

要论从理论上全面总结中国古代史学的史家，还是章学诚。他的成就主要在理论方面，所著《文史通义》《校雠通义》在史学理论上有重大建树，其中也有论及历史理论的名篇（如《文史通义》中的《原道》三篇）。章学诚在史学理论方面的新贡献主要有以下几点：（一）在继承、发展前人认识的基础上，提出了“六经皆史”的论点。这是继《隋书·经籍志》确立史学从经学中分离出来的经史分途格局之后，进而以史学来说明经书的新认识，这就进一步扩大和丰富了史学的内涵。（二）提出了“史法”和“史意”的区别，而重于“史意”的探索。他说：“吾于史学，盖有天授，自信发凡起例，多为后世开山，而人乃拟吾于刘知幾。不知刘言史法，吾言史意，刘议馆局纂修，吾议一家著述，截然两途，不相入也。”②简要地说，“史法”是探讨历史撰述的形式和内容，“史意”是探讨历史撰述中的思想。刘、章的联系和区别，继承和发展，即在于此。（三）提出了“撰述”与“记注”的区别，以“圆神”“方智”为史学的两大宗门。他说“记注欲往事之不忘，撰述欲来者之兴起，故记注藏往似智，而撰述知来拟神也。”③“记注”与“撰述”，亦可从“史法”与“史意”中得到说明。（四）提出了历史编撰上“神奇”与“臭

① 龚自珍：《定庵续集·阮尚书年谱第一序》；《拟国史儒林传序》跋语，见《研经室集》一集卷二。

② 章学诚著，叶瑛校注：《文史通义校注》出版说明，北京：中华书局，1985 年，第 2—3 页。

③ 参见《文史通义·书教下》。

腐”互相转化、发展的辩证法则。他认为：“事屡变而复初，文饰穷而反质，天下自然之理也。”他从“《尚书》圆而神”一直讲到袁枢《通鉴纪事本末》的出现，并说：“神奇化臭腐而臭腐复化为神奇，本一理耳。”①（五）总结了通史撰述的品类及其所具有的六便、二长、三弊，建立了古代通史学理论。②（六）提出了“史德—心术”论，发展了刘知幾的“史家三长”说，把关于史家自身修养的理论提高到一个新的阶段。③（七）提出了“临文心敬”“论古必恕”的文史批评的方法论原则。他说：“不知古人之世，不可妄论古人文辞也；知其世矣，不知古人之身处，亦不可以遽论其文也。”④这是关于知人论世的精辟见解。（八）总结了关于历史文学的理论，提出了“闳中肆外，言以声其心之所得”，“传人者文如其人，述事者文如其事”⑤等文字表述的原则。（九）提倡“别识心裁”“独断之学”的继承、创新精神，强调在认识前人“著述之源，而知作者之旨”的基础上进行新的创造，此谓之“心裁别识，家学具存”⑥。

章学诚的《校雠通义》是一部系统的历史文献学的理论著作，其中《原道》篇结合社会发展总结了历史文献发展的规律，《宗刘》以下诸篇从理论和历史两个方面总结了古代历史文献学的成就。

龚自珍所处的时代，中国社会正处于历史大变动的前夜。随着这个历史大变动的到来，史学和史学理论的发展都逐渐开始发生新的变化。

---

① 参见《文史通义·书教下》。

② 参见《文史通义·释通》。

③ 参见《文史通义》之《史德》及《质性》《言公》等篇。

④ 参见《文史通义·文德》。

⑤ 参见《文史通义》之《文理》及《古文十弊》等篇。

⑥ 参见《文史通义》之《申郑》及《答客问》等篇。

略论中国古代历史理论的特点*

中国古代史学的理论遗产包含两大部分，一个部分是人们对客观历史的理论性认识，这就是本文所说的历史理论；还有一个部分是人们对历史学的理论性认识，我们称为史学理论。由于这两个部分所要考察的对象不同，故有必要分别加以研究，以推进对它们的认识。同时，由于史学活动也是一种历史活动，所以在讨论关于认识历史时，也必然会涉及史学；而史学家是史学活动的主体，所以在讨论史学家时，也一定不能避开史学家的历史认识，可见历史理论与史学理论又是有密切联系的。① 本文就是在这个认识的前提下，试就中国古代历史理论的特点作一初步的探讨。

中国古代史学有没有历史理论？这是自 20 世纪 80 年

---

* 原载《学术研究》2004 年第 1 期。

① 关于这个问题，人们在理解上和解释上不尽相同。参见陈启能：《历史理论与史学理论》，《光明日报》，1986 年 12 月 3 日；瞿林东：《史学理论与历史理论》，《史学理论》，1987 年第 1 期；何兆武：《历史理论与史学理论——近现代西方史学著作选·编者序言》，北京：商务印书馆，1999 年。

代以来长期困扰着许多史学工作者的一个问题。有不少同行认为，中国古代史学长于记述而理论贫乏。对中国古代史学产生这种看法，原因是多方面的。第一，许多史学工作者研究的领域是客观历史的某些方面，一般不甚关注作为一个学科的史学本身的问题，因而不熟悉史学自身的发展情况。第二，史学史是一门年轻的学科，而中国史学史研究者因历史条件和自身的原因，长期以来也未曾对中国史学上的理论遗产作深入的和有系统的历史考察与理论说明。第三，20 世纪 80 年代以来，西方的一些历史理论与史学理论著作大量被介绍到中国来，引起人们的兴趣和关注；有些同行甚至以此为标准去反观中国古代史学，于是“理论贫乏”之感油然而生。第四，对于东西方史学在表现其理论的内容和形式上，未能充分考察到各自的特点。换言之，在“理论”的探讨上，尚未能着眼于从本民族的遗产出发。总之，这种情况的出现，有历史上的原因，也是专业工作者在研究上存在的不足所致。需要说明的是，此种情况，近年逐渐有所改变，前景是令人鼓舞的。

笔者从 20 世纪 80 年代中期起步，开始对中国古代史学的理论遗产作探索性的研究，于 1992 年发表《中国古代史学理论发展大势》一文[①]；1994 年出版了《中国古代史学批评纵横》[②]；1998 年出版了《史学志》，其中有“历史观念”和“史学理论”的专章[③]。当然，这些研究所得都是极初步的，它们只是表明这方面的研究是必要的，也是可以继续研究下去的。

---

① 见《历史研究》，1992 年第 2 期。

② 瞿林东：《中国古代史学批评纵横》，北京：中华书局，1994 年。

③ 瞿林东：《史学志》，上海：上海人民出版社，1998 年。

一、多种存在形式

中国古代史学拥有厚重的历史理论遗产，它主要表现为三种存在形式。第一种形式，是作为史书之构成的一个部分的“史论”；第二种形式，是独立的历史评论专篇；第三种形式，是历史评论专书。多种存在形式，这是中国古代历史理论的一个特点。

首先说第一种形式。这种形式，最早见于《左传》中的“君子曰”。《左传》叙事，间有议论，或以“君子曰”表示，或以“孔子曰”“仲尼曰”表示，或引古书加以发挥。其中，“君子曰”更具有“史论”的特点，对后世影响也最大。“君子曰”所论，大多借史事以论人物，而又多强调以伦理为基本的评论准则。如《左传·成公二年》记：

> 君子曰：“位其不可不慎也乎！蔡、许之君，一失其位，不得列于诸侯。况其下乎？《诗》曰：‘不解（懈）于位，民之攸塈’，其是之谓矣。”

这是说的蔡侯、许侯因不自重而“不得列于诸侯”，进而引申到只有居高位者不懈怠，人民才能得以休息、安定。这里讲到权位的重要以及国君同民众的关系。

又如《左传·隐公四年》记：

> 君子曰：“石碏，纯臣也。恶州吁而石厚与焉。‘大义灭亲’，其是之谓乎！”

这是以下述史事发表的评论：卫国人州吁杀卫国国君而自立，卫大夫石碏之子石厚与州吁交往甚密，石碏乃用计杀死州吁，同时派人杀死本人之子石厚，故《左传》作者称石碏为“纯臣”，表彰“大义灭亲”之举。《左传》的历史评论多类此。因《左传》记春秋历史，而孔子为春秋末年人，故《左传》也引用孔子言论来评论史事；从孔子来说，这带有批评时事的性质，而对《左传》作者和后人来说，自也是评论历史的一部分。

《左传》的“君子曰”这种历史评论形式，在秦汉以后的中国史学上获得长足的发展。《史记》的纪、表、书、世家、列传中的“太史公曰”堪为佳作，反映了司马迁的历史见解，其中多有理论上的建树。在《汉书》等历代正史中，其纪、表、志、传中的史论亦有许多佳作，不乏理论上的创见。以《汉纪》《后汉纪》《资治通鉴》等为代表的编年体史书，在形式上可以说是直接继承、发展了《左传》的“君子曰”的风格，所不同的是它们更着意于兴亡治乱之故的评论。以《通典》为代表的典制体史书，其历史评论涉及国家职能的各个方面，包含经济、官制、法制、地方建置、民族等。这种形式的历史评论，在中国古代其他各种体裁的史书中，也不同程度地有所反映。

其次说第二种形式。在中国古代历史文献中，独立的历史评论专篇占有重要的分量。它们多存在于各种文集、总集、文选、奏议、书信之中，有些也散见于各种史书的征引之中。就历代文集来说，历史评论的文章在在多有，且不乏千古名篇，如柳宗元的《封建论》、欧阳修的《正统论》等，皆见于文集之中。又如总集《文苑英华》，专立“史论”一目，所收历史评论专篇，以论历代兴亡为主，其中有的原文已佚，赖此得以流传。有的历史评论专篇，久已遗佚，只是由于史书的引用才得以保存下来，如《国语・周语下》载太子晋谏周灵王语、《国语・郑语》载史伯论周王室行将衰落语、《国语・楚语下》载观射父对楚昭王所问语等，都是涉及历史进程问题的重要篇章。《国语》以记言著称，所载时人问对，多含有评论历史的内容。秦汉以下，如《史记·太史公自序》载司马谈《论六家要指》，《秦始皇本纪》载贾谊《过秦论》，《后汉书·班彪传》载班彪《王命论》，《三国志·蜀书》载诸葛亮《隆中对》，《旧唐书·马周传》载马周答唐太宗问治国之方略语等，都是有名的史论和政论。此种专篇，史书中保存很多，是一份极其重要的思想遗产。以上所举种种史论专篇，或指陈历史形势，或纵论兴亡成败，或阐说历史环境与政治体制之关系，或论述某个皇朝存在之根据，都具有鲜明的理论色彩。

现在说第三种形式。毫无疑问，历史评论专书更集中地反映了历史理论的面貌及其发展趋势。在这方面，王夫之的《读通鉴论》《宋论》是备受关注的。宋人范祖禹的《唐鉴》、孙甫的《唐史论断》亦不失为名作。这几部书，包含了丰富的历史理论。那么，在中国古代史学发展史上，是否还有更多的著作，应当进入历史理论的视野呢？在这个问题上，从研究工作来看，一是要深入发掘，二是要转换视角，改变一些早已形成的观念。譬如《周易》这部书，人们可以从不同的角度去解释它。章学诚认为："六经皆史也。"他还用设问的口气，着意回答了《易》"与史同科"的问题。[①] 从前人解释《易》之三义来看，所谓"易简""变易""不易"所包含的内容，涉及天地自然、社会人事、伦理原则等[②]，其关于历史哲学之内容则居多。又如《吕氏春秋》《淮南子》等，历来认为是子书，但唐人刘知幾说它们"多以叙事为宗，举而论之，

---

① 章学诚著，叶瑛校注：《文史通义校注》卷一《内篇一·易教上》，北京：中华书局，1985 年，第 1—3 页。

② 参见蒋伯潜：《十三经概论》，上海：上海古籍出版社，1983 年，第 302 页。

抑亦史之杂也”。[①] 其中说理部分与历史理论颇相关联。再如《盐铁论》之论国家财政与社会生活的关系，《人物志》之论人物品评的原则与标准，《帝王略论》之评价历代帝王优劣及其根据，《贞观政要》《通鉴直解》之论历史鉴戒与为政之道，《明夷待访录》之批判专制制度等等，都是各有特色的关于历史理论之书。

以上所举三种形式，只是就历史理论在古代文献中的主要存在形式来说的，这里并不排除还有其他的存在形式。

二、深入探索的连续性

这是中国古代历史理论的又一个特点。中国古代历史理论遗产的厚重，自然有自成体系的著作传世，显示出理论上的分量。然而，它的厚重还表现在另一个方面，即人们对重大历史问题的关注和探索的累代相传，历时既久而探讨愈深，从而形成了一些理论的“重心”。以往我们对于中国古代历史理论在发展上的这一特点未曾十分关注，以为中国古代史学在历史理论方面谈不上有什么理论体系，这是因为我们没有用连贯的和发展的眼光来看待这一领域所致。现在，我们改变一下视角，就不难发现，前人对一些重大历史问题的理论探究是带有连贯性的；而这种连贯性的生成和发展，把历史理论不断推向深入。

这里，我们可以举兴亡论、君主论、封建论等一般理论层面上的几个问题来作简略的说明。中国古代的思想家和史学家很早就有关于君主的评论。东汉末年，荀悦提出“六主”即六种类型的君主的见

① 刘知幾著，浦起龙释：《史通通释》卷一〇《杂述》，上海：上海古籍出版社，1978年，第276—277页。

解①，可以认为是比较系统的关于君主的认识。唐初，虞世南著《帝王略论》，多用比较之法，纵论君主优劣，对唐朝以前的历代君主进行全面的评价，这是中国史学上较早的"君主论"专书。其后，司马光撰《稽古录》，提出人君的"道""德""才"三者应有的准则②，是从正面阐述了关于君主的理论。北宋王钦若等编纂的《册府元龟》，其"帝王部"含81卷，分128门记君主事，是揭示君主和君主现象的综合性撰述。明末清初，黄宗羲著《明夷待访录》，其《原君》篇对君主的产生及其作用进行分析、批判，把古代的君主论推进到一个新的阶段，显示出早期启蒙思想的光焰。

朝代兴亡，社会治乱，是历史上人们最关注的问题之一。西周初年，周公是十分注重总结历史经验的政治家。从西周到春秋战国，历史的变动，王室的衰微，诸侯的兴灭，促使史学家和思想家作深入的思考，《左传》《国语》及诸子之书，多有这方面的讨论。汉初，面对秦亡汉兴的巨大变动，政治家、思想家、史学家都在探究其中的原因。陆贾、贾谊、晁错的史论和政论，多有关于兴亡得失的名作。史学家司马迁更是明确提出了"稽其成败兴坏之理"的历史撰述任务。③ 此后，关于兴亡成败的讨论，不绝于世。如唐初史家用比较方法探讨秦、隋兴亡的原因④，朱敬则的《十代兴亡论》纵论南北朝的得失成败；宋代司马光强调，一部《资治通鉴》的主旨即在于"关国家兴衰，

---

① 荀悦：《汉纪》卷一六《昭帝纪》，北京：中华书局，2002年，第287页。

② 司马光：《稽古录》卷一六，北京：北京师范大学出版社，1988年，第178—181页。

③ 《史记·太史公自序》。

④ 魏徵等：《隋书》卷四《炀帝纪下》，北京：中华书局，1973年，第96—97页。

系生民休戚”之事[①]，而范祖禹《唐鉴》一书则是把揭示唐朝何以兴、何以亡、后人何以为鉴作为撰述的目的；南宋史家为时势所激，具有深刻的忧患意识，他们的撰述主旨都以兴亡盛衰为核心；明清之际，朝代更迭，社会动荡，史学家的兴亡之论继续深化，王夫之的《读通鉴论》《宋论》是在这方面影响力最大的著作。总之，关于治乱兴衰的著作，举不胜举。这是因为，从社会运行的实际轨迹来看，不论是统治集团，还是下层民众，都希望社会得以长治久安，但客观形势却并非如此，朝代更迭有之，天下大乱有之，人们不得不思考朝代何以兴、社会何以治的问题。此其一。其二，从思想传统来看，修身、齐家、治国、平天下即“修齐治平”是儒家思想的基本准则，是中国古代尤其是两汉以降士人的思想中不可动摇的信念，正是这种信念对历代史学家的撰述旨趣有极大的影响，重视关于兴亡成败的探讨就成为他们的天职和本分。

封建，即封土建国，即通常所称分封，是西周实行的政治体制。战国中期，商鞅在秦国变法，始行郡县制。秦始皇统一中国后，是推行郡县制还是实行封建制即分封制，经过激烈的廷争，秦始皇采纳了廷尉李斯的意见，在全国推行郡县制。[②] 西汉初年，分封、郡县两制并行，始有异姓王的谋反，继有同姓王的叛乱，一度造成政局混乱，后朝廷采用贾谊、主父偃等人之策略，使分封名存而实亡，西汉皇权乃得以稳定。但在朝代的更迭之后，人们往往追慕封建之制，如三国魏人曹同著《六代论》、西晋陆机著《五等论》，都是批评郡县制、肯定分封制。唐初魏徵、李百药，中唐柳宗元等，又都是分封制的有力批

① 司马光：《进书表》，见《资治通鉴》，北京：中华书局，1956年，第9607页。

② 《史记·秦始皇本纪》。

评者。尤其是柳宗元的《封建论》一文，以雄辩的历史事实和透彻的理论分析，阐明郡县制的优越和分封制的不可复，气势磅礴，前无古人，为后人大加称颂。明清之际，顾炎武纵观历史，细察现实，撰《郡县论》九篇，以超越前人的理论勇气，论述了兼采分封、郡县两制之长的主张，显示出辩证的思想和历史的智慧，把关于分封、郡县的讨论提升到了一个新的理论高度。

以上举出的几个问题，都是中国古代历史理论一般层面上的重大问题。此外，还有天人关系、古今关系、地理条件与社会发展的关系以及民族、国家等问题，是属于又一个层面上的历史理论问题。这里，我们举地理条件与社会发展的关系为例，纵览人们对这一问题的认识，同样是饶有兴味的。毫无疑问，一定的历史活动，总要在一定的地域上展开。换言之，历史的发展是离不开地理条件的。

首先，物产的地域特点及其对人们社会生活的影响，这是中国历代史学家所一向注意的，并从而产生经济区域的看法。司马迁在《史记·货殖列传》里把汉朝的统治范围分为四个大的经济区域：山西地区，即关中地区；山东地区，即崤山或华山以东直至沿海的广大地区；江南地区，即长江以南直至沿海的广大地区；龙门（在今山西省河津县西北）、碣石（在今河北省昌黎县北）以北地区，即今山西北部至河北北部一线以北直到汉朝北境的广大地区。司马迁对一些地区的记载，着重于地理条件的状况、生产的状况以及经济生活的状况和社会风俗的表现、不同地区在这些方面的相异或相同之处。司马迁的这种思想受到后来许多史学家的重视，并对它加以继承和发展。班固《汉书·地理志》在详载全国郡县建置、户口多寡后，于其篇末备言各地地理、生产、风俗等状况，比《史记·货殖列传》所记更加丰富。西晋史学家司马彪称赞说："《汉书·地理志》记天下郡县本末，及山川奇异，风俗所由，至矣。"[1]杜佑《通典·州郡典》各篇，亦多特标"风俗"一目，略述各地地理条件及其影响下的当地经济生活和社会习俗。顾炎武的《天下郡国利病书》，虽是辑录前人论述成编，但顾氏的经济区域观念亦十分鲜明。经济区域的观念及其在史书上的反映已成为中国史学上的一个优良传统。

其次，在人口和地理的关系上，中国古代史学家也有一些认识，这可说是人口地理思想的萌芽。司马迁已经注意到地理条件跟人口分布的关系。他讲关中人口和地理的关系比较具体：关中之地占当时全国三分之一，而人口不超过当时全国十分之三。他还注意到有的地区人民"好稼穑"，有的地区则"业多贾"。[2] 这些，涉及对人口分布的密度和人口部门构成的朦胧认识。自《汉书·地理志》以后，在《二十四史》中，有地志者计 16 家，或称《地理志》，或称《郡国志》《州郡志》《地形志》。它们或记人口的分布，或记人口的迁徙，都是以人口与地理相结合的情况着眼的，这是封建社会中劳动力与土地相结合在史书上的反映。

再次，从地理条件看政治上的兴亡得失，是中国古代一些史学家所关切的，也是古代一些政治家、思想家所关切的。《通志·都邑略·序》可以认为是从地理条件考察"建邦设都"跟政治关系的佳作，作者郑樵是从全国的地理形势和以往的历史经验出发，对地理条件与"建邦设都"的关系和政治上兴亡得失的关系作总的考察。他的主要论点是：(一)在新的历史条件(包括地理条件和政治条件下)，长安、洛阳、建业所谓"三都"已不是理想的建都所；(二)北宋建都于汴京是一

① 范晔：《后汉书》志十九《郡国一》，北京：中华书局，1965 年，第 3385 页。

② 以上均见《史记·货殖列传》。

个历史性的错误，这与“靖康之难”有直接的关系；(三)南宋建都临安是不妥当的，应参考唐人朱朴之议，移都南阳。明清之际，顾炎武撰《历代宅京记》，就历代建都之制，备载其城郭宫室、都邑寺观及建置年月等史实，其总序部分亦多述前人议论，是我国古代第一部辑录都城历史资料的专书，有很高的文献价值和理论价值。顾祖禹所著《读史方舆纪要》是一部以地理为基础、以阐明军事上的成败为主要内容、以总结政治得失为目的的巨著。作者为各地方舆所撰的序论，最能反映出作者在这方面的造诣和旨趣。人们称赞此书“辨星土则列山川之源流，详建设则志邑里之新旧，至于明形势以示控制之机宜，纪盛衰以表政事之得失，其词简，其事核，其文著，其旨长，藏之约而用之博，鉴远洞微，忧深虑广，诚古今之龟鉴，治平之药石也。有志于用世者，皆不可以无此篇”。①

除了上述两个不同的理论层面外，中国古代历史理论在深入探索的连续性方面，还表现在范畴的层面上。在这个层面，我们也可以窥见它在发展上不断提升的境界。如司马迁论历史形势、历史环境，常用“时”“势”的概念。如说“不令己失时，立功名于天下”②，指的是“七十列传”中的一些人物；说叔孙通“制礼进退，与时变化”③，说公孙弘“行义虽修，然亦遇时”④，指的是一个人的经历与“时”的关系。司马迁评论项羽，说他“乘势起陇亩之中”⑤，又说“虞卿上采《春秋》，

① 顾祖禹：《读史方舆纪要·原序二》，北京：中华书局，2005年，第10页。

② 《史记·太史公自序》。

③ 《史记·刘敬叔孙通列传》。

④ 《史记·平津侯主父列传》。

⑤ 《史记·项羽本纪》。

下观近势"[①]，这里说的"势"，都是指历史形势。司马迁还说到"事势"与"势理"，前者是指事物发展趋势[②]，后者指事物发展的法则[③]，等等。可见，"时""势"及与之相关的概念，是历史撰述中经常使用的。司马迁以下，撰史者与论史者多有沿用。至柳宗元撰《封建论》，以"势"驳"圣人之意"，说明"封建"(分封)出现的客观原因；秦废封建而设郡县，是适应了客观形势的变化。[④] 可以认为，柳宗元的《封建论》，全篇都是在论证"势"在历史发展中的作用，而"势"是不以人的意志为转移的。这比之于司马迁说"势"，是更加深刻了。其后宋人曾巩、范祖禹、苏轼等都受到柳宗元《封建论》的影响并有所阐发。曾巩著《说势》一文，其见解折中于"用秦法"与"用周制"之间。[⑤] 范祖禹称："三代封国，后世郡县，时也。"[⑥]苏轼认为："圣人不能为时，亦不失时。时非圣人所能为也，能不失时而已。"[⑦]这些都丰富了"时"与"势"的内涵。至明清之际，王夫之对此又有新的发展。他不仅对"势""时势"多有论述，[⑧] 而且进一步提出"势"与"理"的关系，认为"理本非一成可执之物，不可得而见也"，"只在势之必然处见理"。[⑨] 这无疑是在说，"势"是"理"的表现形式，"理"是"势"的内在本质。要之，

---

① 《史记·十二诸侯年表》。

② 《史记·田敬仲完世家》。

③ 《史记·太史公自序》。

④ 《柳河东集·封建论》，上海：上海古籍出版社，1974年，第43—48页。

⑤ 曾巩：《曾巩集》卷五一，北京：中华书局，1984年，第694—695页。

⑥ 范祖禹：《唐鉴》卷二，上海：上海古籍出版社，1984年，第42页。

⑦ 苏轼：《东坡志林》卷五，北京：中华书局，1981年，第103页。

⑧ 王夫之：《读通鉴论》卷末叙论三、四，北京：中华书局，1975年，第952—954页。

⑨ 王夫之：《读四书大全》卷九《孟子·离娄上》，北京：中华书局，1975年，第601页。

从司马迁到王夫之，史学家关于“势”的观念经历了漫长而有意义的发展过程。

以上，从一般理论层面、较高理论层面和范畴概念层面，简要说明中国古代历史理论之深入探索的连续性的特点。由此可见，中国古代历史理论的形成和发展，是历史的产物，是群体的创造。它同中华文明的连续性发展是密切相关的。

三、未尝离事而言理

“未尝离事而言理”，即“事”中有“理”，“理”不离“事”，在阐明事实的基础上论述道理，这是中国古代历史理论的另一个鲜明特点。

司马迁在回答壶遂提出孔子为何要作《春秋》的问题时说：

> 余闻董生曰：“周道衰废，孔子为鲁司寇，诸侯害之，大夫壅之。孔子知言之不用，道之不行也，是非二百四十二年之中，以为天下仪表，贬天子，退诸侯，讨大夫，以达王事而已矣。”子曰：“我欲载之空言，不如见之于行事之深切著明也。”夫《春秋》，上明三王之道，下辨人事之纪，别嫌疑，明是非，定犹豫，善善恶恶，贤贤贱不肖，存亡国，继绝世，补敝起废，王道之大者也。①

司马迁引孔子的话“我欲载之空言，不如见之于行事之深切著明也”，意谓发表议论不如写出事实更有说服力，而事实之中自亦不无道理，故《春秋》一书可以称得上是“王道之大者也”。这个认识，当是促使司

---

①《史记·太史公自序》。

马迁撰写《史记》一书的思想渊源之一。但是，司马迁所处的时代跟孔子所处的时代毕竟有很大的差别：孔子所处的时代，史学尚在兴起之初，孔子所见前人的重要议论，主要是《易》《诗》《书》等。司马迁所处的时代，史学已有了一定的发展，《左传》《国语》及战国诸子的史论，十分丰富，汉初思想家的史论、政论也十分丰富。由于时代条件的不同，决定了《史记》和《春秋》的差别：第一，《史记》不可能像《春秋》那样简略；第二，司马迁也不可能像孔子那样微言大义。这就是《史记》既是材料翔实的历史著作，又包含有丰富的历史理论的缘故。司马迁和《史记》的这种面貌，对中国史学的发展产生了深远的影响。

一般说来，中国古代史家讲历史理论都不脱离讲历史事实。追本溯源，孔子开其端绪，又经司马迁加以发展，形成了这种风格。就《史记》来说，从全局看，司马迁所关注的历史理论问题是“究天人之际，通古今之变”，而他对这个重大历史理论问题的揭示，是通过“网罗天下放失旧闻”，“考之行事，稽其成败兴坏之理”来实现的。① 从局部看，司马迁作十表，而于诸表序文中阐述对历史进程的认识；他作《秦始皇本纪》，而借用贾谊《过秦论》分析秦朝兴亡的历史原因；他作《平准书》《货殖列传》，而在相关序文中揭示出经济生活的重要和贫富悬殊的社会现象，并由此窥见社会历史变动的法则；他作《儒林列传》，而在序文中阐明了思想文化的重要性，等等。凡此，说明司马迁的历史理论都是在叙述历史事实的基础上提出来的，而不是他所说的“空言”。其后，班固、荀悦、陈寿、范晔、魏徵、杜佑、司马光、范祖禹、王夫之、赵翼等人，在历史理论上多有成就，而他们的风

① 《汉书·司马迁传》。

格，都是从司马迁那里继承下来的并各有特色。

唐代史家刘知幾认为史论的作用只是“辩疑惑，释凝滞”①，这就把史论的意义和价值看得过于狭隘了。其实，许多史家对史论的认识是极明确的。《汉书》的史论，反映了班彪、班固父子的历史观及其与司马迁的异同；范晔《后汉书》的史论反映了作者的功力和见识，自谓其“有精意深旨”，有些史论“往往不减《过秦篇》”②；唐初众史家撰梁、陈、齐、周、隋“五代史”时，魏徵撰《隋书》史论和梁、陈、北齐三书总论，表明当时史家对史论的高度重视；杜佑《通典》史论有多样的形式（即包含序、论、说、议、评等）和丰富而深刻的内容，作者对说、议、评还作了清晰的区别和解释，反映了作者的严谨态度③；司马光主编《资治通鉴》，其“臣光曰”意在总结历史经验教训。这些，都表明历代史家对史论的重视，而史论的作用和价值也不仅仅是“辩疑惑，释凝滞”。同时，还应当看到，史家的史论在社会生活中也产生了越来越大的影响。南朝萧统编《文选》，其中设“史论”一目，认为史书论赞“事出于沉思，义归乎翰藻”④，有广泛流传的价值。上文论到宋人编纂《文苑英华》，也设有“史论”一目。这都表明，“史论”作为史书的一部分，确有非常重要的意义。

宋人吴缜论作史的要求，意颇精粹，具有突出的理论色彩，他认为：

---

① 《史通·论赞》。

② 《宋书·范晔传》。

③ 参见拙文《重读〈通典〉史论》，收在拙著《杜佑评传》，南宁：广西教育出版社，1996年，第152—166页。

④ 萧统：《文选》序，北京：中华书局，2017年，第5页。

> 夫为史之要有三：一曰事实，二曰褒贬，三曰文采。有是事而如是书，斯谓事实。因事实而寓惩劝，斯谓褒贬。事实、褒贬既得矣，必资文采以行之，夫然后成史。至于事得其实矣，而褒贬、文采则阙焉，虽未能成书，犹不失为史之意。若乃事实未明，而徒以褒贬、文采为事，则是既不成书，而又失为史之意矣。①

“事实”是基础，而“褒贬”“文采”是不可缺少的。所谓“褒贬”，自然离不开史论。这同孟子所说的事、文、义②，同刘知幾所说的才、学、识③，都有相近之处，只是吴缜把这几个方面的关系论述得更明确、更中肯了。当然，并不是所有的史论都具有历史理论价值，但历史理论往往包含在史论之中，这是不言而喻的。

关于史事同理论的关系，在历史上也曾有不同的认识。朱熹曾这样教导学生们如何读书，他说“看经书与看史书不同：史是皮外事物，没紧要，可以札记问人。若是经书有疑，这个是切己病痛，如人负病在身，欲斯须忘去而不可得，岂可比之看史，若有疑，则记之纸也。”④朱熹说史书是“皮外事物，没紧要”，这话显然不对。元初，胡三省严厉批评类似观念，指出：

---

① 曾枣庄、刘琳主编：《全宋文》第一百册《新唐书纠谬》序，上海：上海辞书出版社，2006年，第122页。

② 《孟子·离娄下》。

③ 刘昫等：《旧唐书·刘子玄传》，北京：中华书局，1975年，第3168—3174页。

④ 黎靖德：《朱子语类》卷十一，北京：中华书局，1986年，第189页。

> 世之论者率曰："经以载道，史以记事，史与经不可同日语也。"夫道无不在，散于事为之间。因事之得失成败，可以知道之万世亡弊，史可少欤！①

胡三省认为，把经与史对立起来或完全割裂看待是不对的，而"道"也包含在"事"中，因而要认识"道"，是不能不重视史书的。在古代史家看来，史书中史论的目的之一，就是借史以明道，而史家的历史观念是其中的重要方面。

值得注意的是，在中国史学上，即便是那些以"论"作为主要特点的著作，也是不脱离史事而发论的。如虞世南的《帝王略论》，有"略"，有"论"；范祖禹的《唐鉴》，也是先说事，后发论；王夫之的《读通鉴论》，是事论并举，或因事而论，或以论举事，可谓事论交融。

当然，在中国古代历史理论发展史上，也并非都如以上所论，即均为依事而言理、据史而发论之作。这里所要强调说明的，是中国古代历史理论的突出特点而非着意描绘它的全貌及其每一细部。其实，在中国古代历史理论中，也有一些专篇、专书是重于思辨的。如司马谈《论六家要指》之阐说社会思潮；柳宗元《天论》《天说》《天对》之讨论天人关系和社会历史，以及刘禹锡《天论》之补充、发展柳宗元的天人关系说；顾炎武的《郡县论》《钱粮论》《生员论》，讨论建置、财政、取士制度等，都是此类理论文章的名篇。又如《周易》、陆贾《新语》、刘邵《人物志》、黄宗羲《明夷待访录》等，都是此类理论专书的名著。

清代史学理论家章学诚对中国史学在理论上的特点有深刻的揭

① 司马光：《资治通鉴·新注序》，北京：中华书局，1956年，第28页。

示。他说："六经皆史也。古人不著书；古人未尝离事而言理，六经皆先王之政典也。"①他这里说的是六经，但却符合自司马迁开创的史学传统。从司马迁到章学诚，前后相隔近两千年，而他们的思想是相通的。正是由于中国古代史家"未尝离事而言理"的这一特点，从表面上看，丰富的历史叙述似乎掩盖了固有的理论色彩；然而，当人们了解到以至于认识到中国古代史家"未尝离事而言理"这一特点和传统时，则中国古代历史理论的光华就会显现在人们的面前。

中国古代历史理论因其"未尝离事而言理"的缘故，一般说来，它不以思辨色彩为其特色。但由此却从另外一些方面显示出其固有的优点：第一，是言简意赅。司马迁《史记·平准书》序，仅400余字，可是它包含了司马迁的经济思想、社会思想、历史思想的丰富内涵。一部数百万言的巨著《通典》，其引言不足300字，但它却反映了杜佑的治学宗旨以及杜佑撰写《通典》的逻辑方法与历史方法的一致性。第二，是平实易懂。论不离事，故这种理论不是抽象的，而是同有关的史事相联系的，因而易于为更多的人所理解、所接受，更具广泛性。第三，是实践性强。因理论不脱离事实，这使人们比较容易把理论同实际结合起来，从中获得新的启迪和智慧，这也是中国史学具有经世致用传统的原因之一。

四、名篇名著的魅力

中国古代历史理论还有一个特点，这就是它的名篇、名著极具魅力，故能传之久远，为历代学人所重视。在中国古代历史理论领域

① 《文史通义校注》卷一《内篇一·易教上》，北京：中华书局，1985年，第1页。

中，名篇以数百计，名著以数十计，这个估计当不为过。这里，于名篇，举贾谊《过秦论》为例；于名著，举刘邵《人物志》、王夫之《读通鉴论》为例，以窥其理论上的魅力。

关于《过秦论》。司马迁在写了《秦始皇本纪》之后，发表议论说“至周之衰，秦兴，邑于西垂。自缪公以来，稍蚕食诸侯，竟成始皇。始皇自以为功过五帝，地广三王，而羞与之侔。”司马迁没有讲到秦何以兴、何以亡，只是含蓄地指出了秦始皇不可一世的心态，他只用了“善哉乎贾生推言之也”这句话，从而引证贾谊的《过秦论》，以此来评论秦朝的兴亡之故。

《过秦论》分上下篇，司马迁所引为下篇。今本《史记·秦始皇本纪》后论所引，下篇在前，上篇在后，上篇乃后人以己意所补。[①] 这里，我们以上、下篇为序略作评析。《过秦论》上篇，叙述了秦孝公任用商鞅变法，“内立法度，务耕织，修守职之备，外连衡而斗诸侯”，逐渐强盛起来。自孝公至庄襄王，秦国处于平稳发展时期，“强国请服，弱国入朝”，指出了秦国由弱而强的过程。到了秦始皇时期，他“续六世之余烈，振长策而御宇内，吞二周而亡诸侯，履至尊而制六合，执棰拊以鞭笞天下，威振四海”，“于是废先王之道，焚百家之言，以愚黔首”，企图建立“子孙帝王万世之业”，指出了秦始皇面对成功而不可一世，以致政策失误，故始皇既没而天下大乱。其政策失误主要在于“秦王怀贪鄙之心，纠自奋之智，不信功臣，不亲士民，

---

① 贾谊《过秦论》为上下两篇，据《史记·秦始皇本纪》司马贞《索隐》：“哀公以下为上篇，‘秦兼并诸侯山东三十余郡’为下篇。”则司马迁所引当为下篇，现有之上篇为后人所补，非《史记》所引原貌（并见《索隐》注文）。参见贾谊《新书》卷一，《汉魏丛书》本。又，也有以《过秦论》为上、中、下三篇之说者，见张大可《史记论赞辑释》，西安：陕西人民出版社，1986年，第52页。

废王道，立私权，禁文书而酷刑法，先诈力而后仁义，以暴虐为天下始。”这种情况，秦二世非但没有革除，反而不断加剧，以致“自君卿以下至于众庶，人怀自危之心，亲处穷苦之实，咸不安其位，故易动也”。这就是为什么陈涉振臂一呼，天下响应的缘故。《过秦论》下篇指出，秦朝在二世之后，“子婴立，遂不悟”，而统治集团内部矛盾重重，危机加深，“藉使子婴有庸王之材，仅得中佐，山东虽乱，秦之地可全而有，宗庙之祀未当绝也”，但情况恰恰不是如此。总的看来，“秦王(指秦始皇——引者)足己不问，遂过而不变。二世受之，因而不改，暴虐以重祸。子婴孤立无亲，危弱无辅。三主惑而终身不悟，亡，不亦宜乎！”贾谊在《过秦论》最后写道：

> 是以君子为国，观之上古，验之当世，参以人事，察盛衰之理，审权势之宜，去就有序，变化有时，故旷日长久而社稷安矣。

秦汉之际的历史变动，是中国古代历史上最重大的社会剧变之一。贾谊《过秦论》的总结可以说是经典性的论断。它不仅从历史上考察了秦朝兴起、衰亡的过程和原因，而且从理论上反复说明了“攻守之势异”，则“取之”之术与“守之”之术亦当有异。这个具有哲理性的历史经验，是汉初许多有识之士所关注的。《过秦论》成为千古名篇，在于它对如此重大的历史变动作了合乎理性的评论。

关于《人物志》。著者刘邵是三国魏初人①，曾“受诏集五经群书，以类相从，作《皇览》”，又与人合作《新律》18篇，著有《律略论》，还

① 刘邵，《三国志》作刘劭，今从《隋书》之《经籍志》及《人物志》所署。

“受诏作《都官考课》”，《法论》《人物志》是他的代表作。刘邵谙于典制，精于考课，深于品评人物，时人称赞他的才识“非世俗所常有”。他所处的时代，以及他本人的经历和才识，是他能够写出《人物志》一书的几个重要原因。

《人物志》3卷20篇：卷上包括《九征》《体别》《流业》《材理》，卷中有《材能》《利害》《接识》《英雄》《八观》，卷下含《七缪》《效难》《释争》。《人物志》的主旨是：“辨性质而准之中庸，甄材品以程其职任。”①《人物志》品评人物的理论基础，是以先秦朴素唯物思想的五行说与人体的自然本质骨、筋、气、肌、血相配，然后再与五常即仁、义、礼、智、信相结合，作为判断人物才性的根据。这是认为人的才性出于自然。《人物志》把人才分为三大类，谓之“三度”，即兼德、兼才、偏才，认为中庸是最高的品评准则，只有“兼德”才符合这一准则。其开篇《九征》即具体论述了人物才性的九种表现，这就是：

> 性之所尽，九质之征也。然则平陂之质在于神，明暗之实在于精，勇怯之势在于筋，强弱之植在于骨，躁静之决在于气，惨怿之情在于色，衰正之形在于仪，态度之动在于容，缓急之状在于言。

由五行而五常，由九征而三度，由三度而推崇中庸，这是《人物志》品评人物之理论的基本脉络。此外，它还以中庸为准则，剖析了12种偏才的特点(《体别》)；指出才能无大小之分，而关键在于用其

① 郑旻：《重刻人物志跋》，见《人物志》王玫评注本附，北京：红旗出版社，1996年。下引，均据此本。

宜，分析了才与能的区别(《材能》)；辨析了英与雄的两种素质的特征，认为“聪明秀出谓之英，胆力过人谓之雄”，只有“兼有英、雄”，才能“成大业”(《英雄》)；讨论了鉴定人物才性的具体方法(《八观》)；指出了品评人物的七种误区(《七缪》)；分析了知人之难与荐人之难的种种原因。

《人物志》是一部品评人物的理论著作，其学术思想渊源兼有儒、道、名、法诸家。① 刘知幾认为：“五常异禀，百行殊执，能有兼偏，知有长短，苟随才而任使，则片善不遗，必求备而后用，则举世莫可，故刘邵《人物志》生焉。”②这几句话，概括地指出了《人物志》的基本理论和撰述目的。《人物志》之于史学的密切关系，是它第一次从理论上系统地分析了历史活动中的主体在才性上的种种差异，以及认识这种差异的社会实践意义。《人物志》或许受到《汉书・古今人表》的启发，但它在理论上的认识已远远超出了后者。明人郑旻说它“三代而下，善评人品者，莫能逾之矣”③。《人物志》强调人的才性出于自然，具有朴素的唯物思想，但书中对于人的后天培养的作用，以及人在社会生活中会发生变化等问题，所论甚少，确如刘邵所言：“人物之理，妙不可得而穷已。”④

关于《读通鉴论》。《读通鉴论》是王夫之阅读《资治通鉴》而撰写的一部历史评论，全书三十卷，包括秦史评论一卷，两汉史评论八卷，三国史评论一卷，两晋史评论四卷，南北朝史评论四卷，隋史评论一

① 参见《人物志》评注本附录：钱穆《略述刘邵〈人物志〉》、汤用彤《读〈人物志〉》。

② 《史通・自叙》。

③ 刘邵：《人物志》附录三，北京：中华书局，2019年，第284页。

④ 《人物志・七缪第十》。

卷，唐史评论八卷，五代史评论三卷。从理论上看，它涉及上自三代、下至明朝的许多重大历史问题。发展进化的历史观点和精于辨析的兴亡论，是它关于历史理论的两个主要方面。

先说发展进化的历史观。王夫之的历史观，贵在对历史进程有通观全局的认识，其核心是“理”与“势”的统一。《读通鉴论》开篇就指出：“两端争胜，而徒为无益之论者，辨封建者是也。郡县之制，垂二千年而弗能改矣，合古今上下皆安之，势之所趋，岂非理而能然哉!”①他认为，郡县制“垂二千年而弗能改”，“合古今上下皆安之”，这是一个基本的趋势。接着他从理论上指出“势之所趋，岂非理而能然哉”。这就是说，这种“势”的发展，是受着“理”的支配。关于封建、郡县的讨论，柳宗元已从“势”的方面作了精辟的论述。王夫之在此基础上又提出了“理”，是对柳宗元《封建论》的发展。那么，什么是“理”呢？王夫之借用传统的术语而赋予其新意解释说：“天者，理也。其命，理之流行者也。”“天之命，有理而无心者也。”②天是物质，有“理”而无“心”即没有意志。所谓“天者，理也”，是指物质自身运动的法则即是“理”。所谓“其命，理之流行者也”，说的是这种法则表现出来的不同形式、状态。因此，“存有存之理，亡有亡之理”③；而郡县制之不可废，也是“理而能然”，自有其理所致。这是一方面。另一方面，王夫之又从守令、刺史“虽有元德显功，而无所庇其不令之子孙”的特权这一历史事实指出：“势相激而理随以易”。④ 这是指出了“理”

① 《读通鉴论》卷一“秦始皇”条。

② 《读通鉴论》卷二十四“唐德宗”条。

③ 《读通鉴论》卷二十四“唐德宗”条。

④ 《读通鉴论》卷一“秦始皇”条。

也不能脱离“势”的变化而一成不变，此即所谓“势因乎时，理因乎势”。[①] 时总在变化，势与理也就随之变化。这两个方面结合起来，构成了王夫之的发展变化的历史观。他认为，评论历史、看待现实，只有“参古今之理势”[②]，才能得到正确的认识。

再说辨析精辟的兴亡论。一部《资治通鉴》，其旨在于“论次历代君臣事迹”，以为“鉴前世之兴衰，考当今之得失”的根据。王夫之的论，如他自己所说：“引而伸之，是以有论；浚而求之，是以有论；博而证之，是以有论；协而一之，是以有论；心得而可以资人之通，是以有论。”[③]可见，王夫之的论已远远超出了《通鉴》本身所提供的思想资料，而具有独创的性质。《读通鉴论》之论历代兴亡治乱，有这样几个重要方面。第一，认为托国于谀臣则亡，国无谀臣则存。[④] 第二，指出了不重“积聚”“无总于货宝”与政治统治的关系。[⑤] 第三，指出了“风教之兴废”与皇朝兴亡的关系。这里，我们着重讲讲第三条。王夫之认为：“风教之兴废，天下有道，则上司之；天下无道，则下存之；下亟去之而不存，而后风教永亡于天下。”[⑥]这里说的“风教”，主要是指人们的思想修养和行为原则在政治上的反映。他结合东晋、南朝的历史论道：

大臣者，风教之去留所托也。晋、宋以降，为大臣者，怙其

① 《读通鉴论》卷十二“晋愍帝”条。
② 《读通鉴论》卷二“汉文帝”条。
③ 《读通鉴论》卷末叙论四。
④ 《读通鉴论》卷一“秦始皇”条、卷十二“晋愍帝”条。
⑤ 《读通鉴论》卷二“汉高帝”条。
⑥ 《读通鉴论》卷十七“梁武帝”条。

> 世族之荣，以瓦全为善术，而视天位之去来，如浮云之过目。故晋之王谧，宋之褚渊，齐之王晏、徐孝嗣，皆世臣而托国者也，乃取人之天下以与人，恬不知耻，而希佐命之功。风教所移，递相师效，以为固然，而矜其“通识”。①

这些话，很深刻地反映出东晋、南朝门阀地主的特点，即他们把家族的存亡置于皇朝的存亡之上，而他们当中有一些人是所谓“世臣而托国者”。这实在是当时政治的悲剧。与此相联系的是，王夫之还指出自汉迄隋，有“伪德”“伪人”造成政治败乱的现象，也是一个重要的历史教训。② 王夫之从“风教”论到“德化”的诚与伪，是指出了意识形态对于政治的重要。《读通鉴论》对历代治乱兴衰之故的辨析十分广泛，有些是针对具体问题说的，有些则是具有普遍性的认识，其中多有超出前人的地方。

中国古代历史理论的名篇与名著所论述的问题，范围恢宏，内容丰富，如对其有条理地进行整理，正确地加以解释，则其理论的魅力定会进一步显示出来，对今人的启发所能产生的影响，也一定更加有力。当然，关于这件有意义的工作，人们只有认清了中国古代历史理论的特点之后，才有可能自觉地去研究、去发掘，并在此基础上进行新的创造，促进当今中国史学的理论建设。

---

① 《读通鉴论》卷十七“梁武帝”条。

② 《读通鉴论》卷十九“隋文帝”条。

中国古代历史理论发展大势*

一、引论

任何一门学科都有它的理论。历史学理论从其考察的对象和所要阐述的问题来看，包含历史理论和史学理论两个部分。概括说来，历史理论是人们关于客观历史运动的论述与解说，史学理论是人们关于历史学作为一门知识或一门学科的论述与解说。历史理论与史学理论有密切的联系，即在研究的主旨和重点不同的情况下，二者可以互相包容。这是因为：一方面，史学活动也是历史活动的一部分，史学活动中出现的重大问题大多可以从历史理论中得到说明；另一方面，史学活动又是对历史活动的反思，历史活动中产生的观念、思想、理性等，自然会成为史学活动必须包含和阐述的内容。尽管如此，历史理论与史学理论的内涵毕竟有所不同，从历史学的理论研究来看，对历史理论的发展和史学理论的发展，都有必要作深入、系统

* 原载《河北学刊》2011 年第 6 期。

的研究。

唯物辩证法认为，任何事物都有一个产生、发展的过程。中国古代历史理论的产生、发展亦不例外，它是唯物史观产生以前的历史理论的一种形式，是在中国的历史发展和史学发展中逐步形成与演进的。因此，它所涉及的许多问题无疑都带着中国历史和中国史学的特点，其中有些问题也具有普遍的意义。

中国史学在其漫长的发展过程中，史学家们在历史观点、历史思想方面有了丰富的积累，也有一些史学家的历史思想形成了他们那个时代所能达到的认识水平和理论体系。这个认识水平和理论体系因时代而异，因而是变动的，且随着历史的发展而发展的。从司马迁、班固到范晔、杜佑，从司马光、郑樵、马端临到李贽，从顾炎武、黄宗羲、王夫之到崔东壁，其发展的轨迹清晰可见。还有一些思想家、政治家关于历史的见解和评论，包含着一些有意义、有价值的历史观点和历史思想，这些都可以丰富我们对于中国古代历史理论的认识。

20 世纪 60 年代初，白寿彝先生在《谈史学遗产》一文中指出："分析批判各种不同的历史观，这是我们研究史学遗产时首先要担当起来的重要的工作。当然，过去无论哪一种历史观都不可能跟马克思主义历史观相比。但分析批判这形形色色的历史观，对于掌握历史理论的发展规律，锻炼我们的识别能力，丰富我们的理论，提高我们的水平，都是不可少的。"①这里包含了两层意思，一是对各种各样的历史观进行分析，并给予其恰当的评论；二是这种研究过程有利于研究者"掌握历史理论的发展规律"。是否可以认为，前一个方面可以不断得

① 白寿彝：《白寿彝史学论集(上)》，北京：北京师范大学出版社，1994 年，第 472—473 页。

到一些具体的结论，后一个方面则是一个长期的、潜移默化的提升过程。论者在此文中还提出了三个值得关注的具体问题：一是“人定胜天论跟命定论间的斗争”；二是“时势创造历史论跟英雄创造历史论的斗争”；三是“历史进化论跟是古非今和历史循环论的斗争”。① 作者对这些问题都作了概括性的阐述，从而得出了中国古代历史理论是在矛盾运动中发展起来的结论。20世纪80年代，白寿彝再次论说史学遗产，他在讲到历史观点时，发挥了他在60年代所阐述的见解。他指出：“多年以来我们有个看法，认为马克思主义以前，历史观点都是历史唯心论，好像是一无可取。前几年，我们在中华书局搞‘二十四史’的标点工作。每一部史书在出版的时候，照例要写一篇出版说明。……按照这种写法，‘二十四史’只能是二十四部史料书，再没有其他的价值了。但这是不符合实际的。‘二十四史’固然给我们留下了大量的历史资料，但还给我们留下了不少的思想资料，留下了观察历史的方法，留下了写历史的方法，留下了许多专门知识。从历史观点来说，在‘二十四史’里，在别的很多史书里，在不少有关史事论述的书里，都还是有进步的观点、正确的观点，可以供我们参考、吸取和发扬的。”②这段话包含了对学术工作经验教训的反思和总结，其核心是说明对史学遗产中的思想遗产，应当用历史主义的方法去总结，用辩证的观点去分析，而不是作简单的看待。

白寿彝以其在史学遗产方面的渊博学识和对中国史学中的历史观点、历史思想、历史理论的高度重视，以及对马克思主义关于思想发展的辩证法则的深刻理解，一再提出并强调要加强历史观的研究。

① 白寿彝：《白寿彝史学论集（上）》，北京：北京师范大学出版社，1994年，第469页。

② 同上书，第495—496页。

1983年，他在一次学术讲演中又一次阐述了其一贯的见解，他说："关于中国史学遗产，我看有好几个方面值得我们注意的。第一个，中国历代的史学家、历代的思想家，有不少的人都有他们的历史思想、历史观点。……马克思主义没传入中国以前，中国历史学不可能有一个历史唯物主义的思想体系，这是没有问题。但这并不等于说，我们过去没有正确的历史观点。对具体历史问题、具体历史现象、具体历史人物、具体历史事件，过去也曾经有过不同程度的正确看法，这些看法不可能都写在马克思主义经典里面，但是它们是正确的。在今天我们有马克思主义指导了，对于这些前人所作的成果，我们不要一脚踢开，应该吸收过来做我们的营养。"①"历史唯物的思想体系"是到目前为止人类历史上最先进、最科学的思想体系，这个科学的思想体系是它的创始人马克思、恩格斯继承并提升了人类思想的积极成果而创造出来的，它不同于此前的任何思想体系，但并非同以往的思想体系毫无联系，这就是人类思想发展的辩证法则。白寿彝本着这种理念，在讨论史学遗产问题时并未停留在学理上，而是进一步落实到史学活动的实践层面，使史学遗产在当今的史学发展中获得新的生命力。总之，探讨中国古代历史理论的存在状况和主要成就，"掌握历史理论的发展规律"，使这方面的研究所得促进当今史学发展，是史学工作的一个重要任务。

需要着重指出的是，这种探讨还有另一个方面的重要意义，即有助于沟通中国古代史学思想体系同马克思主义唯物史观的联系。这一点，在白寿彝的上述论说中已有不同程度的显示，而刘大年论中国古

① 白寿彝：《白寿彝史学论集(上)》，北京：北京师范大学出版社，1994年，第311页。

典哲学同马克思主义的关系，以其雄辩的论证给予人们深刻的启示。刘大年在《评近代经学》这一长文中指出，在近代中国，“马克思主义在中国传播，并终于与中国固有文化结合起来”，这有四个方面的原因，前三个原因是时代使然，第四个原因是：“马克思主义与中国传统文化中古典的朴素的唯物辩证法的思想是可以沟通的。也就是说，中国人接受马克思主义哲学思想有内在的根据。尽管中国古典哲学与马克思主义哲学产生于相隔遥远的历史时代，属于截然不同的社会意识形态，属于不同的世界观和思想体系，但中国古代典籍复杂多样，其中关于唯物辩证法的思想，一向是人们所熟知的。自然它的形式是中国传统的。”①刘大年在进一步总结他的论点时又指出：“以上四条，一、二、三条主要讲从中国近代社会历史、时代环境和斗争来看，第四条讲从中国传统哲学来看，说明马克思主义与中国国情相符合。马克思主义与中国传统文化相结合，是中国文化的自我更新，是中国文化现阶段的重要发展。孔子学说统治成为过去，近代经学结束，是历史朝前演进的必然，是合理的和不可避免的。为什么五四运动以后，西方各种牌号的新思想、新学说蜂拥进入中国，又都像昙花一现，转眼过去，惟有马克思主义终于落地生根，开花结果了？这四条就是回答。”②如果我们把刘大年说的中国古典哲学同马克思主义哲学的位置，换位给中国古代史学同马克思主义史学的话，它们之间的相互关系应是大同而小异，并无本质上的区别。举例来说，中国古代史学中关于天人关系的讨论，其中也多少包含着历史究竟是“神”的启示还是“人”的启示的观点；中国古代史学中关于古今关系的认识，其中包含

① 刘大年：《刘大年集》，北京：中国社会科学出版社，2000年，第429页。
② 同上书，第427页。

着人类历史是否从低级阶段向高级阶段发展的过程的评断；中国古代史学中的地理观念，也存在着地理环境对社会历史发展影响的朴素认识；中国古代史学中一再出现的“君，舟也。民，水也。水所以载舟，亦所以覆舟”①的古训，尽管还不能视为承认人民群众在历史上的伟大创造作用，但从维护政治统治着眼已不得不考虑“民”的力量的存在。所有这些正是中国古代史学的优秀遗产能够同马克思主义唯物史观相结合从而获得新生的内在条件。

中国史学的发展证明，正是这种结合产生了中国马克思主义史学，使中国史学获得了新生，同时也扩大了马克思主义史学在世界范围的影响。马克思主义历史理论同以往的历史理论既有本质的区别，也存在着一定的联系，这是因为人类对于客观历史的认识是一个长期积累和发展的过程；尊重这一认识过程的辩证法则，才使我们对中国古代历史理论的探讨具有学理上的价值和现实的借鉴意义。

中国古代历史理论发展大势，按历史时段划分，充分考虑到历史理论自身演进的轨迹，以关注其具体标志和整体面貌为根据，大致显示出如下轨迹：先秦、秦汉时期是其形成阶段；魏晋南北朝、隋唐时期是其发展阶段；五代、宋辽金元、明清(1840年前)时期，是其繁荣与嬗变阶段。

二、中国古代历史理论的形成

人们的社会存在决定人们的思想。先秦、秦汉时期的历史发展，影响着这一时期中国史学的特点，进而影响到这一时期的历史理论。

① 吴兢：《贞观政要》卷三《君臣鉴戒》，上海：上海古籍出版社，1978年，第83—84页。

因此，在这里首先要对这一时期的历史发展和史学特点作一简要概括，然后再论及有关历史理论的形成。

先秦、秦汉时期，泛指中国自远古时代至东汉末年的历史，是中国历史分期中包含年代最长远的历史阶段。我们这里所讲的先秦、秦汉时期，主要是指有文字可考的历史以来至东汉末年的历史阶段，即包含殷商、西周、春秋战国、秦汉等时期的历史。一般说来，殷商、西周是奴隶制社会阶段，东周初年和春秋战国是奴隶制社会向封建制社会过渡阶段，秦汉是封建社会的成长阶段。① 殷商和西周都曾创造出了它们那个时代的辉煌，而商汤灭夏和武王灭商也同样是那个时代的重大历史事件。周平王东迁洛邑以后，中国历史进入剧烈的动荡时代，一方面是社会内部的矛盾、斗争和经济、政治变革；一方面是学在官府的局面被打破，而"百家争鸣"则促成了思想领域的活跃和创新。

秦、汉皇朝的先后建立，形成了中国历史上前所未有的大一统局面，从而奠定了统一的多民族国家发展的基础。秦、汉皇朝也都创造了它们的辉煌，在中国历史上占有非常重要的地位。由于它们实施了不同的政策，其政治局面和历史结局都有很大的区别：秦朝的短祚和两汉的接续，形成了鲜明的对比。这同它们的政治、经济、文化政策的迥异有着密切的关系。

上述历史形势，直接影响到史学面貌。先秦、秦汉时期的史学，是中国史学的源头和根基。所谓源头，一是由于文字的发明，中国历史上出现了最早的文字记载，从而为史学的产生创造了条件。二是出

① 关于中国社会的历史分期问题，20世纪中国史学界不断有所争论，见解各异，分歧甚大。这里是根据白寿彝主编的《中国通史纲要·叙论》(上海：上海人民出版社，1980年)的论述。

现了最早的史官、官文书和宫廷颂诗，其中包含了历史记事的萌芽。三是随着纪年的进步，王室和各诸侯国出现了国史。四是由于学在官府格局的被突破，出现了私人著史的现象，从而形成了中国史学上官修史书和私家著史相辅相成的优良传统。所谓根基，是秦汉大一统政治局面和历史条件，造就了规模宏大的史学，为此后两千多年中国史学的发展奠定了深厚的基础，这就是《史记》《汉书》的先后问世。

从中国史学史发展的长河来看，这一时期是中国史学从萌芽到初步发展的时期。此时，中国古代历史理论开始形成，并产生了具有标志性的成果。这一形成过程经历了两个阶段，即先秦史学中若干历史观点的提出和两汉时期史学中历史理论体系的初步形成。从前一阶段到后一阶段，经历了上千年的漫长过程和不断积累。

在先秦史学中，我们可以梳理出来一些比较重要的历史观点：第一，天与人的关系，包含“天命”与“人事”的作用，“天道”与“人道”的区别等。这二者演进的轨迹，一是“天”“天命”“天道”所笼罩的神意逐渐被怀疑和轻视；二是“人”“人事”“人道”所具有的现实作用逐渐被认识和重视。第二，古与今的关系，这里面包含古今是否有联系，古今是否在变化，变化的方向是倒退、循环还是进步，变化的原因是什么，等等。其演进的轨迹比较复杂，其中最值得关注的观点：一是变易；二是看到了变易中的进步；三是具有探讨变易之原因的意识。第三，君主与国家的关系，这里面包含了君主的类型、君主的职责、君与臣的关系、君与民的关系等。其演进的轨迹亦呈复杂形势：君主地位的提升，国家观念的形成，民本思想的强化，以及它们之间的相互关系所形成的张力，推动着史学家的认识继续深入。第四，地理条件与社会发展的关系，这里面包含对地理条件之差异的最早认识，地理的整体观念及其区划，地理条件对社会发展的影响，地理与国家政治之关系的观念等。其演进的轨迹：一是人们愈来认识到地理条件的重要；二是国家观念之地理表现形式的思想逐步形成。第五，民族与文化的关系，这里面包含夷夏之辨的观念及其含义，夷夏之辨与礼乐制度的关系，夷夏之辨的文化内涵，夷夏之辨与统一的多民族国家的关系等。其演变轨迹也非常复杂：一是从民族本身的差别看待夷夏之辨；二是从文化发展程度看待夷夏之辨，以及这两种观念在对待民族与国家之关系上的不同认识及其长久的历史影响。第六，兴亡之辨与历史鉴戒的关系，这里面包含对历史上朝代兴亡、社会治乱之原因的探讨和总结，历史经验教训对于现实的价值和意义，史学家们总结历史经验教训的方法等。其演进的轨迹：一是人们直接从客观历史中汲取教训、总结经验，逐步发展到通过史书的记载而从中总结历史经验及教训，其中包含着人们怎样认识社会历史、怎样认识史学，以及通过史学如何去认识历史；二是人们关于历史鉴戒的思想，一般说来，此时还停留在对具体事物认识的基础上，而把历史鉴戒思想提升到理论层面上来，还只是个别现象。

在秦代，史学出现了一个短暂迟滞阶段。而在两汉史学中，史学家们对上述问题都有所涉及，有的问题在认识上有了更大的发展，而尤为重要的是，对于这些问题不再表现为分散的、个别的认识；在有些史学家如司马迁、班固那里，这些认识已表现为相互联系的系统性认识，以至于形成了自己的历史理论体系。司马迁的历史理论体系是围绕“究天人之际，通古今之变，成一家之言”这一撰述目标而展开的。通观《史记》全书，综合司马迁的撰述目标，其历史理论体系的主要构成是：

——质疑“天道”：“傥所谓天道，是耶非耶?”①使其与人事进一步区别开来；

——抨击封禅和祈神活动，指出其对社会的危害(如《封禅书》)；

——着重于表述人事在历史活动中的作用(如《陈涉世家》等)，肯定人在历史转折关头或重大事变中的作用(如《绛侯周勃世家》等)，认为人的智谋在历史进程中具有重要意义(如《陈丞相世家》等)，注意到普通人的社会存在和社会价值(如《货殖列传》《游侠列传》等)，从而确立了中国古代史学的人本主义传统；

——提出了中国历史演进过程及其阶段性特征的完整认识(如《三代世表》《十二诸侯年表》《六国年表》诸表序)；

——提出了历史变化与社会进步的认识(如《六国年表》序、《商君列传》后论等)；

——揭示了治乱盛衰转化之丰富的历史经验和普遍性原则(如《平准书》序、《货殖列传》序等)；

——提出了历史演进、社会变化是一个自然发展过程的朦胧认识(如《平准书》序、《货殖列传》序等)；

——以纪、表、书、世家、列传五种体例著成《史记》，在理论上、内容上、表现形式上反映了社会历史的全貌，包含政治、经济、民族、制度、自然环境、各阶层代表人物活动及其相互关系与社会价值等，达到了“成一家之言”的撰述目标(如《太史公自序》所论)；

——关于历史人物评价，《左传》《国语》已有了人物评价标准的言论，但未成体系。《史记》提出了评价历史人物的理论和方法，其总的

① 《史记·伯夷列传》。

原则是“扶义俶傥，不令已失时，立功名于天下”[①]，这些观点还见于各“列传”的后论中带有普遍性认识的议论，也见于《史记·太史公自序》中的有关小序即有关篇目的撰述提纲。

综上，这是一个较全面的历史理论体系，具有前无古人的价值和后启来者的作用。以此为标志，中国古代历史理论已初步形成。

此后，这一时期的史学家班固、荀悦对上述历史理论体系各有补充和发展。班固的主要贡献是：第一，明确地提出《汉书》撰述目标是“综其行事，旁贯《五经》”[②]，即把具体的历史事件和思想文化结合起来。第二，其《汉书》十志表明作者对社会构成和社会生活的认识及理解更加丰富、更加深刻，如《食货志》称“厥初生民，食货惟先”；《地理志》称“自昔黄、唐，经略万国，燮定东西，疆理南北”，显示出明确的疆域理念；《艺文志》称“秦人是灭，汉修其缺，刘向司籍，九流以别，爰著目录，略序洪烈”，这些重视历史典籍和文化传承的思想，都有十分重要的意义，显示出班固“上下洽通”思想的丰富内涵和理论特色。第三，《汉书·叙传》的最后几句话表明，班固的《汉书》是要把国家、自然、政治、制度、思想、文化传统以及人们的活动及其相互关系都写出来，显示了作者的整体历史感。荀悦的主要贡献是提出了“六主”“六臣”论[③]，对推动君主论的进一步发展具有积极的作用。此外，他关于治乱兴衰之故的分析，认为要考虑到形、势、情三个因素，显然是看到了主客观因素对历史活动的影响。

从孔子开阔的民族思想，到司马迁写《五帝本纪》和周边各少数民

---

① 《史记·太史公自序》。

② 《汉书·叙传下》。

③ 《汉纪·孝昭皇帝纪》。

族传记，反映了这一时期的史学在民族问题上是从对民族的认识发展到对民族史的认识。这一趋势在先秦史学和两汉史学中都具有突出的特点。中国自秦汉以降是统一的多民族国家，史学家的上述认识是一个贯穿始终的、不断变化和发展的历史理论问题。

三、中国古代历史理论的发展

首先来看魏晋南北朝、隋唐时期的历史发展与史学特点。魏晋南北朝、隋唐时期是中国封建社会的发展时期，生产力水平的提高和科学技术的进步，以及与之相适应的生产关系的变化、思想文化领域的活跃等，是这一发展的主要标志。

这一时期的历史发展，在以下几个方面特别值得关注：一是门阀地主成为这个时期地主阶级中占统治地位的阶层，因此，门阀的特点在社会的许多方面都有鲜明的反映。① 二是自秦统一以来，中国历史上首次出现了民族大迁移、大组合、大融合的局面。这一方面造成了社会的动荡，另一方面也为新的、更大规模的统一多民族国家的发展创造了条件。三是从三国鼎立到隋的统一，其间出现了三百七十年的分裂时期。从整体上看，长期多年的纷争不利于全国历史的发展；但从局部来看，为了支撑各个割据皇朝的存在，地方的经济也有不同程度的发展，并最终造成了全国经济重心的南移。四是隋唐统一局面的出现，创造了中国封建社会史上空前的繁荣，“贞观之治”和“开元盛世”成为这一繁荣的两个标志。物质生产领域和精神生产领域的诸多成就与丰硕果实，证明隋唐皇朝所统治的国家，成为当时世界上文明

---

① 白寿彝：《中国通史纲要》，上海：上海人民出版社，1980 年，第 227—228 页。

发展程度最高的国家。五是这个时期的中外交流有了更大的发展，佛教的传入激励着中国僧人西行“求法”，鉴真东渡日本，日本使臣与留学生大规模来到中国。印度文化传入了中国，而中国文化一则经西域西传中亚，一则东传朝鲜和日本。这是一个开放的时代，是一个文明进程突飞猛进的时代。

这个时期史学发展的特点表现在许多方面，其中最显著、最重要的特点是：多途发展；门阀意识；转折创新。具体说来，由于魏晋南北朝时期历史发展呈现丰富多彩的特点，促使史学在“成一家之言”和创立“正史”之后出现多途发展的趋势：在“正史”占据重要地位的同时，史书的数量和种类剧增，门阀的特点和多民族国家历史的特点在史学上的表现至为突出。隋唐的统一，在历史观和政治观方面都突出了“天下一家”的思想。史学在多途发展的基础上，出现了转折与创新的新趋势，而转折又往往同创新相结合。而转折与创新正是唐代史学的一大显著特点。

关于史学的多途发展，以及史书数量和种类的增加，可以从《隋书·经籍志》史部同《汉书·艺文志》的比较、《新唐书·艺文志》史部同《隋书·经籍志》史部的比较中得其大体。① 关于史学的门阀意识，可以从这个时期涌现出来的谱牒之书、家史、家传以及对于礼书的重视中窥其一斑。关于史学在发展中的转折，可以从通史撰述的兴盛及其撰述中多种形态的出现，从通史的复兴和典制体通史的问世，从君主论、兴亡论、治国论等专书的纷纷面世到历史笔记的萌生等，看到唐代史学生机勃勃的创新势头。这些都对中国古代历史理论的发展产

① 白寿彝：《中国史学史》第1册，上海：上海人民出版社，1986年，第56—57页。

生了极其重要的推动作用。

其次来看中国古代历史理论发展的历史及其主要标志。这个时期，中国古代历史理论在形成的基础上步入了它的发展阶段。从整体上看，这个发展反映在三个方面：其一，前一个时期提出的重大理论问题，有些问题在这个时期有了更深入、更全面的认识，有些问题的阐发则产生了系统性的论著；其二，提出了前一个时期未曾提出的一些新问题；其三，出现了足以反映中国古代历史理论发展的标志性著作。

首先考察第一个方面：

1. 天人关系仍然是最根本的历史理论问题之一。尽管此时的史家、史书还时时称说“天命”，但“天命”愈来愈成为摆设，人事才是真正被关注的对象。南朝的范晔、唐初的魏徵、中唐的柳宗元是否定“天命”的史学家、思想家。由于柳宗元同史学的密切关系，他的《天说》《天对》《非国语》不仅把“天命”逐出了自然观，而且把它逐出了历史观，“是超越前人的理论”①，因而在历史理论发展史上具有特殊的重要意义。另一件具有重要意义的事情是，南朝的刘邵写出了品评人物的理论著作《人物志》。还有，在重视郡望的门阀时代，各种人物的传记如雨后春笋般出现，表明这是研究人、表现人的时代，“天命”在历史理论的范围内已失去了昔日的尊严和光辉。

2. 古今关系仍是历史理论的根本问题之一。人们在这个问题上的争论已不是“法先王”“法后王”或言必称三代一类的辩难，而是在现实生活中，尤其是在政治得失的估量上究竟持怎样的认识。如关于政

---

①《侯外庐史学论文选集(上)》，北京：人民出版社，1987年，第453—454页。

治建置，是分封优于郡县，还是郡县优于分封？其原因何在？从三国时期到唐代中期，人们有热烈的争论。又如关于人心风俗问题，是人们的本性越来越“浇讹”呢，还是由于社会越来越复杂，统治者应采取教化政策？再如关于华夏、夷狄的差别，是天然生成的呢，还是由于种种原因致使不同民族在时空中有所变化而形成的差异？围绕这些问题的讨论，史学家们把自己的认识推进到一个新的高度。

3．关于国家职能的认识。在“民惟邦本，本固邦宁”的古老意识的基础上，怎样更深入、更全面地看待国家职能？《周礼》、历代官制实质上都触及了这个问题，而杜佑《通典》的问世，极明确地、合乎逻辑地阐述了这个问题，这是中国古代国家观在历史理论领域的极为重要的成就。

4．怎样看待民族和民族关系。从陈寿《三国志》到唐修八史，史学家是怎样继承司马迁撰写民族传记的传统的？他们的认识、理论有何异同？总的趋势如何？江统提出《徙戎论》的根据何在？唐人撰写《晋书·载记》的理论根据是什么？从十六国到唐代，史学家们是如何自觉、不自觉地在史书中反映出各民族历史文化认同的趋势的？范晔、刘知幾、杜佑、唐高祖、唐太宗等都是在这些问题上提出了精辟见解的史学家和政治家。

5．君主论在中国古代历史理论中占有特殊的地位。前一个时期，孔子、孟子、荀悦等都有所议论，而《史记》多有精辟论断。这一时期，关于君主的评论，在正史帝纪中屡见不鲜，其中不乏真知灼见，《后汉书》《隋书》帝纪后论堪称代表作。但更重要的是，这个时期的君主论已发展为系统的认识和理论的阐说，前者如虞世南的《帝王略论》（按：略是事略，论是评论），后者如唐太宗的《帝范》。

6．关于正朔之论。制定正朔同历法有关，在中国古代，它也同政治统治有关。因为只有最高统治者才有权确定正朔。随着历史的演进，制定正朔便成了政治统治之合法性的同义语了。陈寿《三国志》问世后，历代史家对此有不同的见解。从历史理论来看，其重要性并不在于政治统治的“合法性”问题，也不在于华夷之别的问题，其隐藏的深层含义乃是政治统治的历史连续性问题。这对于中华文明在历史观念上和历史撰述的表述上，都有着极为重要的意义。其后，宋代以下正统论及相关论点都属于这种性质。

7. 地理环境与社会发展。司马迁曾把西汉辖境划分为几个各有特色的经济区域，并分别有所论述，反映了其区域经济思想因素。而这一时期，史学家们对地理条件之影响社会发展多有关注，历代正史中的地理志及地方志等，都有不同程度的论述。此外，北魏郦道元的《水经注》、唐初虞世南的《北堂书钞》地理部、中唐李吉甫的《元和郡县图志》和杜佑的《通典·州郡典》等，都包含着有代表性的理论认识。大致说来，地理条件影响社会发展，在政治、经济、军事、民族、风习等方面都有一定的作用。

8. 兴亡论和治国论的展开。兴亡论和治国论之所以成为古代历史理论的一个方面，是因为它集中地反映了史学家们对历史上重大问题的认识，这些认识影响后世之最重要者在于治国安邦，即从历史上的兴亡之论返回到现实中的求兴而避亡、求治而避乱的实践，故其具有特殊的意义，这同时也可以认为是人们认识历史的重要现实目的之一。前一个时期，贾谊的《过秦论》经司马迁引用后，产生了深远的影响。同样，陆贾的《新语》，也因《史记·郦生陆贾列传》的称道而广为流传。到了这一时期，史学家们关于兴亡和治国的讨论有较全面的展开。以正史为例，范晔《后汉书》中帝纪后论、相关类传的序与论，不仅对东汉兴亡有很多精辟的分析，而且有些认识具有一定的普遍的理论意义。唐初史家所修《晋书》《隋书》，在这方面也有很高的成就。其中，魏徵的史论以及他的多次上疏，都是关于兴亡之论、治国安邦之论的精彩篇章。朱敬则的《十代兴亡论》、李德裕的《三国兴亡论》等，也不失为名篇。尤其值得重视的是盛唐时期史家吴兢所撰《贞观政要》，此书十卷四十篇，详述唐太宗及其大臣们论为政得失之故、议长治久安之策，其君臣之音容笑貌栩栩如生。可以认为，这不仅是一部"贞观之治"的历史画卷，而且是一部具有一定普遍意义的关于治国安邦的理论著作，对后世产生了极其深远的影响。与此有关的还有中唐时期的学人赵蕤撰写的《长短经》，这也是一部以历史内容为主的专书，旨在经世济用，自应在历史理论考察的范围之内。

9. 关于历史人物评价的标准、理论和方法。《后汉书》重视历史人物的德行，并善于作综合概括，提出理论性的认识。《隋书》继承了司马迁的思想，强调历史人物和时势的关系，认为时势造就了杰出人物。中唐以至晚唐，史家关注以何种标准采集人物传记的问题，具有重要的理论价值。尤其值得全面阐释的是三国刘邵的《人物志》，这是极为重要的一部关于如何评论人物的理论著作。

其次，考察第二个方面：

这个时期提出了什么新的历史理论问题呢？在这里，至少有两个问题十分重要：第一个问题是关于"天下一家"的思想。在中国历史，"海内一统"是一个重要的历史观念。三国鼎立时期，政治家们追求的是政治统一；陈寿撰《三国志》，是把三国的历史写在同一部史书中；北魏郦道元作《水经注》，其视野所及是全国的疆域，有的地方甚至涉及境外；隋唐之际的李大师早已不满于以南北分割的观念撰写史书，李延寿继承父志，写出了南、北互见的《南史》《北史》；唐人撰《晋书》，除民族问题外，也有写出完全意义上的两晋历史的目的。凡此都是“大一统”思想的具体反映。隋唐时期，史学家和政治家反复称说“天下一家”，这可以看作是“大一统”观念在新的历史条件下提出的一个新的历史观念，对其作深入的考察有重要的意义。第二个问题，关于国家起源的问题。在先秦、秦汉时期，人们已有了一些这方面的认识，而这个时期的柳宗元撰写的《封建论》，是更具有实际内容的天才猜想，是当时人们认识水平所能达到的最高成就。

再者，考察第三个方面：

中国古代历史理论进入发展阶段的标志是什么？如果说司马迁、班固的史论标志着中国古代历史理论形成的话，那么，杜佑、柳宗元的史论则标志着中国古代历史理论进入到新的发展阶段。如果说司马迁、班固以其完整的体系标志着中国古代历史理论的形成，那么，杜佑、柳宗元则以其在许多重大问题上所达到的新的认识高度，成为中国古代历史理论发展阶段的主要标志。举例来说，杜佑论地理环境与华夷关系，论古今关系与华夷之别，论食货为国家职能之首及各部门职能之逻辑关系，论风俗与社会的关系等，都是历史理论领域的新发展。柳宗元论天人关系，论“封建”与“郡县”之建置的优劣及“势”的作用，论国家起源，论“圣人之意”与“生人之意”的根本性差别等，也都达到了当时人们认识的新高度。在历史理论多方面发展的基础上，杜佑、柳宗元的史论作为发展阶段的标志，是当之无愧的。

四、中国古代历史理论的繁荣

依照前例，我们首先对五代、宋辽金元、明清（1840 年以前）时期的历史发展与史学特点作一概括。五代、宋辽金元、明清（1840 年以前）时期，是中国封建社会进一步发展和走向衰老的时期。在五代、宋辽金元时期，先有五代和十国的分立，继而有辽、西夏、金和两宋的和战，后有元的大统一。这个时期，广大的边区，从东北到西北，再到西南，基本上都进入了封建社会。东南经济的发展超过了北方，长江中下游地区成为全国最富饶的地区，这是封建社会进一步发展的两个重要标志。

前一个历史时期的门阀地主阶层，在北宋和南宋时期，代替它的是品官地主。元统一后，南宋地主阶级的势力基本上被保存了下来，他们所在的地区是当时社会经济最有代表性的地方。广大边区的封建化，是元代社会生产发展的新气象。明朝的建立和灭亡，以及清朝的前期和中期，是中国封建社会的衰老时期。前一历史时期的品官地主和他们延续下来的势力，以及蒙古贵族地主，在农民起义的重大打击下瓦解了。代替其地位的是新兴的官绅地主。这个阶层是商品生产和货币经济发展的产物，但因仍依附于旧有势力而得不到应有的正常发展。明初，资本主义已有萌芽，明中叶后期萌生较多。清初以后，资本主义萌芽又有所发展。

从对外关系上说，隋唐、宋元都居于主动的地位，明清时期对外关系明显地逆转了。葡萄牙、西班牙、荷兰等国家，在16世纪初已经东来进行殖民活动，并侵及中国领土。此后，沙俄、英、美相继而来，对中国的野心日益扩大。明初郑和下西洋和清初对沙俄的侵略进行反击，成为对外关系上的大事，但从总的形势来看，中国的处境日益被动。在鸦片战争后，中华民族日益陷入沉重的灾难。①

上述历史状况，不论是政治的、经济的还是民族的及中外关系等方面，都对中国史学发展有直接和间接的影响。总体来看，从五代到

---

① 白寿彝：《中国通史纲要》，上海：上海人民出版社，1980年，第19—22页。

清中叶，这一时期的史学有几个鲜明的特点：第一是史学家的忧患意识十分突出。不论是北宋司马光作《资治通鉴》、范祖禹作《唐鉴》，还是南宋李焘作《续资治通鉴长编》、李心传作《建炎以来系年要录》、徐梦莘作《三朝北盟会编》，都极其鲜明地反映了这一特点。这个特点是由两个原因造成的，一是北宋的社会问题严重，经济、政治、军事亟待改革；二是尖锐复杂的民族矛盾。忧患意识是中国古代史家的优良传统，而以两宋史家最为突出。第二是多民族史学的进一步发展。这是中国史学的优良传统之一，以元代史学最为突出，清代史学则继其余绪。这个特点与统一的多民族国家的历史及其发展有直接的关系。第三是史学向社会深层发展。这一方面表现为历史撰述更多地反映出社会经济领域各部门的具体内容；另一方面是更多地反映人与自然的关系如治河、救灾等；再一个方面是反映出社会大众对史学的需要以及蒙童教育中历史内容的增多，促进了历史教育的发展；还有一个方面是历史笔记和地方志的兴盛，进一步扩大了史学的范围和影响；市民阶层的意识和要求，在史学中开始表现出来。第四是历史著作反映了古代史学之总结与嬗变的趋势。这一趋势在历史理论、史学理论、历史文献学等方面表现为批判意识的增强，尤其是对君主专制的批判，同时也表现在旧有的价值观念开始动摇。第五是自宋、辽、西夏、金、元以来直至明清，各民族历史文化认同的发展。这在历代正史、地理书、皇帝诏书、典章制度等历史文献中都有显著的反映，对统一的多民族国家的历史进程产生了巨大的影响。第六是关于域外史地的记述增多了，反映了中国与世界的联系比以往更加密切。上述的历史形势与史学特点，推动了五代、宋辽金元、明清（1840 年以前）时期历史理论的繁荣与嬗变。

宋代理学的兴起和明清之际历史批判意识的滋长，从不同的方面影响到这一时期的历史观念，从而在历史理论中不同程度地表现出来。但是，中国古代历史理论发展的路径并未因此而出现方向性的变化。从总体上看，它沿着已经走过的轨迹继续前行，并踏进了繁荣的门槛，而在繁荣之际，也出现了一些新的变化及特征。

第一，关于天人关系。司马迁提出的“究天人之际”问题，经过大约千年左右的讨论，“天”的神秘面纱已被揭去，“人”理所当然地成了历史的主宰。由于理学的兴起，理学家们关于“天理”和“人欲”的诠释，不论其有多大的合理内核，都给史学的发展带来了某种消极影响，但它毕竟不能改变史学家循着“人事”的“势”与“理”去思考和解释历史。

第二，关于古今关系。当南宋史家郑樵提出“会通之义”“会通之旨”“会通之道”①时，是把历史纵向考察视为既有“古今相因”，又有“古今之变”的；同时又把历史横向考察视为“百川异趣，必会于海”，“万国殊途，必通诸夏”②。质而言之，“会通”不只是时间相通，而且也是空间相通。是否可以认为，这是把《史记·太史公自序》和《汉书·叙传》中说的“通古今之变”和“上下洽通”综合起来了；是否可以认为，这是中国古代史学家的“大历史观”的一种表述形式。还有，当马端临提出区别看待历史之“不相因”与“实相因”③时，是否可以认为，中国古代史家对于古今关系又有了更深一层的认识，即对具体史事和制度沿革不作同等看待。当然，他说的“不相因”是从事件本身去看待的，并不是指事件背后的“理”。他说的“实相因”则具有很高的理论价值，从今天的眼光来看，这是指出了中华文明连续性发展的一个基本

① 《通志·总序》。

② 《通志·总序》。

③ 《文献通考·自序》。

规律。

第三，关于地理条件与社会发展。地理思想在这一时期有了很大的发展，从现存的《太平寰宇记》可见宋人的地理观念之宏大和国家统一意识之明确。明清两代的大量的治河之书，反映了史家对水利的认识达到了一个新的高度，所叙经验和教训至今仍有一定的现实参考价值。顾炎武的几部地理著作，对于地理与建都、水利与经济、地理建置与政治统治之关系的认识及阐述，都有丰富的理论内涵。顾祖禹的《读史方舆纪要》是中国古代军事地理的最高成就，其各部分的序文多系地理思想之杰作。其他散篇专文，亦不乏真知灼见，如龚自珍的新疆建省之议等。

第四，关于民族与民族关系。这一时期的史学家们在这方面的认识既有激烈的论争，又有理性的阐说，总的趋势是走向历史文化认同：辽、金史家对中原历史文化的认同，元代史家对宋、辽、金三朝历史的认识以及对中原历史文化认同(其中包含对多种史书的重视与评价)，清代史家表现出来的对中华历史文化的广泛认同、总结、继承和发展。这些历史文化认同的种种表述形式和理论上的阐发，乃是中华民族之民族认同的思想基础和理论基础。

第五，关于君主论。这一时期的君主论建树不甚突出。司马光的《稽古录》略有评论，而《册府元龟》的“帝王部”在分目论列上颇有可采。值得关注的是明代专制主义集权，已难得有正面阐说君主的专书。到了明清之际，黄宗羲、顾炎武、王夫之乃是以批判君主专制为宗旨的史学家，这标志着中国古代君主论已经到了终篇之时。我们说的此时历史观的嬗变，这是主要标志之一。

第六，关于国家论。司马光强调“国家盛衰”“生民休戚”①，王夫之强调“国是”“民情”“边防”②，其间贯穿着国家职能观念的不断增强。自宋讫清，在国家行政建置方面，各有论说，都有值得总结的地方。顾炎武的《郡县论》《钱粮论》《生员论》等，都是论国家职能的大文章，具有古代国家论的总结性质。他说的“天下兴亡，匹夫有责”，指出了个人同国家的关系；这种关系已不再是臣民对于君主的关系了。

第七，关于正统论。欧阳修继承了《春秋》笔法而倡言“正统”，把以往朝代更迭、皇位继承、华夷之辨、史书起元等历史现象和史学现象上升到理论层面，这对于深化久已有之的制定“正朔”的传统之内涵，有一定的意义。关于“正统”之论，言人人殊，各有利弊，自可分别作出分析、判断。这里的首要问题是关注历史发展的大趋势。清代统治者自谓遵循炎黄以来的“治统”，又恪守儒家学说的“道统”，这无疑是事实上的“正统”。可见，“正统”之辨，从表象上看是探讨某一朝、某一帝、某一民族之政治统治的“合法性”问题，而从深层次上看，这是对中华文明之连续性发展的种种论证。

第八，关于治乱兴亡问题。在这方面，西周、汉、唐以来，宏论迭出，影响巨大。宋代史家深于忧患，考察前史，细绎真知。司马光的《稽古录》《资治通鉴》，范祖禹的《唐鉴》，孙甫的《唐史论断》等，都是佳作。李焘、李心传、徐梦莘等人的本朝史撰述，于得失成败之故，也多有深刻剖析。宋代史家在这方面达到一个新的高峰。元代史家论宋、辽、金三朝兴亡，不乏可采之论。明末清初，王夫之的《读通鉴论》《宋论》，可谓这方面理论的百科全书，中国古代历史理论至

① 《资治通鉴》卷二九四《进书表》。

② 《读通鉴论》卷末《叙论四》之二。

此达到了最高境界。

第九，关于历史人物的评价。前两个时期，在这方面已有丰富的理论和方法积累，这一时期的史学家在历史人物评价方面，一则继承了前人的理论和方法，一则也提出了新的认识，而重点在于后者。一是从学术史、名臣奏议、名臣事略一类的著作中，可看出作者的宗旨和理论；二是从李贽《藏书》对历史人物分类及其标准，可看出其理论、方法、价值观等，这也是历史观念之嬗变趋势的表现之一；三是章学诚关于知人论世、“论古必恕”①之评价历史人物的理念和方法，是中国古代史学关于评价历史人物理论的最高成就。

综观这一时期中国古代历史理论的进程，一方面出现了繁荣的景象，另一方面是于繁荣之中显示出嬗变的趋势。概而言之，其繁荣的标志是：当理学家提出“天理”的命题时，史学家则把“天”从“理”中剥离出去，而把“理”放在事实中来考察。胡三省认为“道无不在，散于事为之间”，章学诚认为“古人未尝离事而言理”，这就是说，讨论“道”和“理”，都不能脱离具体的历史事实。换言之，这是完全摆脱了神意的“天”来探讨理论问题。当郑樵、马端临对“会通”与“实相因”“不相因”作出了各自的论说时，表明史学家对古今关系的认识已超过了前人，而具有更深刻、更全面的理论内涵。此外，地理条件与社会发展之关系的理论，从宋代史家到明清之际的“二顾”，就其理论形态的整体性而言，也都超过了前一时期。顾炎武的国家论，继承杜佑、柳宗元的思想，但在分析细致和观念明确方面又超过了杜、柳二人，成为中国古代国家理论的最高代表。关于兴亡治乱的探讨与分析，宋代史家成就突出，明清之际的王夫之乃是这方面的集大成者。“正统”

① 《文史通义》卷三《内篇三·文德》。

之辨的深层含义，从一个方面反映了史学家们对于中华文明之连续性发展的重视，理论价值与历史意义至为重要。辽、金、元、清四朝史家，把中国古代历史文化认同的优良传统极大地弘扬开来，其认识所得是这一时期中国古代历史理论中最重要的成就之一。以上这些，合而观之，确为中国古代历史理论之繁荣景象。至于李贽的历史人物论，黄宗羲的君主批判论，以及崔述的疑古、考信论等，则表明中国古代历史理论出现了嬗变的趋势，成为中国早期启蒙思想的一部分。这个趋势在1840年中英鸦片战争爆发后，其领域愈来愈宽阔，其势头也愈来愈迅猛了。

天人古今与时势理道*

——中国古代历史观念的几个重要问题

天人关系、古今关系和时与势、理与道等几个概念或几个范畴，在中国古代历史观念中占有重要的位置。这些概念或范畴，在司马迁的《史记》中大多有所反映，有的还是司马迁的撰述宗旨，具有特别重要的意义，如“究天人之际，通古今之变”就把天人、古今的相关观念贯穿于全书之中。当然，《史记》中所反映出来的历史观念，前有源，后有流，既非一朝一夕之所能形成，也不是停留在这个阶段而没有新的发展。在中国古代历史观念的发展上，司马迁是一位卓越的总结者，也是一位伟大的创造者。

一、关于天人关系

所谓天人关系，本质是人们用以说明社会历史现象及其生成、变化原因的基本观念。殷周之际，“天命”主宰着人们的历史观念。商王盘庚迁殷，是以“恪谨天命”的名

* 原载《史学史研究》2007 年第 2 期。

义。[1] 武王伐纣，是“恭行天之罚”。[2] 周公东征、分封等重大军事、政治活动，同样都是“上帝”之“命”的体现[3]，等等。总之，社会生活中的所有现象，都是“天命”决定的。这是人们用“天命”来说明社会历史的时代。

从西周末年到春秋时期，出现了怨恨“天”、怀疑“天”的情绪和思想倾向，这在《诗经》有关篇章中多有反映，而在《国语·周语下》中更是赫然出现了与“天道”相对应的“人故”(即“人事”)，进而又有“天道远，人道迩，非所及也，何以知之”[4]的说法。这表明，人们已不再囿于以“天命”来说明历史现象和社会现象了。在人们的历史观念中，在“天命”的对立面出现了“人事”这个被“发现”、被认识的事物。从历史观念来看，这是人们开始觉醒的时代。

从战国至西汉，是一些史学家摆脱“天命”的时代。一部《战国策》，反映的是人力、人谋的作用，“天命”变得苍白了。从刘向的《战国策书录》中可以看到，那是这样一个时代：“战国之时，君德浅薄，为之谋策者，不得不因势而为资，据时而为。故其谋，扶急持倾，为一切之权，虽不可以临国教化，兵革救急之势也。皆高才秀士，度时君之所能行，出奇策异智，转危为安，运亡为存，亦可喜，皆可观。”[5]这哪里还有“天命”的影子呢？在关于天人关系的认识上，司马迁是一位伟大怀疑者和变革者，他不仅明确地说：“或曰：‘天道无

---

① 《尚书·盘庚》。

② 《尚书·牧誓》。

③ 《尚书·大诰》。

④ 《左传·昭公十八年》，杨伯峻编著，北京：中华书局，1981 年，第 1395 页。

⑤ 刘向辑录：《战国策》附录，上海：上海古籍出版社，1978 年，第 1198 页。

亲，常与善人。’”又说：“余甚惑焉，傥所谓天道，是邪非邪?”①更重要的是，司马迁的《史记》写出了大量的历史人物，从多方面说明了人在历史活动中的主体作用，从而奠定了中国古代史学在历史观念上的人本主义传统。从这个意义上说，司马迁开辟了天人关系说走向理性时代的道路。在《史记》以后的一些重要著作中，尽管还时时有称说“天命”的现象，但从主流上看，它们都不居于重要位置，甚至大多都没有实质性的意义而成了对于“天命”的回忆和摆设。到了中唐时期，同史论、史评有密切关系的思想家柳宗元写出了《天说》一文，他的好友刘禹锡写出了《天论》三篇，于是“天”被认识为物质，并在自行运动着，而这种运动着的物质“天”即“自然”与“人”各有其能，二者的相互影响，形成了社会生活的种种现象。② 至此，天人关系说完成了它走向理性阶段的历程。

宋代以后，有所谓“天理”和“人欲”对立的说法，多是思想家们所谈论的命题。而这里的“天”，则由上帝意志的“天”、物质与自然的“天”，蜕变为绝对精神的“天”了。这同史学家所讨论的“天”有所不同。此外，在中国古代史学家的历史观念中，还有“天人感应”说和谶纬说的流行，但自司马迁以下，它们大多未占据过主流地位。

二、关于古今关系

所谓古今关系，大致包含这样几个方面，一是古今是否有联系，二是古今是否有变化以及怎样看待变化的轨迹，三是古今联系和变化

---

① 《史记·伯夷列传》。

② 见柳宗元：《柳河东集》卷一六《天说》，上海：上海人民出版社，1974年；刘禹锡：《刘禹锡集》卷五《天论》上、中、下，上海：上海人民出版社，1975年。

是否可以划分为阶段等。古今联系的思想起源很早，这要追溯到传说时代。从文字记载来看，《诗经·大雅·荡》说："殷鉴不远，在夏后之世。"这是强调历史鉴戒的重要，正表明古今是有联系的。孔子论夏、殷、周三代之"礼"的关系，同样表明了对于古今联系的关注。司马迁说："居今之世，志古之道，所以自镜也。"①同上引《诗经》是一个含义。班彪认为，联系古今观察问题，是史学家的传统，他说："夫百家之书，犹可法也。若《左氏》《国语》《世本》《战国策》《楚汉春秋》《太史公书》，今之所以知古，后之所由观前，圣人之耳目也。"②班彪指出的这个传统，在史学上影响很大，后人曾不断引用。这是中国古代历史观念中极珍贵的遗产。

至于说到古今联系中的变化，《左传》有"高岸为谷，深谷为陵，三后之姓，于今为庶"③的说法，这是讲自然和社会的变化，也是讲古今的变化。中国史学有悠久的古今变化的观念。按照章学诚"六经皆史"的说法，则这一观念较早而又较全面的阐述出于《周易·系辞下》："神农氏没，黄帝、尧、舜氏作，通其变，使民不倦，神而化之，使民宜之。《易》穷则变，变则通，通则久，是以自天佑之，吉无不利，黄帝、尧、舜，垂衣裳而天下治，盖取诸乾坤。"尽管这里讲到了"天"，讲到了取法"乾""坤"二卦，但这里主要在讲历史，讲历史上的古今变化法则，即穷、变、通、久的道理。这段话在历史观念的发展上之所以重要，是因为它明确地指出了：第一，由于时代的递进，要求人们改变旧的文物制度，使人民不因拘守旧制而感到倦怠；第二，这种变化是在潜移默化中实现的，便于人民适应；第三，《易经》

① 《史记·高祖功臣侯者年表》序。

② 范晔：《后汉书·班彪列传上》。

③ 《左传·昭公三十二年》。

所总结的就是这个道理，事物发展到极致的程度，就要变化，变化才能通达，通达才能继续进步、保持长久。这几重含义，可以说是“通古今之变”思想的渊源。

所谓穷、变、通、久的思想传统，“变”和“通”是其核心。《周易·系辞上》对其反复解释：“阖户谓之坤，辟户谓之乾；一阖一辟谓之变，往来不穷谓之通”；“化而裁之谓之变，推而行之谓之通”。从这里我们可以看出，所谓“变”“通”都是在运动中进行或实现的。它反复称说，“刚柔相推而生变化”，“刚柔相推，变在其中矣”。这就是《易经》的“以动者尚其变”的精神。它又进而解释“变通”和“通变”的含义：“广大配天地，变通配四时”，“法象莫大乎天地，变通莫大乎四时”；“通变之谓事”。总起来说，“变通”“通变”是跟天时、人事相关联。而“变通”也正是包含有因时而变的意思，即：“变通者，趣时者也。”这同“观乎天文，以察时变；观乎人文，以化成天下”①的意思是一致的。

《易传》讲穷变通久，讲变通、通变，变化的思想十分丰富，对中国古代历史观念的发展，产生了深远而积极的影响。司马迁提出“通古今之变”作为历史撰述的宗旨之一，就是对上述历史观念的继承和发展。

《易经》《易传》和司马迁的通变思想对后世影响极大，如杜佑《通典》、司马光《资治通鉴》、郑樵《通志》、马端临《文献通考》等，都是这一影响的继承和发展。清代王夫之《读通鉴论·叙论四》中对“通”作了解说，章学诚《文史通义·释通》篇，进一步从理论上阐明了史学之“通”的含义。

---

① 《周易·贲卦·彖传》。

在古今联系中，古今之间是否有变化?《易传》强调穷、变、通、久，“变”是核心问题。问题在于人们怎样看待“变”的方向，这也是古代历史观念中的一个根本问题。所谓“变”的方向和轨迹，无非是前进的、倒退的、循环的三种情况，其中又以循环的论点和前进的论点更具代表性。

历史循环论是战国时期的阴阳家提出来的。阴阳家接过了西周末年、春秋时期出现的阴阳五行说的形式，灌注了唯心主义的神秘的内容，把朴素的唯物主义的四时、五行说，蜕变为唯心主义的五德终始说。五德终始说不仅迎合各诸侯的政治需要，而且在秦皇朝统一后受到特别的推重。白寿彝先生指出，秦始皇为了证明自己符合水德，乃尚黑，不惜使整个朝堂上黑压压一片。

五德终始说在历史观念的发展上，有一定的影响。司马迁对五德终始说是持批判态度的，但他还是受到了历史循环论思想的影响。他在讲到夏、殷、周三代主忠、主敬、主文的三统说时写道：“三王之道若循环，终而复始。”[①]尽管他批评“秦政不改”，称道汉代“承敝易变”，意在提倡历史中的“变”，但在这个具体问题上的“变”是有很大的局限的，是“终而复始”的“变”。当然，在司马迁的“通古今之变”的历史观念体系中，这只是一个小小的不和谐音。五德终始说的“凡帝王者之将兴也，天必先见祥乎下民”的说法，对董仲舒的“天人感应”说和东汉的谶纬思想，都有一定的影响，而班固撰《汉书》，反复申言“刘氏承尧之祚”“唐据火德，而汉绍之”“汉绍尧运，以建帝业”[②]，则显然是接受了五德终始说的理论。其后，随着正闰论、正统论的兴

① 《史记·高祖本纪》。

② 《汉书·叙传》。

起，虽各有其时代的特点，但它们也都可以溯源至五德终始说。

应当看到，在中国史学上，朴素的进化观点占有突出的地位，这是中国史学之观念形态的优良传统之一。在“变”的观念上，它同循环论有一定的共同之处；但在“变”的性质和“变”的方向上，则不同于历史循环论，而是认为社会历史在变化中前进，在变化中发展。《易·系辞上》：“日新之谓盛德”，《易·杂卦》：“革，去故也。鼎，取新也。”这是较早的朴素进化观点。韩非子提出上古、中古、近古之说，提出“古今异俗，新故异备”之说①，是很明显的朴素进化思想。而司马迁的“通古今之变”的思想，则包含着丰富的朴素历史进化观点。再者，《春秋》公羊学“三世说”的形成，把历史视为从据乱世到升平世再到太平世的演进过程，也是一种很有代表性的朴素进化观点，且与近代的进化论有比较密切的历史联系。

唐代以下的史家，在发展朴素进化观方面，有越来越突出的成就。这主要反映在三个问题上。第一，是关于人心风俗。史家吴兢记贞观初年唐太宗与群臣讨论治国方略，魏徵力主施行教化，指出：“若圣哲施化，上下同心，人应如响，不疾而速，期月而可，信不为难，三年成功，犹谓其晚。”太宗以为然。封德彝等人反对魏徵的主张，认为：“三代以后，人渐浇讹，故秦任法律，汉杂霸道，皆欲化而不能，岂能化而不欲？若信魏徵所说，恐败乱国家。”魏徵运用历史知识来反驳他们，指出：黄帝、颛顼、商汤、武王、成王在教化方面都取得了成功，“若言人渐浇讹，不及纯朴，至今应悉为鬼魅，宁可复得而教化耶？”②封德彝等人无以为对，但仍不同意推行教化政策。

① 《韩非子·五蠹》。

② 《贞观政要·政体》。

惟有唐太宗坚定地采纳魏徵意见，并在政治上取得了成功。王夫之说："魏徵之折封德彝曰：'若谓古人淳朴，渐至浇讹，则至于今日，当悉化为鬼魅矣，'伟哉其为通论已。"①这可见千年之下，魏徵的思想影响。第二，是关于"中华"与"夷狄"。史学家杜佑指出："古之中华，多类今之夷狄"②；"古之人朴质，中华与夷狄同"③。杜佑从地理环境上分析了"中华"进步的原因和"夷狄"未能进步的原因，表明他在民族问题上的进步思想和朴素进化观。第三，是关于"封建"。柳宗元著《封建论》，从"生人之初"，阐述到"天下会于一"，描绘出了一幅社会历史不断进化的图景。这些，都极大地丰富了朴素的历史进化观念。

明清之际的王夫之把朴素进化观推向更高的阶段，即以朴素的历史进化的观点解释历代的政治统治，尤其是历代的政治制度。他继承柳宗元对"封建"的认识，认为："封建之不可复也，势也"；"封建不可复行于后世，民力之所不堪，而势在必革也"④。王夫之对历代制度有一个总的认识，就是："以古之制，治古之天下，而未可概之今日者，君子不以立事；以今之宜，治今之天下，而非可必之后日者，君子不以垂法。"⑤这就是"一代之治，各因其时"⑥的合理性。

朴素进化观在理论上没有发展到更加缜密的阶段，但它作为一种历史进化的观念，在中国史学上有古老的传统和广泛的影响。同时，它也是中国史学在历史观念上接受近代进化论的一个思想基础。

---

① 《读通鉴论·太宗》。

② 《通典》卷一八五《边防典》序。

③ 《通典》卷四八《礼八·沿革八·吉礼七》后议。

④ 《读通鉴论》卷二《文帝》。

⑤ 《读通鉴论》卷末《叙论四》。

⑥ 《读通鉴论》卷二一《高宗》。

在古今关系中，还有一个很重要的观念，即在古今的联系中，是否可以划分相互联系的不同的历史阶段？前引《韩非子》中说到的上古、中古、近古是这方面较早的说法，这是思想家从历史中得到的启示而提出的见解。司马迁著《史记》根据年代的远近、文献的详略和时代的特点，而于书中列《三代世表》《十二诸侯年表》《六国年表》，这是对三个历史阶段的划分，反映了司马迁的卓识，以至于今人还在用“三代”“春秋时期”“战国时期”等历史分期概念。

至于《春秋》公羊学的“三世说”，《礼记·礼运》篇的“大同”“小康”说，具有更多的社会思想的色彩，同司马迁的历史时代的划分有所不同。

三、关于时与势

时与势这两个概念，在中国古代历史观念中也是很重要的。《易经·贲卦》说：“观乎天文，以察时变；观乎人文，以化成天下。”这表明“时”与“天文”有关。这里说的“时”，当是四季时序之意。《易经·恒卦》称：“四时变化，而能久成”，意谓“四时”之“时”的变动性、恒久性及其对于天地万物的意义。《易经·革卦》又说：“天地革而四时成，汤武革命，顺乎天而应乎人，革之时大矣哉！”这是把“时”与人事联系起来，指出“时”对于后者的重要。《易经·丰卦》又说：“天地盈虚，与时消息，而况于人乎？况于鬼神乎？”这是进一步说明“时”对于人事的重要。史学家汲取了《易经》关于“时”的观念并运用于历史撰述、历史解释之中。司马迁《史记·太史公自序》称：“扶义俶傥，不令已失时，立功名于天下，作七十列传。”他很看重人的活动与“时”的关系，意在赞颂那些“不失时”的历史人物。魏徵主编《隋书》并作史论，称赞隋初开国功臣李圆通、来护儿等人时指出：“圆通、护儿之辈，定和、铁杖之伦，皆一时之壮士，困于贫贱。当其郁抑未遇，亦安知其有鸿鹄之志哉！终能振拔污泥之中，腾跃风云之上，符马革之愿，快生平之心，非遇其时，焉能至于此也！”[①]这就是说，杰出人物的出现，除了自身的条件外，“遇其时”乃是重要的客观条件。这些都表明，中国古代史学家在评论历史人物和历史事件时，十分关心具体的历史时机。

关于“势”，是司马迁一再使用的一个概念。司马迁在解释事物变化原因时写道：“无异故云，事势之流，相激使然，曷足怪焉。”[②]司马迁论范雎、蔡泽际遇与成就的变化，认为“固强弱之势异也”[③]。他说的“事势”“势”是指事物的状态和形势，即考察历史时，不能不着眼于一定的社会环境，从而得到合理的说明。从“事势之流，相激使然”来看，司马迁认为“事势”“势”不是静止的，而是运动的，其中自也包含有趋势之意。

自司马迁以下，不少史家都讲到过“势”，但真正赋予“势”以历史理论之明确含义的，是柳宗元的《封建论》。柳宗元用“势”来说明历史变化的动因，对后人产生了理论上的启示。宋人曾巩、范祖禹、苏轼和明清之际王夫之都各有阐发。曾巩撰《说势》[④]一文，其历史见解是折中于“用秦法”与“用周制”之间。文中所说“力小而易使，势便而易治”的“势”，是指的一种综合的力以及这种力与力之间的对比，同柳宗元说的“势”的含义不尽相同。此文还批评“病封建者”与“病郡县者”二者“皆不得其理也”。章学诚说曾巩“具史学而不具史法”，由此可见

① 魏徵等：《隋书》卷六四后论。

② 《史记》卷三〇《平准书》。

③ 《史记》卷七九《范雎蔡泽列传》后论。

④ 见《曾巩集》卷五一。

一斑。范祖禹引用《礼记·礼器》说的“礼，时为人，顺次之”的话，进而阐发道：“三代封国，后世郡县，时也”，“古之法不可用于今，犹今之法不可用于古也”①。范祖禹说的“时”，义颇近于柳宗元说的“势”。而苏轼对于“圣人”和“时”之辩证关系的阐发，则深得柳宗元论“势”的要旨。苏轼认为：“圣人不能为时，亦不失时。时非圣人所能为也，能不失时而已。”他说，“圣人”之“能”不在于“为时”而在于“不失时”。这是很机智地说明了“圣人”与“时”的关系。在他看来“时”是客观的，能够认识并利用它的人，也就可以称为“圣人”了。基于这种认识，苏轼认为秦置郡县，“理固当然，如冬裘夏葛，时之所宜，非人之私智独见也，所谓不失时者”②。这些论述，用来注释柳宗元说的“封建，非圣人意也，势也”，是很精彩的。苏轼自称“附益”柳说，自非虚辞。

王夫之在论述史学活动的重心时，也讲到了“时势”：“智有所尚，谋有所详，人情有所必近，时势有所必因，以成与得为期，而败与失为戒。”③这里讲的“时势”，是指社会的形势或历史的趋势；“必因”，是说它跟过去的形势或趋势有沿袭和继承的关系。这就是说，时势既有连续性，但又不是一成不变的。王夫之认为，人们观察历史，应充分注意到“势异局迁”即时势的变化；而人们要从历史中获得“治之所资”的启示，则必须“设身于古之时势”。总之，认识历史，从历史中获得教益，应首先学会把握不同历史时期的时势。王夫之也提到“先王之理势”，但“先王”并不具有圣神的含义，他只是一定历史时期之“时势”的标志罢了。

---

① 范祖禹：《唐鉴》卷二《太宗》。

② 苏轼：《东坡志林》卷五《秦废封建》。

③ 王夫之：《读通鉴论》卷末《叙论三》。

从柳宗元到王夫之，是把“势”“时势”作为历史变化动因看待的，这是古代历史观念在理论上的重要贡献。然而王夫之并不仅仅停留在这里。他自谓著《读通鉴论》，是“刻志兢兢，求安于心，求顺于理，求适于用”[①]。所谓“求顺于理”的“理”，是关于历史变化原因的另一历史理论范畴。在王夫之看来，所谓“理”，就是“物之固然，事之所以然也”[②]。以今义释之，“理”是事物变化之内在的法则或规律。王夫之说的“物”与“事”，不限于历史，但无疑包含了历史。因此，这种“事之所以然”亦即事理，是对于历史变化原因的更深层次的理论概括。柳宗元通过对人类“初始”社会的描述，提出“封建，非圣人意也，势也”，说明“势”“时势”是人们可以感受到、“捕捉”到的。而“理”“事理”则不然，它是内在的和抽象的，但又不是不可认识的。王夫之说：“理本非一成可执之物，不可得而见也”，“只在势之必然处见理”。[③]“势”之必然之为“势”者，便是“理”；“理”与“势”是一致的。从王夫之所解释的“势”同“理”的关系来看，“势”是“理”的外在形式，“理”是“势”的本质阐释。他以此来认识历史，来评论史家对于历史的认识，是认识历史和评论史学之理论与方法的新发展。

四、关于理与道

上文讲时与势，已涉及到“理”。所谓理在势中，“理”是“势”的本质阐发，即“理”是对于“势”的说明。换言之，“理”是说明或解释“势”的存在及表现的道理。

关于“道”，在中国思想史上有多种含义：或是世界的本原，先天

① 王夫之：《读通鉴论》卷末《叙论三》。

② 王夫之：《张子正蒙注》卷五《至当》。

③ 王夫之：《读四书大全说》卷九《孟子・离娄上》。

地而生；或是万物的载体，万事万物皆在“道”的包含之中；或是综合贯通万物之理，是一切道理的总汇；等等。在史学家的语汇与范畴体系中，“道”大致有三种含义：一是指原则、法度；二是指常理、法则；三是指道理或根本之理。这都是针对社会历史和社会历史中的人而言。其中，有与思想史上所说之“道”相近之处，有的则具有史学自身的针对性。

司马迁在《史记·历书》序中写道：“夏正以正月，殷正以十二月，周正以十一月。盖三王之正若循环，穷则反本。天下有道，则不失纪序；无道，则正朔不行于诸侯。”①这里说的“道”，当是指法度而言。他在《史记·货殖列传》序中这样说：“人各任其能，竭其力，以得所欲。故物贱之征贵，贵之征贱，各劝其业，乐其事，若水之趋下，日夜无休时，不召而自来，不求而民出之。岂非道之所符，而自然之验邪?”②这里说的“道”，似可近于作常理、法则来理解。

元初史家马端临指出：“《诗》《书》《春秋》之后，惟太史公号称良史，作为纪、传、书、表。纪、传以述理乱兴衰，八书以述典章经制。后之执笔操简牍者，卒不能易其体，然自班孟坚而后，断代为史，无会通因仍之道，读者病之。”③所谓“会通因仍之道”的“道”，一方面是指史家的历史撰述思想，另一方面也是更深层的方面，是指“理乱兴衰”“典章经制”内在的联系，即其中的常理和法度。至于清人龚自珍说的名言“欲知大道，必先为史”④，这个“道”当是指社会历史运动中的根本之理。

① 司马迁：《史记》卷二六《历书》。

② 司马迁：《史记》卷一二九《货殖列传》。

③ 马端临：《文献通考》自序。

④ 龚自珍：《龚自珍全集》第一辑《尊史》。

“理”与“道”本有相通之处，但也存在可以觉察、可以判断的差别。这个差别是否可以作这样的概括：“理”通常指具体史事之理，“道”通常指一般史事之理。当然，这个差别，也是相对而言，不是绝对的。

在史学家的语汇中，“道”又往往是指史家本人的信念、思想、志向、智慧而言。司马迁说：“昔西伯拘羑里，演《周易》；孔子厄陈蔡，作《春秋》；屈原放逐，著《离骚》；左丘失明，厥有《国语》；孙子膑脚，而论《兵法》；不韦迁蜀，世传《吕览》；韩非囚秦，《说难》《孤愤》；《诗》三百篇，大抵贤圣发愤之所为作也。此人皆意有所郁结，不得通其道也，故述往事，思来者。”[①]这里说的“道”，显然是指这些作者的思想、志向而言。刘知幾自谓“虽任当其职，而吾道不行；见用于时，而美志不遂”[②]，此处所言之“道”，也是同样的含义。而刘知幾在《史通·曲笔》篇中所说“史氏有事涉君亲，必言多隐讳，虽直道不足，而名教存焉”，即是把“道”看作一种信念和原则。这样的含义，也见于柳宗元的《与韩愈论史官书》。柳宗元认为，对于一个史官来说，“凡居其位，思直其道。道苟直，虽死不可回也；如回之，莫若亟去其位”。清人黄宗羲论学说：“学问之道，以各人自用得着为真”[③]，此处之“道”是指治学的原则和目的。顾炎武说过与此大致相同的话，他指出：“君子之为学，以明道也，以救世也。”[④]“明道”之“道”当指道理、智慧，“救世”自是指经世致用，等等。以上这些，大多是关于史学家主体意识而言，同前面所举多指关于历史认识对象是

① 司马迁：《史记》卷一三〇《太史公自序》。

② 《史通》卷十《自叙》。

③ 黄宗羲：《明儒学案》凡例。

④ 顾炎武：《顾亭林诗文集》卷四《与人书二十五》。

有所区别的。

天人关系是探讨社会历史的存在及其所发生的种种变化，是“天命”安排的，还是社会历史中的人和人事决定的，这是社会存在和社会意识的关系。古今关系是探讨社会历史不同阶段的联系及其运动轨迹，即社会历史的变化是前进的、循环的还是倒退的，这涉及对人类历史前途的认识。时与势，是探讨人们在历史活动中所经历的机遇和形势，即客观历史环境所提供的条件。理与道，是探讨纷繁复杂的历史活动之种种表现的原因、原理和规律。这些，都是中国古代历史观念中极重要的范畴和命题。关于这方面的深入研究，确有许多工作要做。我们应当认真清理和总结这一份珍贵的思想遗产，以推进历史学的理论建设。

关于中国古代史学批评史的几个问题*

一、中国古代史学批评史研究的对象

中国古代史学批评史是一个新兴的学科，我们只有在明确了它的研究对象与研究范围之后，才可能对其学术定位作出某种设想或建议。这就要求我们从什么是中国古代史学批评史谈起。

什么是中国古代史学批评史？顾名思义，它是指在中国古代史学上，那些具有批评意识的史学家、思想家、政治家或其他学人，针对史学发展中出现的各种问题而提出自己的看法：在这些看法中既包含着相同或相近的意见，也往往伴随着分歧和异趣，以至完全相反的观点。这种意见、分歧、观点互相讨论、辩难的史学活动、史学现象，我们称为史学批评。史学批评既不是“挑眼”，也不是“吹捧”，相互间不论是赞同的意见还是不同的意见，重在“发

---

* 本文系作者主编的七卷本《中国古代史学批评史》导论，原载《北京师范大学学报》(社会科学版)2018 年第 5 期。

现”并提出问题，对问题的阐说，则启发着时人与后人或加以发扬，或引以为戒，这就是史学批评的产生及其意义。如此这般的一个个史学批评个案的联系，构成了某一时期或某一时代的史学批评史；一个个时代的史学批评史，构成了连续不断的中国古代史学批评史。这样，研究者可以揭示批评者与被批评者的异同，可以概括某一时期或某一时代史学批评的特点，并以此探索、揭示中国古代史学批评史发展的全貌及其规律，进而为提炼出理论问题提供依据。中国古代史学批评史研究的范围，从纵向上看，上起先秦的春秋时期，下迄清代中期(1840 年以前)。从横向上看，它包括史学家、思想家、政治家及各方面学人对史学的批评；涉及的文献亦不限于史部书，经部、子部、集部也在考察范围之内。我们希望在研究中能够发掘一些有关史学批评的新资料和以往较少涉及的知识领域，尤其希望在研究中提出一些新的问题，并作出合理的阐述，从而通过集体的努力，使中国古代史学批评史成为一门内涵丰富、特色鲜明的学科。

那么，怎样为中国古代史学批评史作学科定位呢？第一，从宏观领域来看，中国古代史学批评史属于“中国历史”一级学科范围，当毋庸置疑。第二，从研究内容与特点来看，中国古代史学批评史与中国古代史学史关系密切，离开中国古代史学史，中国古代史学批评史就成了无源之水、无本之木，也就无从谈起；同时，史学批评中提出的问题及相关的论述，都可能涉及理论上的分析，而脱离了史学理论的史学批评，就会成为没有思想、没有内涵的材料堆砌。有鉴于此，是否可以认为，中国古代史学批评史是“史学理论与史学史”这个二级学科之下的一个三级学科。当然，这只是一个设想。

为了明确中国史学史的研究与撰述同中国史学批评史的研究与撰述之异同，以凸显中国史学批评史的性质和特点，我们有必要对此作进一步的阐述。概括说来，中国史学史研究，是研究中国史学发展的面貌及其规律的历史；中国史学批评史研究，是研究中国史学史上存在于其间的一个最活跃的内部动因即批评与反思，包含批评的意识、批评的思想、批评的理论与方法及各方面成果(思想成果和著述成果)。尽管史学批评史同史学史存在密切的关联，但毕竟是两个不同的研究对象，因而提出问题的方式和视角不同，撰述的主要内容自亦有所不同。这一联系与区别，是不应有所模糊的。

本书题为《中国古代史学批评史》而未以“评论史”命名，也是意在突出研究者提出问题的方式和视角。记得十几年前，有位记者问我：您的《中国古代史学批评纵横》一书，为什么不用“评论”而用“批评”？我一时语塞，觉得很难回答这个问题，说明自己并不很清楚它们之间有何异同，再说我另有一本论集，书名就叫作《史学与史学评论》。由于《中国古代史学批评纵横》这本小书受到一些同行尤其中青年朋友的关注，这些年来，研究史学批评的学人逐渐多了起来，似乎用“批评”一词也就习以为常了，因而很少有人再提出这样的问题。但对于我来讲，却没有放下这个问题，总想对此作一点探究。其间，也翻阅了几本从理论上讨论学术批评的书，有中国学者写的，也有外国学者著作的中译本，但它们都是立足于文学批评而展开的，有的还是从解释学的视角对文学批评作阐说的。更重要的是，它们的讨论多是在西方学术所谓“原生质”的、“科学”的“批评”与“评论”概念基础上展开的。这对我提高理论上的认识都有不同程度的帮助，但由于学科的不同，特别是由于文化渊源上的差异，毕竟不能获得原本所需要的借鉴。这就促使我从“传统”中去寻求认识问题的路径。

中国古代学人使用“评论”一词说事，当不晚于魏晋之际。三国魏人王肃所注《孔子家语》中记述孙武这个人有个缺点，“多称人之过，而已评论之”，因而受到颜回劝告。又《三国志》裴注引王隐《晋书》记：“然天下之至慎，其惟阮嗣宗乎！每与之言，言及玄远，而未曾评论时事，臧否人物，真可谓至慎矣。”[①]这里说的回避“评论”是对“至慎”的肯定。与此不同的是，王隐《晋书》还有另外的记载：“刘毅字仲雄，东莱掖人，汉城阳景王后也。亮直清方，见有不善，必评论之，王公大人望风惮之。”[②]这里说的敢于“评论”是赞扬之意。这两处说的“评论”，都是指评论时事，评论人之秉性。此外，也有说到评论史书的。如葛洪《抱朴子》记：

> 而班固以史迁先黄老而后六经，谓迁为谬。夫迁之洽闻，旁综幽隐，沙汰事物之臧否，核实古人之邪正。其评论也，实原本于自然，其褒贬也，皆准的乎至理。不虚美，不隐恶，不雷同以偶俗。刘向命世通人，谓为实录；而班固之所论，未可遽也。[③]

这里说的“评论”，即是关于司马迁及其所著《史记》的评论。又如，五代时，刘昫等著《旧唐书》说到唐太宗时重修的《晋书》：“参考诸家，甚为详恰。然史官多是文咏之士，好采诡谬碎事，以广异闻；又所评论，竞为奇艳，不求笃实，由是颇为学者所讥。”[④]

---

① 陈寿：《三国志》卷一八《李通传》裴注引王隐《晋书》，北京：中华书局，1962年，第536页。又刘义庆著，刘孝标注引，与上略同，见杨勇校笺本：《世说新语·德行》，北京：中华书局，2006年，第16页。

② 刘义庆著，刘孝标注引，杨勇校笺本：《世说新语·德行》，第18页。

③ 葛洪著，王明校释：《抱朴子内篇》卷一〇《明本》，北京：中华书局，1985年，第184页。

④ 刘昫等：《旧唐书》卷六六《房玄龄传》，北京：中华书局，1975年，第2463页。

上述这两则关于史书的评论，前者是肯定的评论，后者是借用时人之语发表了包含负面评价的评论。又有明人郭孔延撰《史通评释》，其序称："向以己意为之评论，虽未必合作者之意"云云①。显然，这是对评论者的评论。

至于中国古代学人使用"批评"一词，至晚见于葛洪所著、邵雍辑佚的《梦林玄解·占梦》："占曰：梦殊砂，为官爵，为文章，为批评，为银财之本，为血气，为良药。"②此处所讲"批评"，没有明确指向，不便妄测。而元代学人是较早从学术的意义上使用"批评"一词的。钱大昕《补元史艺文志·总集类》著录有《仇远批评唐百家诗选》一书，其别集类著录《仇远金渊集》六卷③。仇远精于诗，时人称为"仇远先生"，《元史·张翥传》记：

> 翥少时，负其才儁，豪放不羁，好蹴鞠，喜音乐，不以家业屑其意，其父以为忧。翥一旦翻然改曰："大人勿忧，今且易业矣。"乃谢客，闭门读书，昼夜不暂辍，因受业于李存先生。存家安仁，江东大儒也，其学传于陆九渊氏，翥从之游，道德性命之说，多所研究。未几，留杭，又从仇远先生学。远于诗最高，翥学之，尽得其音律之奥，于是翥遂以诗文知名一时。已而薄游维扬，居久之，学者及门甚众。

---

① 郭孔延：《史通评释序》，上海：上海古籍出版社，2006 年，第 1 页。

② 葛洪：《梦林玄解》卷一二《文墨·五色颜料》，见《续修四库全书》子部，第 1064 册，宋邵雍纂辑，明陈士元增删，明何栋如重辑，上海：上海古籍出版社，2002 年，第 24 页。

③ 参见《二十五史补编》第 6 册，北京：中华书局，1955 年，第 8425—8435 页。

这一简略的记载，大致可以得知仇远在唐诗研究上的造诣，乃有《批评唐百家诗选》之作，在中国古代学术批评史上留下了自己的印记。

值得注意的是，明代学人在奏疏与书信中亦往往使用"批评"一词。如：魏允贞《条陈救弊四事乞赐采纳以弘治道疏》中有这样的话："分别式样，以授主司，圈点批评，列置卷首，后先及第，海内士人，无不愤叹。"①这是反映了明朝科举考试的弊端。李贽的《寄答留都》写道："前与杨太史书亦有批评，倘一一寄去，乃足见兄与彼相处之厚也。"②徐芳的《与高自山》一文更有这样轻松的话语："诗文传阅，取笑批评，烂如圈点，互相诒炫。"③由此可知，在明代的公私文件中，多有"批评"一词的使用。

综观上述事例，可以认为，大约在1700年前，中国学人已将"评论"和"批评"的概念置于不同学术领域之中，以表述和阐说各自的学术见解，并在日常生活中也有所表现。这种现象在元明以下显得更加广泛。由于前人在使用"评论"和"批评"一词时，并未作出明确的解释，故难得从实质上划清二者的界限。但中国学人有重视字义和慎于遣词造句的传统④，由此仍可略知"评论"和"批评"的一点区别："评

① 参见陈子龙等编：《明经世文编》卷三八七，北京：中华书局，1962年，第4195页。

② 见《李贽集》第1卷，《焚书一·增补一》，北京：社会科学文献出版社，2000年，第258页。

③ 参见黄宗羲编：《明文海》卷一六二，北京：中华书局，1987年，第1630页。

④ 如杜佑自谓："凡义有经典文字其理深奥者，则与其后说之以发明，皆云'说曰'。凡义有先儒各执其理，并有通据而未明者，则议之，皆云'义曰'。凡先儒各执其义，所引据理有优劣者，则评之，皆云'评曰'。"(《通典》卷四二，北京：中华书局，1988年，第1167页。)《说文解字》："论，议也。"段注："凡言语循其理得其宜者谓之论。"凡此，均可参考。

论”是评量和议论，意在对事物作出适当的评价；“批评”则兼有披露和评论之意，包含正面评价和负面评价，具有鲜明的反思意识。

在获知古代学人对“评论”和“批评”有更明确的定义或阐述前，姑作此说。

二、中国古代史学批评的发展大势与主要问题

中国古代史学批评发展大势是怎样的？其间有哪些主要问题是需要展开讨论的？这是本书需要明确的问题。

这里讲的“发展大势”，上起先秦春秋时期，下迄清代中期(1840年以前)，约两千五六百年的历史。根据我们的理解和撰述工作的需要，中国古代史学批评可以划分为七个阶段。由于中国历史和中国史学发展的连续性特点，这七个阶段是前后衔接的，上下贯通的，同时又各具特点。

第一阶段：中国古代史学批评的开端(先秦秦汉时期)。孔子评晋国史官董狐以及孟子和《左传》评《春秋》，揭开了中国古代史学批评的序幕。此后，史家修养和史学与社会的关系成为中国史学史上人们关注的两个重大问题。司马谈、司马迁父子对《春秋》的评论与继承、发展，班彪、班固父子对司马迁及其《史记》的批评，先后产生了《史记》《汉书》两部宏伟著作。这是中国古代史学批评开端的最重要的标志。同时，刘向、刘歆父子校书而对各类历史文献作出评论，分别写出了《别录》和《七略》，为班固《汉书·艺文志》的撰述作了资料上的准备。东汉末年，汉献帝认为纪传体《汉书》烦冗难读，由是荀悦乃有编年体《汉纪》之作，从而为这一时期史学批评画上句号。

这时期在史学批评方面提出的主要概念和观念有：良史，书法不隐和史书三要素论(事、文、义)，以及“其文直，其事核，不虚美，

不隐恶”的“实录”论，以及立典五志论(达道义、彰法式、通古今、著功勋、表贤能)等。

第二阶段：中国古代史学批评的初步发展(魏晋南北朝时期)。在史学多途发展的学术背景下，学术思想的活跃推动了史学批评的广泛展开。关于《史记》《汉书》的批评，开这一时期史学批评之先河，同时反映出了与前一时期史学批评的衔接；关于《三国志》的批评，则表明时人对它的关注。有关上述三部“正史”的批评，对后世均有一定的影响。同时，史学家们关于“史例”及国史“条例”的讨论，推动了有关史书编撰形式的评论。其中，关于史书编著的起元问题的讨论，可谓时代特点使然，对后世多有启发。值得注意的是，关于史书内容和史家修养的各种批评意见，构成这时期史学批评的主要部分。而刘勰《文心雕龙·史传》篇，在总结此前史学发展历史的基础上，提出了史学发展中的一些重要问题，可视为一篇史学批评史论纲，堪为中国史学批评初步发展阶段的标志性成果。

这时期在史学批评方面提出的主要概念和观念是：信史，烦省，评论，以意为主以文传意，以及由立典五志演变而来的书契五善论(达道义、彰法式、通古今、表功勋、旌贤能)，和注史四旨论(以补其阙、以备异闻、以惩其妄、有所论辩)等。

第三阶段：中国古代史学批评的深入发展(隋唐时期)。唐初关注对以往众家晋史与南北朝时期所撰正史的批评，反映了在政治统一局面下历史撰述的新的要求，由此奠定了这一时期史学批评的宏大气势。《隋书·经籍志》史部对十三类历代史书的评论，是中国史学批评史上最早的和最全面的总结；其史部大序对史官职责的表述，反映了史家对历史撰述的高度重视。关于“史才三长”学说的提出与“良史”观念的发展，增进了人们对史学主体的认识；关于治学宗旨的讨论，凸显了经世致用的史学思想；关于史注家的史学批评意识，在这个时期的《史记》注、《汉书》注和《后汉书》注中，均有所发挥。以上这几个方面，均可视为史学批评深入发展的表现。而作为最有代表性的标志性成果，则是刘知幾的《史通》一书。这部“其为义也，有与夺焉，有褒贬焉，有鉴诫焉，有讽刺焉”①的书，是一部有系统的史学批评著作，也可以看作是一部提出了许多重要问题的史学理论著作。它的重要性可用一句话概括，这就是刘知幾同时代人徐坚说的：“居史职者，宜置此书于座右。”②

这时期在史学批评方面提出的主要概念和观念有：直书、曲笔、鉴识、探赜、疑古、惑经，史学功用论、史才三长论（才、学、识）、史之有例犹国之有法论、史之称美者以叙事为先论、史官辨职论、编年纪传论、师古与随时（稽古与随时）论、行状不实论等。

第四阶段：中国古代史学批评的兴盛（五代两宋时期）。从五代后晋开运二年（945）《旧唐书》面世，至宋仁宗嘉祐五年（1060）《新唐书》撰成刊行后，围绕两《唐书》、两《五代史》的修撰、比较而展开的史学批评，受到学人的关注。而《资治通鉴》的撰成则直接促进了史学批评的发展，不论是司马光的自述，还是宋神宗的评论，都产生了很大影响。由此“《通鉴》学”勃然兴起，朱熹、杨万里的相关评论又昭示了新的史书体裁即纲目体、纪事本末体的出现。郑樵、李焘的史学批评，前者上承司马迁，后者接续司马光，进一步丰富了史学之“通”的观念。《册府元龟》国史部总序及各门小序，对史学的由来、社会功用、史官职责、作史原则、撰述流程中的种种情况等作了概括和评论，显

① 《史通》卷一〇《自叙》。

② 《旧唐书》卷一二〇《刘子玄传》。

示了类书中蕴含的史学批评思想，凸显出“史学事业”的新观念。晁公武《郡斋读书志·序》称“日夕躬以朱黄，雠校舛误。终篇，辄撮其大旨论之”，这是目录学家、文献学家之学术批评思想积累以至形成的艰辛历程。欧阳修不理会他人对其爱好金石学的嘲讽，坚持《集古录》的研究和撰述。而赵明诚《金石录·序》进而申言：“盖史牒出于后人之手，不能无失，而刻词当时所立，可信不疑”，具有“考其异同”的作用。赵明诚夫人李清照在此书后序中写道：此书“是正讹谬，去取褒贬，上足以合圣人之道，下足以订史氏之失者皆载之，可谓多矣”①。综上，类书、目录书和金石之学中包含的史学批评，是这时期史学批评的几个特点。宋代学人撰写了大量的史料笔记，其中多有自觉的补史意识和史学批评思想，是这时期史学批评走向兴盛的一个重要方面。宋代文学之士关注史学，通观其所批评，往往得失两存，但有胜于无，重在分析和判断。

这时期在史学批评方面提出的主要概念和观念有：公正、议论、记注、疏谬、不实、非才、会通，以及信史论、史家源起论、良史“四足”论（明、道、智、文）、纪事本末论、史法论、作史三原则论（事实、褒贬、文采）等。

第五阶段：民族史学与史学批评（辽夏金元时期）。中国是一个多民族国家，自秦汉起成为不断发展的统一的多民族国家。因地理条件、历史环境、文明进程的差别，各民族史学的发展迟速不一。由于文字的困难和文献的不足，我们对民族史学尚缺乏较深入的研究。本卷凭借汉文的有关记载，试图在民族史学与史学批评领域作初步的研

---

① 赵明诚：《金石录》，金文明校证本，桂林：广西师范大学出版社，2005 年，第 1、531 页。

究，俾使这时期的史学批评占有其应有的位置。应当强调的是，这时期的史学与史学批评既有中原文化的影响，也有各民族的文化基础。民族史学在史学思想、史学批评意识方面，或许在针对性上和具体表述上存在一定的差异，但在本质上却是一致的。中国史学上的经典文献、著名史家以及史学观念和史学方法等，都是民族史学发展中的评论对象。《辽史·文学上·萧韩家奴传》记：辽兴宗“又诏译诸书，韩家奴欲帝知古今成败，译《通历》《贞观政要》《五代史》。”这里自然包含萧韩家奴对这些历史著作的评论。同书《列女传》记：“耶律氏，太师适鲁之妹，小字常哥。幼爽秀，有成人风。及长，操行修洁，自誓不嫁。能诗文，不苟作。读《通历》，见前人得失，历能品藻。”《通历》是中唐晚期史家马总所撰的一部简明的编年体通史，常哥读而又能“品藻”，说明有深刻的认识。《金史·世宗本纪中》记：“上谓宰臣曰：‘近览《资治通鉴》，编次累代废兴，司马光用心如此，古之良史无以加也。’”同书《世宗本纪下》记：“上谓宰臣曰：‘朕近读《汉书》，见光武所为，人有所难能者。……此其度量盖将大有为者也，其他庸主岂可及哉。’”这里所记当指范晔《后汉书》所叙史事。金世宗对《资治通鉴》《后汉书》的评论当不止于此。《元史·仁宗本纪一》记：元武宗时“有进《大学衍义》者……帝曰：‘治天下，此一书足矣。’因命……刊行，赐臣下。”这个评论虽有些夸张，但表明了元武宗对此书的重视。又，《元史·察罕传》记元仁宗同察罕有这样一段对话：

帝尝问张良何如人，对曰：“佐高帝，兴汉，功成身退，贤者也。”又问狄仁杰，对曰：“当唐室中衰，能卒保社稷，亦贤相也。”因诵范仲淹所撰碑词甚熟。帝叹息良久曰：“察罕博学如此邪。"尝译《贞观政要》以献。帝大悦，诏缮写遍赐左右。且诏译《帝范》。

上文举出的几个实例，生动地反映出中国历史上的历史文化认同思想的真实存在，同时也反映了与民族史学相关联的记述中史学批评思想的真实存在。这时期在史学批评方面提出的主要观念是："史笔天下之大信"论，"宁可亡人之国、不可亡人之史"论，"自古帝王得失兴废，斑斑可考者，以有史"论，"事"与"道"关系论，文献论，"理"(义理、事理、文理)"情"(人情)评判标准论，心术为修史之本论等。

第六阶段：中国古代史学批评的拓展与前景(明时期)。这时期的史学批评，从洪武元年(1368)明太祖朱元璋诏修《元史》，至明末朱明镐《史纠》面世，贯穿了整个明朝的历史。关于前朝正史的修撰与评论，由《元史》上溯元修三史、两《五代史》、两《唐书》，直至《史记》，显示出中国古代史学批评史之连续性的特点。关于修撰本朝史过程中的评论，既表明时人对史学认识的深入，也表明存在各种歧见。随着思想史研究的发展，辩证思维在史学批评领域也有突出的表现，王世贞论国史、野史、家史的得失可谓经典之论。关于刘知幾《史通》的研究和评论在这时期形成第一个高潮，而相关专书的问世，凸显了批评之批评的活力。与此相关的是多种史学批评、史学理论专书涌现出来，以及对有关概念的讨论等等。以上这几个方面，不仅可以使人们看到明代史学批评的开拓、进展，同时也可以使人们看到以往被长期忽略的一个积极的史学倾向：明代学人对理论的兴趣。正是这几个方面，使人们看到中国古代史学批评发展的前景。在明代编的目录书中，用"批评"一词冠以书名者并不是偶然现象，如《批评后汉书》《批评自警编》[1]，前者是批评史书，后者应是就自我修养而作。尤其值得关注的是，明朝末年，学人在书名上冠以“批评”一词的现象更为普遍。据崇祯刻本张溥所著《历代史论一编四卷二编十卷》，二编目录附《正雅堂古今书目》所载，冠以“批评”一词的书名有：

批评二十一史全部(嗣出)
批评仪礼经传集解
批评礼书乐书
批评文献通考
批评通志略
批评杜氏通典
批评函史

此外，还有用“批论”一词的，如：

谭友夏批论庄子

再者，也有用“评选”一词的，如：

周介生先生评选丁丑大题自携(嗣后)
周徐两先生评选丁丑小题宝持(嗣后)
周徐两先生评选丁丑名家宝持(嗣后)

---

① 参见祁承㸁撰，郑诚整理：《澹生堂读书记 澹生堂藏书目》，上海：上海古籍出版社，2015年，第355、373页。

周徐两先生评选皇明历科小题(嗣后)

周徐两先生评选皇明历科程墨(嗣后)

孙孟机吴扶九两先生评选易参(即出)

七录斋评选皇明易会(嗣后)

七录斋评选易会四编(嗣后)①

这好像是一则古今书籍刊刻面世的预告，其书名后注有“即出”字样者，表示近期即可面世；“嗣出”则表示将陆续面世，其未注明者当是已经面世的著作。从内容上看，这可能是适应科举考试而编辑的参考书。或许正是这个原因，这些在书名上带有“批评”字样的书，在《明史·艺文志》中少有著录。尽管如此，这则预告表明，至迟在晚明至明末，学人在治学与撰述中，在书名上冠以“批评”一词，已经不是个别现象了。

这时期在史学批评方面提出的主要概念和观念有：“人恣”与“蔽真”、“人臆”与“失真”、“人谀”与“溢真”，史权，平心，公议，公实，笔正，历史评价无是非论，“经史一物”论，“六经皆史”论，评史著四旨(据、实、慎、忠)论，史家修养五要素论(才、学、识、公心、直笔)，“务成昔美，毋薄前修”论等。

第七阶段：中国古代史学批评逐步走向它的发展的高峰(清时期，1840年以前)。不论从成果上看，还是从思想上和理论上看，这都是中国古代史学批评的集大成时期。开一代学术风气的顾炎武，为有清一代的史学批评确定了新的起点；章学诚继续阐述“六经皆史”的观

---

① 张溥：《历代史论一编四卷二编十卷》，杭州大学图书馆藏明崇祯刻本，第289—142、289—143页。

念，进一步打开了人们从史学的视角评论经书的思路；浦起龙的《史通通释》把《史通》研究推至新的高峰，在史学批评领域产生重大影响。这时期的考史名家各具风采：有的高擎“商榷”的旗帜，显露出批评的锋芒；有的则于平静和严谨的考史中，轻轻拂去前人著作中的讹误的“灰尘”，为的是显示出这些著作的“真”与“美”；有的则在考史和批评中，显露出历史理性精神，给治史者诸多启发。中国古代史学理论的集大成者章学诚提出了许多重要见解：以“史德”论补充刘知幾“史才三长”说，以“心术”论提醒治史者对历史的解释要保持在合理的范围之内；以“史意”同“史法”相对待，强调思想的重要；以“撰述”“记注”分史学两大“宗门”，表明“圆神”“方智”各有所长；以“通史家风”阐发中国史学“通古今之变”的传统；以“别识心裁”推重创新精神等，显示出中国古代史学理论的多方面成就；等等。这时期，政论家、史论家、文章家和诗人龚自珍，已站在通向近代历史之路的门槛，他的“欲知大道，必先为史”①的庄严启示，可视为对中国古代史学成就及其功能最中肯的评论。

这时期在史学批评方面提出的概念和观念主要有：史德、史释、释通、通史家风、别识心裁、记注与撰述、史法与史意、尊史，以及“欲知大道，必先为史”论，“史者，垂于来今以作则”论，“史非一家之书，实千载之书，祛其疑，乃能坚其信”，“指其瑕，益以见其美”论等。

中国古代史学的连续性发展为中国史学批评史提供了丰富的资料，中国古代史学批评史的存在又推动了中国史学的发展，也为中国古代史学理论的积累提供了思想遗产。中国史学就是在这种互动中不

① 《龚自珍全集》第一辑《尊史》。

断开辟新的发展前景。

中国古代史学批评在其发展过程中，在不同阶段上都会提出一些问题，而有些问题也可能是具有普遍性或规律性的，对于这些问题的研究与阐说，我们视为横向上的会通。在许多问题中，下面这几个问题是比较重要的。第一，史学批评作为一种史学现象，产生的原因何在？刘知幾《史通·鉴识》篇认为："物有恒准，而鉴无定识"，这着眼于批评的主体而言，说明不同的批评者对同一事物会有不同的认识和评论。《史通·探赜》篇又说："古之述者，岂徒然哉！或以取舍难分，或以是非相乱。"这着眼于批评的客体而言，说明事物本身是复杂的，批评者面对复杂的事物难得确定取舍而作出是非判断。其《曲笔》篇同样着眼于主体，讲的是另外一些原因，主要指为史者的史风不正以至心术不正；其《采撰》篇同样着眼于客体，讲的也是另外一些原因，即"异辞疑事"本是客观存在。当然，不论着眼于主体的分析，还是着眼于客体的分析，或许还有更复杂的原因，这是史学批评研究者必须关注的；同样，对史学批评者的批评，也不能不顾及这些复杂的因素。

第二，怎样看待和分析史学批评主体提出问题的主要根源？如班彪、班固父子批评司马迁及其《史记》，是否出自政治的根源？唐太宗批评众家晋史，是否出自社会的根源？李大师、李延寿父子批评南北朝所修三部正史，是否出自历史的根源？刘知幾撰《史通》，把以往史学作为批评对象，是否出自学术的根源？柳宗元的《非国语》，是否出自思想的根源？这些原因之间存在怎样的联系？这是史学批评研究者不能不考虑到并予以深究的。

第三，怎样看待史学批评的成果及其思想的社会意义、学术意义和理论意义？这是认识史学批评的本质所在，是史学批评史研究者需要运用自身的研究所得加以说明的。举例说来，自东汉以后，人们对司马迁《史记》的评论，如何影响到中国人对自身历史的认识？《史记》对中国统一多民族国家的巩固、发展产生了何等重要作用？司马迁提出的“究天人之际，通古今之变，成一家之言”的著史宗旨，对中国学术的发展具有怎样的学术意义和理论意义？等等。对于这些问题的深入阐释，史学批评的意义由此可以看得更加清楚。历史上的“《汉书》学”“《通鉴》学”及许多史学名著的批评史，都在不同程度上具有广泛的意义。中国古代史学批评史的研究，要努力发掘和阐说这方面的成果和意义。

第四，怎样看待史学批评中出现的偏颇？如班彪、班固批评司马迁《史记》“是非颇缪于圣人”[①]。刘知幾《史通·古今正史》篇接受《北齐书·魏收传》的说法，认为魏收的《魏书》“世薄其书，号为‘秽史’”，直至章学诚亦承此说。郑樵在力倡“会通之义”时，极力贬低断代为史，以至斥责班固是“浮华之士也，全无学术，专事剽窃”[②]。叶适《习学记言序目》批评司马迁破坏了古之“史法”，“古史学止于此矣”[③]。吴缜《新唐书纠谬》是为名作，其序文具有理论上的建树，但序文中批评《新唐书》“抵牾穿穴，亦已太甚”，“修书之初，其失有八”[④]等，似有言过其实之嫌。张岱批评明代史学说：“有明一代，国

① 班固：《汉书》卷六二《司马迁传》。

② 郑樵：《通志总序》，见郑樵：《通志·二十略》，北京：中华书局，1995年，第2页。

③ 叶适：《习学记言序目》卷十一《史记一》，北京：中华书局，1977年，第264页。

④ 吴缜：《新唐书纠谬序》，丛书集成本，北京：中华书局，1985年，第1页。

史失诬，家史失谀，野史失臆，故以二百八十年，总成一诬妄之世界。”①王鸣盛《十七史商榷》批评李延寿“学浅识陋”，所撰《南史》《北史》“疵病百出，不可胜言”，又说李延寿是“自谓于旧锦机中织出新花样”②。王鸣盛还写了一篇很长的文字批评杜佑所撰《通典》，认为：《通典》“既以刘秩为蓝本，乃自序中只字不提，复袭取官书攘为己有，以佑之笔力，撰集非难，而又取之他人者若是之多，则此书之成亦可云易也”。又说：杜佑“所云‘辄肆荒虚，诚为億度’者，佑每有蹈之”③，等等。类似这样的一些批评，从今天的学术观点看来，是否有偏颇以至错误之处？如有，则不仅需要指出错在哪里，还要指出何以会出现偏颇以至错误的。这就是说，不仅知其然，还要知其所以然，把主观的、客观的原因都考察明白，这样的史学批评史才近于史学发展的真实，才具有学术上的价值，才能给人以深刻的启示。

中国古代史学批评史上存在的问题不止于此，上面提到的几个问题是我们要多加关注的，并力图给以清晰的阐说和中肯的评论。我们在研究和撰述中，还会遇到其他的问题，均须根据本课题的宗旨和本书撰写的原则，具体问题具体分析，庶可作出合理的论述。

三、中国古代史学批评史研究的方法和意义

任何一种科学研究，都应当重视研究的方法和研究的意义，方法是通向研究的目标并取得相应成果的途径。从一定的意义上讲，方法

---

① 张岱：《石匮书自序》，见《琅嬛文集》，长沙：岳麓书社，1985 年，第 18 页。

② 王鸣盛：《十七史商榷》卷五三，“新唐书过誉南北史”条；卷六八，“并合个贷每一家聚为一传”条，上海：上海古籍出版社，2013 年，第 630、814 页。

③ 王鸣盛：《十七史商榷》卷九〇“杜佑作通典”条，第 1329—1330 页。

的正确选择与始终坚持，是科学研究成败的关键。史学史研究如此，史学批评史研究也是如此。说到研究方法的重要，这使我们想起1948年毛泽东主席致历史学家吴晗的一封信，信中针对吴晗所著《朱元璋传》写道：

> 大著阅毕，兹奉还。此书用力甚勤，据发甚广，给我启发不少，深为感谢。有些不成熟的意见，仅供参考，业已面告。此外尚有一点，即在方法问题上，先生似尚未完全接受历史唯物主义作为观察历史的方法论。倘若先生于这方面加力用一番功夫，将来成就不可限量。①

信中用语很严谨，很讲究分寸，说“先生似尚未完全接受历史唯物主义作为观察历史的方法论”，说明《朱元璋传》的作者吴晗先生主观上开始关注历史唯物主义了，所以这里用了“尚未完全”，并在“完全”二字下方加了着重号。这封信给我们的启发是，如果能够自觉地运用“历史唯物主义作为观察历史的方法论”，且多下功夫，那么在研究历史和研究史学方面，定能取得更大的进步和更好的发展。

历史唯物主义方法论对于历史研究具有重要的和广泛的指导意义。这里，我要强调两点，一是对历史的基本认识，二是把所研究的问题置于一定的历史范围内予以考察。

关于对历史的基本认识，恩格斯有这样一段论述：

---

① 毛泽东：《致吴晗》(1948年11月24日)，见中共中央文献研究室编：《毛泽东书信选集》，北京：中央文献出版社，2003年，第284页。

> 正像达尔文发现有机界的发展规律一样，马克思发现了人类历史的发展规律，即历来为繁芜丛杂的意识形态所掩盖着的一个简单事实：人们首先必须吃、喝、住、穿，然后才能从事政治、科学、艺术、宗教等等；所以，直接的物质的生活资料的生产，从而一个民族或一个时代的一定的经济发展阶段，便构成基础，人们的国家设施、法的观点、艺术以至宗教观念，就是从这个基础上发展起来的，因而，也必须由这个基础来解释，而不是像过去那样做得相反。①

这是说明，人类的历史活动中第一位的是经济活动，上层建筑和意识形态都是在这个基础上得以建立和发展，因而也必须从经济活动去加以解释。史学工作者不仅首先应当懂得这个道理，而且应当在这个理论指导下从事历史研究和史学活动。在这方面，侯外庐先生是我们学习的榜样，他在总结自己的治史道路和治史方法时，首先写道："从历史唯物主义观点来看，思想是存在的反映。历史从哪里开始，思想进程也应从哪里开始。因此，社会历史的演进与社会思潮的发展是相一致的。例如，西周的官学、春秋时代的缙绅之学、战国时代的诸子并鸣之学、两汉的经学、魏晋的玄学、隋唐的佛学、宋明的理学、明清之际的早期启蒙思潮以及近代的各种社会思潮，都是和中国历史自身的演进相联系的。因此，我的具体方法是，在研究社会史的基础上，注重对社会思潮作比较全面的考察，力图把握社会思潮与社会历史的联系及其所反映的时代特点，进而研究不同学派及其代表人物的

---

① 恩格斯：《在马克思墓前的讲话》(1883 年 3 月 18 日前后)，见《马克思恩格斯文集》第 3 卷，北京：人民出版社，2009 年，第 601 页。

思想特色和历史地位。”概括说来，这段话的核心思想是指出思想史的研究应当以社会史研究为基础，这一方面使思想史的研究有了社会基础，另一方面也能更好地说明不同历史时期的思想的特点。这是非常明确的和具体的以历史唯物主义方法论为指导，制定了中国思想史研究的方法和步骤。中国史学史、中国史学批评史研究，同样应当以对中国社会史的认识为基础，对于史学史、史学批评史的解释，也应当以对社会史的认识为主要依据。必须承认，史学史研究者和史学批评史研究者在这方面还应当下大功夫、用大气力，把研究工作不断向前推进，而本书的撰述就是一个很好的机会。

把所要研究的对象置于相应的历史范围之内进行考察，这是历史研究与史学研究实事求是的表现，是历史唯物主义方法论的原则之一，即：“在分析任何一个社会问题时，马克思主义理论的绝对要求，就是要把问题提到一定的历史范围之内。”①质而言之，这个“绝对要求”，就是强调历史地看待历史的方法。就以中国史学批评史的研究来说，历史上的批评者们所批评的对象，大多是历史上的存在；而史学批评史的研究者所研究的批评者，自亦都是历史上的存在。对于前一种“历史上的存在”，我们不能对当时的研究者提出“绝对要求”，此当毋庸置疑；而对于后一种“历史上的存在”，我们作为研究者就应当自觉地遵循这一“绝对要求”。这种区别，正是反映了“要把问题提到一定的历史范围之内”的原则。在这个问题上，马克思主义理论之所以提出“绝对要求”，因为只有这样才能获得对于历史真相至少是近于历史真相的认识；如果离开了这一“绝对要求”，其结果必然是脱离了

① 侯外庐：《侯外庐史学论文选集·自序》(上)，北京：人民出版社，1987年，第12页。

认识历史真相的路径。史学批评史的研究只有把历史上的批评者置于其所在历史范围之内进行考察，才能获得真知。因此，对于“绝对要求”的“绝对”遵循，就是十分自然的事情了。

在历史唯物主义的指导和运用的前提下，我们还要借鉴前人提出来的有益的方法。如刘知幾重视体例而且善言体例。他强调说：“史之有例，犹国之有法。国无法，则上下靡定；史无例，则是非莫准。”[①]《史通》全书尤其是内篇，大多在论述史书的体例和修史的体例，在讲体例的过程中广泛地涉及史学的其他问题。史学批评史的研究也要重视体例，一是判断研究对象的体例和体例思想，二是要求我们自身在撰述中遵循既定的体例，既要关注局部的体例，也要关注局部之体例与全局之体例的谐调及其一致性。总之，刘知幾的体例思想是应当借鉴的。此外，刘知幾提倡全面看问题的方法，也是值得借鉴的。刘知幾认为，历史撰述应坚持“爱而知其丑，憎而知其善，善恶必书，斯为实录”[②]的原则。这种具有一定的辩证思维的方法，在史学批评领域的运用具有特殊的重要性，它是帮助史学批评史研究者避免走向武断和片面的忠诚“卫士”。

再如章学诚关于知人论世的思想和方法，同样是值得借鉴的。他举出人们所熟知的正统问题为例，说明处在不同时期的人，一般都会有当时的认识和处置的方法，这是研究者与批评者所必须注意的。他这样写道：

> 昔者陈寿《三国志》，纪魏而传吴，习凿齿为《汉晋春秋》，正

① 《史通·序例》。

② 《史通·惑经》。

其统矣。司马《通鉴》仍陈氏之说，朱子《纲目》又起而正之。“是非之心，人皆有之。”不应陈氏误于先，而司马再误于其后，而习氏与朱子之识力，偏居于优也。而古今之讥《国志》与《通鉴》者，殆于肆口而骂詈，则不知起古人于九原，肯吾心服否邪？陈氏生于西晋，司马生于北宋，苟黜曹魏之禅让，将置君父于何地？而习与朱子，则固江东南渡之人也，惟恐中原之争天统也。诸贤易地则皆然，未必识逊今之学究也。是则不知古人之世，不可妄论古人文辞也。知其世矣，不知古人之身处，亦不可以遽论其文也。身之所处，因有荣辱隐显、屈伸优乐之不齐，而言之有所为而言者，虽有子而不知夫子之所谓，况生千古以后乎？[①]

章学诚的这一段论述，有事实、有分析，不仅指出了陈寿、司马光同习凿齿、朱熹在正统问题的认识上和处置上的不同，而且从历史环境的差异进而指出二者不同的原因。这样，就做到了不仅知其然而又知其所以然。章学诚把这种思想和方法概括为“论古必恕”。这就是我们前面已经说到的“要把问题提到一定的历史范围之内”。以马克思主义理论的“绝对要求”同中国史学批评史上名家的认识相结合，这个问题的重要性及其方法论意义显得越发清晰和易于理解。

历史是复杂的，史学批评的现象也是复杂的。这就要求我们在研究和撰述过程中，针对具体问题作具体的分析。比如：

——对同一批评对象有所肯定，有所否定。这种情况，在中国史学批评史上，所见甚多，如班彪、班固父子评论司马迁《史记》，范晔评论班固《汉书》，都属于这种情况。在他们的批评中，肯定与否定之

① 《文史通义》卷三《内篇三·文德》。

方方面面，都会激起人们的思考，不论赞成或不赞成这些肯定与否定，人们都会凭借自己的认识提出一些根据，这些认识和根据一旦写成文字，流传开来，又会引起更多的人思考，从而促进了人们对历史、对史学的深入认识。在这方面，刘知幾的《史通》和王鸣盛的《十七史商榷》，给人们提供了足够的思考空间。从整体面貌来说，这两部书在有所肯定也有所否定方面，显得很突出。如《史通·二体》篇论编年、纪传的长处和短处时，讲得很辩证；其《直书》《曲笔》则是对两种不同的作史态度进行评论；而《杂述》篇又对各种短书小说的文献价值作了全面的评论，等等。这都给人以深刻的启示。刘知幾说他的《史通》是“商榷古今”，这种“商榷”的理念和态度是极可取的。王鸣盛的《十七史商榷》和赵翼的《廿二史札记》，都是在“正史”范围内进行商榷，是其所是，非其所非，给后人留下了许多启发和许多可以进一步研究、探索的问题。

——对同一批评对象的缺点，作有根据的否定。这在史学批评现象中也是常见的，从史学史上来看，吴缜的《新唐书纠谬》和《五代史纂误》可视为代表作。当然，这绝不是说，吴缜的这两部书没有任何缺点，但总的来说，吴缜所“纠”之“谬”、所“纂”之“误”，大多可以成立，有一定的参考价值。

——对比较研究的对象作全面的、辩证的分析。如果说上一种史学批评方法给我们以某种警示，那么这里说的比较研究中的方法，则给我们以深刻的启示。明代史家王世贞比较国史、野史、家史的长短得失时，很客观地考虑到它们各自产生的条件，以及由于这种不同的条件它们才各有自身的特点，并对此作了辩证的分析。这不仅在史学批评的方法论上给人们很大启发，而且在理论上也提出了很有价值的结论，至今仍有重要的参考意义。

当然，在史学批评中，也有一些不妥当的甚至是错误的做法。比如：

有一种情况是，对进行比较的对象作绝对肯定与绝对否定的评价。比较研究，是开展史学批评的一个必要的和有效的方法，正确的态度，应当是对比较的对象作全面的分析，从而得到较公允的结论。在中国史学上，有的比较研究者，对比较的对象陷于绝对肯定与绝对否定的境地，虽然也在理论上有所建树，但毕竟是一种片面性方法。如郑樵是一位很有成就的史学家，他的《通志·二十略》具有重要的开创性意义。但是，我们注意到他那篇影响极大的《通志·总序》，对司马迁《史记》作绝对的肯定，对班固《汉书》作绝对的否定，在比较研究的方法上，以及对评论对象的全面认识上，都给人留下了不少遗憾。

还有一种情况是，对同一评论对象从整体上作无根据的全部否定。这在史学批评上也时有所见。北齐魏收《魏书》被斥为“秽史”，唐太宗全部否定当时所见十八家晋史，明代学人不满本朝史学以至于说明朝无史学，等等，都应作具体分析。

这里，还有必要提到章学诚关于“文辞”的见解，尽管这并不是一个直接涉及治史的方法问题，但多少还是和方法有一定的联系。章学诚认为：“文辞非古人所重，草创讨论，修饰润色，固已合众力而为辞矣。期于尽善，不期于矜私也。”①章学诚引用春秋时期郑国大夫子产等人重视文辞而共同努力的典故②，说这是“期于尽善，不期于矜私”。可见，章学诚是把重视文辞视为个人即“矜私”的事情，故“合众力而为辞”，不能看作是重文辞的表现。显然，这里有一个潜在的问

---

① 《文史通义》卷四《内篇四·说林》。

② 参见杨伯峻译注：《论语》，北京：中华书局，1958 年，第 154 页。

题，如若子产诸人不“合众力而为辞”，他们的社会实践能取得积极的效果吗？他们的故事，能为后人所称颂吗？换言之，孔子说到这件事，正是肯定子产等人的合作所带来的成功。在今天看来，这种“集体式”的重视文辞，是不是也可视为重视文辞的一种表现，尤其是志同道合的一个群体对同一领域进行研究，其著述真正做到了“合众力而为辞”，同样是值得称道的。而“期于尽善”正是大家共同努力的目标。

进而言之，在中国史学上，“文辞”为古人所重而又期于“矜私”者，并非无人。历来认为，班固是极重文辞的史学家，他认为自己所著《汉书》具有“函雅故，通古今，正文字，惟学林”①的特点，就含有重文辞的因素。《后汉书》作者范晔也是重“文辞”的史学家，他自称“吾杂传论，皆有精意深旨，既有裁味，故约其词句。”②范晔的这几句话，当是也包含着讲究“文辞”的意蕴。班、范在这方面的成就，在以下叙述的事实中可以得到证明，即南朝梁人萧统在《文选》序中特意讲道：“至于记事之史，系年之书，所以褒贬是否，纪别异同，方之篇什，亦已不同。若其赞论之综缉辞系，序述之错比文华，事出于沉思，义归乎瀚藻，故与夫篇什。”萧统在《文选》的卷四十九和卷五十专设“史论上”和“史论下”，分别收入班固的《汉书·公孙弘传》赞一首，干宝的《晋武帝革命论》一首、《晋纪》总论一首，范晔《后汉书·皇后纪》论一首(以上“史论上”)；范晔后汉“二十八将论”一首、《宦官传》论一首、《逸民传》论一首，沈约的《宋书·谢灵运传》论一首、《恩倖传》论一首，以及班固的《汉书》述《高祖纪》赞一首、述《成纪》赞一首、

① 《汉书·叙传》。

② 《宋书·范晔传》。

述韩、彭、英、卢、吴传赞一首，范晔的《后汉·光武纪》赞一首。这不仅表明萧统对“史论”的重视，也包含他对所收入之论、赞的欣赏。近代学人如鲁迅之称赞《史记》是“史家之绝唱，无韵之离骚”①，梁启超感叹司马光《资治通鉴》把历史写得“飞动”起来②，都是大家所熟知的评论。如此看来，章学诚说的“文辞非古人所重”的论断，似非确论。

20世纪70年代末，白寿彝先生主编《中国通史纲要》一书，对文字表述提出一个总的原则：平实。而平实的具体要求是：明白，准确，凝练。明白是基础，准确是关键，凝练是提高③。可以认为：一个学术群体，可以尝试以平实为风格，以明白、准确、凝练为要求，在史学著作的文字表述上，探索一条“合众力而为辞”的新路径。

在中国史学批评史上，还有一种现象也是值得关注的，这就是史学批评者的历史命运及身后影响。如刘知幾撰《史通》，有人“深重其书”，认为“居史职者，宜置此书于座右”④。而唐末人柳璨则认为：“刘子玄所撰《史通》议驳经史过当”，于是“纪子玄之失，别为十卷，号《柳氏释史》，学者伏其优赡”。时人“以其博奥，目为‘柳箧子’”⑤。《新唐书》作者如此称赞柳璨，自亦影响对刘知幾的评价，说刘知幾

① 鲁迅：《汉文学史纲要》，见《鲁迅全集》第9卷，北京：人民文学出版社，1981年，第420页。

② 梁启超：《中国历史研究法补编》，见《饮冰室合集》第12册，北京：中华书局，1989年，第27页。

③ 参见瞿林东：《白寿彝与二十世纪中国史学》，北京：高等教育出版社，2012年，第339页。

④ 刘昫等：《旧唐书·刘子玄传》。

⑤ 欧阳修、宋祁：《新唐书·柳璨传》。

“工诃古人而拙于用己”[①]就是“顺理成章”的事情了。然而，经过明代学者郭孔延撰《史通评释》、王惟俭撰《史通训故》、清代学者浦起龙撰《史通通释》，《史通》的学术地位经过学术史的检验而逐步得到提高，为学界所认可。

再如柳宗元著《非国语》，目的在于“救世之谬”，他在《非国语·序》中写道：“余惧世之学者溺其文采而沦于是非，是不得由中庸以入尧舜之道，本诸理作《非国语》。”[②]然而，《非国语》问世后，既有人反其道而行之作《是国语》[③]，更有人针锋相对地作《非〈非国语〉》。如宋人江惇礼撰《〈非国语〉论》，苏轼表示赞同说：“鄙意素不然之，但未暇为书尔。”[④]元人虞集之弟槃“尝读柳子厚《非国语》，以为《国语》诚非，而柳子之说亦非也，著《非〈非国语〉》。”[⑤]这些，反映了宋元学人对《非国语》的指摘。

明人黄瑜在其《双槐岁钞》一书中，归纳上述史事，作《非〈非国语〉》小札，写道：

> 宋刘章尝魁天下，有文名，病王充作《刺孟》、柳子厚作《非国语》，乃作《刺〈刺孟〉》《非〈非国语〉》，江端礼亦作《非〈非国语〉》。东坡见之曰：“久有意为此书，不谓君先之也。”元虞槃亦

① 欧阳修、宋祁：《新唐书·刘知幾传》。

② 柳宗元：《非国语》，上海：上海人民出版社，1974年，第746页。

③ 《宋史·艺文志一》：“叶真《是国语》七卷”。见《宋史》，北京：中华书局，1977年，第5058页。

④ 苏轼：《与江惇礼秀才》，见张志烈等主编：《苏轼全集校注》卷五六《与江惇礼五首》之二，石家庄：河北人民出版社，2010年，第6264页。

⑤ 脱脱等：《元史》卷一八一《虞集传附虞槃传》，北京：中华书局，1976年，第4182页。

> 有《非〈非国语〉》，是《非〈非国语〉》有三书也。同邪异邪，岂绍述而剿取之邪？求其书，不可得，盖亦罕传矣。今以子厚之书考之，大率辟庸蔽怪诬之说耳，虽肆情乱道时或有之，然不无可取者焉。①

黄瑜一面说柳宗元《非国语》"大率辟庸蔽怪诬之说"，一面又说《非国语》"肆情乱道时或有之"，可他毕竟承认《非国语》"不无可取者"，比前人已进了一步。著名历史学家侯外庐先生就《非国语》中的一篇《三川震》的理论价值写道：柳宗元不仅肯定"天地"为物质的自然存在，而且在自然运动问题上提出了"自"的观点，即自然自己运动的观点。……按"自"这一范畴，取之于道家，王充以来的旧唯物主义者对它作了唯物主义改造，以与"天"意的"故"作(有目的有意志的最初推力)对立起来。柳宗元的这种自然自己的运动观，更含有朴素辩证法因素。在自然界运动的根源问题上，他继承并发展了王充的传统，肯定无穷的阴阳二气在宇宙间不断运动，必然呈现出各种形态(如"动"与"休"、"峙"与"流"等等)，它们并不受任何意志力的支配，而是"自动自休，自峙自流""自斗自竭，自崩自缺"，这八个"自"的四对命题是超越前人的理论。② 这是对柳宗元所提出的"自"的范畴之极高的评价，也在一定程度上为柳宗元《非国语》在中国古代思想史和史学批评史上的地位作了明确的肯定。

上述事例表明，史学批评家的"历史命运"往往是曲折多变的。但史学批评史确也表明，凡有价值的史学批评，终究是站得住的，是有

① 黄瑜：《双槐岁钞》卷六，北京：中华书局，1999年，第122页。

② 侯外庐：《柳宗元哲学选集·序》，书首，香港：中华书局香港分局，1976年。

生命力的。

四、探索中国古代史学批评史学科话语体系的建构

在本书的撰述过程中，我们要努力探索在唯物史观指导下，为中国史学批评史话语体系的建构作知识上和理论上的积累。首先，是如何对待中国史学遗产的问题，这是首要问题。道理很简单，因为是讲的中国史学批评史，其话语体系建构的基本素材、内容、概念体系自亦建立在中国史学遗产的基础之上。早在80年前，毛泽东在《中国共产党在民族战争中的地位》一文中强调指出：

> 学习我们的历史遗产，用马克思主义的方法给以批判的总结，是我们学习的另一任务。我们这个民族有数千年的历史，有它的特点，有它的许多珍贵品。对于这些，我们还是小学生。今天的中国是历史的中国的一个发展；我们是马克思主义的历史主义者，我们不应当割断历史。从孔夫子到孙中山，我们应当给以总结，承继这一份珍贵的遗产。这对于指导当前的伟大的运动，是有重要的帮助的。①

毛泽东在抗日战争初期民族危机的历史条件下写下的这段话，今天，在中华民族走向伟大复兴的征程中，我们重温这段话时，更加深刻地领会到毛泽东思想的高瞻远瞩和对中华民族前途的坚定信念。从毛泽东的上述论点来看，重视史学遗产的研究，应是中国史学批评史话语体系建构中的第一个层面，没有这个层面的研究，则上述建构云云，

---

① 《毛泽东选集》第2卷，北京：人民出版社，1991年，第533—534页。

说得严重一点，也只能是纸上谈兵。

其次，从史学遗产研究中揭示出或提炼出与相关学科密切联系的概念和观念，是建构该学科话语体系的重要环节。毛泽东指出：

> ……概念、判断和推理的阶段，在人们对于一个事物的整个认识过程中是更重要的阶段，也就是理性认识的阶段。认识的真正任务在于经过感觉而到达于思维，到达于逐步了解客观事物的内部矛盾，了解它的规律性，了解这一过程和那一过程间的内部联系，即到达于论理的认识。重复地说，论理的认识所以和感性的认识不同，是因为感性的认识是属于事物之片面的、现象的、外部联系的东西，论理的认识则推进了一大步，到达了事物的全体的、本质的、内部联系的东西，到达了暴露周围世界的内在的矛盾，因而能在周围世界的总体上，在周围世界一切方面的内部联系上去把握周围世界的发展。
>
> 这种基于实践的由浅入深的辩证唯物论的关于认识发展过程的理论，在马克思主义以前，是没有一个人这样解决过的。马克思主义的唯物论，第一次正确地解决了这个问题，唯物地而且辩证地指出了认识的深化的运动，指出了社会的人在他们的生产和阶级斗争的复杂的、经常反复的实践中，由感性认识到论理认识的推移的运动。①

这是马克思主义关于人的认识的科学的、精辟的论说。我们的先

① 毛泽东：《实践论》，见《毛泽东选集》第1卷，北京：人民出版社，1991年，第285—286页。

人不可能达到这样的高度，但从人的认识发展规律来看，他们也会自觉或不自觉地提出一些概念和观念，而后人则可根据这些概念和观念并结合自身所处的时代，考察这些概念和观念是怎样提出来的，这些概念和观念是在怎样的程度上反映了那个时代的社会状况和人们的思想面貌的。

如《左传·宣公二年》记："赵穿杀灵公于桃园。宣子未出山而复。大史书曰：'赵盾弑其君。'以示于朝。宣子曰：'不然。'对曰：'子为正卿，亡不越竟，反不讨贼，非子而谁?'宣子曰：'呜呼!《诗》曰：我之怀矣，自诒伊戚，其我之谓矣。'孔子曰：'董狐，古之良史也，书法不隐。赵宣子，古之良大夫也，为法受恶。惜也，越竟乃免。'"①从史学批评史的视角来看，这一记载中提出的重要概念，一是"良史"，一是"书法不隐"。这两个概念在中国史学史上有很大影响。但是，人们对这两个概念提出的历史背景却讨论得不多，以致产生了种种歧义：有的观点认为，孔子只是表彰董狐"书法不隐"，并未称赞赵盾；有的观点认为，赵盾本是杀死晋灵公的幕后指挥与同党，不应受到赞扬；还有的观点认为，赵盾的罪名不论其"越境"与否，都是免不了的，《左传》这种记载表明《左传》作者见识的低下②。笔者甚至还曾见过一篇未刊稿，认为董狐是在曲笔记载史事，因为赵盾并未"弑君"。上述诸多歧见的出现，多是因为没有对这一事件发生的时代及其特点做出考察，而是就事论事。其实，只要把这一事件放到它所处的春秋时期加以考察，董狐、赵盾、孔子的言行，都可迎刃而解，而这个"刃"就是"礼"。"礼"是当时的社会伦理准则，在"礼"的笼罩之

① 杨伯峻：《春秋左传注》，北京：中华书局，1981年，第662—663页。

② 参见傅隶朴：《春秋三传比义》，北京：中国友谊出版公司，1984年，第151—154页。

下，董狐反驳赵盾的话是合于“礼”的，孔子赞扬董狐“书法不隐”也是合于“礼”的，孔子惋惜赵盾“为法受恶”则是从另一个角度来维护“礼”的。总之，把《左传》的这一记载置于当时历史条件下来看，自然是合理的。准此，则对于孔子提出的“良史”和“书法不隐”这两个概念就应作历史的看待。这从后人对司马迁的评价中可以看出有关概念内涵的变化。《汉书·司马迁传》记：“然自刘向、扬雄博极群书，皆称迁有良史之材，服其善序事理，辨而不华，质而不俚，其文直，其事核，不虚美，不隐恶，故谓之实录。”这里说的“良史”，包含了多种因素，已不同于“礼”笼罩下的“良史”；这里说的“其文直，其事核”等等，也不同于“礼”笼罩下“书法不隐”所记载的史事。

然而，问题在于，上述概念在古人那里往往是模糊的，如《周书·柳虬传》记史官柳虬上疏写道：“古者人君立史官，非但记事而已，盖所以为监诫也。动则左史书之，言则右史书之，彰善瘅恶，以树风声。故南史抗节，表崔杼之罪；董狐书法，明赵盾之愆。是知直笔于朝，其来久矣。”又如刘知幾《史通·直书》篇写道：“如董狐之书法不隐，赵盾之为法受屈，彼我无忤，行之不疑，然后能成其良直，擅名今古。”“若南、董之仗气直书，不避强御；韦、崔之肆情奋笔，无所阿容。”文中还有“征诸直词”“务在审实”等说法。由此可以看出，不论是柳虬还是刘知幾，对于“董狐书法”或“书法不隐”与“直笔于朝”或“征诸直词”之间的界限是模糊不清的。

上述事例表明，概念和观念是重要的，但只有考察清楚它们产生于或应用于一定时代的史学研究与社会条件时，才能显示出其重要性。正因为如此，学科话语体系的建构是一个艰难的工程，也是一个绕不过去的“关口”。

再次，对史学批评史上有关的概念、观念作创造性的转化和创新性的发展，使之建构成合理的体系。[①] 为此，要努力做好两件事。

第一，研究和阐述有关概念、观念提出的社会条件与历史根源。马克思恩格斯指出："不是意识决定生活，而是生活决定意识。"[②]如上所述，对于相同概念、观念应用于不同的历史条件与社会环境，其内涵往往有所不同，故必须研究、阐述清楚，使之有可能进入相关的概念或观念体系。对于同历史条件和社会环境下提出的概念或观念，自应作同样的研究和阐述，并关注此概念或观念与彼概念或观念的关系，以丰富概念或观念的体系构成。

第二，根据唯物史观关于人的认识发展规律和基本原理，重点考察中国史学批评史上那些具有某种合理因素的概念、观念，作出合理的解释，使之焕发出新的生命力。如前述刘知幾引用前人的观点用以评论史书，指出："夫史官执简，宜类于斯。苟爱而知其丑，憎而知其善，善恶毕书，斯为实录。"[③]这是包含了朴素辩证思想的观念。又如杜佑在评论前人的有关争论时，强调不可"将后事以酌前旨"，认为那是"强为之说"的做法[④]。这是包含了历史地看待历史的思想，可以看作朴素的历史主义观念。再如章学诚在讲到历史撰述如何处理"天"与"人"的关系时，这样写道："盖欲为良史者，当慎辨于天人之际，尽其天而不益以人也。尽其天而不益以人，虽未能至，苟允知之，亦足以称著述者之心术矣。而文史之儒，竞言才、学、识，而不知辨心

① 参见习近平：《在哲学社会科学工作座谈会上的讲话》，见《人民日报》2016年5月19日。

② 马克思、恩格斯：《马克思恩格斯文集》第1卷，北京：人民出版社，2009年，第525页。

③ 《史通·惑经》。

④ 参见杜佑：《通典》卷三一《职官十三·王侯总序》，北京：中华书局，1988年，第850页自注。

术以议史德，乌乎可哉？”[①]这可以看作是怎样处理历史撰述中史学家的主观意识与客观历史的关系，而其核心是尽可能反映客观（尽其天）又尽可能不加入人的主观（不益以人）；同时章学诚又指出，尽管达不到这样的境界，只要努力这样去做，也可以说是懂得著述的要求了。只有做到这种程度，才可称为史德。章学诚的这个观念，用今天的话来说，就是如何理解和处理历史撰述中的主、客体关系。

上述事例，在不同程度上都具有一定的合理因素，也都可以在唯物史观指导下给予合理的阐述，使其融入当今的史学研究而获得新的生命力。

准此，如果我们在上述几个层面用大气力，下大功夫，并不断取得成就，即是为创新性发展打下坚实的基础。

应当着重说明的是，概念和观念固然是学科话语体系建构中不可缺少的要素，但我们在认识、解说、运用它们的时候，应当用学科发展的历史以至于社会发展的历史加以说明，而不是用它们来说明学科发展的历史以至于社会发展的历史。这样，就可避免一种理论上的错误，即恩格斯所批评的那样：“不是概念应当和对象相适应，而是对象应当和概念相适应。”[②]在中国史学批评史上，刘知幾认为司马迁《史记》为项羽立本纪、为陈涉立世家不合于体例，即意在历史应当适应于体例，而不是体例应当适应于历史，就是类似这种理论上的错误。同时，我们还应当关注恩格斯提出的如下这一观点，即：“从我们接受了进化论的时刻起，我们关于有机体的生命的一切概念都只是

---

① 《文史通义》卷三《内篇三·史德》。

② 恩格斯：《反杜林论》，见《马克思恩格斯选集》第3卷，北京：人民出版社，2012年，第473页。

近似地与现实相符合。"[①]这里，恩格斯说的是自然科学方面的问题，在哲学社会科学领域是否也可以作为参考。如在中国史学批评史上很早就出现了"信史""实录"这样的概念，它们反映了中国史学求真的优良传统，但若以此为依据，认为"信史"绝无错误，"实录"绝无不实之处，这就过于绝对了；反之，如若发现"信史"也有错误记载、"实录"也有不妥之处，就认为无"信史""实录"可言，这就走向历史虚无主义了。可见，对于类似这样的概念，应持有合理的认识和批判。总之，学科话语体系建构，既要大胆探索，又必须谨慎地推进。

关于中国史学批评史的研究，现在尚处于起步阶段，我们的认识水平，自也处于起步阶段，尤其是史学批评史研究的历史意义、社会意义、学术意义和理论意义，我们现在只有一点粗浅的认识，它的深刻的意义和重要价值，都有待进一步的发掘、梳理和阐述。一方面我们在研究中要注意从宏观把握史学批评的大势和发展中提出的重大问题，另一方面也要重视对于个案的分析判断。这样可以使全局同局部相联系、宏观与微观相联系，庶几写出一部比较深入的中国史学批评史。

---

① 恩格斯：《恩格斯致康拉德·施米特(1895年3月12日)》，见《马克思恩格斯选集》第4卷，北京：人民出版社，2012年，第668页。

论新时代中国特色历史学基本理论问题*

历史的变革发展推动史学的变革发展，这是史学发展的一个基本规律。党的十八大以来，中国特色社会主义进入了新时代，中国史学只有在学术体系的理论建设上适应这一变革发展，才能符合时代的要求，实现史学的主旨与社会功能。理论是指导实践的武器，本文就新时代中国特色历史学基本理论的构建，讲一点粗浅的认识，以就教于史学界同行。

一、新时代与中国特色

“新时代与中国特色”，界定了中国史学的时代特点和民族特点，明确了它的社会主义意识形态范畴的性质，即马克思主义史学性质。

这里说的“新时代”，不只是指历史发展阶段上的时代概念，还包含新时代马克思主义新成就、新创造的理论成果，只有在这些马克思主义理论的新成就、新成果的指导

* 原载《北京师范大学学报》(社会科学版)2022 年第 5 期。

之下，中国史学才具有新时代的时代特征。这里说的“中国特色”，不只是包含中国古代史学中优秀的史学遗产特别是理论遗产，还包含近代以来中国史学尤其是中国马克思主义史学的理论遗产以及它们所彰显出来的中国特色、中国风格、中国气派。

以上是新时代中国特色历史学基本理论构建的目标和任务，怎样实现这个目标和任务呢？首先是明确指导思想，其次是确定内容，再次是确定表现形式。

关于指导思想。坚持以唯物主义历史观为指导，坚持以新时代的中国马克思主义新成果为指导，丰富历史学的基本理论。党的十八大以来，以习近平同志为核心的党中央提出了一系列重大理论与实践问题，是马克思主义中国化的具体表现，极大地丰富了马克思主义，推进了当代科学社会主义的发展，对历史研究具有非常重要的指导意义，如：以人民为中心的发展思想的提出，把马克思主义关于历史发展的学说提升到一个新的高度。在中国历史上，先民很早就认识到“民惟邦本，本固邦宁”①，意谓人民是政权(国家)的根本，根本牢固了，政权(国家)才能安稳。在近代民主革命时期，毛泽东提出“兵民是胜利之本”②的思想，指出：“人民，只有人民，才是创造世界历史的动力。”③这是强调人民是推动历史前进的根本力量。新中国成立，人民当家作主，成了国家的主人。中国特色社会主义新时代的到来，历史和认识的发展，把人民提升到又一个历史的高度、理论的高度和社会实践的高度，这就是：

---

① 《尚书·五子之歌》。

② 《毛泽东选集》第2卷，北京：人民出版社，1991年，第509页。

③ 《毛泽东选集》第3卷，北京：人民出版社，1991年，第1031页。

> 以人民为中心的发展思想，不是一个抽象的、玄奥的概念，不能只停留在口头上、止步于思想环节，而要体现在经济社会发展各个环节。要坚持人民主体地位，顺应人民群众对美好生活的向往，不断实现好、维护好、发展好最广大人民根本利益，做到发展为了人民、发展依靠人民、发展成果由人民共享。①

这些论述表明：人民是历史的主体，人民推动了历史发展，历史发展的成果由人民共享，这是真正揭示了历史的本质，反映了历史与逻辑的一致。这种一致性，只有在社会主义制度下才能体现出来。

关于人与自然的关系。历史研究，不只是研究人类社会的历史，也应当研究自然的历史，研究人与自然关系的历史。马克思、恩格斯指出：

> 我们仅仅知道一门唯一的科学，即历史科学。历史可以从两方面来考察，可以把它划分为自然史和人类史。但这两方面是不可分割的；只要有人存在，自然史和人类史就彼此相互制约。②

自然和人类都是历史研究的对象，尤其是自然和人类的关系，不仅影响着人类社会发展的状况，也影响着自然发展的状况。中国古代历朝正史除政治、军事和历史人物等有关内容外，其书志部分还有自然史的有关方面，如天文、地理、五行、祥瑞、灾异等等。尽管因历史局限，当时人们不能正确看待和解释自然史中的许多现象，而以“天意”

---

① 习近平：《在省部级主要领导干部学习贯彻党的十八届五中全会精神专题研讨班上的讲话》，北京：人民出版社，2016 年，第 24—25 页。

② 《马克思恩格斯选集》第 1 卷，北京：人民出版社，2012 年，第 146 页。

"神意"来"说明"这是"天人感应"现象，但毕竟表明重视自然史以及自然史和人类史的关系的传统是存在的。唐代史学家杜佑从地理环境的差异来解释不同民族文明进程的差异，成为那个时代最进步的历史理论。清代顾炎武和顾祖禹分别著《天下郡国利病书》与《读史方舆纪要》，前者论水利与人的生产活动的关系，后者论地理与战争攻守利害的关系，高度密切了自然与人的关系。但是，把对自然与人的认识，提高到更自觉、更深入、更理性、更宏伟的认识高度，则是中国特色社会主义的新时代才有可能达到的。这就是"人与自然和谐共生""人与自然是生命共同体"的理论。习近平总书记的《论坚持人与自然和谐共生》一书，集中地反映了习近平生态文明思想，是习近平新时代中国特色社会主义思想的重要组成部分，是当代中国各族人民进行生态文明建设的理论指导和实践遵循。习近平总书记以深邃的眼光指出，中国古代文化遗产如《易经》《老子》《孟子》《荀子》《齐民要术》中都有关于人与自然关系的记述，"这些观念都强调要把天地人统一起来、把自然生态同人类文明联系起来，按照大自然规律活动，取之有时，用之有度，表达了我们的先人对处理人与自然关系的重要认识"①。习近平总书记还广泛引证中外历史上，由于人类对大自然的滥用而遭到大自然"报复"的历史教训，并强调说，"以史为鉴，可以知兴替"②。习近平生态文明思想的内涵极为丰富，饱含着理论的魅力和宏伟的目标，读来令人振奋、使人鼓舞。这是新时代给人们铸就了又一个新的精神境界。

关于构建人类命运共同体。历史研究的功能和目的之一，是"彰

① 习近平：《论坚持人与自然和谐共生》，北京：中央文献出版社，2022年，第1—3页。

② 同上。

往而察来”①，面对百年来世界未有之大变局，人类向何处去？未来的世界格局将是什么样的？正在不断崛起的社会主义中国，逐渐走向世界舞台的中央而影响着人类的历史前途。在这种国内国际形势下，2015 年 9 月 28 日，习近平总书记在第七十届联合国大会一般性辩论时的讲话中指出：

> “大道之行也，天下为公。”和平、发展、公平、正义、民主、自由，是全人类的共同价值，也是联合国的崇高目标。目标远未完成，我们仍须努力。当今世界，各国相互依存、休戚与共。我们要继承和弘扬联合国宪章的宗旨和原则，构建以合作共赢为核心的新型国际关系，打造人类命运共同体。②

这段讲话，从引用《礼记·礼运》篇“大道之行也，天下为公”起首，讲到当今的一些理念，说明“人类命运共同体”的愿景，有其久远的思想根源。习近平总书记赋予“人类命运共同体”以时代针对性与具体内涵，这就是：“我们要建立平等相待、互商互谅的伙伴关系”，“我们要坚持多边主义、不搞单边主义；要奉行双赢、多赢、共赢的新理念，扔掉我赢你输、赢者通吃的旧思维”，“我们要营造公道正义、共建共享的安全格局”，“我们要谋求开放创新、包容互惠的发展前景”，“我们要促进和而不同、兼收并蓄的文明交流”③。这里强调的是平等相待、互商互谅，多边主义、双赢、多赢、共赢，公道正义、共建共

① 《周易·系辞下》。

② 习近平：《携手构建合作共赢新伙伴 同心打造人类命运共同体——在第七十届联合国大会一般性辩论时的讲话》，《人民日报》，2015 年 9 月 29 日。

③ 同上。

享，开放创新、包容互惠，和而不同、兼收并蓄等等，包含着中国优秀传统文化所倡导的义、善和多方面的思想精髓。

习近平总书记在联合国大会上提出的这一倡导，受到全世界人民和进步人士的关注，认为这是习近平总书记对当今世界的重要贡献。与此同时，中国和一些区域如中非、中拉、中国-东盟等达成共识，共同构建双方命运共同体的双边关系。

共建人类命运共同体的理念，包含了对于全球治理的宏观思考，对人类历史前途的深切关怀，而这一理念的形成与丰富，透露出中华文明的积极基因所发挥的重要作用。因此，历史不仅叩问自身，还应以更恢宏的视野和更深入的思考，阐述历史悠久的中华文化的优良传统中所积累的积极因素，如何与当代的辉煌理论建树相贯通、融合。从历史到现实，这是新时代中国历史学基本理论应当而且必须深入研究的问题。

从历史学来看，上面提到的几个问题，都是新时代提出的新问题，是新时代中国特色历史学基本理论的重要内容。

这里再讨论对“中国特色”的理解。80 年前，延安整风运动时期，毛泽东印发四篇文章给同志们阅读，就是在提倡“中国特色”，他这样写道：

> 最后一篇文章，是中国共产党六届六中全会论宣传的民族化。六届六中全会是一九三八年开的，我们那时曾说：“离开中国特点来谈马克思主义，只是抽象的空洞的马克思主义。”这就是说，必须反对空谈马克思主义；在中国生活的共产党员，必须联系中国的革命实际来研究马克思主义。
>
> “洋八股必须废止，空洞抽象的调头必须少唱，教条主义必

> 须休息，而代之以新鲜活泼的、为中国老百姓所喜闻乐见的中国作风和中国气派。把国际主义的内容和民族形式分离起来，是一点也不懂国际主义的人们的做法，我们则要把二者紧密地结合起来。"①

这是民主革命时期，毛泽东所强调的"民族化"的要求，即中国特点、中国作风、中国气派。毋庸置疑，这些原则和要求，在今天仍然是适用的，但随着历史的发展，中国特色社会主义新时代的到来，中国学术界面临建设中国特色哲学社会科学体系的任务，"中国特色"必须反映新时代的新要求、新高度。这是"中国特色"在联系中的发展，在发展中体现联系。

习近平总书记于《在哲学社会科学工作座谈会上的讲话》中，谈到"加快构建中国特色哲学社会科学"时指出，"中国特色哲学社会科学应该具有什么特点呢？我认为，要把握住以下 3 个主要方面"："第一，体现继承性、民族性。""第二，体现原创性、时代性。""第三，体现系统性、专业性。"②

关于继承性、民族性。中国史学源远流长，遗产丰富，当代中国史学应当在这方面有较好的作为。从历史学的基本理论来看，以下几个方面体现出这样的特点：一是"会通"思想，上自司马迁提出的"通古今之变"③，中经郑樵强调的"会通之义""会通之道"④，再到章学诚

① 《毛泽东选集》第 3 卷，北京：人民出版社，1991 年，第 841 页。

② 习近平：《在哲学社会科学工作座谈会上的讲话》，北京：人民出版社，2016 年，第 15、16、19、22 页。

③ 《汉书·司马迁传》。

④ 《通志二十略》。

总结的“通史家风”，历史的“通”与史学的“通”，使中华文明具有鲜明的“通”的特色。二是评论历史不可用“将后事以酌前旨”①的方法论。这亦如章学诚所言“能为古人设身而处地”的思想，即“不知古人之世，不可妄论古人文辞也，知其世矣，不知古人之身处，亦不可以遽论其文也”②。用今天的话来说，这是表明，评论历史、评论史学，都要运用历史主义的方法论。三是“未尝离事而言理”③，这也是章学诚概括出来的特点。王夫之《读通鉴论·叙论四》之二这样说：

> 引而伸之，是以有论；浚而求之，是以有论；博而证之，是以有论；协而一之，是以有论；心得而可以资人之通，是以有论。④

在这里，王夫之把发论的缘由，说得很具体，每一个“之”字，都有所指向，即因事而发论。四是“论”有多种表现形式，有卷（篇）之首的序论，有卷（篇）之末的后论；有专篇之论，如贾谊《过秦论》、柳宗元《封建论》、顾炎武《郡县论》等；还有“论”的专书，如虞世南《帝王略论》，范祖禹《唐鉴》，孙甫《唐史论断》，王夫之《读通鉴论》《宋论》。以上是关于论历史。论史学大致亦如此，其专书如刘知幾《史通》、章学诚《文史通义》，是这方面的代表作。

以上四个方面，不论在概念上、问题上、还是在内容论述上，都

---

① 《通典·王侯总叙》。

② 《文史通义》卷三《内篇三·文德》。

③ 同上。

④ 《读通鉴论》卷末《叙论四》之二。

足以反映出继承性、民族性的特点。

关于原创性、时代性。有关新时代中国特色历史学基本理论问题研究，到目前为止，尚未见到类似研究成果面世，尽管如此，我们还是着意于课题的原创性、时代性的要求。首先，我们将当前受到社会关注的重大问题纳入学术体系予以论述，这不仅凸显课题的时代性，也从一个方面显示出它的原创性。其次，从史学研究的深入发展中提出新的问题，以彰显课题在既有的基础上增添原创的成分，如人类史和自然史的关系、史学批评在史学发展中的作用等问题，都具有这种作用。再次，在课题最终成果的结构上，将划分为历史理论、史学理论两个相互区别而又有内在联系的部分，在这方面作出新的尝试。最后，在论述上要结合新时代的史学成果，使理论阐释反映出时代的气息。

关于系统性、专业性。作为一个单独的学科，历史学基本理论构建的系统性，首先应视其整体架构上的合理与内部组合上的合于逻辑，可谓之具备了系统性。而专业性，一则视其是否顾及专业基础，二则视其是否涉及学术前沿，是否包含学术创新的因素与拓展专业的空间。如若在这两个方面都作出努力，则可在一定程度上体现出它的专业性。

二、历史理论与史学理论

新时代中国特色历史学基本理论构建，包含两大部分，即历史理论与史学理论，这是它的一个突出的创新点。

在以往的一些年代，人们讲到历史学的理论时，往往是围绕唯物主义历史观基本原理进行阐述，这固然有其合理性，因为历史学的理论指导是必须遵循唯物史观基本原理的。但是，必须明确，唯物史观不仅仅是指导历史学的理论武器，而且是指导一切人文社会科学的理论武器，同时它也是指导人们全部生产活动、科学实验、社会活动的理论武器。可见，以唯物史观基本原理来说明历史学的理论，一方面是狭隘了唯物史观的价值和意义，一方面是忽略了历史学学科自身的理论，正像一切人文社会科学在遵循唯物史观的指导外，也都会有本学科自身的理论，如文艺理论、社会学理论、法学理论、教育学理论、心理学理论，等等。

把唯物主义历史观视为“史学理论”(如20世纪80年代一些“史学概论”教材的做法那样)，更是概念上的混淆。这种内容上的讹误和概念上的混淆，不仅在基本理论上产生误解，而且也影响到学科理论的建设。根据白寿彝先生的回忆，此种情况在20世纪50年代的教学工作中就已经存在，他在1982年为他本人主编的《史学概论》所撰的“题记”中写道：

> 1983年3月14日，马克思逝世一百周年。我们谨以《史学概论》，作为对这位伟大的无产阶级革命导师的纪念。在五十年代，同志们在一起谈天，提起史学概论来，都认为应该在马克思主义基本原理指导下，写这么一本书；同时也认为，在高等学校历史系应该开设这门课程。至于《史学概论》应该怎么写，这门课程应该讲些什么，大家一时想不出办法来。一年一年过去了，对这个问题一直没有认真讨论过。后来，我在北京师范大学历史系开了这门课程，主要讲的是历史唯物主义。但我并不认为这种讲法是对的。因为我觉得，如果只讲历史唯物主义，这门课就应该叫历

史唯物主义，不应该叫史学概论。我为这个课程内容问题，多年来一直感到不安。去年，因为《史学史研究》季刊的需要，我每一季度撰写一篇文章，交它发表，总题目是《谈史学遗产答客问》。在酝酿这四篇文章的过程中，我逐渐产生了写史学概论的思想。这就是要在马克思主义基本原理的指导下，论述中国史学遗产几个重要方面的成就和马克思主义传入中国后史学的发展，及当前史学工作的重要任务。我想在《史学概论》里，提出一些问题，请同志们讨论。也希望它能成为教本，多少给同学们一些帮助。①

从这段文字的回忆和对比中，可见作者在20世纪50年代至80年代初的20多年中，对“历史唯物主义”和“史学概论”的认识，经历了从困扰到明确的思考过程。白寿彝先生主编的《史学概论》凡10章，包含叙论、历史观、历史文献、史书的编著、史书的体例、历史文学、史学和其他学科的关系、近代史学、马克思主义史学在中国的传播和发展、当前的主要任务等。从此书“题记”的说明到此书的具体内容，可以看出这是一本关于史学理论的著作。

1983年，尹达先生在题为《马克思主义与中国历史学的发展》一文中，讲到马克思恩格斯关于社会形态的发展学说时，第一次提出历史理论研究和史学理论研究的问题，他指出：

今天，在我们祖国历史文献和出土材料日益丰富的情况下，我们应当义不容辞地写出高水平的中国《原始社会论》、《奴隶社

① 白寿彝：《史学概论》题记，银川：宁夏人民出版社，1983年，第1—2页。

会论》、《封建社会论》和《半殖民地半封建社会论》，以充实和丰富马克思主义关于社会形态的学说。

在加强马克思主义历史理论研究的同时，我们还应当对历史这门学科的理论探讨给予充分的重视，我国历史学的发展告诉我们，重视史学理论是我国史学的优良传统。刘知幾、章学诚、梁启超在对历史学这门科学的理论总结方面都做出过有重要影响的贡献，我们今天，在马克思主义理论指导下，应该写出超越《史通》《文史通义》《新史学》《中国历史研究法》等的史学理论论著，在这方面做出更大的贡献。①

尹达先生作为历史学家、考古学家和中国史学史研究著名学者，异常鲜明地提出了历史理论、史学理论两个概念以及与之相关的撰述内容，推动了对历史理论、史学理论各自研究对象的进一步讨论。

白寿彝、尹达两位史学前辈提出的问题，以及他们在理论上的分析和对撰述内容的处置与设想，都是在新的历史条件下，思想上、理论上有了新的发展才能做到的。可以认为，这是中国史学在理论探索方面的一大进步，是历史学的理论研究进入一个新的阶段的标志之一，具有学理上的重要意义。

1986 年，陈启能研究员发表《历史理论与史学理论》一文，对历史理论、史学理论的研究对象及学术内涵作出比较具体的讨论，文章指出："历史理论与史学理论，虽然只有一字之差，但其内涵却是不同的。前者是指客观历史过程的理论问题。譬如历史发展的动力、历

① 尹达：《马克思主义与中国历史学的发展》，《尹达史学论著选集》，北京：人民出版社，1989 年，第 408 页。

史的统一性和多样性、历史人物的评价、历史的创造者，以及亚细亚生产方式等等问题，均属这一类。有些问题虽然涉及的范围小一些，只同某个专业或专门领域有关，如农民战争史中的皇权主义、让步政策，封建社会中的清官、贪官，乃至近来比较热门的文化史、现代化比较等等，所探讨的也无一不是客观历史发展中的问题。后者则是指同历史学有关的理论问题。我们把这两者加以区分，并不因此否认它们之间的联系，也丝毫没有想说明孰轻孰重的意思。但作这样的区分却是十分必要的。单单这样的区分本身就清楚地告诉我们：近年来我国史学界对理论问题的研讨虽然相当活跃，但却有一个很大的不足，那就是所讨论的问题大都属于历史理论的范围，而很少涉及史学理论，因此，为了填补这一空白，从而促进历史科学理论水平的提高和整个学科的发展，大力提倡加强史学理论研究，实属必要。”①陈文的意义在于：一方面是对历史理论与史学理论内涵作了具体的说明，使人便于区分和理解；另一方面是提出由于概念的模糊不清而导致学术讨论的难以深入。

应《史学理论》杂志创刊号之约，我写了一篇题为《史学理论与历史理论》的文章，以呼应陈文。文章表示赞同陈文的观点，同时指出陈文着眼于外国史学作理论的说明，而本文则着眼于中国史学而作历史的说明，希望起到互补的作用。本文的要点是：“史学理论与历史理论是两个既互相联系又互相区别的研究领域。后者是人们在研究宏观历史过程中积累和概括出来的理论，如历史发展的阶段性、规律性，统一性、多样性，历史发展的趋向，以及对重大历史现象和众多历史人物的评价的原则和方法，等等；前者是人们在研究史家、史

① 陈启能：《历史理论与史学理论》，《光明日报》，1986年12月3日。

书、史学流派、史学思潮等史学活动和史学现象过程中积累和概括出来的理论，如史学的目的、史家的修养、史书的编著、史学发展的阶段性和规律性、史学在社会实践中的作用，等等。这是它们的区别所在。同时，它们又是互相联系、互相渗透的：从历史的观点来看，史学活动也是一种历史活动，它也应当被包含在历史理论所概括的一切历史现象之内；从史学的观点来看，史学家乃至一切从事社会实践的人对历史的研究、评论，也都在史学理论所应当总结和概括的范围之内。唯其如此，作为一个史学工作者，似不应脱离对于客观历史的研究而只致力于史学的研究；同样，似也不应只停留在对于客观历史的研究，而不涉足于史学的研究，对自己的工作做自觉的反省，而应当把这二者结合起来。当然，这种结合不必是也不可能是“平分秋色”，可以各有侧重。如果有较多的史学工作者能够这样来安排自己的研究工作，那么我国的历史科学事业尤其是在理论建设上一定会发展得更快一些，更好一些。”①

在上述讨论的学术背景下，20世纪80年代末和90年代初，先后有一部著作和一部译作的出版，给上述讨论提供了实际文本。其一，是白寿彝主编的《中国通史》第一卷即《导论》卷。全书包含九章：统一的多民族的历史；历史发展的地理条件；人的因素，科学技术和社会生产力；生产关系和阶级关系；国家和法；意识形态；历史理论和历史文献；史书体裁和历史文学；中国与世界。白寿彝在本书“题记”中说：“第一卷，导论，论述与中国史有关的一些重要问题。”他又说：“本卷只讲述一些我们感到兴趣的问题，不能对中国历史作理论上的全面分析。一九八一年六月，我们在《史学史研究》第二期上发表了导

① 瞿林东：《史学理论与历史理论》，《史学理论》，1987年第1期。

论的提纲，提出了中国历史的十二个方面，三百四十六个问题，涉及面相当广泛，但在短时期内不能对这些问题都进行研究，经过反复讨论，拟定了现在这样的内容。一九八一年的提纲，我们认为仍值得参考，现作为附录，附在本卷之后。”[①]文中说到的早先提纲的12个方面是：历史年代，地理环境，民族，社会生产方式、阶级关系，家庭，城乡、市镇、会社，国家、法和军队，社会意识形态，人民群众和个人，中国和世界，史学遗产和批判继承，历史时代的划分[②]。在上述说明中，白寿彝先生反复强调：“导论，论述与中国史有关的一些重要问题”，“本卷只讲述一些我们感到兴趣的问题，不能对中国历史作理论上的全面分析。”联想到他在《史学概论》“题记”中说的“这就是要在马克思主义基本原理的指导下，论述史学遗产几个重要方面的成就和马克思主义传入中国后史学的发展，及当前史学工作的任务”。显然，《中国通史》的《导论》卷，论述的是与中国历史相关联的理论问题，而《史学概论》所论述的是与史学遗产、史学发展、史学的当前任务相关联的问题。历史和史学，历史理论和史学理论，在这里区分得十分清楚。

其二，是何兆武先生主编的《历史理论与史学理论——近现代西方史学著作选》，何先生在本书“编者序言”中写道：“三年前商务印书馆委托我编纂一部近现代西方有关历史理论和史学理论的选集。这里的历史理论和史学理论，其含义大致相当于当今西方通常所谓的‘思辨的历史哲学’和‘分析的历史哲学’以及我国传统意义上的‘史论’。经过和几位同志磋商之后，我们都认为这对我国历史学界是一项有意

① 白寿彝：《中国通史》第1卷《导论》，上海：上海人民出版社，1989年，第1—2页。

② 详见白寿彝：《中国通史》第1卷《导论》，第383—394页。

义的工作，遂决定承担下来。”①

何兆武先生学贯中西，他主编的这部译著的出版，对历史理论和史学理论的讨论与研究，在一定的意义上起到了沟通中外史学的作用，产生了积极的影响。

20世纪90年代以来，区分并研究历史理论、史学理论的学术现象，越来越凸显出来，有的省市社科规划课题指南中还设有“历史理论与史学理论的专题研究”一项，这是改革开放以来历史学在理论探讨方面取得重要成果的一个表现。随着时间的推移和研究的深入，相信在历史理论研究和史学理论研究方面，定会有新的成果不断涌现出来。

新时代中国特色历史学基本理论构建的整体框架就是在上述学术史背景下形成的，它包含两个部分，一是历史理论相关问题，一是史学理论相关问题。

关于历史理论，我们思考得较多的问题是：人类史和自然史，地理条件与历史发展，历史发展动力，历史进程，阶级、国家和意识形态，人民是历史的中心，个人在历史上的作用，民族关系与中华民族共同体，文化的多样性与文化自信，人类命运共同体等。其中有些是“老”问题，但从历史理论整体来看，仍是不可缺少的；有些是新问题，这是对研究者的考验。我们认为，这些新老问题的交叉，对现今的历史理论研究来说，是比较合适的。

关于史学理论，我们也想到一些比较重要的问题，它们是：史学的性质，史料的搜集、考订和利用，史书编撰的主旨、结构与体例，

① 何兆武：《历史理论与史学理论——近现代西方史学著作选》，北京：商务印书馆，1999年，第1页。

史学方法，史学与相关学科，史家修养，史学批评，史学功用等。其中有些问题是以往大家阐述较多的，有些则较少论述，但这两种情况都要结合史学研究的发展作进一步的深入讨论。

需要说明的是，关于新时代中国特色历史学基本理论整体框架的思考与构建，只是初步的设想，在研究过程中作进一步的修改乃至调整，都是可能的。

三、古今联系与中外互鉴

新时代中国特色历史学基本理论问题之构建，顾名思义，它是中国的。所谓“中国的”，即在唯物主义历史观指导下，从中国历史进程和中国史学遗产中凝练并提出问题，以中国学人惯用的概念和话语阐述事理。因此，它要改变那种从外国学人提出的问题而“跟着说”的做法，同时也要改变那种以中外学人提出的事理相互混杂而加以阐说的形式，从而模糊了自身的学术话语权和表述风格。

新时代中国特色历史学基本理论问题之构建不是一种“排外”的理论体系。新时代的中国学术，是视野宽广、气魄宏大的学术，史学亦当如此。新时代中国特色历史学基本理论之构建，是以中国马克思主义史学的历史理论为基础，吸收中国史学遗产中的优秀成果并加以创造性继承和创新性发展，使之融入当代中国史学而做到古今联系，同时借鉴外国史学特别是西方史学的积极成果，使这一构建具有中外史学互鉴的作用，这也可以理解为中外史学的“互为参照，突出重点”，使人读来留下深刻的印象。以上这些内容，不单单是一个理念问题，还要落实到外在撰述形式上。做到这一点，有不小的困难，但这是我们要努力去做的。

对于历史学来说，首先，这是面临着在新时代如何把史学遗产纳入学科体系、学术体系、话语体系建设的重大问题。运用马克思主义的立场、观点和方法批判地继承文化遗产，我们讲了许多年，也在很大程度上推动了教学和科研的发展。但是，自觉地把“遗产”纳入当今的学科体系的构建中来思考、研究，的确是面临的一个新问题。

习近平总书记的《在哲学社会科学工作座谈会上的讲话》指出：

> 中华文明延续着我们国家和民族的精神血脉，既需要薪火相传、代代守护，也需要与时俱进、推陈出新。要加强对中华优秀传统文化的挖掘和阐发，使中华民族最基本的文化基因与当代文化相适应、与现代社会相协调，把跨越时空、超越国界、富有永恒魅力、具有当代价值的文化精神弘扬起来。要推动中华文明创造性转化、创新性发展，激活其生命力，让中华文明同各国人民创造的多彩文明一道，为人类提供正确精神指引。①

这段论述表明：从重要性来看，中华文明延续着我们国家和民族的精神血脉；从研究工作来看，要挖掘和阐发中华优秀传统文化中的积极成果，使其与现代社会相协调；从方法论来看，要推动中华文明创造性转化、创新性发展而使其焕发出新的生命力。本着这样的认识，史学工作者要自觉地把研究史学遗产同当今学科建设密切结合起来。一般说来，这种结合至少要经历三个实际学术工作流程：第一，有系统地梳理史学遗产的存在状况；第二，从梳理过程中发现那些与当今历史学学科建设有密切关系的概念与观念及相关成果；第三，尝试着对

① 习近平：《在哲学社会科学工作座谈会上的讲话》，北京：人民出版社，2016 年，第 17 页。

这些概念与观念及相关成果作创造性转化与创新性发展，使其融入当今历史学学科建设中来而获得新的生命力，并丰富和推动当今史学的发展。这就必须做到：

第一，要有古今联系的明确意识，这不仅是中国特色哲学社会科学的继承性、民族性所要求的，也是中国学术讲求“通史家风”的传统所要求的。建立在这两点认识的基础上，我们才可能把古今联系的认识提到真正自觉的基础上，并努力践行。

第二，有了古今联系的自觉意识，我们进而要做的是，在古代史家的优秀成果中，认识到哪些是可以通过创造性继承和创新性发展而融入当代中国史学之中的。这就要求研究者不仅要比较熟悉古代史学遗产，而且比较能够辨别史学遗产中那些优秀的成分，才有可能融入当今史学，并进一步丰富当今史学的理论特色和话语体系。

对史学遗产中的优秀成果作创造性转化，是否可以作这样的理解：一是要讲清楚某一观念或某一成果所产生的历史时代与社会环境及其本来的含义；二是要指出这一观念或成果在何种意义上可以融入当今历史学学科建设，并赋予其新的含义。这里，拟从历史理论方面举出一例作一点说明。即古代重民思想与中国马克思主义的人民观的区别和联系。中国先民有“民惟邦本，本固邦宁”①的观念。在这个观念中，“民”不是主体，君为维护“邦”的安宁而必须使“民”得以稳固而不乱。尽管如此，“民”的重要性还是凸显出来了。先秦思想家强调说：“民为贵，社稷次之，君为轻。”②这种“重民”思想，在以后的历史著作中，也多有反映，司马光的《资治通鉴》是具有代表性的著作之

---

① 《尚书·五子之歌》。

② 《孟子·尽心下》。

一。司马光在《进书表》中写道：《资治通鉴》“专取关国家盛衰，系生民休戚，善可为法，恶可为戒者，为编年一书”①。这一撰述主旨，是司马光的撰述思想的集中表述。在这里，接受《资治通鉴》的宋神宗及其统治集团为主体，而“国家盛衰”“生民休戚”是同等重要的两件大事。

类似这样的观念，在中国史学上还可以举出一些。这表明，在中国历史上，“重民”思想是有久远的传统的。尽管它产生于不同的历史时期，也有不同的表述形式，但“重民”始终占有重要的位置。不过我们也应当看到，在以往的历史上，不论是把“民”置于最重要的位置，还是把“民”视为“国本”，以及把“民”之休戚看作与“国家盛衰”同等重要之事，其中有一个政治前提也是始终存在的，即“民”是人君、君主、皇帝维护其政治统治的施政方针之一。在这种历史条件下，“重民”思想本身必然带有避免不了的历史局限性。对“重民”思想这一历史理论方面的珍贵遗产进行创造性转化，是有条件的。这个条件就是：近代以来马克思主义传入中国，人们运用唯物主义历史观观察历史、研究历史并联系现实的历史运动，进而对人民在历史上的地位和人民群众创造历史的伟大作用，提出本质上的认识。1944 年 9 月，毛泽东在《为人民服务》这篇著名的文章中，阐述了中国共产党为人民服务的政治观、历史观。他指出：“我们的共产党和共产党所领导的八路军、新四军，是革命的队伍。我们这个队伍完全是为着解放人民的，是彻底地为人民的利益工作的。”“因为我们是为人民服务的，所以，我们如果有缺点，就不怕别人批评指出。”②毛泽东在抗日战争胜

① 《资治通鉴》附录《进书表》。

② 《毛泽东选集》第 3 卷，北京：人民出版社，1991 年，第 1004 页。

利前夕的 1945 年 4 月所作的《论联合政府》中有这样的论断：“人民，只有人民，才是创造世界历史的动力。”①这一论断，反映了中国共产党人运用唯物主义历史观从本质上概括了人民群众的历史地位。1945 年 5 月，毛泽东进而指出：“群众是从实践中来选择他们的领导工具、他们的领导者。被选的人，如果自以为了不得，不是自觉地作工具，而以为‘我是何等人物’！那就错了。我们党要使人民胜利，就要当工具，自觉地当工具。”他进而强调说“这是唯物主义的历史观”②。毛泽东在一个月中两次论述人民的作用和地位，并说这种观念是“唯物主义的历史观”，从而划清了与历史上“重民”思想的界限，确立了中国马克思主义的人民观。这表明，中国马克思主义的人民观，视人民为历史的主人，这既是传统的“重民”思想转化的条件，也是其转化的归宿。可以认为，在新的历史条件下，我们运用马克思主义人民观为武器，驱除笼罩在传统“重民”思想上的“人君”“君主”“皇帝”的神圣光环，使其获得新生，从而丰富了中国马克思主义人民观的历史内涵。

历史的发展总是在推动着理论的发展。新中国的成立，使中国人民成了国家的主人，随着社会主义建设事业前进的步伐和改革开放事业的不断扩大与深入，中国历史迈入中国特色社会主义新时代，“人民”这个伟大的名称在中国这块辽阔的、生机勃勃的土地上，再一次升华，获得更深刻、更庄严的含义。习近平总书记在党的十九大报告中论述新时代中国特色社会主义思想和基本方略时指出：“必须坚持以人民为中心的发展思想”，“坚持以人民为中心。人民是历史的创造者，是决定党和国家前途命运的根本力量。必须坚持人民主体地位，

① 《毛泽东选集》第 3 卷，北京：人民出版社，1991 年，第 1031 页。

② 《毛泽东文集》第 3 卷，北京：人民出版社，1996 年，第 373—374 页。

坚持立党为公、执政为民，践行全心全意为人民服务的根本宗旨，把党的群众路线贯彻到治国理政全部活动之中，把人民对美好生活的向往作为奋斗目标，依靠人民创造历史伟业”①。这是当代马克思主义人民观的最新表述，是对唯物主义历史观的一个重大的新发展。

当我们把问题提升到当代认识的新高度时，才有可能进一步讨论和践行对史学遗产作“创新性发展”的问题。这是因为：第一，“创新性发展”，首先是明确发展的方向。所谓“方向”，一是科学性，二是时代性，把握住这两条，可以说是明确了发展方向。第二，在以人民为中心的发展思想指导下，对史学遗产中的某个命题、某种观念或某一论著作新的解说，从不同的方面对这一发展思想进行阐述，使其内涵更加丰富。如以人民为中心的发展思想表明，人民是历史进程诸因素中最重要的因素，人民的利益同国家的利益是完全一致的，从国家层面来说人民乃是国家之本，“江山就是人民，人民就是江山”②，等等。

这是从一个方面体现了历史学学术体系构建中的继承性与民族性的要求。

第三，对待中国史学的古今联系如此，对于中国史学和外国史学的关系也要下很大功夫才能真正做到中外互鉴。例如，中国史学中的优良传统、优秀成果，在外国史学中是否存在某些类似现象，不论存在与否，怎样去说明它？反之亦然。又如，外国史学头绪繁多，在某

① 习近平：《决胜全面建成小康社会 夺取新时代中国特色社会主义伟大胜利——在中国共产党第十九次全国代表大会上的报告》，《人民日报》，2017年10月28日。

② 《习近平在党史学习教育动员大会上强调 学党史悟思想办实事开新局以优异成绩迎接建党一百周年》，《人民日报》，2021年2月21日。

一时代某一国家的某一史学流派中是否提出过关于历史理论与史学理论方面的真知灼见，而在中国史学上是否也曾有类似的见解，不论其存在与否，如何去说明它、评价它，这必然会丰富中国当代史学家对历史与史学的认识。如此往复研究，不断深入，定能起到互为参考借鉴、共同提高的积极作用，真正做到“让中华文明同各国人民创造的多彩文明一道，为人类提供正确精神指引”。

历史理论的其他专题，以及史学理论各专题，大致都是依照这种撰述形式予以表述，力求使之达到古今联系、中外互鉴的目的。

1983 年，白寿彝先生因他主编的《史学概论》未能讲到外国史学的研究而引为不足①。几十年过去了，如今，正如一位西方史学史研究学者所言：“可以预期的是，中国的史学史研究（包括中国史学史、西方史学史）必将有一个更加广阔的发展前景。”②我们相信，新时代中国特色历史学基本理论问题的研究，在这方面必将有所进步。

---

① 白寿彝在《史学概论》“题记”中说：“这本书本来也想论述一下国外的史学，因为所知太少，也就不写了。希望对国外史学有研究的同志，分别写出一些关于外国史学的专书。如果有条件，我们也希望在这本书里，逐渐得到这方面的充实。”（白寿彝：《史学概论》，银川：宁夏人民出版社，1983 年，第 2—3 页。）

② 张广智：《西方史学史》第 4 版，上海：复旦大学出版社，2018 年，第 14 页。

第二辑

中国史学史通论

中国史学之连续性发展的特点及其深远的历史意义*

中国文明的连续性发展孕育了中国史学的连续性发展，中国史学之连续性发展对于证实、阐说中国文明之连续性发展具有无可辩驳的作用和价值，它们之间的这种辩证关系，恰是历史与逻辑的一致性表现。

一、中国史学之连续性发展的特点

中国史学孕育于中国历史这块沃土，有其久远的历史和活泼的生命力。在诸多特点中，下面几个特点尤其重要：

第一，史官与史馆制度的存在。

中国古代史官建置甚早，这是中国素以史学发达著称于世的重要原因之一。据《周礼》《礼记》等书所记，三代所置史官名称甚多，有大史、小史、内史、外史、左史、右史之别。史官职责亦各有异："大史掌建邦之六典"，"小史掌邦国之志"，"内史掌王之八枋"，"外史掌书外令"，左史

---

* 原载《河北学刊》2020年第4期。

记动，右史记言①。从文献记载来看，周代的史伯是一位很有历史见识的史官，《国语·郑语》记他同郑桓公论“王室将卑，戎狄必昌”、诸侯迭兴的谈话，是先秦时期很有分量的政论和史论。周代还有一位史官叫史佚，也受到后人的推崇。②

春秋时期，各诸侯国均有自己的史官，这与西周末年以后各诸侯国国史的撰写相关联。《左传》昭公二年(前540)记晋国韩宣子聘于鲁，“观书于大史氏，见《易象》与《鲁春秋》曰：‘周礼尽在鲁矣，吾乃今知周公之德与周之所以王也。’”③这说明，史官又具有保管历史文献之职责。春秋时期著名史官，晋国有董狐、史墨，齐国有齐太史、南史氏，楚国有左史倚相等。董狐以秉笔直书而被孔子称为“古之良史”，盛赞其“书法不隐”的精神④。齐太史和南史氏也是如同董狐一样的史官。左史倚相因“能道训典，以叙百物”，“以朝夕献善败”于楚君，使楚君“无忘先王之业”，而被誉为楚国一“宝”⑤。他是一位知识渊博、通晓治乱兴衰之理的史官。处在春秋末年的史墨，是一位对历史变化有深刻认识的史官，其有名言曰：“社稷无常奉，君臣无常位，自古以然。故《诗》曰：‘高岸为谷，深谷为陵。’三后之姓，于今为庶。”⑥这些史官的思想和业绩，对中国史学的发展都有很大的影响。又如，“君举必书”⑦的优良传统也是在春秋时期逐步形成的。随着各诸侯国

① 参见《周礼·春官》《礼记·玉藻》。按：《汉书·艺文志》称“左史记言，右史记事”与上述相异。

② 参见《左传·襄公十四年》及《左传·昭公元年》。

③ 杨伯峻：《春秋左传注》，北京：中华书局，1981年，第1227页。

④ 同上书，第663页。

⑤ 《国语》，上海：上海古籍出版社，1978年，第580页。

⑥ 杨伯峻：《春秋左传注》，北京：中华书局，1981年，第1520页。

⑦ 同上书，第226页。

政权下移，春秋晚期和战国时期的一些大夫及具有特殊身份的贵族也有史臣的建置。例如，周舍是晋大夫赵简子的家臣，其职责是“墨笔操牍，从君之后，司君之过而书之”①；晋大夫智伯有家臣名仕苗，也是以“秉笔事君”为其职责②。

汉武帝时，置太史令，以司马谈(？—前110)任其职。谈卒，其子司马迁(约前145或前135—？)继其任。迁卒，知史务者皆出于他官，而太史令不复掌史事，仅限于天文历法执掌范围。又在宫中置女史之职，以记皇帝起居，故有《禁中起居注》。东汉因之③。后世以“起居”作为史官的一种职掌和名称，与此有一定关系。东汉时，以他官掌史官之事，如班固(32—92)以兰台令之职撰述国史。三国魏明帝置史官，称著作郎，隶属中书。晋时，改称大著作，专掌史任，并增设佐著作郎8人，隶属秘书。宋、齐以下，改佐著作郎为著作佐郎。齐、梁、陈又置修史学士(亦称“撰史学士”)之职位。十六国、北朝，大多设有史职，或有专称，或杂取他官。其体制、名称，多源于魏晋而有所损益。魏晋南北朝时期，中国古代史学形成多途发展的趋势，而皇朝“正史”撰述尤为兴盛，故史官当中，名家辈出，被誉为“史官之尤美，著作之妙选”④。其间，关于起居之职，魏晋以著作兼掌。北齐、北周，著作、起居二职逐步分开。隋炀帝时，以著作如外史，于内史省置起居舍人如内史。

---

① 韩婴：《韩诗外传》，北京：中华书局，1980年，第248页。

② 《国语》，上海：上海古籍出版社，1978年，第501页。

③ 魏徵等《隋书·经籍志二》记：“汉武帝有《禁中起居注》，后汉明德马后撰《明帝起居注》。然则汉时起居，似在宫中，为女史之职。”见《隋书》卷三三，北京：中华书局，1973年，第966页。

④ 浦起龙：《史通通释》，上海：上海古籍出版社，2009年，第288页。

唐代，因正式设立了史馆，史官制度乃趋于完备。史馆以宰相为监修，称监修国史；修撰史事，以他官兼领，称兼修国史；专职修史者，称史馆修撰；亦有以卑品而有史才者参加撰史，称直史馆。著名政治家房玄龄、魏徵、朱敬则，著名史学家刘知幾、吴兢，著名文学家韩愈，著名诗人杜牧等，均先后参与史馆工作，并担任各种修史职务。唐初，于门下省置起居郎，后又在中书省置起居舍人，分为左右，对立于殿，掌起居之事，故有时也曾称为左右史。其所撰起居注交送史馆，以备修史之用。

五代迄清，史官、史馆制度多因唐制而各有损益，其名称虽因代而异，而职掌略同。其中，以宋、清两朝较为繁复。宋有国史院、实录院、起居院和记注院，元有翰林兼国史院，明以翰林院掌史事。清以翰林院掌国史、图籍管理与侍读等职，以国史馆、实录馆掌纂修之事，以起居注衙门掌起居之事，其史职则多以他官相兼。

从史学的积累和发展来看，史官的职责包含两个方面，此即刘知幾所谓“为史之道，其流有二”：第一是“书事记言，出自当时之简”，第二是“勒成删定，归于后来之笔”。前者系“当时草创者，资乎博闻实录，若董狐、南史是也”；后者为“后来经始者，贵乎俊识通才，若班固、陈寿是也”。这两个方面，“论其事业，前后不同。然相须而成，其归一揆”①。中国史学在这两个方面的工作，尤其是前一个方面的工作，不少是出于历代史官之手，故官修史书占有重要位置。史官当中固不乏优秀的史家，而优秀的史家则并非都是史官。

第二，修撰前朝史的传统。

史官的职责，如刘知幾所说，而史馆的功能是修本朝史和前朝

① 浦起龙：《史通通释》，上海：上海古籍出版社，2009年，第301页。

史。这两项功能往往是交叉的，即本朝史的修撰一般都会成为后一个朝代修撰前朝史的重要依据，而关于前朝史的修撰一般都继承了前朝所修之本朝史的资料。这种制度在唐朝设立史馆后一直延续至清朝。

这里，我们举唐初史馆修撰前朝史和元朝末年修撰辽、金、宋三史为例，略见中国史学史上修撰前朝史的优良传统。

关于唐初史家的前朝史撰述。唐初统治集团重视史学，对撰写前朝历史有突出的自觉意识。唐高祖武德四年(621)，大臣令狐德棻提出修撰前朝历史的建议，唐高祖接受了这个建议，并于翌年颁发《命萧瑀等修六代史诏》。① 这里说的"六代史"，是指南朝的梁、陈二史，北朝的魏、北齐、北周、隋四史。这道诏书的要求，虽因全国形势尚未稳定、组织工作不力而无任何具体结果，但它却开启了唐初史馆修史的宏大格局。

唐太宗贞观三年(629)，唐朝廷先是"于中书置秘书内省，以修'五代史'"。② 所谓"五代史"，即梁、陈、北齐、北周以及隋五朝史。翌年，"移史馆于门下省北，宰相监修，自是著作局始罢此职。及大明宫初成，置史馆于门下省之南"。③ 自此，唐朝正式设立史馆并承担撰写前朝史之重任，而宰相则为史馆修史的直接领导者。在此后的30年间，唐初史家群体先后撰成八部正史，在中国古代的24部正史即"二十四史"中占据了三分之一。这是中国史学史上一段辉煌的记录，兹略述如下：

——关于修撰"五代史"的分工及其合作机制，史载：

---

① 参见刘昫等：《旧唐书·令狐德棻传》，以及宋敏求编：《唐大诏令集》卷八一。

② 王溥：《唐会要》，北京：中华书局，1955年，第1091页。

③ 同上书，第1089页。

“贞观三年，太宗复敕修撰，乃令德棻与秘书郎岑文本修周史，中书舍人李百药修齐史，著作郎姚思廉修梁、陈史，秘书监魏徵修隋史，与尚书左仆射房玄龄总监诸代史。众议以魏史既有魏收、魏澹二家，已为详备，遂不复修。德棻又奏引殿中侍御史崔仁师佐修周史，德棻仍总知类会梁、陈、齐、隋诸史。武德已来创修撰之源，自德棻始也。”①

这段记载，除了表明撰写“五代史”的分工情况外，还涉及三个重要问题：一是北魏史因有北齐魏收《魏书》、隋朝魏澹《魏书》两家而不必重修；二是魏徵协助时任宰相的房玄龄“总监诸代史”；三是令狐德棻参与撰写北周史并“总知类会梁、陈、齐、隋诸史”。可见，这是一项有领导的人才分工与人才合作的史学工程，其合理性、可行性颇值得后世借鉴。

——唐贞观十年(636)，“五代史”撰成，房玄龄、魏徵等“诣阙上之”。唐太宗说道：“朕睹前代史书，彰善瘅恶，足为将来之戒。……将欲览前王之得失，为在身之龟镜。公辈以数年之间，勒成五代之史，深副朕怀，极可嘉尚。”②

——唐贞观十七年(643)，唐太宗敕撰《隋书》十志，即《五代史志》③。

——唐贞观二十年(646)，唐太宗颁发《修〈晋书〉诏》。在这篇诏书里，唐太宗提出了“大矣哉，盖史籍之为用也”的论断，对史学的社

① 刘昫等：《旧唐书》，北京：中华书局，1975年，第2598页。

② 王钦若等：《册府元龟》，北京：中华书局，1960年，第6657页。

③ 李延寿《北史》卷一〇〇《序传》记：“十七年，尚书右仆射褚遂良时以谏议大夫奉敕修撰《隋书》十志，复准敕召延寿撰录。”按：“《隋书》十志”即《五代史志》，可见当时两种称法都存在。

会作用给予极高的评价。

——唐贞观二十二年(648)，房玄龄等奏上新修《晋书》130卷[①]，时称新《晋书》。《修〈晋书〉诏》的下达和新《晋书》的撰成，反映了唐初统治者对历史重新评价的要求。

——唐显庆元年(656)，长孙无忌等奏上《五代史志》30卷。史载："太尉长孙无忌进史官所撰梁、陈、周、齐、隋《五代史志》三十卷。"[②]此书自唐贞观十七年(643)始撰，至此历时十三四年乃成。

——唐显庆四年(659)，李延寿撰成《南史》80卷、《北史》100卷，表上之。《唐会要》记："符玺郎李延寿撮近代诸史，南起自宋终于陈，北始自魏卒于隋，合一百八十篇，号为《南北史》，上自制序。"[③]

自唐太宗贞观三年(629)诏修"五代史"，至唐高宗显庆四年(659)，在这30年中，唐初史家群体先后撰成《梁书》《陈书》《北齐书》《周书》《隋书》《晋书》《南史》《北史》共八部正史，且均流传至今。这不愧是中国史学史上的一大壮举，中华文明史上灿烂的一页。

关于元末史家的前朝史撰述。早在元世祖即位之初，已有修撰辽、金二史的动议。翰林学士承旨王鹗首倡此议，他向元世祖建议说："自古帝王得失兴废，班班可考者，以有史在。我国家以威武定四方，天戈所临，罔不臣属，皆太祖庙谟雄断所致，若不乘时纪录，窃恐岁久渐至遗忘。金实录尚存，善政颇多；辽史散逸，尤为未备。宁可亡人之国，不可亡人之史。若史馆不立，后世亦不知有今日。"元

---

① 《晋书》成书年代，参见杨翼骧等：《增订中国史学史资料编年》第1册，北京：商务印书馆，2013年，第228页。

② 刘昫等：《旧唐书》，北京：中华书局，1975年，第75页。

③ 王溥：《唐会要》，北京：中华书局，1955年，第1092页。

世祖"甚重其言，命国史附修辽、金二史"[1]。王鹗对史学的认识是很深沉的，而元世祖接受他的建议，反映出政治家的历史意识。故至元元年(1264)二月，有"敕选儒士编修国史，译写经书，起馆舍，给俸以赡养之"的措施；九月，有"立翰林国史院"[2]之举。元灭南宋后，又不断有修撰辽、金、宋三史的措施，但皆"未见成绩"[3]。究其原因，主要是"义例"，即三史之间关系难以确定。所谓"义例"，本质上是正统问题[4]。元后期顺帝至正三年(1343)三月，右丞相脱脱等再次奏请修撰辽、金、宋三史，元顺帝随即下达有关修三史诏书，此事才获得实质性进展，并陆续撰成三朝正史。其间，"三史凡例"的确定实为关键之所在。这上距修辽、金二史之议，已近80年。

修三史诏着重讲了纂修辽、金、宋三朝历史与元朝统治的关系，特指出："(辽、金、宋)为圣朝(指元朝——引者注)所取制度、典章、治乱、兴亡之由，恐因岁久散失，合遴选文臣，分史置局，纂修成书，以见祖宗盛德得天下辽、金、宋三国之由，垂鉴后世，做一代盛典。"[5]这是明确表明了元朝现实同辽、金、宋三朝历史的联系。

根据修三史诏的要求，脱脱等制定了《三史凡例》。《三史凡例》共五条，文不长，照录如下，以见其用例之义：

——帝纪：三国各史书法，准《史记》《西汉书》《新唐书》。各国称号等事，准《南·北史》。

---

① 苏天爵：《元朝名臣事略》，北京：中华书局，1996年，第239页。

② 宋濂等：《元史》，北京：中华书局，1976年，第4179页。

③ 同上。

④ 参见陶宗仪《南村辍耕录》卷三"正统辨"条，赵翼《廿二史札记》卷二三"宋辽金三史"条，以及中华书局《宋史》《辽史》《金史》点校本出版说明。

⑤ 脱脱等：《辽史》，北京：中华书局，1974年，第1553—1554页。

——志：各史所载，取其重者作志。

——表：表与志同。

——列传：后妃，宗室，外戚，群臣，杂传。人臣有大功者，虽父子各传。余以类相从，或数人共一传。三国所书事有与本朝相关涉者，当禀。金、宋死节之臣，皆合立传，不须避忌。其余该载不尽，从总裁官与修史官临文详议。

——疑事传疑，信事传信，准《春秋》①。

其中，第一条是回答了几十年中所争论的"正统"问题。第二、三条是关于志、表的原则。第四条是指出了列传范围及撰写中可能遇到的重大问题。第五条则提出了遵循撰写信史的传统。关于三部正史的编写，仅用了135个字的凡例作为所要遵循的准则，这篇《三史凡例》称得上是一篇言简意赅的文字。

《辽史》有《国语解》一卷作为全书终篇，《金史》有《金国语解》附于书末，它们从语言上反映了《辽史》《金史》的民族特色。

《宋史》本纪记事上限起于后唐天成二年(927)宋太祖赵匡胤出生至宋建隆元年(960)称帝，并追溯其先世事迹自唐至于后周；下限止于南宋赵昺祥兴二年(元世祖至元十六年，1279)，包含北宋、南宋319年盛衰兴亡的历史，以及两宋皇朝与西夏、辽、金、元诸朝或和或战以至中外经济、文化交流的历史。这是一个发展的而又充满纷争的时代，它在《宋史》本纪中有不同程度的反映。

辽、金、宋三史著，各有其特点，《辽史》简洁，《金史》规范，《宋史》丰满，虽不免各有瑕疵，然在历代正史中却各具特色，且与《蒙古秘史》、《国朝名臣事略》、元代历朝实录等撰述相映成辉，生动

① 脱脱等：《辽史》，北京：中华书局，1974年，第1556页。

地反映出这一时期中国史学之民族内容的空前丰富，从而对中华文明的发展作出了新的贡献。

第三，史学家对自觉的史学发展意识的坚守。

在史学活动中，史学家自觉的史学发展意识是史学发展的重要主观因素，这反映出史学家的精神追求。以自觉的史学发展意识看待和参与历史撰述，是许多史学家的精神特质。史学活动的主体是史学家，因此史学家如何看待及怎样参与史学活动，在很大程度上影响着史学发展的面貌。中国史学史表明，至晚在两汉前期，史学家已具有鲜明和自觉的史学发展意识。这从司马谈临终前同司马迁的一番对话，可以看得十分清楚。史载：司马谈临终前，“太史公执迁手而泣曰：‘……余死，汝必为太史；为太史，无忘吾所欲论著矣。……今汉兴，海内一统，明主贤君忠臣死义之士，余为太史而弗论载，废天下之史文，余甚惧焉，汝其念哉！’迁俯首流涕曰：‘小子不敏，请悉论先人所次旧闻，弗敢阙。’”①司马迁为继承父亲之志，在忍辱负重的情况下著成《史记》一书，流传千古。

再看东汉班彪、班固父子，在对待历史撰述方面，与司马氏父子颇有相似之处，即发展史学的目的是很清楚的。《后汉书·班彪传上》记：“彪既才高而好述作，遂专心史籍之间。武帝时，司马迁著《史记》，自太初以后，阙而不录，后好事者颇或缀集时事，然多鄙俗，不足以踵继其书。彪乃继采前史遗事，傍贯异闻，作后传数十篇。”②后班固继承父业而断代为史，著成《汉书》。

自此以下，如荀悦、袁宏、范晔、令狐德棻、唐高祖、唐太宗、

---

① 司马迁：《史记》，北京：中华书局，1959年，第3295页。

② 范晔：《后汉书》，北京：中华书局，1965年，第1324页。

刘知幾、杜佑、司马光、吴缜、郑樵、马端临、王鹗、王圻、章学诚等，也都具有自觉的史学发展意识，他们各有不同的身份和出发点：有的是为了超越前人而凸显自己的历史见识；有的是为了保存历史事实，使后人得以认识历史；有的身居帝王深感修史对于丰富统治经验，裨益政治的重要；有的从理论上提出问题，希望改进历史撰述的体例、方法，等等。他们的见识、主张以至于实质性的修史、著史活动，都在不同方面和不同程度上推动着中国史学的连续性发展。

二、中国文明连续性发展的历史记录

中国史学之连续性发展，创造和积累了浩如烟海的史著，这些历史著作以其不同的表现形态从不同方面成为中国文明发展的历史记录。

第一，以历代“正史”为主干，反映“世代”更迭递进的历史进程。《隋书·经籍志》史部正史类大序在讲到魏晋以后历史撰述时称：“自是世有著述，皆拟班、马，以为正史，作者尤广。一代之史，至数十家。唯《史记》《汉书》，师法相传，并有解释。《三国志》及范晔《后汉》，虽有音注，既近世之作，并读之可知。梁时，明《汉书》有刘显、韦稜，陈时有姚察，隋代有包恺、萧该，并为名家。《史记》传者甚微。今依其世代，聚而编之，以备正史。”①可见“正史”本源于《史记》《汉书》。所谓“依其世代，聚而编之”，是表明“正史”的编次反映出历史进程中“世代”的更迭与递进。《隋书·经籍志》的这一说法和做法为后世所沿用，直至清修《明史》与《四库全书总目》。

当然，这是历史演进的漫长过程，也是“正史”编撰不断积累的过

① 魏徵等：《隋书》，北京：中华书局，1973年，第957页。

程。西汉时，人们只见到《太史公书》(《史记》)，魏晋南北朝时，有“三史”之说；唐时，有“十三史”之说，而宋人则有“十七史”的说法；明有“二十一史”之说(实为“二十三史”)，清修《明史》，乃成“二十四史”。从《史记》到“二十四史”，约经历了1900年，历代史家写出了历史上各个皇朝“依其世代”交替的脉络，最终成此伟业。此后，有《新元史》《清史稿》的撰述，亦可视为这一伟业的延续。

1935年，顾颉刚在《二十五史补编》序文中写了这样一句话：“今人孰不知《二十五史》为中国历史事实的荟萃”①。从历史进程与历史撰述的关系来看，对这句话的分量无论怎么评价都不为过，因为它反映了自西汉以来至清朝末年2000多年历史进程中，历代史家所撰“正史”积累起来的成果及其蕴含的无比丰富的思想、人物、史事。由此上溯，我们可以看到这一积累的艰难与辉煌。

第二，以多种贯通的历史撰述形态，全方位地反映中华文明发展之全貌。历代“正史”以人物为中心，记载了帝王以下各阶层代表人物，同时也记载制度，有的“正史”还有各种表谱，故其本质上是一种包含多种形式的综合体。中国史学之连续性发展的特点，除上述的以“正史”为主干表现各皇朝“世代”更迭的历史进程外，另一个重要特点是以多种历史撰述形态全方位地反映中国历史进程：一是以年代为中心的历史叙事之史书；二是以制度为中心的历史叙事之史书；三是以事件为中心的历史叙事之史书。其中，以年代为中心的历史叙事可与“正史”的本纪互补且更加详细；以制度为中心的历史叙事可与“正史”中的书志部分互补而又更加具体和系统；以事件为中心的历史叙事可以把“正史”中纪、传所涉事件综括起来而明其本末原委。从历史撰述

① 《二十五史补编》，北京：中华书局，1955年，第3页。

的全局来看，“正史”和上述三种历史撰述形态建构起整体的中国历史的恢宏景象。

值得注意的是，以年代、制度、事件为中心的三种历史叙事，均体现出连续性发展的特征。例如：

——以年代为中心。《春秋》《左传》以下，继而有《汉纪》《后汉纪》，继而有《资治通鉴》《续资治通鉴长编》《续资治通鉴》《明通鉴》等，遂使编年体史书成贯通之势。

——以制度为中心。《周礼》以六官分工执掌诸事，下启“正史”之书志叙有关制度的设置与施行；唐代史家杜佑条贯各“正史”书志并加以拓展、丰富，撰成制度史巨著《通典》，其叙事上起黄帝，下迄唐德宗贞元十三年(797)；清乾隆年间，又修《续通典》《清通典》。加之《通志》《文献通考》及其续作，由是中国古代制度史亦形成贯通之局面。

——以事件为中心。宋代史学家袁枢以《资治通鉴》为依据，改编年体为纪事本末体撰成《通鉴纪事本末》。继之而起者，有陈邦瞻的《宋史纪事本末》《元史纪事本末》，谷应泰的《明史纪事本末》，李有棠的《辽史纪事本末》《金史纪事本末》；又有宋人章冲所撰《春秋左氏传事类始末》，亦仿袁氏之书而作。至此，纪事本末体史书亦具贯通之气概。

第三，以其他各种历史撰述，不断丰富着中华文明的方方面面。在以《史记》为代表的纪传体史书、以《资治通鉴》为代表的编年体史书、以《通典》为代表的典制体史书、以《通鉴纪事本末》为代表的纪事本末体史书以外，还有其他各种历史撰述不断丰富着中华文明的方方面面。这些历史撰述，在《隋书·经籍志》史部中有杂史、杂传、地理、谱系、簿录等十一类；在《旧唐书·经籍志》史部和《新唐书·艺文志》史部也都有十一类，只是在分类名称上改霸史为伪史，改旧事为故事，改簿录为目录；《宋史·艺文志》史部有别史而无杂史，有史抄而无起居注，也是十一类；《明史·艺文志》史部只著明人历史撰述，共有十类，其中编年类归于“正史”，其余各类名目同于《宋史·艺文志》史部著录。清修《四库全书总目》著录史部书凡十五类，除正史、编年、纪事本末、政书外，其他十一类的名目是：杂史、职官、传记、地理、目录、别史、史抄、诏令奏议、载记、时令、史评等，其中诏令奏议以下五类为清人所加。

从上述不同时期正史中的经籍(艺文)志史部著录情况来看，在几种贯通的历史著作之外，其他各种不同体裁、内容的历史撰述，散而有序，起着充实和丰富中华文明之连续性发展的作用。从史学活动的主体来看，诚如刘知幾所言：“博闻旧事，多识其物，若不窥别录，不讨异书，专治周、孔之章句，直守迁、固之纪传，亦何能自致于此乎？且夫子有云：‘多闻，择其善者而从之。’‘知之次也。’苟如是，则书有非圣，言多不经，学者博闻，盖在择之而已。”①

毋庸讳言，中国古代史学自有其历史和阶级的局限性，但这无碍于它作为中华文明连续性发展之辉煌的历史记录的本质。

根据上面的论述，我们可得到这样一个结论：中国史学之连续发展是中华文明之连续性发展的历史记录，那种认为中国历史上从某种事件后或当着某个朝代时，已经不是中国史的观点，是完全站不住脚的。持此种看法者，至少应认真地、不带任何偏见地读一读中国史学的基本著作，如“正史”“九通”“十通”，以及《资治通鉴》及其续作之类，弄清楚中国史学连续性发展同中国历史进程不曾间断是什么关系，这当是认识中国历史常识之所在。

① 浦起龙：《史通通释》，上海：上海古籍出版社，2009年，第257页。

三、各族间历史文化认同的历史见证

中国史学之连续性发展的另一重大意义，在于它保存了一个十分重要的历史事实，即在漫长的中华文明演进历程中，历史上民族关系的主流是一个强大的推动力。白寿彝指出：

> 我们研究历史，不能采取割裂历史的方法。从一个历史阶段看问题，固然是必要的；从整个历史发展趋势看问题，则是更为重要的。在民族关系史上，我看友好合作不是主流，互相打仗也不是主流。主流是什么呢？几千年的历史证明：尽管民族之间好一段、歹一段，但总而言之，是许多民族共同创造了我们的历史，各民族共同努力，不断地把中国历史推向前进。我看这是主流。这一点是谁都不能否认的。①

应当强调的是，这个主流一方面表现在人们的实际活动中；一方面也表现在人们的思想观念中，而历史文化认同的意识、观念和思想是其核心所在。中国史学之连续性发展提供了有力的历史见证。鉴于这方面的记载非常丰富，这里只能举例说明。

《国语》有这样的记载：春秋时期，晋国大夫司空季子(即胥臣臼季)在同晋公子重耳的一次谈话中讲道："凡黄帝之子二十五宗，其得姓者十四人为十二姓：姬、酉、祁、己、滕、箴、任、荀、僖、姞、儇、依是也。"又说："昔少典娶有氏，生黄帝、炎帝。黄帝以姬水成，炎帝以姜水成。"②这种观念，当是先民口口相传，已有久远的历史

① 《白寿彝文集》第3卷，开封：河南大学出版社，2008年，第54页。

② 《国语》，上海：上海古籍出版社，1978年，第356页。

了。汉武帝时，司马迁著《史记》，以《五帝本纪》开篇，而黄帝居五帝之首。他写道："黄帝二十五子，其得姓者十四人。"又说："自黄帝至舜、禹，皆同姓而异其国号，以章明德。故黄帝为有熊，帝颛顼为高阳，帝喾为高辛，帝尧为陶唐，帝舜为有虞，帝禹为夏后而别氏，姓姒氏。契为商，姓子氏。弃为周，姓姬氏。"①从司空季子到司马迁，广泛地传播了炎、黄的观念，尤其是"黄帝二十五子"和"五帝"、"三王"(夏、商、周)的观念，都带有浓厚的血缘关系色彩。联想到西周社会的特点，这种观念的流传也就顺理成章了。

战国以下，尽管从商鞅变法到秦始皇改革，废分封而立郡县，但血缘关系之重要却在人们思想观念中长久地存在着。司马迁称："匈奴，其先祖夏后氏之苗裔也。"②唐初史家称：北周(鲜卑族宇文部所建)文帝宇文泰，"其先出自炎帝神农氏"③；"稽胡一曰步落稽，盖匈奴别种"，"库莫奚，鲜卑之别种"④；又称，"突厥者，盖匈奴之别种"⑤。元朝皇家史馆修《辽史》时，碰到一个关于血缘观念的难题，但史官们却郑重而又睿智地作了处理，这就是：

> 庖牺氏降，炎帝氏、黄帝氏子孙众多，王畿之封建有限，王政之布濩无穷，故君四方者，多二帝子孙，而自服土中者本同出也。考之宇文周之出，辽本炎帝之后，而耶律俨称辽为轩辕后。俨《志》晚出，盍从《周书》。⑥

---

① 司马迁：《史记》，北京：中华书局，1959年，第9页。

② 同上书，第2879页。

③ 令狐德棻等：《周书》，北京：中华书局，1971年，第1页。

④ 同上书，第896页。

⑤ 同上书，第907页。

⑥ 脱脱等：《辽史》，北京：中华书局，1974年，第949页。

我们可以认为，这是元朝史官们结合当时修史中遇到的问题，对约2000年前的司空季子和其后的司马迁、唐初史家所持观念的极好继承。同时，我们也从中看到，这一观念的传统，对于撰写统一多民族国家的历史是多么重要。

司马迁《史记》，从《五帝本纪》到西汉诸帝本纪，从《三代世表》到《秦楚之际月表》，把黄帝以下至汉初的政治谱系叙述得十分清晰，这是所谓“治统”。

“治统”的渊源，自是“五帝三王”；随着历史的发展，其内涵则往往又是指汉、唐政治。如果说羯族出身的石勒不敢以“轩辕之亚”自居，表明若遇汉高祖“当北面而事之”，遇汉光武帝则“并驱于中原”①，是真诚表白的话；那么，唐高祖李渊说的东晋十六国、南北朝诸皇朝“莫不自命正朔，绵历岁祀”，“各殊徽号，删定礼仪。至于发迹开基，受终告代，嘉谋善政，名臣奇士，立言著绩，无乏于时”云云②，则显示出他作为政治家的宏大气度。这是从不同角度、以不同方式反映出对于“治统”的共识。他如，辽圣宗留心于唐朝的统治经验，并阅读《新唐书》中的唐高祖、太宗、玄宗本纪，大臣马得臣“乃录其行事可法者进之”③。元顺帝《修三史诏》认为，这是为了“以见祖宗圣德得天下辽、金、宋三国之由，垂鉴后世，做一代盛典”④。清道光元年(1821)，道光帝祭黄帝陵文中有“惟致治莫先稽古”“四千年帝绪王猷”等语。凡此，都是从不同方面在强调“治统”的重要。

---

① 房玄龄等：《晋书》，北京：中华书局，1974年，第2749页。

② 李渊：《命萧瑀等修六代史诏》，见《唐大诏令集》，北京：中华书局，2008年，第466—467页。

③ 脱脱等：《辽史》，北京：中华书局，1974年，第1279页。

④ 同上书，第1554页。

从民族关系上，孔子是一位雍容大度的学者。周景王二十年(前525)，鲁昭公设宴招待郯子。有人问郯子："少皞氏鸟名官，何故也?"郯子井井有条地作了一番回答，讲得很有道理。孔子听说此事，"见于郯子而学之。既而告人曰：'吾闻之，天子失官，官学在四夷，犹信。'"[①]郯人非夷，然与夷杂居，故孔子有此言。这件事生动地表明了孔子的文化心态：一是相信"天子失官，官学在四夷"的说法；二是虚心向他人学习己所未知的知识，而不考虑民族的界限。正因为如此，孔子产生了"欲居九夷"[②]的想法。

十六国时，石勒"尝使人读《汉书》"[③]。南北朝时，北魏与萧齐互遣使臣通好，北魏孝文帝常对臣下说，"江南多好臣"[④]。金朝世宗设立译书所，翻译《五经》、"十七史"等书。他说：翻译《五经》"正欲女直(真)人知仁义道德所在耳"[⑤]。这些认识，这些观念，都是从不同的角度反映出各族在心理上的文化认同。

战国时期，有赵武灵王胡服骑射，这是华族对胡人的学习。南北朝时，北朝有许多制度是南朝人帮助制定的，而北魏孝文帝改革也包含了不少"汉化"的内容。隋唐的若干制度却又源于北朝，并形成为基本的定制。辽朝实行南面官、北面官，南面官以汉制治汉人，北面官以契丹制治契丹人，反映了制度文化认同与融合过程中的阶段性特点。金朝实行科举考试制度，是从隋唐制度中得到的借鉴。元朝和清朝是中国历史上的两个统一多民族的大朝代，它们的制度都带着一些

---

① 杨伯峻：《春秋左传注》，北京：中华书局，1981年，第1389页。
② 杨伯峻：《论语译注》，北京：中华书局，1963年，第98页。
③ 房玄龄等：《晋书》，北京：中华书局，1974年，第2741页。
④ 萧子显：《南齐书》，北京：中华书局，1972年，第992页。
⑤ 脱脱等：《金史》，北京：中华书局，1975年，第185页。

蒙古族和满族原有的民族特色，但其主流则仍是汉、唐、两宋以来制度的沿袭和发展。清乾隆帝在《重刻〈通典〉序》中评论唐代史家杜佑所撰典制体通史《通典》时说："本末次第，具有条理，亦恢恢乎经国之良模矣！"①这或许可以看作是各族对中国古代制度文化之认同的代表性言论。

类如以上记载，2000多年绵延不断，见证着中国历史上各族的历史文化认同的发生、发展之趋势，从而显示出中国统一多民族国家形成、发展、巩固的历史必然性。

四、当代历史学话语体系建构的历史渊源

中国史学之连续性发展，还有一个重大意义是，为当代中国特色的历史学话语体系建构提供了丰富的资料，成为这一建构工程的历史源头。

先秦时期，孔子提出"良史"论②；孟子提出"事、文、义"③史书三要素说，提出"孔子成《春秋》而乱臣贼子惧"④的史学功用说；《左传》提出"微而显，志而晦，婉而成章，尽而不污，惩恶劝善"⑤的史书叙事观；申叔时提出全面的历史教育论，深刻地揭示了史学的社会功能；《春秋穀梁传》提出了"信以传信，疑以传疑"⑥的作史基本原则，等等。

---

① 杜佑：《通典》，北京：中华书局，1988年，第5513页。
② 杨伯峻：《春秋左传注》，北京：中华书局，1981年，第663页。
③ 杨伯峻：《孟子译注》，北京：中华书局，1963年，第192页。
④ 同上书，第155页。
⑤ 杨伯峻：《春秋左传注》，北京：中华书局，1981年，第870页。
⑥ 《春秋穀梁传》，北京：中华书局，1980年，第2374页。

秦汉时期，司马迁提出“述往事，思来者”[①]的作史旨趣，指出“《春秋》善治人”的价值判断，表明“正《易传》，继《春秋》，本《诗》《书》《礼》《乐》之际”[②]的史学志向。班固《汉书·司马迁传》后论提出“良史之材”和“善序事理”的概念，提出“辨而不华，质而不俚，其文直，其事核，不虚美，不隐恶，故谓之实录”等史学批评的标准和境界之相关概念。荀悦提出史书应包含五个方面的旨趣，即达道义、彰法式、通古今、著功勋、表贤能，指出史书应包含广泛的内容和史书的重要功能，认为史论的作用是“粗表其大事，以参得失，以广视听”[③]。

魏晋南北朝时期，杜预论《春秋》“为例之情”[④]。张辅论班、马优劣与“良史述事”[⑤]。袁宏认为，“史传之兴，所以通古今而笃名教”；又说：“今之史书，或非古之人心，恐千载之外，所诬者多，所以怅怏踌躇，操笔恨然者也。”[⑥]范晔批评班固对司马迁的批评，强调著史当“以意为主，以文传意”；认为“古今著述及评论，殆少可意者”；对史论有很高期待，即“又欲因事就卷内发论，以正一代得失”[⑦]。裴松之论注史之旨，涉及史学批评。沈约论书志源流及各志作用。崔鸿论史书批评与重撰史书。刘勰论“居今识古，其载籍乎”，论“文疑则阙，贵信史也”，论“良史之直笔”[⑧]，论史学发展的历史并给予评论。裴

① 班固：《汉书》，北京：中华书局，1962年，第2735页。
② 司马迁：《史记》，北京：中华书局，1959年，第3297页。
③ 荀悦、袁宏：《两汉纪(上)》，北京：中华书局，2017年，第1、547页。
④ 萧统：《文选》，北京：中华书局，1977年，第639页。
⑤ 房玄龄等：《晋书》，北京：中华书局，1974年，第1640页。
⑥ 荀悦、袁宏：《两汉纪(下)》，北京：中华书局，2017年，第1页。
⑦ 沈约：《宋书》，北京：中华书局，1974年，第1页。
⑧ 刘勰：《文心雕龙》，北京：人民文学出版社，1982年，第171—172页。

子野论改纪传为编年的宗旨和做法。柳虬论"密为记注"之弊[①]。魏收论"志"的重要性。

隋唐时期，颜师古论近代注家之弊。唐高祖论史学的社会作用，论修《六代史》之必要。唐太宗批评诸家晋史，唐高宗论选择史官的标准。《隋书·经籍志》史部大序论史官"必求博闻强识，疏通知远之士"，以及官修、私撰之不同境遇。李延寿论《南史》《北史》的结构和旨趣。司马贞论史注宗旨，"重作赞述"，"欲以剖盘根之错节"[②]。张守节论注史的旨趣，"古典幽微窃探其美""索理允惬""引致旁通"[③]等等。刘知幾论史学批评、"史才三长"与史学自身的构成，提出直书、曲笔、鉴识、探赜、叙事、载言、载文、采撰、书事等诸多史学概念，反映了他的系统的史学观。杜佑论"往昔是非，可为今来龟鉴"，"所纂《通典》，实采群言，征诸人事，将施有政"[④]。李翰《通典》序论"致用"之学"必参古今之宜"[⑤]。李吉甫论《时政记》兼及"良史"，又论地理书之重要。刘肃论"以人为本"与"以学为先"[⑥]。李翱论"行状不足以取信"[⑦]。皇甫湜论编年、纪传兼及"良史"标准。柳宗元论史官当"思直其道"[⑧]。

五代以下，曾巩论"良史"标准之高[⑨]。司马光论《资治通鉴》要旨

---

① 令狐德棻等：《周书》，北京：中华书局，1971年，第681页。
② 司马贞：《史记索隐》后序，北京：中华书局，1959年，第10页。
③ 张守节：《史记正义》序，北京：中华书局，1959年，第11页。
④ 参见刘昫等：《旧唐书·杜佑传》；杜佑：《通典·自序》。
⑤ 杜佑：《通典》，北京：中华书局，1988年，第1页。
⑥ 刘肃：《大唐新语》，北京：中华书局，1984年，第203页。
⑦ 王溥：《唐会要》，上海：上海古籍出版社，2006年，第1311页。
⑧ 柳宗元：《柳河东集》，上海：上海人民出版社，1974年，第499页。
⑨ 萧子显：《南齐书》，北京：中华书局，1972年，第1038页。

是“专取关国家盛衰，系生民休戚，善可为法，恶可为戒者”入史①。郑樵论“会通之义大矣哉”②。朱熹论读经与读史。杨万里论纪事本末体史书历史叙事的特点。叶适论史法。马端临论“时有古今，述有详略”，“著述自有体要”；“理乱兴衰，不相因者也”，“典章经制，实相因者也”③。胡三省论“道无不在，散于事为之间”，史不可少④。王世贞论国史、野史、家史之长短。王夫之全面论述史学的社会功用。钱大昕论“史非一家之书，实千载之书”与史学批评的目的是“坚其信”“见其美”⑤。章学诚论“六经皆史”，以及“圆神”“方智”“史法”“史意”“史德”⑥。龚自珍倡言关注“良史之忧”⑦，等等。这些都是史学观念中之荦荦大者。

对于这些史学观念的遗产，我们如何在传承中予以转化、创新呢？这是史学话语体系建构中的一个关键环节。

具体来说，在史学观念、史学理论方面，例如：事、文、义，才、学、识，事实、褒贬、文采，直书与曲笔，采撰与书事，鉴识与探赜，会通与断代，说、论、曰、议、评，史法、史意与史德，记注与撰述，信史与致用等，都是重要的概念。这些概念在史学上或长久地传承，或广泛地使用，其中有些是可以通过创造性转化和创新性发展而使其融入当今史学发展之中，与中国马克思主义史学相结合，进

---

① 司马光：《资治通鉴》，北京：中华书局，1956年，第9607页。

② 郑樵：《通志二十略》，北京：中华书局，1995年，第1页。

③ 马端临：《文献通考》，北京：中华书局，2011年，第1—2页。

④ 司马光：《资治通鉴》，北京：中华书局，1956年，第28页。

⑤ 钱大昕：《廿二史考异》，上海：上海古籍出版社，2014年，第1页。

⑥ 参见章学诚《章氏遗书》（文物出版社，1985年），《文史通义》之《易教上》《书教下》《史德》《家书二》等篇。

⑦ 《龚自珍全集》第1辑，上海：上海古籍出版社，1975年，第6页。

一步彰显中国特色、中国风格和中国气派。

如上所述，中国史学的连续性发展，给我们积累了丰富的文献资料和思想遗产，为梳理和厘清中国史学观念史提供了可能。作为第一步，我们可以从史学的连续性发展中爬梳出来一些史学观念并对其进行分析，为建构史学话语体系准备那些最必要的元素。值得注意的是，在中国史学之连续性发展过程中，不同时期会提出不同的史学概念、观念，也会在传承中提出原有的但已经多少发生变化的概念和观念。这种在传承中的变异和发展，显示出史学的活力，往往可使研究者感到心旷神怡。当然，在这个过程中，中国史学家也应具有借鉴、吸收外国史学积极成果的理性和雅量。

中国史学：中华民族共有的精神家园*

中华文化是中华民族共有的精神家园。中国史学是中华文化的重要内容，自是中华民族共有精神家园的必不可少的组成部分，并具有极其突出的地位和作用。

一、史学帮助我们认识历史

作为文明古国，中国历史走过了漫长的道路。其艰难曲折、伟大辉煌的历程，我们通过何种途径去认识它、理解它、尊重它，并为此而感到自豪，从而更加热爱我们伟大的祖国？从根本上说，史学，这是我们认识祖国历史的主要途径。两千多年前，处于春秋时期末年的孔子已经说到这个问题，他认为，“文献”是认识夏、殷历史的依据。唐代史学家刘知幾把问题说得更为明白、易懂，他认为：历史虽已成为过去，但由于“史官不绝，竹帛长存”，后世的人们通过阅读史书可以“坐披囊箧，而神交万古，不出户庭，而穷览千载，见贤而思齐，见不肖而内自省”，从这个

* 原载《史学史研究》2013年第2期。

意义说，“史之为用，其利甚博，乃生人之急务，为国家之要道”。这里，刘知幾不仅说明了人们认识历史的途径，而且也说明了史学对于个人和国家的极其重要性。

中国先贤对史学的这种深刻认识，是从多种视角展开的。史学家司马迁说：“居今之士，志古之道，所以自镜也。”政治家唐太宗说：“览前世之得失，为在身之龟镜”；又说：“大矣哉，盖史籍之为用也”。思想家龚自珍说：“欲知大道，必先为史。”先贤们这种对史学重视的态度和精神，值得我们认真领会和学习。

我们之所以强调要重视史学，正是因为史学可以帮助我们去认识历史，并从历史中总结经验、增益智慧，从而积极地、有效地参与现实的历史运动。概括说来，这种积极性和有效性主要表现在这样一些方面：

通过史学，人们认识历史，可以得知社会历史演进的过程及其发展规律，“彰往而察来”，增强对于历史前途的信念。

通过史学，人们认识历史，在不断认识历史的过程中，“多识前言往行，以蓄其德”，积累起来丰富的历史智慧。

通过史学，人们认识历史，进而认识到历史上那些“关国家盛衰，系生民休戚，善可为法，恶可为戒”的重大事件。懂得治国安邦的经验，并将其灵活地运用于现实之中，以有益于社会的进步。

通过史学，人们认识历史，可以从丰富的历史事实中，揭示出史学同作为人们精神世界的文化的辩证关系：一方面，史学是文化的一个重要部分；另一方面，史学又是文化演进、发展的记录和载体。由于史学与文化的特殊关系，如果从文化的观念来看史学的话，可以认为史学具有双重的文化品格。从狭义的文化说，作为精神产品的史学，是文化的一个方面；从广义的文化说，正是因为史学最全面地记录了文明时代人类文化的创造、积累和发展，或者说它最全面地反映了文明时代人类文化发展的面貌。既作为文化的一部分，又作为文化演进的记录或载体，这是否可以看作是史学的双重文化品格。认识到史学的这一文化特点，人们对史学的认识才有可能进一步深入，从而明确史学在文化建设中的重要性及其在社会中的重要位置。

通过史学，人们认识历史，还有一个重要方面的思想自觉，即中国历史自传说中的炎帝、黄帝开始，经夏商周三代，历秦汉、三国两晋南北朝、隋唐五代、西夏辽宋金元以至于明清及近代以来，约五千年的漫长岁月，从未因受到外力的打击而致使政治实体和文明进程中断；换言之，即在这约五千年中中华文明乃具有连续性发展的特点，这在世界几大古代文明中是仅有的、唯一的，而源远流长的中国史学正是反映这一文明发展之连续性的主要载体。可以说，中国史学是伟大的中华文明最有力的历史见证。

通过史学，人们认识历史，这是人们不断培育和增强民族精神的必由之路。中华民族的民族精神，是在漫长的历史传统和思想传统中形成和发展起来的，其最突出的表现是：第一，自强不息的革新进取精神，“天行健，君子以自强不息”的古训，激励着世世代代有识之士致力于社会改革，追求“日日新又日新”的社会进步。第二，以德为尚的宽阔胸怀，“地势坤，君子以厚德载物”的精神境界，启示人们以德治国，以德从业，以德待人，以德律己，从而营造一个海纳百川、异彩纷呈的社会氛围。第三，居安思危的忧患意识，“生于忧患而死于安乐”是先贤总结出来的人生与社会的哲理，它揭示了人生之路与国家命运都不是在平静中和无所作为中发展的，而尤其不能满足于现状。这种忧患意识是一个民族自我更新的强大动力。第四，抗击外侮的爱国精神，从戚继光到林则徐，从义和团运动到伟大的抗日战争，中国人民的爱国主义精神在曲折的历史进程中不断得到提升。中国各族人民共同创造了统一多民族国家的历史，同时也在历史的洗礼中砥砺着伟大的民族精神，成为中华民族生生不息的精神力量。

总起来说，通过史学，生活在现实中的人们能够认识历史，并不断从历史中获得经验、智慧，提高了分析现实和观察未来的能力，增强了对国家、民族运命的关注意识，等等。正因为如此，史学乃是中华民族共有的精神家园。

二、继承优良传统，发展史学事业

史学给予我们精神上的熏陶和思想上的启迪，是我们神圣的精神家园，我们应当守护好这个精神家园，给它增添内涵，使它发挥新的作用，具有新的生命力。

为此，我们首先要继承这个精神家园所蕴含的优良传统。中国史学在长期的发展中，形成了许多优良传统，如追求信史的传统，经世致用的传统，记载各民族间历史文化认同的传统，以多种体裁反映历史内容的传统，讲求文字表述的传统，为前朝修史的传统，官修史书与私人撰史互相补充的传统，重视史学家自身修养的传统等等。这里，我们仅就前三个传统作扼要介绍。

追求信史的传统，要求历史记载、历史撰述符合历史事件的真实性。“君举必书”，是这种要求的较早的表现。而“信则传信，疑则传疑”则是这一要求的范围的扩大。自西汉司马迁撰写《史记》时起，这一要求已有了广泛的社会共识，人们称赞《史记》所述，“其文直，其事核，不虚美，不隐恶，故谓之实录”。唐代史学家刘知幾撰写《史通》一书，专设《直书》一篇，盛赞史学史上那些敢于秉笔直书的史学家。这个传统在具体表现上，是逐步走向深入、走向全面的：如正确对待事实、褒贬、文采撰史三要素的关系，而把事实置于核心位置；正确看待国史、野史、家史各自的长短而作合理的抉择；谨慎地、客观地考证前史中存在的讹误，祛其疑而存其真；自觉地尽可能处理好历史研究、历史撰述中主体(人)和客体(天)的关系，防止过分突出了人的主观意向而无益于反映真实的历史。

追求信史并不是史学家的最终目的，史家研究历史、撰写史书的目的，最终是要为社会所用。西周的政治家深深懂得历史与现实的联系以及前者对于后者的借鉴作用，强调“我不可不鉴于有夏，亦不可不鉴于有殷”。“彰往而察来”的古训，包含了这方面的丰富的智慧。这种古今联系、以古为鉴、认识过去而观察未来的思想，在历代史学家那里得到了具体的表现和不同形式的概括。司马迁作纪传体通史《史记》，为的是“述往事，思来者”；杜佑作典制体通史《通典》的目的是“所纂《通典》，实采群言，征诸人事，将施有政”；司马光作编年体通史《资治通鉴》，目的在于希望统治者能够“鉴前世之兴衰，考当今之得失，嘉善矜恶，取是舍非”；袁枢撰《通鉴纪事本末》，是为了揭示重大历史事件的因果关系，使人们从一个一个具体的历史事件的演变中受到启迪；熟悉历史、理解历史而又洞察历史与现实密切关系的历史评论家王夫之认为，史书所以重要，是因为“君道在焉，国是在焉，民情在焉，边防在焉，臣谊在焉，臣节在焉，士之行己无辱者在焉，学之守正而不陂者在焉”。上述史学现象表明，不论史学家撰写何等样式的史书，还是对历史发表评论，其中都包含着面对现实和未来的意向，包含着经世致用的宗旨。在这里，史家追求信史的职责和史学面向社会现实的品格，使求实与致用二者形成辩证统一的关系，这是中国史学的主流。

同时，我们还必须看到，中国在很早的年代起就是一个多民族国家，而自秦朝统一中国后，中国便走上了不断发展的统一的多民族国家的历史道路。这一特点十分突出地反映在中国的历史文献和历史撰述中。一方面是大一统思想发展：大一统思想萌发于《春秋》公羊学，随着秦汉政治统一局面的出现而得到发展，并深深地影响着此后中国政治形势的走向。另一方面是中国各民族间的历史文化认同意识的逐步深入：中原先进的文化传统向周边辐射出去，周边各族文化也丰富了中原文化，形成互动互补的文化发展格局；与此同时，中原地区历代王朝历史的更迭和衔接所产生的政治向心力和历史影响力的扩大，不断为周边各族所认同，或作为学习的榜样，或自认为炎黄的后裔，以至自称是炎黄以来“治统”和周公、孔子以来“道统”的继承者。凡此种种历史现象，表明了一种自然发展的历史趋势，即历史文化认同的趋势和中国统一多民族国家的发展、巩固。关于这些内容和趋势的记载，是中国史学的又一个优良传统。

当今中国史学，应当在继承上述优良传统的基础上，开辟新的道路。自20世纪以来，中国史学出现了“新史学”思潮、新历史考证学思潮和马克思主义史学思潮，它们在历史观和方法论方面各不相同，但都在各自的研究领域作出了出色的成就。其中，马克思主义史学因其同中国的历史命运、历史前途的关系更为密切，固而在新中国成立后，在中国史学领域占有主导地位，虽然它在发展中出现过简单化、片面性的错误，但它从本质上提升人们对历史的认识无疑产生了重要作用，从而极大地推进了历史研究的发展。近三十多年来，中国马克思主义史学在逐步反思中走向更加健康的发展道路，显示出它固有的生命力和无可替代的主导作用。

人类历史包罗万象，从这个意义讲，历史撰述的内容也可以是包罗万象的。然而，人们认识历史、研究历史、撰写历史著作，终究不可能、也没有必要把点点滴滴的历史内容都反映出来，而是着重反映对社会发展、国家安全、民族关系、人民休戚密切相关的重大历史事件和历史人物，使人们从中得到启示、丰富经验、提升智慧，有益于当前的历史进步。史学如何在这些方面做得更好，更有成效？这是广大史学工作者有必要认真思考的问题。

三、加强历史教育，促进民族复兴

上面所说的是关于史学发展的提高问题，同时史学发展还有普及方面的问题，所谓史学的普及问题，概括说来，就是把历史知识社会化，使其以通俗的形式表现出正确的历史内容而让更多的社会公众能够接受、乐于接受，以至受到历史的教育。就历史教育的重要性来说，它是每一个社会成员都应当接受的，即既有这方面的权利，也有这方面的义务。因为历史教育是国民教育中最基础的教育。我们常说的民族素质、民族精神，首先即得力于历史教育：如我们中华民族是如何发展、壮大起来的，它发展中经历了哪些成功的苦痛，有什么样的经验和教训，它对世界文明的发展作出过怎样的贡献，它今天又处在何种发展程度上，当今的人们能够从学习历史中得到哪些启示，面对现实中出现的错综复杂的问题，历史会给予我们什么帮助等等。可见，普及历史知识，推动历史知识社会化，是提高全民族基本素质的一项崇高的事业。从事这项事业的每一个人、每一个团体都应具有强烈的使命感和高度的责任心，努力把准确的、有启示意义的历史知识，运用各种通俗形式传播给社会公众，推动全民族基本素质的提高。

近二三十年来，普及历史知识的工作受到广泛的关注，各种新式的传媒在这方面作了不少努力，也确有许多值得称道的作品，如范文澜、蔡美彪等著的《中国通史》、白寿彝主编的《中国通史纲要》、中国社会科学院历史研究所编著的《简明中国历史读本》等，又如中央电视台播放的《国宝档案》《我们的钓鱼岛》等，以及《文史知识》三十年来每期刊出的“历史百题”、关于中国民俗的连载文章等等，都是这方面的优秀作品在不同领域的反映。

值得关注的是，在普及知识的过程中，这些年来也出现了一些误区和不正确的做法。所谓误区，其一，是把严肃的历史知识任意“包装”，使其娱乐化、庸俗化，使其成了人们生活中的“调味品”，丧失了历史教育的意义。其二，是在各种场合大讲历史和历史人物的讲者，有意无意地讲了一些不符合历史事实的东西，却被认为这不是学术研究，因而是可以原谅的，而不考虑到谬误流传给公众带来的危害。所谓错误做法，其一，是故意标新立异，与学术界已有的共识唱一点“反调”，混淆视听，借以“吸引”公众。其二，是避开大事，寻求“秘闻”，绘声绘色，加以渲染，把历史讲成了政治人物勾心斗角的故事、阴谋诡计的“汇编”，从而曲解了历史本质，也毒害了社会风气。这些不良现象，应当受到各方面的抵制，以纯洁历史知识社会化的氛围。

中国史学是中华民族共有的精神家园，它对我们维护民族团结，增益历史智慧，提升民族素质，激发爱国主义精神，促进中华民族的伟大复兴，有不可替代的激励作用。因而，守护好这个精神家园，是我们的神圣职责和光荣任务。

中国史学的优良传统*

中国史学，源远流长，恢宏繁富。

中国史学遗产，是一座可供我们不断地进行采掘的宝藏。

中国史学优良传统，则是这座宝藏中我们应当首先开掘的部分；这对发展史学事业，对建设具有民族特色的马克思主义史学，有重要的现实意义。

本文不可能论述中国史学优良传统的一切方面，甚至也不可能涉及它的许多方面，而只是就其中比较重要的几个问题，提出一点看法。不当之处，请同志们批评、指正。

一、史学传统是史学遗产的一部分

任何一个民族的历史传统，作为具有一定特点的、世代相传的社会因素，都跟这个民族的历史遗产分不开。列宁在《我们究竟拒绝什么遗产？》一文中，曾反复论证俄国无

* 选自《中国史研究》编辑部编：《基础历史学与应用历史学》，重庆出版社，1986年。

产阶级应当怎样对待"启蒙者的遗产和传统"的问题。① 毛泽东同志也说过，中华民族是一个"有光荣的革命传统和优秀的历史遗产的民族"。② 可见，历史传统和历史遗产是有密切的联系的。毛泽东同志还说过，"从孔夫子到孙中山，我们应当给以总结，承继这一份珍贵的遗产"。③ 他这里所说的"遗产"，按我的理解，是包含了"传统"在内的。如果可以这样理解的话，那么是否可以认为，历史传统是历史遗产的一个组成部分。按照同样的道理，是否也可以认为，史学传统是史学遗产的一个组成部分。

关于史学遗产问题，白寿彝先生有系统的论说，而于历史观点、历史文献、史书编著、历史文学等方面，论说尤为精辟。④ 本文所要讨论的史学传统问题，一般地说，都包含在或渗透在上述史学遗产的各个方面当中。史学传统是史学遗产中那些具有鲜明的特点和悠久的传习与影响的因素，它主要表现在史学家的思想、理论、道德和经验等方面。这些，都是在中国史学发展过程中经过长时期的积累和传习而形成起来的。好的史学传统，反映了古往今来史学家对待史学工作的庄严态度和不可移易的责任感，以及丰富的治史经验。

因此，我们讨论史学传统问题，有两点是必须明确的。第一，我们不能离开史学遗产来讨论史学传统，同样，我们也不能在讨论史学遗产的时候丝毫不涉及史学传统。恰恰相反，研究史学传统，可以开拓我们在史学遗产方面的视野；我们也只有在对史学遗产有了比较全

① 《列宁选集》第 1 卷，北京：人民出版社，1972 年，第 146 页。

② 《毛泽东选集》第 2 卷，北京：人民出版社，1991 年，第 623 页。

③ 同上书，第 534 页。

④ 参见白寿彝先生《历史教育和史学遗产》一书，郑州：河南人民出版社，1983 年。

面的认识之后，对史学传统的理解自然就更加深刻了。第二，我们研究史学传统，不单单是为了能够去说明它，更重要的是确定它在我们当前的史学工作中是否具有现实的意义，即是否存在着可供我们借鉴的地方。要真正做到这一点，毋庸讳言，这在很大程度上取决于我们对史学传统的认识和所采取的态度。毛泽东同志在讲到批判继承一切优秀的文学艺术遗产的必要性时指出："有这个借鉴和没有这个借鉴是不同的，这里有文野之分，粗细之分，高低之分，快慢之分，所以我们决不可拒绝继承和借鉴古人和外国人，哪怕是封建阶级和资产阶级的东西。但是继承和借鉴决不可以变成替代自己的创造，这是决不能替代的。"①他的这些话，对于我们认识批判继承史学遗产的重要性，对于我们研究和总结中国史学的优良传统，同样具有指导意义，值得我们认真地思考和实践。

二、史学家重视自我修养的传统

中国史学，如果不算它的萌芽时期的话，可以从孔子讲起。孔子整理"六经"，大多跟历史有关。孔子是中国古代第一位大史学家。不过，总的来看，先秦时期，中国史学还处在它的童年阶段。从汉初到唐初，八九百年间，中国史学获得很大的发展，涌现出一大批卓有成就的史学家，其中司马迁和班固是最负盛名的。一般地说，这时期的史学家大多致力于对史事的撰述，他们还没有明确地提出对史学家的史学活动及史学著作进行回顾与总结的要求。南朝梁人刘勰撰《文心雕龙·史传》篇，对史学源流、史书优劣和史家旨趣都有所涉及。这是我国较早的评论史书和史学的专篇，对后世有不小的影响，但它毕

① 《毛泽东选集》第3卷，北京：人民出版社，1991年，第862页。

竟只是一篇论纲性质的文字，且又出于文学评论家的手笔，并不是史学家的自省。

唐代史学家刘知幾所著《史通》，是我国史学家系统地总结以往史书优劣得失的第一部专书，它唤起了史学家们对自己前辈的活动进行历史回顾的要求。我们可以这样认为：《史通》一书，标志着我国古代史学家对自己所从事的事业作自觉反省的开端。这是刘知幾在中国史学史上的一个贡献。刘知幾在中国史学史上的另一个贡献，是他第一次明确提出了史家须有“三长”的论点，反映了中国史学家重视自我修养的要求。他说：

> 史才须有三长……三长，谓才也，学也，识也。夫有学而无才，亦犹有良田百顷，黄金满籯，而使愚者营生，终不能致于货殖者矣。如有才而无学，亦犹思兼匠石，巧若公输，而家无楩楠斧斤，终不果成其宫室者矣。犹须好是正直，善恶必书，使骄主贼臣所以知惧，此则为虎傅翼，善无可加，所向无敌者矣。脱苟非其才，不可叨居史任。①

刘知幾所说的“才”，是才能，是史学家表述历史的能力；“学”，是学问，是史学家所掌握的丰富的历史知识；“识”，是见解、见识，主要指辨别是非和勇于直书。刘知幾的这一论点，“时人以为知言”，在当时有很大的影响。

刘知幾的《史通》的问世和史学家须有“三长”的论点的提出，原因是多方面的。如果仅从史学发展来看，至少有以下三个原因。第一，

---

① 《旧唐书》卷一〇二《刘子玄传》。

两汉以来，史学有了很大发展，一是产生了《史记》《汉书》这样的巨著；二是魏晋南北朝时期私家修史蔚为风气，出现了大量的史学著作；三是唐初成立史馆，皇家修史，盛况空前。这种情况使刘知幾有可能遍读群史，“自汉中兴已（以）降，迄乎皇家实录”，“窥览略周”。[①] 第二，由于史书的种类、数量很多，甚至“一代之史，分为数家，其间杂记小书，又竞为异说，莫不钻研穿凿，尽其利害”[②]，这就给刘知幾提出了许多研究课题。第三，唐初史馆修史，虽是成绩斐然，但也暴露出不少问题，这在刘知幾任史职的武则天时期尤其突出。刘知幾出于“伤当时载笔之士，其义不纯，思欲辨其指归，弹其体统”[③]的要求，他撰写了《史通》，提出了史家须有“三长”的论点。

刘知幾关于才、学、识的论点，不仅在当时有很大的影响，而且对后世史家也有深刻的启发。清代的章学诚和近代的梁启超，是对这个问题进行过认真思考和阐发的两位史家。章学诚的名著《文史通义》中，有不少阐述史家自我修养的精彩篇章，如《博约》《文德》《文理》《言公》《史德》《立言有本》等。他在《史德》篇里，专就史家“三长”作了新的阐发。他认为：所谓史识，有文士之识和良史之识的区别；刘知幾所说的史识只是文士之识，而良史之识不同于前者的地方就在于他“必知史德”。这里，章学诚在刘知幾提出“三长”的基础上，又赫然提出一个“史德”来。什么是“史德”？他说是“著书者之心术”。这就是说，“心术”是“史德”的核心。所以他又认为：“文史之儒，竞言才、学、识而不知辨心术，以议史德，乌乎可哉？！”那么，什么又是“著书者之心术”呢？依侯外庐同志的说法，这就是“文史学者追求真理的忠

① 《史通》卷一〇《自叙》。

② 同上。

③ 同上。

实心”[1]。由此可见，《史德》篇所论，确实是“论史学之求真”[2]，即史学家应对自己的工作持忠实的态度、求真的精神。

当然，史学家的这种认识并不始于章学诚。历代都有一些秉笔直书的史家，他们如果不是或多或少具有这种认识的话，是不能做到直笔的。诚如北周一位史官柳虬所说：“南史抗节，表崔杼之罪；董狐书法，明赵盾之愆。是知宜笔于朝，其来久矣。”[3]从这个意义上来说，刘知幾《史通》里的《直书》《曲笔》两篇，是否也可视为“辨心术”的议论？柳宗元在《与韩愈论史官书》里提出史家“凡居其位，思宜其道”[4]，好像讲的也是“心术”。王夫之在讲到他撰《读通鉴论》的要求时说：“刻志兢兢，求安于心，求顺于理，求适于用。”[5]他说的“求安于心，求顺于理”，不也是讲的“心术”吗？可见，“心术不可不慎”原是我国史家在自我修养上的一个古老的优良传统。章学诚之论史德，正是对这个优良传统的理论概括。他关于才、学、识与心术之关系的理论概括，还反映在《文德》篇里，他说：

> 夫史有三长，才、学、识也。古文辞不由史出，是饮食不本于稼穑也。夫识，生于心也；才，出于气也；学也者，凝心以养气，链识而成其才者也。

---

① 《中国思想通史》第五卷，北京：人民出版社，1956年，第505页。

② 吕思勉：《文史通义评》，见《史学四种》，上海：上海人民出版社，1981年，第216页。

③ 《周书》卷三八《柳虬传》。

④ 《柳河东集》卷三一。

⑤ 《读通鉴论》卷末《叙论三》。

这跟他在《史德》篇中讲的“气贵于平”“情贵于正”“心术贵于养也”是一致的。他主张“临文必敬”“论古必恕”，意思是说“不知古人之世，不可妄论古人文辞也；知其世矣，不知古人之身处，亦不可以遽论其文也”①。这些见解是很深刻的，是对文史学家自我修养的很高的要求。

梁启超对史家自我修养问题也有很多论述，他的《中国历史研究法补编》里，有讨论“史家的四长”的专章。他赞成章学诚在刘知幾提出“三长”的基础上，再添上一个史德，谓之“四长”。这“四长”的关系，梁启超的摆法是德、学、识、才。他认为：“要想做一个史家，必须具备此四种资格。”②梁启超论“史家四长”，有的有可取之处，有的就没有可取之处。例如他说史德：“应如鉴空衡平：是甚么，照出来就是甚么；有多重，称出来就有多重。把自己主观意见铲除净尽，把自己性格养成像镜子和天平一样。”他这样讲史德，是很不妥当的，这实际上是资产阶级客观主义在史学上的反映。据我所知，梁启超的这种看法，在少数青年学生和青年史学工作者中还是有影响的。这种影响就是用客观主义来排斥马克思主义。其实，梁启超本人就承认他做不到“鉴空衡平”，做不到“把自己主观意见铲除净尽”。这就充分证明客观主义的虚伪性。对于梁启超的“史德”论，我们应有清醒的认识。至于他说的在史家研究历史的一些具体做法上，应避免对史事的“夸大”“附会”“武断”都还是可取的。梁启超讲“史学”，强调治史“贵专精不贵杂博”，似乎与刘知幾所讲的“史学”本意不符。即便是就“精”与“博”的关系来说，他的看法也不全面。章学诚《文史通义·博约》篇指出：“学贵博而能约”，“未有不专而可成学者气”。就是说，

---

① 《文史通义·文德》。

② 《中国历史研究法补编》总论第二章，上海：商务印书馆，1933 年。

学贵于博而成于专。可见梁启超的说法不免失于片面。梁启超讲“史识”时，认为这是史家的观察力，即善于观察全局和局部的关系、事实与事实之间的关系。他这样讲史识，用我们今天的观点来看是很不够的，但他比刘知幾、章学诚讲史识还是有所发展的。关于“史才”，梁启超认为这是“专门讲作史的技术”，即文章的结构，包括文章的组织和文采。所谓组织，他强调对材料的“剪裁”和“排列”，不讲体裁和体例，这是很肤浅的。所谓文采，他提出“简洁”和“飞动”两个要求，应该说是有见地的。梁启超对“四长”的总的看法是：

> 有了史德，忠实的去寻求资料；有了史学，研究起来不大费力；有了史识，观察极其敏锐。但是仍然做不出精美的历史来。要做出的历史让人看了明瞭，读了感动，非有特别技术不可(按：他说的特别技术就是指的史才)。

梁启超对德、学、识、才所谓“史家四长”，虽无多少深刻见解，但他重视这几个方面的问题，并把它们作为一个整体来看待，对我们还是有启发的。

我国史学家提出的史家须有“三长”或“四长”之说，反映了史学家们重视自我修养的传统，也反映了他们对治史和修史有很高的要求。今天的史学工作者应当继承和发扬这个传统，这是无疑的。当然，我们是社会主义时期的史学工作者，在德、才、学、识的修养方面应当有新的标准和新的要求，这也是无疑的。从今天的观点来看，史德问题，首先是实事求是问题。研究历史，撰写历史，都必须实事求是，尊重历史，反对主观臆断，反对形而上学，反对任意编造历史和篡改历史。同时，要反映时代的要求，这也是史德问题。如果史学工作者只埋头于“故纸堆”，不关心当前历史的发展，不考虑时代提出的要求，就谈不上有比较完全的史德。史学问题，主要是指详细地占有材料，而且要真正做到对材料的“去伪存真，去粗取精，由此及彼，由表及里”的审查和研究，这就比前人所要求的高得多了。史识问题，这既是一个马克思主义理论水平问题，也是一个知识广狭问题。马克思主义是历史科学的灵魂，舍此则无以言史识。所谓理论水平问题，应当包含对马克思主义的理解和运用两个方面。在理解上，应力求完整、准确，在运用上，要理论结合实际。所谓知识广狭问题，是因为史学是一门综合性的学科，这就要求史学工作者的知识面应当宽广一些，广博一些，否则，史识也会受到很大的局限。史才问题，包含历史文学方面的修养和历史编纂方面的修养。历史文学指的是史学工作者对历史的文字表述，历史编纂主要指史书的编著和史书的体裁与体例。总的来看，史德、史学、史识、史才是史学工作者的基本素养问题，也是一个学风问题。德、学、识、才是互相联系的，不是互相割裂的。史学工作者研究的领域可能有所不同，治学方法可能有所不同，但从德、学、识、才几个方面不断提高自己的素养来说，应该是没有什么区别的。

三、史学家对史学工作的崇高责任感的传统

在中国史学史上，有不少史学家为了克尽职责，有的不避杀身之祸，以身殉职；有的忍辱负重，发愤著书；有的视富贵如浮云，把秉笔直书看作最高尚的事业；有的于战乱之中抛弃家产，而千方百计保存“国史”；等等。这些品格，从不同的侧面反映出我国史学家对史学工作所具有的一种崇高的、神圣的责任感。这是中国史学的又一个优良传统。如果说，史学家重视自我修养的传统，主要是反映他们内省

的要求的话；那么，史学家对史学工作的崇高责任感的传统，则反映了他们对史学工作跟历史发展和现实生活的关系的认识。这种认识表现在许多方面，如：

（一）不废天下之史文。《史记·太史公自序》记述了这样一件事：司马谈临终前对司马迁语重心长地说，周公宣扬先人的历史，光大先人的遗风；孔子修旧起废，论《诗》《书》，作《春秋》。他们受到了后人的称颂。可是，“今汉兴，海内一统，明主贤君忠臣死义之士，余为太史而弗论载，废天下之史文，余甚惧焉，汝其念哉！”司马迁俯首流涕，说，“小子不敏，请悉论先人所次旧闻，弗敢阙！”这是庄严的遗嘱和神圣的誓言。从这个意义上说，《史记》的问世，可以看作它的作者在执行一种庄严的遗嘱。后来，东汉的班彪、固父子，南北朝至唐初的姚察、思廉父子，李德林、百药父子，李大师、延寿父子等，都有类似的经历。可见，我国史学家是把所谓修旧起废，不废天下之史文，视为自己的崇高责任，即把撰写历史看作自己的天职。在他们看来，“如文史不存，何以贻鉴今古？”①我国历史上有连续不断的纪传体史书和编年体史书，以及其他各种史书，这是世界文明史上所仅见的。这种情况，固然是统治阶级的需要（如自唐代以后，每一个新的封建皇朝都毫无例外地要为前一个皇朝修史），但它跟我国史学家不废天下之史文的使命感是有很大的关系的。

（二）彰善瘅恶，以树风声。《周易》提出一个古老的命题，叫作“君子多记识前言往行，以畜其德”。唐人孔颖达解释这句话说，“多记识前代之言、往贤之行，使多闻多见，以畜己德”。② 这里说的

---

① 《旧唐书》卷七三《令狐德棻传》。

② 《周易正义》卷三。

"畜"，是积储之意；"德"，看来含义很广泛，似应包括品德、知识、才能各方面素养；而"前代之言、往贤之行"（即"前言往行"），其实说的就是历史。这是我国关于历史在教育人方面的作用的较早记载。后来孟子说的"孔子成《春秋》而乱臣贼子惧"①，也强调了《春秋》的教育作用。《左传》作者借"君子"之口说：《春秋》"惩恶而劝善，非圣人，谁能修之"②。这就更明确地指出了《春秋》的教育作用。春秋楚庄王时，大夫申叔时论教导太子，认为太子必须学习九门功课，其中大部分是历史课程，如：春秋，"以天时记人事"；世，是"先王之世系"；故志，"记前世成败"；令，是"先王之官法、时令"；语，是"治国之善语"；训典，包括训诫和王命。这些课程的教育目的是要使太子"耸善而抑恶""知上下之则""知先王之务用明德于民""知兴废者而戒惧焉"等等。可见，史学工作作为教育人的工作来说，在我国是有很古老的传统的，而且范围很广泛，从德行修养、政治经验，直到社会礼俗风气，都与此有关。这种教育作用，无疑地也就成了史学家的神圣职责，成了许多史学家共同遵循的撰述原则。概括地说，这个原则就是"彰善瘅恶，以树风声"③。这就是说，史学的作用，是要促进树立一种好的社会风气。正如唐代大史学家刘知幾所说："史之为务，申以劝诫，树之风声。其有贼臣逆子，淫君乱主，苟直书其事，不掩其瑕，则秽迹彰于一朝，恶名被于千载。言之若是，吁可畏乎！"④一般地说，史学家愈是认识到这一点，他的崇高的责任感也就愈强烈。所以有的史家认为，"大丈夫奋笔将为千载楷则"，不当因受外界影响

① 《孟子·滕文公下》。

② 《左传·成公十四年》。

③ 《周书》卷三八《柳虬传》。

④ 《史通》卷七《直书》。

“而自动摇”[①]，原因就在这里。

（三）注重总结治乱兴衰、得失成败之故。中国史书有一个很突出的特点，就是十分注重对历史上治乱兴衰、得失成败的探讨和总结，它反映了史家对关乎国家盛衰、系乎生民休戚的史事的兴趣和对现实政治的关心。尤其是在较大的历史转折（如封建皇朝发生变化、更迭）的时候，这些问题也就更为史家所关注。例如：汉初，人们提出一个问题：秦何以亡，汉何以兴？司马迁的《史记》回答了这个问题。唐初，也有许多人提出：隋何以亡，唐何以兴？魏徵主编的《隋书》，也回答了这个问题。后来，又有人写《资治通鉴》，写《唐鉴》，写《读通鉴论》《宋论》等，都是为了研究和回答历史上治乱兴衰的问题及其与现实政治的关系。如司马光撰《资治通鉴》，就是“专取关国家盛衰，系生民休戚，善可为法，恶可为戒”之事写入书中，希望最高统治者能够“鉴前世之兴衰，考当今之得失，嘉善矜恶，取是舍非”[②]。当然，他的这些看法不能不打上阶级的烙印，这是任何一个处在阶级社会中的史学家都无法避免的。

关于探讨历史上治乱兴衰和现实政治的关系，我国史学家有很深刻的见解。王夫之在写《读通鉴论》时说：“资治”，不是知治、知乱就可以了，而是要达到求治避乱。怎样达到求治避乱呢？就是要设身处地去思考问题，“于其得也，而必推其所以得；于其失也，而必推其所以失。其得也，必思易其迹而何以亦得；其失也，必思就其偏而何以救失”[③]。在不同的条件下何以“亦得”，在几乎类似的情况下何以

① 封演《封氏闻见记》卷一〇《讨论》。

② 《资治通鉴》卷二九四《进书表》。

③ 《读通鉴论》卷末《叙论四》。

“救失”？他的这些分析是很精彩的，可以看作我国古代史学家讲历史上治乱兴衰、得失成败之故的最高成就。

（四）经世致用。我国史学家对史学工作的崇高责任感，还表现在对史学作为经世致用之学的深刻认识。用今天的话来说，就是重视史学在社会应用方面的作用。何谓“经世”？章学诚认为：“史学所以经世，固非空言著述也”，“正以切合当时人事耳”[①]。他从这个看法出发，认为孔子的《春秋》、司马迁的《史记》都是经世之书。章学诚所说的作为经世致用的史学，核心在于“切合当时人事”。他在考据学盛行的乾嘉时期提出这样的看法，带有鲜明的批判精神和明显的针砭性质。

在中国史学上，确有不少史学家明确提出其所撰史书实为经世之用，其内容也不是一般地“切合当时人事”，而是要回答现实生活中所提出来的一些迫切的问题。这种经世致用思想，从史学家本人来说，在认识的自觉程度上是要超过孔子和司马迁的。例如唐代自安史之乱后，其政治统治和社会经济，都从它发展的顶峰上跌落下来，各种社会矛盾日益激化。大史学家杜佑在这时期写的巨著《通典》，就带有极其明确的经世致用的目的。杜佑说他自己“不达术数之艺，不好章句之学”，所以《通典》的旨趣在于“征诸人事，将施有政”。[②] 因此，《通典》一书不仅“以食货为之首”，显示出作者对社会经济生活的特别重视，而且它还从选举、职官、兵、刑、州郡、边防等方面回答了当时历史现实所提出来的许多迫切问题。《通典》经世致用的这一特点，受到同时代人和后人的重视。为《通典》作序的李翰说：“《通典》之作，

---

① 《文史通义·浙东学术》。

② 《通典》自序。

昭昭乎其警学者之群迷欤！以为君子致用在乎经邦，经邦在乎立事，立事在乎师古，师古在乎随时。必参古今之宜，穷终始之要，始可以度其古，终可以行于今。”①这是对杜佑撰述思想的很中肯的说明。为杜佑写墓志铭的权德舆说：《通典》一书，“诞章宏议，错综古今，经代(世)立言之旨备焉”。② 清乾隆《御制重刻通典序》也说《通典》是“经国之良模”。

中唐以后，中经两宋，至明末清初，经世致用之学有了新的发展。顾炎武倡言“文须有益于天下”，主张不关“当时之务者，一切不为”。19世纪初叶至中叶，即清嘉庆、道光年间，随着封建制度的更加腐朽，民族危机的不断加深，中国思想界和学术界又形成了一个新的经世派，龚自珍、魏源是他们当中在史学方面的代表人物。这时期的经世致用之学是封建末世和民族危机的产物，反映了爱国图强的时代精神。

我国史学上经世致用的传统，表现出我国史学家不回避现实、敢于站在历史潮流前面的可贵的精神。这个传统，如果从较晚一点的杜佑算起，也有一千多年的历史了。

(五)察往观来。我国史学家对史学工作之所以有一种崇高的责任感，还有一个原因，就是他们把史学工作看作察往观来的工作。司马迁写《史记》，不仅要“究天人之际，通古今之变”，而且要“原始察终，见盛观衰”，要“述往事，思来者”。③ 在司马迁看来，史学工作要察往，知今，还要观来。他说的“思来者”，“来者”是什么呢？他没有讲。从司马迁的历史哲学来看，这个“来者”，似乎是指历史发展的趋

---

① 李翰：《通典》序。

② 权德舆：《杜公墓志铭并序》，见《唐文粹》卷六八。

③ 以上见《汉书》卷六二《司马迁传》，《史记》卷一三〇《太史公自序》。

势。他认为史学家的责任是比一般人更早地洞察历史发展的趋势。杜预在《春秋左氏传·序》中也说，写历史是要"彰往考来"，即说明以往，考察将来。这跟"述往事，思来者"当是一个意思。清代史家章学诚把史书分为"记注"和"撰述"两大类，认为："记注欲往事之不忘，撰述欲来者之兴起，故记注藏往似智，而撰述知来拟神也。"[①]他讲的是对两类不同史书的要求，但他讲的"欲往事之不忘"和"欲来者之兴起"以及"藏往"和"知来"，同样是反映了他对史学工作的察往观来的要求的。尽管我国封建史学家在察往观来上有很大的局限性，尽管每一个史学家在这方面所能达到的成就有很大的差异，但他们对史学工作的这种认识和要求在史学史上的价值，却是不可低估的。

从以上几个方面来看，我国史学家对史学工作的崇高责任感的传统，是有深刻的社会原因和长久的历史渊源的。恩格斯称赞黑格尔的思维方式"有巨大的历史感作基础"[②]。中国古代史家虽然没有达到黑格尔那样，"想证明历史中有一种发展、有一种内在联系"，但他们关于古今变化的看法，关于历史和现实的关系的看法，关于察往观来的看法，是否包含着黑格尔想证明的那种"发展"和"联系"的因素呢？我看答案应该是肯定的。因此，我们是否可以认为，在中国史学家身上，也或多或少地存在着一种历史感。此外，中国史学家对史学工作的崇高责任心，证明在他们身上还存在着一种时代感，其突出标志就是不回避时代所提出的问题，重视以历史的经验为现实服务。因此，我们是否可以进而认为，中国史学家对史学工作的崇高责任感的传统，是中国史学家的历史感和时代感结合的产物。当然，这种历史感

---

① 《文史通义·书教下》。

② 《马克思恩格斯选集》第2卷，北京：人民出版社，1995年，第42页。

和时代感也不能不受到时代和阶级的局限，因而跟我们今天所应具备的历史感和时代感有所不同，这是我们不好苛求于前人的。

四、史学家讲求史书编撰形式的传统

如果确像黑格尔所说，“中国‘历史作家’的层出不穷、继续不断，实在是任何民族所比不上的”①；那么，中国历史文献的源远流长和丰富浩繁，恐怕也是世界各国所仅见的。成书于唐高宗显庆元年(656)的《隋书·经籍志》，把中国历史文献分为甲、乙、丙、丁(即经、史、子、集)四部；仅以乙部(史部)而言，又分为十三类。清代修《四库全书总目提要》，史部书有十五类。在这许多不同种类的史书中，包含着丰富的史书体裁，充分显示了我国史学家讲求史书编撰形式的辉煌成就和优良传统。

史书体裁，是史书的主要表述形式。在中国史学的童年时期，历史记载的形式比较简单，主要有记言、记事两种。甲骨文和金文基本上是记事的，《诗经·大雅》里的《商颂》《周颂》也有不少关于商周先人事迹的记载，而《尚书》《国语》则基本上是记言的。随着史学的发展，后来不断出现了编年体、纪传体、史评体、典制体、文征体、纪事本末体、学案体，以及跟其他体裁结合运用的图和表等等，使我国史书在编撰形式上呈现出多彩多姿的景象。

以时间为中心的编年体史书出现较早，如《春秋》《左传》《竹书纪年》等，都是春秋末年至战国时期的作品。其后，继起者虽不乏其人，但编年体史书真正获得长足发展，是在北宋司马光撰《资治通鉴》以

① 黑格尔：《历史哲学》，北京：生活·读书·新知三联书店，1956年，第161页。

后。以大量人物传记为中心内容的纪传体史书，始创于司马迁的《史记》，它实际上是包含纪、表、书、世家、列传等五种体裁结合而成的综合体。班固继承《史记》体裁而断代为史，撰成《汉书》。《史》《汉》问世以后，仿效者蜂起，至唐初贞观年间以纪传体修撰八部前朝史①，这种体裁已经得到了充分的发展。所以从《隋书·经籍志》开始，已将纪传体史书列为"正史"，而编年体史书则处于第二位，说明在实际运用上，晚出的纪传体已经超出了编年体。

编年、纪传两种体裁流行以后，对于它们的孰优孰劣，自晋迄唐，史学家们经过几百年的争论，大致形成了三种看法：第一种看法，认为编年优于纪传。东晋史家干宝、北齐史家魏收、唐代史家柳冕等，都持此种看法。他们批评《史记》违背《春秋》体例，是"不存师表"②，"既挠乱前轨，又聋瞽后代"③，批评司马迁"叙事依违，失褒贬体，不足为训"④，"不本于儒教"，"不本于经"⑤，等等。第二种看法，认为纪传优于编年。南朝范晔、唐初许多史家以及唐后期学者皇甫湜等，都是纪传体的积极拥护者。他们批评编年体史书"文既总略，好失事形，今之拟作，所以为短"⑥，"编年之史，束于次第，牵于浑井，必举其大纲而简于叙事，是以多阙载、多逸文，乃别为著录，以备时之语言，而尽事之本末"⑦，等等。第三种看法，认为编年、纪

① 这八部史书是：《梁书》《陈书》《北齐书》《周书》《隋书》《晋书》《南史》《北史》。

② 见《隋书》卷五八《魏澹传》。

③ 《册府元龟》卷五六二《国才部·非才》。

④ 《新唐书》卷一〇八《裴行俭传》附《裴光庭传》。

⑤ 柳冕：《答孟判官论宇文生评史官书》，见《唐文粹》卷八二。

⑥ 见《隋书》卷五八《魏澹传》引范晔语。

⑦ 皇甫湜：《编年纪传论》，见《文苑英华》卷七四二。

传各有长短，不可偏废。较早提出这个看法的是南朝梁人刘勰，他在《文心雕龙·史传》篇中说：编年体“于文为约，而氏族难明”，纪传体“人始区详而易览”，二者都有自己的长处。其后，刘知幾作《史通·二体》篇，在详细地分析编年、纪传的长短得失之后，指出：“考兹胜负，互有得失”，“欲废其一，固亦难矣”。他的结论是：编年、纪传“各有其美，并行于世”。刘知幾的看法比起前两种看法来说，显然有一种高屋建瓴的气势，这就跳出了编年、纪传“唯守一家”的窠臼。关于编年、纪传孰优孰劣的这些争论，反映了中国古代史家对史书编撰形式的深入思考和新的要求。这对促进史书体裁的发展是有意义的。

唐中叶杜佑所撰《通典》，是一部以历代典章制度为中心内容的通史著作，它的出现，打破了编年、纪传“角力争先”的局面，开创了历史研究的新领域和史书编撰的新形式。这就是典制体史书。这种体裁的特点是，“每事以类相从，举其始终，历代沿革废置及当时群士论议得失，靡不条载，附之于事，如人支脉，散缀于体”①，因此，“凡历代因革之故，粲然可考”②。这种体裁受到后世的广泛重视，今传“十通”，就是以《通典》为首。在杜佑之后，北宋司马光著编年体通史《资治通鉴》。南宋袁枢把《资治通鉴》主要内容总括为二百三十九事，分别列目，各自成篇，略按时间顺序编次，撰成《通鉴纪事本末》一书，从而创立了以事件为中心的纪事本末体史书。从南宋开始直到明清，这种体裁也得到了相当的发展。典制体和纪事本末体的创立，以及像司马光《资治通鉴》、郑樵《通志》、马端临《文献通考》这些史学巨著的相继问世，中国史学家对史书编撰形式的思考和探索更加深入

① 李翰：《通典》序。

② 马端临：《文献通考》序。

了。例如宋元之际的马端临在讲到编年体史书《资治通鉴》同典制体史书的区别时，有一段话说得很好："然公(按指司马光)之书，详于理(治)乱兴衰，而略于典章经制。非公之智有所不逮也，编简浩如烟埃，著述自有体要，其势不能以两得也。"①这就是说，史书体裁不同，它们所反映的史事诸方面内容的详略轻重必不相同，史学家不可能超越一定体裁所能容纳的内容进行撰述；这与其说是史家受其智力所限，毋宁说是体裁自身的特定要求。马端临的《文献通考》是典制体史书，但他却能这样评论《资治通鉴》，其见识已超过在编年、纪传孰优孰劣争论中的许多史家，是显而易见的。又如南宋杨万里在评论《通鉴纪事本末》和《资治通鉴》这两种不同体裁的史书给读者的不同感受时，说：

> 子袁子(按指袁枢)因出书一编，盖《通鉴》之本末也。予读之，大抵搴事之成，以后于其萌；提事之微，以先于其明，其情匿而泄，其故悉而约，其作窕而槬，其究遐而迩……
>
> 予每读《通鉴》之书，见事之肇于斯，则惜其事之不竟于斯。盖事以年隔，年以事析，遭其初，莫绎其终；揽其终，莫志其初。如山之峨，如海之茫。盖编年系日，其体然也。今读子袁子此书，如生乎其时，亲见乎其事，使人喜，使人悲，使人鼓舞。未既，而继之以叹且泣也！②

这两段话，很形象，很精彩，把纪事本末体跟编年体的主要区别和各

① 《文献通考》序。

② 杨万里：《通鉴纪事本末》序。

自特点都写出来了。杨万里认为，纪事本末体的长处就在于：其记述史事时，在写一件事情的结果之前，都要写出它的开端，而在写一件事情的发生之后，就一定要写出它的发展。其记述史事时，对实情写得隐蔽而又了然，分析事情原委周悉而又简要，既写细小之事又写重大之事，既写了远处的事情又写了近处的事情。一言以蔽之：事件的始末原委都写到了。唐人皇甫湜批评编年体不能做到"尽事之本末"，而纪事本末体则做到。杨万里说他读《资治通鉴》有"如山之峨，如海之茫"的感觉，当然是有点夸张(他毕竟是政治家、文学家和诗人)，但他指出编年体之所以给读者这种隔膜和茫然之感，是因为"事以年隔，年以事析"，"编年系日，其体然也"。这就既指出了问题症结，而又毫无苛求之辞。这和马端临的态度是很相似的。

在中国史学史上，刘知幾、郑樵、章学诚是以讲求史书编撰形式而著称的史家，而以刘知幾《史通》和章学诚《文史通义》二书在这方面的影响最大。《史通》有内篇和外篇。其内篇评论史书体裁和体例、史料采集、表述要点，有许多论断还值得我们参考。尤其是《史通·序例》篇，概述了史学家重视史书体例的传统，并且认为："史之有例，犹国之有法。国无法则上下靡定，史无例则是非莫准。"这些都说明刘知幾对史书编撰形式的重视及其所著《史通》在这方面的成就和价值。《文史通义》是一部有很高价值的史学评论的专书，它对清代以前的史书编撰形式有广泛的评论，而着重阐明作者对一些史学理论的探索和见解。关于史书编撰形式问题，章学诚提出的"以圆神、方智定史学之两大宗门"①和"撰述欲其圆而神，记注欲其方以智"②的思想，是中

① 《文史通义·与邵二云论修宋史书》。

② 《文史通义·书教下》。

国史学史上很有名的论点。章学诚论中国史书编撰形式的发展变化，有一段很重要的话，即：

> 《尚书》圆而神，其于史也，可谓天之至矣。非其人不行，故折入《左氏》，而又合流于马、班。盖自刘知幾以还，莫不以谓《书》教中绝，史官不得衍其绪矣。又自隋《经籍志》著录，以纪传为正史，编年为古史，历代依之，遂分正附，莫不甲纪传而乙编年。……司马《通鉴》病纪传之分而合之以编年，袁枢《纪事本末》又病《通鉴》之合而分之以事类。按本末之为体也，因事命篇，不为常格；非深知古今大体，天下经纶，不能网罗隐括，无遗无滥。文省于纪传，事豁于编年，决断去取，体圆用神，斯真《尚书》之遗也。①

这段话的意思是说：从《尚书》的“圆而神”开始，中经《左传》《史》《汉》《通鉴》，“《书》教中绝”，到《通鉴纪事本末》，又恢复了《尚书》的风格、神韵。章学诚把这称作“神奇化臭腐，而臭腐复化为神奇”的过程。我认为，章学诚的这个看法，除他对《尚书》过于理想化这一点外，是揭示了中国史书体裁发展变化过程中的一个方面的规律的，即由合而分、由分复合。这实际上是一条肯定—否定—否定之否定的发展路线，于是新的体裁不断出现，而旧有的体裁也在不断发展、提高。章学诚是提倡“通史家风”②的，他对《通志》《资治通鉴》《通典》

① 《文史通义·书教下》。

② 《文史通义·申郑》。

《通选》[1]等四种通史体裁作了精辟的概括，说它们"或存正史之规，或正编年之的，或以典故为纪纲，或以词章存文献，史部之通，于斯为极盛也"。这几句话，言简意赅，把四种体裁通史的特点讲得明明白白，于此也可看出章学诚对史书编撰形式问题的思考和研究的功夫之深。《文史通义》外篇有许多关于史书编撰形式的精彩篇章，值得我们重视。

从以上的概括叙述中，我们可以约略地看到，中国史学史上史学家讲求史书编撰形式的优良传统。仅就本文所举的材料来看，我们从这一传统中可以得到以下几点认识：

（一）中国史学家很注意对各种史书体裁的特点进行分析研究，这在许多人的互相辩难或各自的评论中看得很清楚。

（二）中国史学家还注意各种史书体裁间的相互吸收和综合。如《史记》就是多种体裁的综合，《通典》吸收并发展了正史中书志部分，而《通鉴纪事本末》于各篇之间也必须略按编年体的要求进行编次，等等。

（三）中国史学家尤其注意于史书体裁的改革和创新。郑樵说司马迁创立纪传体史书，"百代而下，史官不能易其法"[2]。而事实上，对纪传体史书的部分改革历代都是有的，如《三国志》的出现，《晋书》中《载记》的创立，以及历代正史中志目和类传的增删等，都是对纪传体的改革。从《春秋》到《资治通鉴》，编年体史书所经历的改革也是很多的。典制体和纪事本末体的创立，不仅丰富了史学家对历史的表述形

---

① 《通选》亦称《太和通选》。唐文宗太和年间，裴潾集历代文章，续萧统《文选》，编《太和通选》三十卷。

② 《通志·总序》。

式，而且也扩大了史学家的研究领域，意义是很大的。而史评体的创立，对于史学家更自觉地总结历史经验和史学活动的经验，也起了积极的促进作用。

（四）中国史学家重视史书的编撰形式与史学的政治目的之间的密切关系。崇编年体的史家说，《春秋》是“圣人立法之书”①。崇纪传体的史家说，编年体过于简括，所遗甚多，“如览正史，方能备明，则褒贬得失，章章于是矣”②。创典制体史书的杜佑认为，他的“致治”的主张与《通典》在编次上的“篇第之旨”是一致的③。热情称颂纪事本末体的杨万里说，《通鉴纪事本末》“其于治乱存亡，盖治之源，医之方也”④。等等。可见，史学家采用某种编撰形式，虽有种种不同的原因和说法，但都不能不考虑到史学的政治目的。换言之，为一定的阶级利益服务的史学，其政治要求是可以通过不同的编撰形式反映出来的。唐人皇甫湜说，史书体裁“系于时之所宜，才之所长耳，何常之有?!”⑤这话是很有道理的。所谓“时之所宜”，主要就是现实的需要。

中国史学家讲求史书编撰形式的传统，对我们今天研究史书和编撰史书都是有启发的。在这个问题上，批判的继承和大胆的创新，是有很多工作可做的。史学家讲求史书编撰形式的传统，还涉及史书体例（即史书内部组织结构和表述形式）问题，这里就不详细讨论了。

---

① 孙甫：《唐史论断》序。

② 皇甫湜：《编年纪传论》，见《文苑英华》卷七四二。

③ 杜佑：《通典》序。

④ 《通鉴纪事本末》序。

⑤ 《编年纪传论》。

五、继承中国史学的优良传统，建设具有民族特色的马克思主义史学

研究中国史学传统，一方面是要对它给以理论的说明，另一方面是要探索它和我们今天的史学工作的关系，为建设具有中国民族特色的马克思主义史学提供历史的借鉴。这里，我认为至少有三个问题是需要弄清楚的。

第一个问题：我们对史学传统应取何种态度？本文开头就提到的列宁的《我们究竟拒绝什么遗产?》一文告诉我们：首先，要区别两种遗产，要保存优秀的遗产，拒绝反动的遗产。其次，保存遗产并不是局限于遗产。列宁说：对马克思主义者来说，“保存遗产，并不像档案保管员保存故纸堆那样。保存遗产，完全不等于还局限于遗产”。①保存遗产，是为了改造它、继承它和发展它。这也就是毛泽东同志说的，“清理古代文化的发展过程，剔除其封建性的糟粕，吸收其民主性的精华”②，避免对古代文化的“一概排斥”或“盲目搬用”③。我们对中国史学传统，应当按照列宁和毛泽东同志的教导去做，虚无主义态度和复古主义态度都是不对的。

第二个问题：认真总结和学习我国老一辈的马克思主义史学家的成就和经验。我国马克思主义史学已有六十年左右的历史了，这是我国史学史上前所未有的光辉的一页。从我的肤浅认识来看，我们要从三个方面向老一辈马克思主义史学家学习。

一是学习他们重视史学与人生的关系。中国古代史家也讲史学与

---

① 《列宁选集》第1卷，北京：人民出版社，1972年，第148页。
② 《毛泽东选集》第2卷，北京：人民出版社，1991年，第707页。
③ 《毛泽东选集》第3卷，北京：人民出版社，1991年，第1083页。

做人的关系，但他们的那些说法，不能不带有阶级的局限性和历史的局限性。只有马克思主义者才能对这个问题作科学的说明。作为中国马克思主义史学的奠基者之一，李大钊同志在他的许多论著中反复阐明史学对于人生的意义。他认为，如果一个人在历史的长河中徘徊，不察历史的性质和趋向，前途渺渺，后顾茫茫，“有如荒海穷洋，孤舟泛泊，而失所依归”，这样的人生是毫无意义的。因此，“历史观者，实为人生的准据。欲得一正确的人生观，必先得一正确的历史观”①。他在《史学要论》一书中，还以专章阐述“现代史学的研究及于人生态度的影响”。李大钊同志把历史观对于人生观的影响提到这样的高度来认识，作出科学的、精辟的阐述，在中国史学上是第一次。这在今天仍然具有新鲜的活力和现实的意义。

二是学习他们在马克思主义的德、才、学、识方面的修养和造诣。1929 年，郭沫若同志在《中国古代社会研究·自序》中庄严申明，他的研究方法是以恩格斯写《家庭、私有制和国家的起源》为向导的。这是老一辈马克思主义史学家所走的治史道路。新中国成立后，范文澜同志曾说，“认真学习马克思主义的理论，广泛占有确实可信的资料，坚守晋董狐、齐太史直笔而书的传统史德”，是中国史学工作者能够肩负起自己的历史任务的几个基本条件。② 范老说的几个基本条件，是包含了德、才、学、识几个方面的要求的。通观中国马克思主义史学发展史，可以看到：老一辈马克思主义史学家的史德，不仅表现在要求对历史作实事求是的撰述和评论，而尤其表现在把史学工作看作是中国无产阶级革命事业的一部分。他们是史学家，但他们首先

① 《李大钊选集》，北京：人民出版社，1959 年，第 287 页。

② 《范文澜历史论文选集》，北京：中国社会科学出版社，1979 年，第 80 页。

是革命者。他们的史识，突出地表现在对马克思主义执着的追求和忠诚的信仰，他们在学习、介绍、翻译、阐释马克思主义著作方面的精神和业绩，是永远值得我们学习和纪念的。他们开拓了许多新的历史研究领域，提出了丰富的科学论证，写出了一大批鸿篇巨制，使中国史学界面貌为之一新。他们的史学，表现在对史学领域的博古通今，表现在对史学相关学科的研究有素和高深造诣。作为这方面的杰出代表，郭老是全世界公认的博学多才的伟大学者。他们的史才，表现在采用近代的历史编撰形式和运用民族语言方面，表现在把向来只被少数人掌握的历史知识推广到人民群众中去，真正做到了“把历史的内容还给历史”[①]。总之，他们在德、才、学、识方面所达到的造诣和成就，是中国史学史上的新篇章和里程碑。对于这样一笔财富，我们应当认真总结，认真学习。

三是学习他们对祖国历史命运的神圣使命感和崇高责任心。郭老有一句脍炙人口的名言，叫作：“对于未来社会的待望逼迫着我们不能不生出清算过往社会的要求。”[②]这句话，凝聚着老一辈马克思主义史学家对祖国历史命运的神圣的使命感和崇高的责任心，也概括了他们长达半个世纪的治史道路。在阴霾弥漫、灾难深重的旧中国，他们坚信“中国社会发展史的前途是光明灿烂的”，同时又认识到“中国社会发展史的伟大前途，决不能袖手坐等，需要我们努最后必死之力，加以争取”。[③] 一个史学工作者究竟对时代、对祖国、对民族承担着什么样的责任和使命？老一辈马克思主义史学家用他们的行动作出了完满的答卷。诵读其言而仰观其行，我们这些后生晚辈怎能不受到深

① 《马克思恩格斯全集》第3卷，北京：人民出版社，1995年，第520页。

② 《中国古代社会研究·自序》。

③ 邓初民：《中国社会史教程》，上海：文化供应社，1949年，第291页。

刻的教育和启发呢！

我国老一辈马克思主义史学家的巨大成就，是马克思主义在我国历史研究领域结出的丰硕果实，也是中国史学的优良传统在新的历史条件下的发扬光大，可见，这个成就乃是具有中国民族特色的马克思主义史学。现今的史学工作者的任务，是不断提高对建设具有民族特色的马克思主义史学的必要性的认识，把老一辈马克思主义史学家开创的事业继续下去，并不断发扬光大起来。

第三个问题：提高对建设具有中国民族特色的马克思主义史学之必要性的认识。什么是具有民族特色的马克思主义史学？建设这样的史学的必要性何在？我认为，对这些问题，毛泽东同志从基本的理论原则方面是已经为我们解决了的。四十多年前，他在讲到批判总结我国历史遗产的时候指出，我们应当“使马克思主义在中国具体化，使之在其每一表现中带着必须有的中国的特性，即是说，按照中国的特点去应用它”，使它具有“新鲜活泼的、为中国老百姓所喜闻乐见的中国作风和中国气派”。[①] 后来，他又在著名的《新民主主义论》一文中提出了建设“民族的科学的大众的文化”的重要论点，并指出，“中国文化应有自己的形式，这就是民族形式”。[②] 毛泽东同志的这些论点，在今天仍有指导意义。为什么这么说呢？从中国国情来看：从新民主主义文化到社会主义文化，后者应当在内容上反映出新的时代的精神和要求，但在本质上仍然应当是“民族的科学的大众的文化”，是中国作风和中国气派的马克思主义的文化。如果这个认识大致不错的话，那么，根据毛泽东同志的论点，结合中国史学的实际情况，所谓具有

① 《毛泽东选集》第2卷，北京：人民出版社，1991年，第534页。

② 同上书，第707页。

民族特色的马克思主义史学是否应当包含以下两个方面的要求。

一是要有科学的内容。所谓科学的内容，就是要求历史研究和历史撰述能够真实地反映历史的进程与规律，并对有关的历史事件和历史人物作出恰如其分的评价。要做到这一点，必须掌握马克思主义的理论和方法，必须根据大量的、确凿的材料，必须善于“在马克思列宁主义一般原理的指导下，从这些材料中引出正确的结论”[①]。概括地说，所谓科学的内容，应该是理论、材料和正确的结论的统一。中国史学家有重视德、才、学、识的传统，从今天的观点和要求来看，科学的内容，应是马克思主义的史德、史识和史学的统一。

二是要有民族的形式。所谓民族的形式，至少应包含三个方面，即史学家的思想形式、史书的编撰形式和语言文字的表述形式。是否可以这样说，中国史学家的思想形式的民族特色，在古代，主要表现在关于天人关系、古今关系、治乱关系、礼治与法治关系、“势”“理”关系、“华”“夷”关系、伦理关系等方面的极为丰富；在近代，则代之以国家强弱盛衰与民族存亡的关系、中国与外国的关系等等。这样一些思想形式，在中国传统史学上曾经起着十分重要的作用，从今天的观点来看，都存在着极大的历史局限性和阶级局限性。这是一方面。另一方面，我们也要看到，这些思想形式在今天还是有影响的，而其中的某些部分并不是完全不能批判继承的。因此，科学地阐释这些思想形式，对它们做一番扬弃的工作，乃是历史科学的任务之一。中国古代史学创造出来的丰富的史书体裁，能不能经过批判、改造之后为马克思主义史学所用？对这样一个重要问题，史学界已有一些学者、专家在思考，在探索，但并没有引起广泛的注意和讨论，这在一定程

① 《毛泽东选集》第3卷，北京：人民出版社，1991年，第801页。

度上影响着马克思主义与中国民族形式的结合。当然，这绝不意味着，今天的史学工作者都一定要按照传统的史书体裁去编撰历史著作。我认为，如果恰当地看待这个问题，就需要从另外一个角度进行考察，即：在中国史书的各种传统体裁中是否确实存在着某些长处，值得我们继承和发扬？举例来说，如历来被称为纪传体的综合体，在经过适当的改造并吸收编年体和纪事本末体的一些优点之后，是否在用来表述历史的全貌上会显示出更多的长处？又如对《明儒学案》《宋元学案》那样的学案体，在经过必须的改造之后，是否可以成为我们今天所需要的一种比较好的学术史或学术史资料的编撰形式？像这样一些问题，是很值得在理论上和实践上进行探索的。本文前面讲到，中国史学上有讲求史书编撰形式的传统。我国的马克思主义史学要进一步取得民族的形式，就有必要对中国史书的传统体裁作有选择的批判继承，使之跟今天通行的历史编撰形式结合起来，从而创造出新的、符合时代要求的民族形式。马克思主义史学的民族形式，还有一个方面，就是史学工作者对语言文字的表述形式。中国史学在这方面的成就是令人惊叹的。如《左传》《史记》《资治通鉴》等，在写战争、写人物、写场面(不是文学场面而是历史场面)方面，都有卓越的成就。这些书经历了许多世纪而始终受到人们的喜爱，它们在民族语言文字运用上的成就无疑是一个重要的原因。郑天挺先生早年写的《国的传记文》①和白寿彝先生近年写的《谈历史文学》②，比较系统地总结了中国史学在文字表述上的民族形式的成就和中国史学家在这方面所积累的宝贵经验。最近，黎澍同志在《马克思主义与中国历史学》一文中也

① 见《探微集》，北京：中华书局，1980年。

② 见《历史教育和史学遗产》，郑州：河南人民出版社，1983年。

强调说："民族形式的一个最重要的因素是语言。"[①]他们的这些论述，是值得重视的。同时我们还要看到，我国老一辈的马克思主义史学家郭沫若、范文澜、翦伯赞等，也都是我国史学界中运用民族语言的大师。总之，中国史学家在语言文字的表述形式上，或者说在历史文学上，成就是卓越的，经验是丰富的。继承和发扬这方面的优良传统，一定能促进我国马克思主义史学在新的水平上、在更广阔的范围内取得民族形式。

现在，我对本文作简要的概括：中国史学的源远流长的优良传统，是中国史学遗产的重要部分，它在当前的史学工作中确有可供借鉴的现实意义。中国老一辈的马克思主义史学家在创立和发展中国马克思主义史学方面，有辉煌的业绩；在继承和发扬中国史学的优良传统方面，也有卓越的成就和高深的造诣。这是我们应当认真总结和学习的。建设具有中国民族特色的马克思主义史学，这不仅是现实的需要，而且也有理论的根据和历史的根据；在比较广泛的意义上说，这是发展马克思主义史学的中国学派。这方面要做的工作很多，目前我们至少应在科学的内容和民族的形式两个方面继续努力。

① 见《历史研究》，1983 年第 2 期。

关于当代中国史学话语体系建构的几个问题[*]

近年来关于当代学科话语体系的建构问题，引起了一些学科研究者的关注，这是一个很好的现象。因为这关系到各学科基础理论的建设，关系到各学科的发展水平和发展趋向，也关系到各学科走向世界的路径。我对此曾作过这样的概括："学术话语体系在很大程度上反映了一个时代的学术面貌及其走向，而学术话语体系的建构既有内在的历史联系与新的创造，又有内在和外在的沟通与借鉴。准此，则中国学术话语体系的当代建构，似亦应循着这一路径前行。"①本文拟在这一概括的基础上结合中国历史学的实际作进一步阐述，以就教于学术界同行。

一、唯物史观与中国史学话语体系的当代建构

我所理解的学术话语体系，离不开学术思想、研究理

* 原载《中国社会科学》2011 年第 2 期。

① 瞿林东：《探索中国史学的理论研究话语体系》，《中国社会科学报》，2009 年 12 月 1 日，第 3 版。

念与方法、范畴或概念的运用、关于研究对象的解释以及语言表述的风格和特点等。因此，所谓话语体系不仅是一个理论问题，而且是一个实际操作和运用的问题。

一种学术或一门学科，总以一定的指导思想为理论基础。就历史学来说，从孔子在事、文、义中最重视“义”，① 到章学诚以重视“史意”自况②；从梁启超强调进化论的重要性，认为“苟无哲学之理想者，必不能为良史”，③ 到李大钊指出“唯物史观在现代史学上的价值”，④ 尽管时代不同，历史撰述的内容有很大变化，但史学家重视思想、理论的传统却贯穿古今。

在历史观方面，20 世纪以来百余年的中国史学经历了三次大的跨越，即从古代朴素的进化观点到近代进化论，再从进化论到唯物史观。20 世纪三四十年代，在唯物史观指导下，马克思主义史学在中国发展起来，并在 50 年代后成为中国史学的主流。因此，探索中国史学话语体系的当代建构，从学术思想上看，不能不考虑唯物史观的地位和作用。换言之，应该考虑中国马克思主义史学如何在新的历史条件下，从思想和理论上探索自身的话语体系。面对这个问题，中国马克思主义史学必须在反思中探索前进的道路。举例来说，近年来，马克思主义的社会经济形态学说遭到种种质疑。然而，正是马克思主义的社会经济形态学说，揭示了人类社会进程是一个从低级不断走向

---

① 《孟子》卷八《离娄下》，十三经注疏本，北京：中华书局，1980 年。

② 章学诚：《章学诚遗书》卷九《文史通义·外篇三·家书二》，北京：文物出版社，1985 年。

③ 梁启超：《新史学》，见《饮冰室合集》文集之九，北京：中华书局，1989 年，第 10 页。

④ 李大钊：《李大钊全集》第 3 卷，北京：人民出版社，2006 年，第 216—222 页。

高级、有规律的发展过程，而在这一过程中，社会的经济基础、上层建筑、意识形态都在发生变化，从而使这一过程大致可以划分成不同的发展阶段。

应当指出的是，中国马克思主义史学在其七八十年的发展过程中，有辉煌的成就，也有惨痛的教训。简言之，其成就在于使中国史学真正走上科学地阐述中国历史的道路，并在现实的历史运动中发挥了重大的积极作用。其教训则在于对唯物主义的理解和运用方面，在起步阶段难免存在简单化的倾向，加之政治上“左”的影响，历史研究中的教条主义学风曾盛行一时，从而损害了中国马克思主义史学的正常发展，并造成严重的后果。此种情况，在改革开放以来的30多年中，已经发生很大改变，马克思主义史学的成就和生命力都进一步显示出来。这些事实表明，马克思主义的社会经济形态学说，是唯物史观指导历史研究的最基本的理论，与其相关的范畴和概念乃是中国史学当代话语体系的核心。关于如何运用马克思主义社会经济形态学说阐述中国历史进程，史学家们因对所据史料的认识不同而有这样那样的分歧，当是学术研究中极其自然的现象。因此，不能因为在这个问题上存在不同的分期方法，而对马克思主义的社会经济形态学说本身表示质疑。退而言之，如果在历史研究中放弃马克思主义的社会经济形态学说，人们将怎样认识人类社会的进程，怎样探索人们在社会中的种种复杂关系，怎样揭示人类社会历史的发展规律，进而怎样阐明人类历史的前途呢？正是由于马克思主义史学遵循唯物史观的指导，结合具体的研究对象，能够对这些关乎历史研究的根本问题作出合理的回答，才在世界范围内表明它的真理性，受到许多历史研究者和学术工作者的信仰和追求。正如英国历史学家杰弗里·巴勒克拉夫所指出的那样：“马克思主义的影响之所以日益增长，原因就在于人们认为马克思主义提供了合理地排列人类历史复杂事件的使人满意的唯一基础。”他又写道：“马克思认为，历史既是服从一定规律的自然过程，又是人类自己写作和上演的全人类的戏剧。马克思和恩格斯一方面强调历史学家不仅应当记载按年代顺序发生的一系列事件，而且应当从理论上对这些事件进行解释，为此目的，就应当使用一整套成熟的概念。”①作者从马克思主义重视对社会和经济的复杂而长期的过程进行研究，使历史学家认识到必须研究人们生活的物质条件，促进人们对人民群众历史作用的研究；社会阶级结构的观点和阶级斗争的理论对认识人类社会历史的积极意义，唤起人们对历史研究的理论兴趣以及对历史学理论的兴趣等五个方面，概括了马克思主义对历史研究的重大意义。② 笔者认为，这些阐述和概括是有根据的，故而也是有说服力的。

20 世纪以来的中国史学史表明，中国史学选择以马克思主义唯物史观作为自己的理论基础，既是由中国的历史条件所决定的，也是在世界历史背景的积极影响下，中国史学的正确选择。尽管中国马克思主义在其七八十年的发展历程中，有着这样那样的缺点，但其基本方向是合理的和科学的，它所取得的成就，亦如巴勒克拉夫所概括的那样是前所未有的。唯其如此，应在对马克思主义唯物史观之新认识的基础上，确立马克思主义社会经济形态学说及其相关范畴，以构成中国史学当代话语体系的骨骼。值得注意的是，中国历史的新的进步和中国史学的新的发展，以及马克思主义理论研究和建设工程的启动

① 杰弗里·巴勒克拉夫：《当代史学主要趋势》，杨豫译，上海：上海译文出版社，1987 年，第 26—27 页。

② 参见杰弗里·巴勒克拉夫：《当代史学主要趋势》，北京：北京大学出版社，2006 年，第 27 页。

和展开表明，中国史学工作者能够遵循这样的理念来坚持和发展马克思主义史学，这就是：分清哪些是必须长期坚持的马克思主义基本原理，哪些是需要结合新的实际加以丰富发展的理论判断；哪些是必须破除的对马克思主义的教条式的理解，哪些是必须澄清的附加在马克思主义名下的错误观点。用科学的态度对待马克思主义，用发展着的马克思主义指导新的实践。中国马克思主义史学自应在这样的理念之下，进一步建构自身的话语体系。

清人黄宗羲说过："大凡学有宗旨，是其人之得力处，亦是学者之入门处。"①马克思主义唯物史观对于中国史学来说，正是后者所遵循的"宗旨"。

二、史学遗产与中国史学当代话语体系

中国史学当代话语体系的建构，既要从20世纪以来中国历史和中国史学的现实出发，确立这一建构的基点，同时，它也必然要蕴含中国史学的优良传统和优秀的思想与理论遗产。如果说前者是它的时代精神的话，那么后者就是它的历史精神。

20世纪以前的中国史学拥有丰富的史学遗产，其中有关观点、思想和理论方面的遗产占有突出地位。就历史观点而言，关于天人关系的探讨、古今关系的探讨、国家和社会治乱盛衰之故的探讨、英雄和时势关系的探讨、经济生活在社会发展中之重要性的探讨、民族关系的探讨、统一多民族国家形成和发展的探讨等等，历代史家都各有论述。就史学理论而言，早在孔子时代，就提出"良史"与"书法"的观念，提出了事、文、义史书三要素的观念，其后，关于史书与时代

① 黄宗羲：《明儒学案·发凡》，北京：中华书局，1985年，第14页。

之关系的认识，史书之社会功用的认识，历史撰述之历史价值的认识，“实录”与“信史”的观念，才、学、识之“史才三长”的思想，以史经世的理论，史实、褒贬、文采之历史撰述三原则的理论，撰述内容与史书体裁之关系的理论，史书“未尝离事而言理”的理论，以及“六经皆史”的理论，“史法”与“史意”相区别的理论，“史论”之重要性的观点，史书体裁之辩证发展的理论，知人论世的史学批评方法论原则，“欲知大道，必先为史”的见解等等，历代史家也都各有论述。

一般说来，范畴和概念是观念、思想和理论的高度概括。在中国史学遗产中，历代史家和学人关于历史方面、史学方面的范畴和概念的不断探讨，都推动着中国史学在历史理论和史学理论领域的发展。比如在历史观点方面，从春秋时期关于“天命”与“人事”、“天道”与“人道”的探讨，到司马迁在《史记》中确立人在历史运动中的主体地位，再到三国时期人们提出“天时”“地利”“人和”的观念，史学家对于社会历史变动原因的探索越来越深入。从《周易》提出穷变通久的观念，到司马迁以“通古今之变”作为撰述宗旨之一，把“通变”思想和“见盛观衰”“稽其成败兴坏之理”的方法论发展到新的高度。从《汉书》设《食货志》突出社会经济的重要作用，到杜佑《通典》九门中以“食货为之首”的撰述思想，把《史记·货殖列传》的意义进一步发展。从历代史家、学人关于朝代治乱兴衰的总结，到司马光以“监前世之兴衰，考当今之得失”，再到王夫之《读通鉴论》对“资”“治”“通”“鉴”的富于哲理的诠释，把史学家们对治乱兴衰之故近两千年来的讨论作了理论上的总结等等。又如，在史学理论方面，从“书法不隐”到秉笔直书，再到对于“采撰”的谨慎和对于国史、野史、家史是非得失的辩证分析，中国史家的“求真”精神不断提高到新的境界。从对于史书在事、文、义三要素的表述，到对于史书在史实、褒贬、文采三原则的要求，以及“记注”与“撰述”区别的观念，反映了史学家对史学之含义的表述愈来愈深刻了。从编年、纪传两种史书体裁孰优孰劣的论难，到阐述史书体裁发展中“神奇”与“臭腐”的互相转化，为中国古代史学理论增添了辩证的色彩。从一般的“良史”主张，到才、学、识“三长”之说，再到德、才、学、识的阐述，中国史学家对于自身修养的认识越来越深化，对于历史撰述中主体与客体关系的认识也更加合理，等等。

20世纪以前两千多年的中国史学表明，它在长期的、连续不断的发展过程中，在客观上已经形成自身的“话语体系”，这是中国史学之所以能够具有许多优良传统的重要原因之一。当然，随着历史的发展、社会的变迁，中国史学原有的“话语体系”和优良传统，有的已失去实际意义，甚至成了落后的东西。但是，由于文化本身有其传承性和沿袭性，必然也有一些有价值、有意义的思想和理论能保持固有的生命力，并融入当代的学术文化中，为当代学人所接受、继承、发扬。任何事物的历史都是无法割断的，史学也是如此。当代史学工作者，恐怕都不会否认司马迁的“究天人之际，通古今之变，成一家之言”是一个崇高的目标，都不会否认刘知幾提出的“史才三长”、章学诚补充的“史德”也是一个崇高的目标。关于考异、考证、商榷、札记、史论、史评、史注、史表等研究方法及相关术语，恐怕在当代史学的话语体系中还会占有一席之地，并被赋予新的含义、新的生命力。

如果上述认识大致不错的话，那么中国史学话语体系的当代建构，则应加强对中国史学遗产的研究，发掘和梳理其中有价值、有意义的成果，并加以继承和发扬，作为中国史学话语体系当代建构过程中不可缺少的重要资源。应当强调的是，这不仅是重要的，而且是必要的，因为这是建设和发展中国马克思主义史学的实际基础，也是显示历史学的中国特点、中国作风、中国气派的重要路径。在这方面，中国老一辈史学家作了艰辛的努力，取得了辉煌的成就。侯外庐在讲到他的研究原则和方法时，强调指出："注意马克思主义历史科学的民族化。所谓'民族化'，就是要把中国丰富的历史资料，和马克思主义历史科学关于人类社会发展的规律，做统一的研究，从中总结出中国社会发展的规律和历史特点。马克思主义历史科学的理论和方法，给我们研究中华民族的历史提供了金钥匙，应该拿它去打开古老中国的历史宝库。"①这些话，是一位中国思想史研究者对自己数十年治学原则和方法的一个重要总结。侯外庐主编的五卷本《中国思想通史》能够成为中国马克思主义史学的代表作之一，是他和他的合作者共同努力的结晶，但这也与全书贯穿的他的上述治学原则和方法密不可分。这使我们想起侯外庐于 1946 年在《中国古代思想学说史·再版序言》中所说的一段话："中国学人已经超出了仅仅于仿效西欧语言之阶段了，他们自己会活用自己的语言来讲解自己的历史与思潮了"；"他们在自己的土地上无所顾虑地能够自己使用新的方法，掘发自己民族的文化传统了……同时我相信这一方面的研究会在业绩方面呈现于全世界的文坛，虽则说并不脱离其幼稚性，而安步总在学步之时可以看出来的。"②这一段话，可以看作是对于中国马克思主义史学初步建立时期的一个总结。所谓"使用新的方法，掘发自己民族的文化传统"，就是运用马克思主义理论总结中国的历史遗产，亦即使马克思主义史学具有中国作风和中国气派。这无疑是中国史学史上的一次伟大变革。

---

① 侯外庐：《侯外庐史学论文选集》上册，北京：人民出版社，1987 年，第 18 页。

② 侯外庐：《中国古代思想学说史》，上海：文风书局，1946 年，第 3 页。

联系前引的那段总结性文字，从这段真诚、自信而谦逊的话语中，或许可以看到中国马克思主义史学从“学步”走向成熟的一个缩影。

事物的发展，大多在偶然性中蕴含着必然性。正像郭沫若在1929年所说：“大抵在目前欲论中国的古学，欲清算中国的古代社会，我们是不能不以罗（振玉）、王（国维）二家之成绩为出发点了。”①1946年，侯外庐在《中国古代社会史论·自序》中也把王国维、郭沫若称作他研究中国古史的“老师”。② 郭、侯二位史学前辈的思想境界和治学态度，对于中国史学话语体系的当代建构，自有深刻的启示。这是因为，“任何一个时代的任何一种思想学说的形成，都不能离开前人所提供的思想资料”。③ 这说明不论在理论上，还是在实际的研究活动中，在中国史学话语体系的当代建构中，史学遗产中的“思想资料”占有多么重要的地位，它们对于显示历史学的中国学派的特点、风格和气派是多么重要。

三、世界眼光与中国史学话语体系的当代建构

从全世界的史学发展史看，中国是一个“史学大国”，一是因为中国文明的发展没有中断，故而中国史学的发展亦未曾中断；二是中国有比较完备的史官制度和官修史书的传统，同时自孔子开创私人修史起，私家撰述历史的活动在两千多年中十分发达，形成官修、私撰互相补充、相得益彰的格局；三是中国史书体裁丰富，以多种表现形式

① 郭沫若：《中国古代社会研究自序》，《郭沫若全集·历史编》第1卷，北京：人民出版社，1980年，第8页。

② 侯外庐：《中国古代社会史论·自序》，石家庄：河北教育出版社，2000年，第3页。

③ 侯外庐：《侯外庐史学论文选集》上册，第13页。

记载了历史进程中广泛而复杂的社会内容以及人与自然的关系，有些记载还涉及域外的历史、地理、社会、风俗等内容。可以这样认为，中国古代史学是世界东方文明最伟大的记录，是世界古代文明最辉煌的遗产之一。

至晚在隋唐时期，中国的历史典籍东传日本和朝鲜半岛；至晚从 17 世纪或者更早一些时候起，中国的一些历史典籍相继传到欧洲少数国家。与此同时，西方国家的某些自然科学技术也开始传入中国。但是，由于清朝实行闭关锁国的政策，这种文化交流，尤其是中西文化交流受到极大的限制。19 世纪 40 年代爆发的中英鸦片战争，以及其后列强对中国的侵略，震惊了国人，有识之士乃“睁眼看世界”，于是在史学领域有魏源的《海国图志》、梁廷枏的《海国四说》、夏燮的《中西纪事》、黄遵宪的《日本国志》、王韬的《普法战纪》和《法国志略》等撰述的面世。这是中国史学家世界意识的一次新觉醒。这种觉醒在 1919 年五四运动的推动下，在 20 世纪前半期达到高潮。于是有“新史学”和马克思主义史学的引入，有西方各种史学思潮、史学流派和史学方法的引入，这是中国史学出现根本性变革的 50 年。20 世纪 50 年代，史学界受苏联学人的影响，一方面扩大了对马克思主义史学的了解，一方面也受到教条主义的影响，可谓得失两存。20 世纪 60 年代中期至 70 年代中期，中国学术内无生存环境，外无任何交流，整体上陷入停滞状态。改革开放以来，中国史学家迎来世界意识的又一次觉醒，世界观念大为增强，中外史学交流出现空前活跃的局面，中国史学也发展到一个新的阶段。

本文之所以要作这一史学史上的回顾，旨在说明：第一，中国古代由于自身的优势，它的发展和进步，大致是在一个相对稳定的话语体系内实现的，从而显示出其鲜明的民族特色和民族风格。第二，近代以来，中国史学家先后出现两次世界意识的觉醒，促进了对外国史学的引入，推动了自身的发展，充分说明历史学界“睁眼看世界”的世界眼光的重要性。第三，这两次世界意识的觉醒和外国史学思潮、理论、方法的引入，在很大程度上改变了中国史学固有的话语体系，甚至出现用外国学人的话语体系评论中国史学得失的倾向。第四，在20世纪的一百年中，中国史学遗产在许多年代里处于被轻视以至被批判的境地，只有少数史学家在为史学遗产争取它在当今史学发展中应有的位置。

倘若上述概括大致可以成立的话，那么面对中国史学的当代话语建构的命题，中国史学工作者应采取何种态度和做法呢？依笔者浅见：在重视唯物史观和史学遗产的前提下，以更加开阔的视野、更加开放的心胸和气度，借鉴和吸收外国史学的一切积极成果所提供的思想、理论和方法，用以充实、丰富以至于融入中国史学的当代话语体系。概而言之就是：明确的指导思想，鲜明的自我意识和开阔的世界眼光。20世纪前半期关于外国史学方法的引入和借鉴，关于近代考古学的引入和史前史的研究；八九十年代关于文化史、社会史的引入与研究热潮，以及近年来关于全球史、环境史研究的兴起等等，中国史学都在不同程度上充实和丰富了自身的话语体系，这些积极的影响是毋庸置疑的。中国史学的未来，还要这样继续努力去做。当然，任何事物都有两面性，当中国史学在以往的中外史学交流中有所得的时候，是否也有所失？或者说，是否还有做得不够的地方？从反省的视角来看，我想这也是毋庸置疑的。

当我们以虔诚、求新的心态去接受外国史学方法时，是否也曾想到要对悠久的中国史学遗产中的方法加以总结？例如，在如何看待历史进程问题上，是否应考虑到司马迁提出的“见盛观衰”“稽其成败兴坏之理”[1]的方法论意义呢？在如何看待文献与历史事实的问题上，是否要考虑到裴松之为《三国志》作注，司马光为《资治通鉴》作“考异”，以及清代考史学派所采用的各种考史方法呢？当我们受到外国史学的影响，研究文化史、社会史、环境史等问题时，是否考虑到以中国史学的丰富遗产与之结合，提出有影响的宏大主题的研究，用以回应外国同行呢？近年，还有一个比较突出的事例，即关于“叙事学”的讨论。讨论的起因，仍是外国学者提出来的，是“后现代思潮”的反映之一。中国学者多有反应，但这种反应有的是“响应”，有的是诠释，而真正有分量的回应尚待时日。依笔者浅见，对于这个问题的回应和展开，中国史学有丰富的资源，尤其是思想资料方面的资源。如《史记》被称为“善序事理，辨而不华，质而不俚”；[2]《三国志》因有总揽全局的器识，被誉为“善叙事，有良史之才”；[3] 刘知幾从史学审美的视角，即从更高的境界评论史书的“叙事”；[4] 宋代史家吴缜强调在尊重事实、合理评论的基础上，指出叙事“文采”的重要；[5] 梁启超在全面评论史家的德、学、识、才的前提下，称赞司马光的史笔，说他善于把“事实”写得“飞动”起来，[6] 即在事实的基础上评论史书的叙事，等等。对于这些关于史书“叙事”的见解、思想，怎样综合、怎样解读、怎样以此“回应”西方学者的“后现代历史叙事学”“后现代叙事理论”等命题，或许还有许多可以思考之处。张岂之在一篇题为《关于

---

① 《史记》卷一三〇《太史公自序》，北京：中华书局，1959年。

② 《汉书》卷六二《司马迁传》，北京：中华书局，1962年。

③ 《晋书》卷八二《陈寿传》，北京：中华书局，1974年。

④ 刘知幾：《史通》卷六《叙事》，上海：上海古籍出版社，1978年。

⑤ 吴缜：《新唐书纠谬·序》，丛书集成初编本，北京：中华书局，1985年。

⑥ 梁启超：《中国历史研究法补编》“总论”第2章“史家的四长”，《饮冰室合集》专集之九十九，北京：中华书局，1990年。

生态环境问题的历史思考》的论文中指出："西方环境伦理思想和马克思主义环境思想都有一个民族化的问题"，"要建立环境伦理不能完全靠移植西方理论，应和中国的民族文化及现实相结合，特别注意科学与技术的结合，以及人文社会科学与自然科学的融合。"①这同样也是一个涉及话语体系的当代建构问题。

需要指出的是，本文所举的这些讨论叙事的见解和思想，都是从历史学的立场上来讨论问题的，或者说都是以历史是可以认识为前提来讨论问题的。由此又产生了一个问题：今天人们讨论"叙事学"的前提是什么？是历史学的"叙事"，还是文学创作的"叙事"，抑或是一般意义上的"叙事"。当然，作为"叙事"，它们之间自有一定的联系，甚至有共同之处，但作为不同学科意义上的叙事在性质上有所不同，如果模糊了这种性质上的差异，这种讨论也就失去了学理上的价值。从这一立场出发，我们或许可以引用中国一句古话，"道不同，不相为谋"。当然，"道不同"可以展开辩难，但各自的"道"必须是明确的，这样的讨论同样有价值，也可以促进不同话语体系的相互影响，乃至相互吸收。

在中外史学交流中，或者说在中外史学"对话"中，对中国史学工作者来说，还有一个更重要的问题不能不引起我们的重视，即上文所讲到的，我们能否提出具有宏大主旨的问题，不仅为中国史学家所关注，也受到外国史学家的关注，由这种共同关注而引发的讨论，必将在更加深刻的意义上推动中国史学话语体系的当代建构，并使其在世界范围内产生影响。因此，如何"发现"和提出这样有宏大主旨的问题，中国史学工作者应当深长思之。概而言之，在我们不断"回应"外

① 张岂之：《张岂之自选集》，北京：学习出版社，2009年，第187页。

国学者所提出的问题时，也希望有越来越多的外国学者“回应”中国学者所提出的问题。如果用通俗易懂的语言来表达的话，那就是我们不仅有必要“回应”，也有必要学会倡导；不仅有必要“跟着走”，也有必要争取“领着走”。这就需要中国史学家的共同努力，既有这方面的自觉意识和学术责任感，又善于从整个学科发展状态或自己熟悉的研究领域提出这样的问题，这是推进中国史学话语体系当代建构的重要动力。

试举例来说，从历史上看，中国是一个曾经被毒品带来重大灾难和耻辱的国家，中国人民为改变这种状况而进行了艰苦卓绝的斗争。从现实看，制造、贩卖和使用毒品在全世界泛滥，一些国家也不同程度地受到毒品的危害，打击毒品走私是当今世界各国政府和人民的共同责任，为的是使世界各国人民在和谐、健康的氛围中走向明天。鉴于此种历史和现实，我们是否可以提出这样一个问题，即“毒品与世界的昨天、今天和明天”，希望全世界史学家都来研究、探讨这一全人类共同关注的问题。还有，在世界文明发展史上，各国间的文化交流以至于东西方的文化交流产生了巨大的积极影响，在经济全球化趋势日益发展的今天，人们对于这种积极影响应有更全面、更深入的认识，以推动世界的和平与进步。基于这一认识，是否可以提出这样一个问题，即“东西方文化交流与世界文明发展：文献与研究”。从中外学者现有的研究来看，各自都有一些研究成果面世，但从这样一个宏大主旨着眼，做系统的研究似尚有很大的空间。为了使这一研究建立在扎实的史料基础上，有必要对与此有密切关系的文献进行整理、汇编、出版，同时展开专题的或贯通的研究，使其具有较大的规模和广泛的影响。这或许比一般性地讨论“全球史”更为实际、更能为中外读者所理解，使各国人民从认识过去中展望世界文明的未来。从中国历史和中国史学来看，此种文化交流至晚在西汉已经开始，隋唐时期有了很大的发展，宋元明清时期，学人关于域外的记载更为丰富，可以整理、汇编的文献很多，可以进一步研究的问题也很多。同样，外国学者，尤其是西方学者也是如此。当中外学者把已有的研究和新的研究课题纳入上述这一宏大主旨来思考、分析、评论的时候，必将有新的认识产生出来。

以上这些，只是笔者极其粗浅的设想，是以举例的方法表明一种见解，未必中肯，旨在抛砖引玉，希望同行能够提出一些真正有价值的宏大主题，引发国内外学者的关注和讨论，这对于推动中国史学话语体系的当代建构自会产生积极的影响。

中国古代史家的通识与智慧*

从很早的时候起，中国先民在认识外部世界和认识自身时，就提出“通变”“通识”的观念，当这种观念在不同的事物上反映出来，都闪烁着先民的智慧的光焰。

《周易·系辞下》说：“通其变，使民不倦。”又说：“穷则变，变则通，通则久。”可见，这种“通变”的思想，是来自对于社会和历史的观察和提炼。《礼记·经解》引孔子的话说：“疏通知远，《书》教也。”这可以看作是关于《尚书》特点及其重要性的鲜明概括。《礼记·曲礼上》指出：“博闻强识而让，敦善行而不怠，谓之君子。”这是关于教导人们自我修养和做人的原则。唐初史家作《五代史志》即《隋书·经籍志》时，于史部大序起首写道：“夫史官者，必求博闻强识，疏通知远之士，使居其位，百官众职，咸所贰焉。是故前言往行，无不识也。天文地理，无不察也。人事之纪，

* 原载《史学史研究》2012年第3期。

无不达也。”这是把《尚书》的“疏通知远”和古时君子之“博闻强识”的自我修养融合起来，这可以看作是对史官学识与器局即通识的高度概括。这在古代史学家中有突出的表现并形成为优良传统，使中国史学具有深邃的历史思想和丰富的历史智慧。

在这方面，首先要说到的是太史公司马迁。他在《史记·平准书》后论中写道：

> 太史公曰：农工商交易之路通，而龟贝金钱刀布之币兴焉。所从来久远，自高辛氏之前尚矣，靡得而记云。故《书》道唐虞之际，《诗》述殷周之世，安宁则长庠序，先本绌末，以礼义防于利；事变多故而亦反是。是以物盛则衰，时极而转，一质一文，终始之变也。

这段话，前半部是反映了司马迁重视“通”，从“高辛氏之前”说起，继而论到“唐虞之际”“殷周之世”；后半部是反映了司马迁重视“变”，他从考察历史中发现“事变多故而亦反是”的法则，亦即“物盛则衰，时极而转，一质一文，终始之变也”。从这里看出，因为“通”而发现“变”。用今天的话来说，就是认识了事物的全过程，才能找到其中固有的规律。司马迁接着又写道：“汤、武承弊易变，使民不倦，各兢兢所以为治，而稍陵迟衰微。”在司马迁看来，“变”是社会历史中的常态。社会要稳定，要发展，就必须做到“承弊易变，使民不倦”，所以他在这篇史论最后得出这样的结论：“无异故云，事势之流，相激使然，曷足怪焉。”

从《史记》全书来看，司马迁在《报任安书》中提出的“究天人之际，通古今之变，成一家之言”的撰述宗旨，渗透于《史记》全书，《平准书》后论只是显得尤为突出罢了。

思想家王充从认识论上分析古今关系，可以看作是对“通变”或“通识”的哲学思考。他批评有些儒生知古不知今或知今不知古，都是不可取的。他尖锐地指出：

> 夫儒生之业，《五经》也，南面为师，旦夕讲授章句，滑习义理，究备于《五经》可也。《五经》之后，秦、汉之事，不能知者，短也。夫知古不知今，谓之陆沉，然则儒生，所谓陆沉者也。《五经》之前，至于天地始开、帝王初立者，主名为谁，儒生又不知也。夫知今不知古，谓之盲瞽。《五经》比于上古，犹为今也。徒能说经，不晓上古，然则儒生，所谓盲瞽者也。(《论衡·谢短篇》)

这就是说，徒知在特定历史条件下产生的《五经》，而对《五经》之后之事或《五经》之前之事并不清楚，不是“陆沉”就是“盲瞽”，即无益于世之人。这是把知古知今与知今知古即通识的重要性提到很高的原则来看待了。

史学家范晔生活于南朝刘宋时期，他的通识着重于历史认识。他在撰写《后汉书》的过程中，同时考察了夏、殷、周、秦、西汉、东汉的历史，指出这几个朝代的衰落、灭亡各有具体原因，认为：

> 自古丧大业绝宗禋者，其所渐有由矣。三代以嬖色取祸，嬴氏以奢虐致灾，西京自外戚失祚，东都缘阉尹倾国。成败之来，先史商之久矣。至于衅起宦夫，其略犹或可言。何者？刑余之丑，理谢全生，声荣无晖于门阀，肌肤莫传于来体，推情未鉴其敝，即事易以取信，加渐染朝事，颇识典物，故少主凭谨旧之

> 庸，女君资出内之命，顾访无猜惮之心，恩狎有可悦之色。亦有忠厚平端，怀术纠邪。或敏才给对，饰巧乱实。或借誉贞良，先时荐誉。非直苟恣凶德，止于暴横而已。然真邪并行，情貌相越，故能回惑昏幼，迷瞀视听，盖亦有其理焉。诈利既滋，朋徒日广，直臣抗议，必漏先言之间，至戚发愤，方启专夺之隙，斯忠贤所以智屈，社稷故其为墟。《易》曰："履霜坚冰至。"云所从来久矣。今迹其所以，亦岂一朝一夕哉。(《后汉书·宦者列传》)

显然，范晔是经过对这几个朝代作了比较之后，才得出这个结论的。这个结论或许并不十分全面，但他从比较中凸显出它们灭亡的具体原因有所不同，反映了他从"通"的视野提出认识的方法论。《后汉书》的帝纪史论以及《儒林传》等，也都反映出范晔在通识上的这一特点，前者清晰地写出了东汉兴衰的几个阶段，后者则写出了东汉一朝经学发展的历史。可见，史家的通识是在宏观把握史事的基础上，善于揭示史事演变的路径及其内在的法则。

当然，史学家因通识而产生智慧，不仅是为了说明历史，而且还在于启示后人，以至于使这种智慧运用于社会。范晔曾说他的《后汉书》将撰写十篇志，并在志中发论，"以正一代得失"(《宋书·范晔传》)，尽管他最终没有实现撰写十志的计划，但他以史学家的智慧影响社会的理念是非常明确的。从史学与社会的关系来看，范晔的这一撰述理念，为在他之后的一些史学家们所继承并大大发展了。唐初的魏徵、唐中叶的杜佑和北宋的司马光便是这方面的几位有重要影响的史学家。

魏徵是一位政治家，也是一位史学家，他作为唐太宗统治集团中的核心人物之一，在政治和史学两个方面都作出了重要的贡献。在政治方面，魏徵以审时度势、忧患意识和敢于直谏而享誉当世，被唐太宗称为他的“三镜”之一。这一比喻，深刻地反映了魏徵在当时政治生活中的重要地位。在史学方面，魏徵参与主持了“五代史”(即梁、陈、北齐、北周、隋五朝历史)撰述，并撰写了《梁书》《陈书》《北齐书》的帝纪总论以及《隋书》纪传的全部史论，表明他对他所处时代的“近代史”的洞察和见识。不仅如此，魏徵更是深刻地提出了以隋朝之兴亡与秦朝之兴亡相比较的论点，认为：“隋之得失存亡，大较与秦相类”，这是把隋朝兴亡的历史放到唐以前的整个历史行程中去加以考察而得出的一个重要的历史结论。由于秦朝是第一个建立统一政治局面的盛大皇朝，其何以兴何以亡，在历史上产生了极大的震撼力，也给人们(尤其是政治家、史学家、思想家)留下了很多值得深思的问题。魏徵尖锐地提出这个问题，对于唐初的统治者来说，自是具有特殊的借鉴意义。值得注意的是，魏徵还进一步指出：隋朝的灭亡是一个不断演变的过程：“迹其衰怠之源，稽其乱亡之兆，起自高祖，成于炀帝，所由来远矣，非一朝一夕。”这一认识显然是要提醒当时的统治者应当具有兢兢业业、防微杜渐的意识。总之，可以认为，魏徵的通识所凝聚的智慧，在唐太宗贞观年间产生了非常重要的政治影响，并受到后人的一再称颂。

魏徵的通识与智慧之所以能在政治活动中产生积极作用，除了上述他的主观因素外，还有其客观原因：一是他生活在唐初创业时期，统治集团十分重视历史上的经验教训的借鉴作用；二是他本身正处于这个统治集团之中，并有参与最高决策的机会；三是他遇到了一个比较开明的君主唐太宗，能够虚心纳谏。从这个意义上来说，正是一定的历史条件造就了魏徵这一历史人物。

在通识与智慧方面与魏徵相近甚至超过魏徵的史学家、政治家杜佑，因没有具备如同魏徵所具备的历史条件，其价值与影响是以另一种形式表现出来的。杜佑约六十年的政治生涯中，有三件事是值得后人关注的，一是他作为封疆大吏，以淮南节度使的身份，镇守淮南十四年；二是他在唐宪宗时居相位十年，受到朝野的敬重；三是他在为官期间，以三十六年时间撰成《通典》巨帙，凡九门二百卷，传播于当时及后世，影响深远。

《通典》的通识，一是贯通历代典章制度，自传说中的黄帝直至唐玄宗天宝年间(个别史事下限写至唐德宗贞元十三年，其上书为贞元十七年)；二是贯通历代“群士论议”，这可视为兼容历史上各种见解的“通论”；三是杜佑本人的融会贯通之论。尤其是后者，充分显示出杜佑在通识的基础上所提炼出来的对于历史经验的总结与历史智慧的凝聚。《通典》的史论，有序、论、说、议、评。序，有全书之序，有门类之序，还有篇章之序。论，有前论和后论。至于说、议、评之间的区别，杜佑在《通典·礼二·沿革二·吉礼一》的一首“说曰”的文末自注说：“凡义有经典文字其理深奥者，则于其后说之以发明，皆云‘说曰’。凡义有先儒各执其理，并有通据而未明者，则议之，皆云‘议曰’。凡先儒各执其义，所引据理有优劣者，则评之，皆云‘评曰’。他皆同此。”这一段话对于理解《通典》史论的含义，理解杜佑的所谓“说”“议”“评”的真谛，具有至关重要的意义。从这段引文的本义来看，杜佑所谓“说”“议”“评”是属于三个层次的史论：说，是阐说“经典”的深奥；议，是议先儒的“未明”之义；评，是评“先儒”所据之理的优劣。概括说来，这三个层次就是经典、义、理的区别，故分别用说、议、评表示出来。这里除了反映出作者在三者之间所把握的极鲜明分寸感之外，还有对前人思想遗产的极谨慎的态度。①

杜佑的通识与智慧因所处历史条件及最高统治集团的群体素质均不能与魏徵相比拟，故其在当时的政治实践中并未产生与之相适应的重大作用。尽管如此，因《通典》一书作为贯通的制度史专书及其丰富的史论，它反映了作者对当时社会结构和国家职能的认识，在当时已经受到政治家们的高度重视。与杜佑同时代的人们评论《通典》说："施于文学，可为通儒；施于政事，可建皇极"(李翰《通典》序)；"诞章闳议，错综古今，经代(世)立言之旨备焉。"(权德舆《岐国公杜公墓志铭并序》)清代乾隆皇帝从治国安邦的角度高度评价《通典》说："观其分门起例，由食货以边防，先养而后教，先礼而后刑，设官以治民，安内以驭外，本末次第，具有条理，亦恢恢乎经国之良模矣。"从这些评价来看，可知《通典》一书在"经邦""致用"方面所蕴含的历史智慧是非常丰富的。

杜佑以下，司马光作《资治通鉴》，而司马光的通识则主要反映在他提出了史学与政治之关系的至关重要的问题，这就是他在《进资治通鉴表》中所强调指出的："删削冗长，举撮机要，专取关国家盛衰，系生民休戚，善可为法，恶可为戒者，为编年一书。"哪些史事"关国家盛衰"？哪些举措"系生民休戚"？这是司马光向自己提出的大问题，也是他留给后人阅读《资治通鉴》时应当着重思考的大问题，而智慧就蕴含在这些大问题之中。此外，郑樵的《通志·总序》对"会通之旨""会通之道"的阐发，以及他对《通志二十略》的论述与撰写，表明他在理论上和知识结构上的通识，其中自亦包含着学术思想上的渊博与睿

① 参见瞿林东：《中国史学史纲》，北京：北京出版社，1999年，第340—346页。

智。马端临在《文献通考序》中提出了“理乱兴衰，不相因者也”，“典章经制，实相因者也”两个历史命题，正是他的“通识”的一种反映，如无贯通的思考与见识，是不可能提出这样重大的历史命题的。那么，何以“不相因”？何以“实相因”？切切实实回答这两个命题，或者这对两个命题作合理的辨析，也正是提炼历史智慧的过程。

清代史家王夫之在解释他所理解的《资治通鉴》的“通”的内涵时写道：“其曰‘通’者，何也？君道在焉，国是在焉，民情在焉，边防在焉，臣谊在焉，臣节在焉，士之行己以无辱者在焉，学之守正而不陂者在焉。虽扼穷独处，而可以自淑，可以诲人，可以知道而乐，故曰‘通’也。”在王夫之看来所谓“通”，包含着治国、治民、治军、治身、治学及人生价值观等等，我们也可以把这理解为通识，自亦包含着与此有关的见识与智慧。

通识是通向智慧的路径，中国古代史学家多倡导通识，反映了他们重视历史经验的总结和重视历史智慧的凝聚，以及这些经验与智慧在现实历史运动中的价值。不论是从学理上看，还是从实践上看，这都是中国史学史研究者发掘、梳理和阐释中国古代历史理论的重要任务。

中国史学上的五次反思*

一、为什么要提出“反思”的问题

提出中国史学上的“反思”问题，从我个人来说，是一个偶然因素：从史学发展来说，也可以看作一个必然趋势。

20 世纪 80 年代中期，在一次史学研讨会上，有青年朋友提出这样的论点：中国史学长于记述，是“记述史学”，而缺乏理论，甚至没有理论。我认为，这是一个令人深思的问题。由于我自己在 20 世纪 60 年代读研究生时，是攻读中国史学史专业的，因此难以接受这样的观点。如此发达的中国史学，怎么会没有理论呢？但是，要说中国史学有自己的理论，那么这个理论的内容是什么，有什么特点？这些，我在当时还不能作出具体的回答。我只是模模糊糊地意识到，用“反思”这个思路来反映中国史学上的几次重要的进展，或许可以勾勒出中国史学发展的基本规律，尤

* 2007 年 4 月 15 日，作者应国家图书馆“文津讲坛”的邀请，作了题为“中国史学上的五次反思”的学术讲演。后略作改动，刊于《史学史研究》，2015 年第 1 期。

其是史学理论方面的发展规律。基于这些想法，我提出了中国史学上五次反思的见解。这就是我说的偶然机会的大致情况。

为什么说中国史学上的反思又是史学发展的必然趋势呢？这可以从三个方面来说明。第一，中国史学史是一门年轻的学科，它在20世纪三四十年代活跃了一阵子，到了50年代就变得沉寂了。60年代初，在全国文科教材会议的鼓舞下，出现了再次活跃的势头，但不久“文革”开始，又沉寂下去了。“文革”结束后，在新的历史条件下，又开始出现生机。可以说，几十年中，断断续续，时起时伏，人们在这个领域里，还没有充分的研究和足够的积累来思考其中的理论问题。第二，20世纪80年代，随着改革开放的发展，大量西方史学的理论著作被引进国门，如克罗齐的《历史学的理论和实际》、卡尔的《什么是历史?》、柯林武德的《历史的观念》等，受到中国史学界的热切关注。相比之下，中国史学尤其是中国古代史学在理论上似乎就显得“苍白”无力了。第三，当人们在“熟读”西方史学的理论著作时，不由自主地以19世纪以来西方史学的理论模式来看待中国古代史学的发展，来衡量中国古代史学的理论元素。当然，这种非历史主义的方法，是在不自觉的情况下产生的，是可以理解的，但并不是正确的。正是由于这几个方面原因所形成的“合力”，推动着人们对这个问题的思考和探究，从而作出自己的说明。这些，就是史学发展趋势的必然要求。

二、中国史学上五次反思的背景和特点

中国史学上的反思，是在中国史学有了很大发展和很多积累的情况下才可能出现的。两汉时期，司马迁和班固奠定了中国古代史学发

展的基础。魏晋南北朝时期，在当时复杂、动荡的政治形势和门阀地主居于统治地位的历史条件下，史学出现了多途发展的局面，史书的内容更加丰富了，历史著作的数量和种类都大大增多了。到了唐初贞观年间，设馆修史又取得了重大成就，先后撰成《梁书》《陈书》《北齐书》《周书》《隋书》和《晋书》，以及《南史》《北史》，当朝实录、国史也在撰述中，还有杂史、家传、传记、谱牒等。在这种情况下，一方面史学发展积累了丰富的成果和经验，一方面史学在发展中也出现了一些教训和问题。这种客观存在，激发了史学家的思考，加之现实的历史撰述中出现的种种矛盾，如唐代史家刘知幾所说："凡所著述，尝欲行其旧议。而当时同作诸士及监修贵臣，每与其凿枘相违，龃龉难入。"[①]刘知幾认为，当时史馆"监修者多，甚为国史之弊"，以至于把修史活动的种种障碍概括为"五不可"。[②] 这使史学家对于这种思考达到了必须作出总结和说明的程度。于是，这样一个历史性的课题，就落在了曾经在武则天、唐中宗时期担任史官的刘知幾身上。从中国史学发展的总的趋势来说，刘知幾是开中国史学反思之先河的史学家。

刘知幾对中国史学的反思，是中国史学上的第一次反思。这次反思的主要特点，是产生了中国史学上第一部有系统的史学批评著作《史通》。《史通》这部书，对唐初以前的史学从历史编纂上作了全面的总结，涉及史学家的历史撰述态度和历史撰述方法的许多问题，既概括了成功的经验，也指出了存在的问题。思路开阔、语言犀利，是《史通》的鲜明风格。

中国史学上的第二次反思出现于清代前期。其学术背景是，在刘

---

① 刘知幾：《史通·自叙》。

② 刘昫等：《旧唐书·刘子玄传》。

知幾之后史学经历了中晚唐、两宋、辽金、元明和清代前期的发展，成果积累和思想积累更加丰富，提出的问题更加深刻，又有《史通》作为反思的前驱，于是出现了章学诚对史学的反思。这次反思的主要特点，是产生了一部有系统、有深度的史学理论著作《文史通义》。《文史通义》讨论文与史的理论问题，而以讨论史学的理论问题为主。这部著作继承了刘知幾的自觉反思的批判精神而又发展了这种精神，它主要是从史学家的历史撰述思想对以往史学作了总结，并着重从理论上进行分析，提出了一些带有规律性见解的认识，从而把对于中国史学发展的认识提高到理论认识的层面。可以认为，《文史通义》一书标志着中国古代史学理论所达到的高峰。

中国史学上的第三次反思出现在清代末年，其历史背景和学术背景是，清代后期从 1840 年开始，中国备受西方殖民主义、帝国主义的侵略，被迫签订了一系列不平等条约，到了 20 世纪初，更是出现了帝国主义列强企图瓜分中国的严重危机。与此同时，一方面是史学家们出于救亡图存的目的，加强了对边疆史地和外国史地的研究和撰述；一方面是一批进步的思想家引进西方的进化论思想，作为改良政治的思想武器。这种历史背景和学术背景，激发了史学家对中国古代史学的审视和批判，于是出现了以梁启超为代表的“史界革命”的主张，形成了第三次反思。这次反思的主要特点，是产生了梁启超所撰写的《新史学》为标志的“史界革命”的“宣言”。《新史学》以历史进化论为武器，对中国古代史学进行激烈的批评，提出革除“君史”、撰写“民史”的主张，强调历史撰述应写出人群进化的过程及其公理公例，否则不是好的史学家。以《新史学》为代表的史学思潮，在 20 世纪的前三四十年中产生了很大的影响。

中国史学上的第四次反思出现于 20 世纪 20 年代，它同第三次反思有紧密的交叉，但它们在性质上却有明显的区别。20 世纪初，中国社会变动剧烈，历史步伐也大大加快了。随着辛亥革命的爆发、清皇朝统治的结束，以及新文化运动的兴起和马克思主义的传入中国，史学家们进一步开阔了视野，理论思考进一步加深，一部分史学家、理论家、社会活动家的世界观、历史观发生了根本性的转变，即接受马克思主义的历史观和方法论来思考历史问题和史学问题。在这种历史条件下，李守常(大钊)于 1924 年出版了《史学要论》一书。此书参考了当代人的一些研究成果，在唯物史观指导下，阐述了历史学的性质、历史学在科学中的位置，以及历史学的社会功能等重大问题，从理论上和方法论上奠定了中国马克思主义史学发生、发展的基础，同时突出地反映了近代学科建设的自觉意识，成为中国史学走上科学发展道路的一个里程碑。

中国史学上的第五次反思出现于 20 世纪八九十年代，其历史背景和学术背景是，20 世纪 70 年代末，中国的政治形势从“以阶级斗争为纲”转向实行改革开放、以经济建设为中心；在意识形态领域则是以拨乱反正、正本清源、解放思想、实事求是为其时代特征。于是，在经历了十年“文革”动乱之后，中国的理论界、学术界从“万马齐喑”的状态一下子活跃起来，几乎每一个学科或学术领域都在思考自身的发展道路。一般来说，思考的核心问题有两个重点：一是“四人帮”对这个学科或学术领域的干扰和破坏，二是这个学科或学术领域在“文革”前十七年中的经验、教训。这是两个性质不同的重点，前者是对政治上的大是大非问题的清算，后者主要是关于学术上的正确与偏颇的检讨。这样一个严肃的同时也是生动活泼的历史局面，是以 1978 年中国共产党十一届三中全会为其起点，因为它唤起了人们的自尊、真诚、信念和热情。中国史学上的第五次反思就是在这样的历史条件下发生和发展的。这次反思有几个特点。第一个特点，它具有广泛的社会性，可以看作是学术群体的反思；第二，它以重新学习和准确地、完整地理解及运用马克思列宁主义、毛泽东思想为目标；第三，它要回答中国马克思主义史学如何进一步发展的问题。许多史学家如侯外庐、尹达、刘大年、白寿彝、尚钺等老一辈学者都发表了自己的见解。这次反思的重大意义，是使中国马克思主义史学在当今史学多元发展的形势下，继续居于史学的主流地位，并创造出新的成就。以上是讲中国史学上五次反思的梗概，下面我们着重讲这五次反思的标志性著作及其理论意义。

三、中国史学上五次反思的理论意义

中国史学上的这五次反思，都以其突出的理论成就，在中国史学发展上占有极其重要的位置。

（一）关于《史通》的理论成就

刘知幾《史通》一书是中国古代史学中第一部以史学作为研究对象的系统的理论著作。这部史学理论著作贯穿着强烈的批判精神，从这个意义上说，它应当被看作是一部史学批评著作。《史通》前十卷为“内篇”，是全书的主要部分，着重阐述了有关史书的体裁、体例、史料采辑、表述要求和撰史原则，以及史学功用等，其中以批评纪传体史书的各种体例居多。后十篇为“外篇”，论述史官制度、正史源流、杂评史家、史著得失，并略申作者对于历史的见解。刘知幾撰《史通》的旨趣，是“商榷史篇”“辨其指归”，而且“多讥往哲，喜述前非”。[①]他在继承前人思想成果的基础上，提出了系统的史学批评的理论。其

① 参见《史通》原序及《自叙》篇。

主要内容是：

第一，关于史书内容的范围。《书事》篇引用荀悦“立典有五志”的论点，即达道义、彰法式、通古今、著功勋、表贤能为史书内容的范围。又引用干宝对于“五志”的阐释，即体国经野之言、用兵征伐之权、忠臣烈士孝子贞妇之节、文诰专对之辞、才力技艺殊异等。刘知幾认为：“采二家之所议，征五志之所取，盖记言之所网罗，书事之所总括，粗得于兹矣。”同时，他又认为，要使书事没有“遗恨”，还必须增加“三科”，即叙沿革、明罪恶、旌怪异。“五志”加上“三科”，“则史氏所载，庶几无缺”。① 这里所说的史书内容范围的问题，实质上已触及史家主观意识如何更全面地反映客观历史的问题了。

第二，关于撰史原则。刘知幾认为，博闻、善择是撰史者应当遵循的基本原则。如《史通·采撰》篇一方面主张要慎于“史文有阙”的问题，一方面强调“征求异说，采摭群言，然后能成一家”。刘知幾肯定魏晋南北朝以来史籍繁富，皆“寸有所长，实广见闻”，但也产生了“苟出异端，虚益新事”的弊病。他告诫撰史之人：“作者恶道听途说之违理，街谈巷议之损实”；“异辞疑事，学者宜善思之”。《杂述》篇还说：“学者博闻，盖在择之而已。”慎于采撰，根本的问题是要有严肃认真的态度和善于辨别真伪虚实的能力，这是刘知幾论撰史原则的核心。

第三，关于史书的体裁、体例。《史通》以精辟论述史书的体裁、体例而享有盛誉。《序例》篇说：“夫史之有例，犹国之有法。国无法，则上下靡定；史无例，则是非莫准。”这是指史书体例本是史家反映历

① 按：刘知幾《史通·书事》篇引荀悦之论，见荀悦《汉纪·高祖皇帝纪》，中华书局《两汉纪》本，2002 年，第 1 页。刘知幾引干宝解释荀悦“五志”之语，出处未详。

史见解的表现形式。刘知幾推崇《春秋》《左传》、范晔《后汉书》、萧子显《南齐书》的体例思想；而他本人的新贡献是提出了“诸史之作，不恒厥体”的理论，并通过《六家》《二体》《杂述》等篇，对史书体裁作了总体上的把握，并详尽地论述了纪传体史书的各种体例。

第四，关于史书的文字表述。这里需要强调的是，《史通·叙事》篇较早从史学的审美意识提出了这个问题，刘知幾写道：“夫史之称美者，以叙事为先”，又说：“夫国史之美者，以叙事为工，而叙事之工者，以简要为主。”他认为“简要”是“美”与“工”的基本要求，同时主张“用晦”，认为“夫能略小存大，举重明轻，一言而巨细咸该，片语而洪纤靡漏，此皆用晦之道也。”他还提出史书文字表述应采用“当时口语”，“从实而书”，以不失“天然”。同时，他反对“虚加练饰，轻事雕彩”“体兼赋颂，词类俳优”的文风，反对“文非文，史非史”的文字表述。

第五，关于史家作史的道德规范。《直书》《曲笔》两篇提出了“直书”“曲笔”两个范畴，并作了理论上的说明，认为从本质上看，这是“君子之德”和“小人之道”在史学上的反映。从刘知幾所揭示出来的“直书”与“曲笔”对立的种种情况，说明它们的出现不仅有撰史者个人德行的迥异，也有社会的原因，如皇朝的更替、政权的对峙、等级的界限、民族的隔阂等。刘知幾认为，直书才有“实录”，曲笔导致“诬书”，它们的对立从根本上决定了史书的价值和命运。

第六，关于史学的功用。《史通》一书讲到史学功用的地方很多，如《直书》《曲笔》《自叙》《史官建置》等。《辨职》篇尤为集中，提出了史学功用的三种情况：“史之为务，厥途有三焉。何则？彰善贬恶，不避强御，若晋之董狐，齐之南史，此其上也。编次勒成，郁为不朽，若鲁之丘明，汉之子长，此其次也。高才博学，名重一时，若周之史佚，楚之倚相，此其下也。苟三者并阙，复何为者哉？”刘知幾对这三种情况的划分，明确地显示出他的史学价值观。更重要的是，他在《史官建置》篇中阐述了这样一个普遍存在的道理：由于“史官不绝，竹帛长存”，人们才能了解历史，认识历史，看清善恶是非，才能“见贤而思齐，见不肖而内自省”，由此可知，“史之为用，其利甚博，乃生人之急务，为国家之要道”。这就道出了史学功用的广泛的和重要的社会意义。

以上这几个方面，是从史学工作的内在逻辑联系分析了《史通》一书所提出来的史学批评理论体系；尽管《史通》本身不是按照这个体系来编次的，但这个体系却包含在全书当中。它标志着中国古代史学理论的形成，也是中国古代史学发展的新阶段。同这个理论体系相表里的，是刘知幾的“史才三长”说。他提出史才、史学、史识即“史才三长”这三个范畴，阐释了它们各自的内涵和相互间的联系①，是史学家自我意识的新发展、精神境界新的升华。从上引刘知幾强调“君子之德”来看，他的“史才三长”说是包含了为史之德的。从整体来看，刘知幾在史学理论发展上所达到的高度，的确是前无古人的，《史通》写成于唐中宗景龙四年(710)，这在世界史学史上，也是无与伦比的。

(二) 关于《文史通义》的理论成就

从理论上全面总结中国古代史学的史家，是清代章学诚。他所著《文史通义》《校雠通义》在史学理论上有重大建树，其中也有论及历史理论的名篇(如《文史通义》中的《原道》三篇)。章学诚在史学理论方面的新贡献主要有以下几点：第一，在继承、发展前人认识的基础

① 参见刘昫等《旧唐书·刘子玄传》。

上，提出了“六经皆史”的论点[①]，这是继《隋书·经籍志》确立史学从经学中分离出来的经史分途格局之后，进而以史学来说明经书的新认识，进一步扩大和丰富了史学的内涵。第二，提出了“史法”和“史意”的区别，而重于“史意”的探索。他说：“吾于史学，盖有天授，自信发凡起例，多为后世开山，而人乃拟吾于刘知幾。不知刘言史法，吾言史意，刘议馆局纂修，吾议一家著述。截然两途，不相入也。”[②]简要地说，“史法”是探讨历史撰述的形式和内容，“史意”是探讨历史撰述的思想。刘、章的联系和区别，继承和发展，即在于此。章学诚用“不相入也”来表明二者的关系，显然是过于绝对了。第三，提出了“撰述”与“记注”的区别，以“圆神”“方智”为史学的两大宗门。他说：“记注欲往事之不忘，撰述欲来者之兴起，故记注藏往似智，而撰述知来拟神也。”[③]“记注”与“撰述”，亦可从“史法”与“史意”中得到说明。值得注意的是，章学诚的这一说法，是从历史的主体即人自身的自觉要求来看待史学的社会功用，这就是：人们要总结历史经验即“欲往事之不忘”而必有“记注”，人们对未来的期待即“欲来者之兴起”而需要“撰述”，这是知识和思想的结合。这跟刘知幾讲史学的社会功用是从史学的主体即史官着眼有所不同。第四，提出了历史编撰上“神奇”与“臭腐”相互转化、发展的辩证法则。他认为：“事屡变而复初，文饰穷而反质，天下自然之理也。”他从“《尚书》圆而神”一直讲到袁枢《通鉴纪事本末》的出现，并说：“神奇化臭腐，而臭腐复化为神

---

① 章学诚：《文史通义·易教上》，叶瑛校注本，北京：中华书局，1994年，第1页。

② 章学诚：《章学诚遗书》卷九《家书二》，北京：文物出版社，1985年，第92页。

③ 《文史通义·书教下》，叶瑛校注本，第49页。

奇，本一理耳。”[1]他的这些论述，揭示了中国古代史书体裁发展、变化的基本规律，但这种发展变化也是同社会的要求和史家的创造分不开的。第五，总结了通史撰述的品类及其所具有的六便、二长、三弊，建立了中国古代史学的通史编纂理论。[2] 第六，提出了“史德—心术”论，发展了刘知幾的“史才三长”说，把关于史家自身修养的理论提高到一个新的阶段。[3] 第七，提出了“临文必敬”“论古必恕”的文史批评的方法论原则。他说：“不知古人之世，不可妄论古人文辞也。知其世矣，不知古人之身处，亦不可以遽论其文也。”[4]这是关于知人论世的精辟见解。第八，总结了史书表述在审美方面的理论，提出了“闳中肆外，言以声其心之所得”“传人者文如其人，述事者文如其事”[5]等文字表述的原则。第九，提倡“别识心裁”“独断之学”的继承、创新精神，强调在认识前人“著述之源，而知作者之旨”的基础上进行新的创造，此谓之“心裁别识，家学具存”。[6]

章学诚的《校雠通义》是一部系统的历史文献学的理论著作，其中《原道》篇结合社会发展总结了历史文献发展的规律，《宗刘》以下诸篇从理论和历史两个方面总结了古代历史文献的成就。

总的来看，章学诚在总结中国古代史学得失的过程中，继承、发展了前人的一些重要见解，其主旨多在于他说的“史意”，极具启发性，是中国古代史学理论的高峰和终结的标志。

---

① 《文史通义·书教下》，叶瑛校注本，第 51 页。

② 参见《文史通义·释通》。

③ 参见《文史通义·史德》及《言公》《质性》。

④ 《文史通义·文德》，叶瑛校注本，第 278—279 页。

⑤ 《文史通义·文理》，叶瑛校注本，第 286 页。

⑥ 参见《文史通义·申郑》及《答客问上》。

（三）关于梁启超《新史学》的理论成就

1902年，梁启超继上一年在《清议报》上发表《中国史叙论》之后，又在《新民丛报》发表了著名的长文《新史学》。前者着眼于撰写“中国史”的构想，后者着力于从理论上批判“旧史”。作者自称“新史氏”，倡言“史界革命”，意在创立“新史学”。这两篇文章，是近代史学家批判古代史学，为“新史学”开辟道路的标志。

梁启超的《新史学》，讨论了历史撰述的性质和范围，历史哲学和史学的社会功用，史学与“他学”的关系，对“中国之旧史”的批判等史学上的重要问题。其理论价值在于：以近代学术观念阐述了史学的基本问题，提出了中国史学走向近代的理论模式；提出了有关的新概念、新范畴，如广义之史、狭义之史、局部之史、全体之史、公理公例等，并对古代史学提出了批判性的总体认识。这些新的理论，在20世纪初至五四运动前后产生了很大的影响。“新史学”事实上成为20世纪史学发展的第一个阶段。

这里，有必要重点说明两个问题。第一个问题，是梁启超对“中国之旧史”的批评，在当时看来具有突破“旧史学”藩篱的意义，是“新史学”的宣言书，具有振聋发聩的作用。但是，若作认真分析，他的批评却有言过其实的地方。比如他认为“中国之旧史”有“四蔽”“二病”“三恶果”。所谓“四蔽”是：“一曰知有朝廷而不知有国家”，“二曰知有个人而不知有群体”，“三曰知有陈迹而不知有今务”，“四曰知有事实而不知有理想”。所谓“二病”是：“能铺叙而不能别裁”，“能因袭而不能创作”。所谓“三恶果”是：“一曰难读”，“二曰难别择”，“三曰无感触”。

他的这些概括，大多有过激之处，并不完全符合事实，我们应作具体分析，不应把它作为合理的结论而加以引用。同时，我们也应当看到，梁启超这种对“旧史学”过激的批评，本出于救国心切。他在讲了“四蔽”“二病”“三恶果”之后这样写道：

> 今日欲提倡民族主义，使我四万万同胞强立于此优胜劣汰之世界乎？则本国史学一科，实为无老、无幼、无男、无女、无智、无愚、无贤、无不肖所皆当从事，视之如渴饮饥食，一刻不容缓者也……悠悠万事，惟此为大。①

正是出于这种原因，所以不应对他的过激的言论采取全然否定的态度。

我要重点说明的第二个问题是，梁启超在‘史学之界说”这一段文字中，提出了对“新史学”的设想。对此，他从三个方面提出自己的见解：“第一，历史者，叙述进化之现象也”；“第二，历史者，叙述人群进化之现象也”；“第三，历史者，叙述人群进化之现象而求得其公理公例者也”。这三层意思是逐渐递进的，先说一般的历史现象，继而说“人群”进化的现象，最后说到人群进化现象的“公理公例”。他把这个“公理公例”也称为“历史哲学”，认为这是历史研究中最重要的一个环节，也是衡量“良史”的标准。他这样写道：

> 夫所以必求其公理公例者，非欲以为理论之美观而已，将以施诸实用焉，将以贻诸来者焉。历史者，以过去之进化，导未来之进化者也。吾辈食今日文明之福，是为对于古人已得之权利，

① 梁启超：《新史学》，见《饮冰室合集》文集之九，北京：中华书局，1989 年，第 7 页。

> 而继续此文明，增长此文明，孳殖此文明，又对于后人而不可不尽之义务也。而史家所以尽此义务之道，即求得前此进化之公理公例，而使后人循其理、率其例以增幸福于无疆也。史乎！史乎！其责任至重，而其成就至难！①

这些话，足以反映出一位史学家在当时历史条件下的爱国心声。

（四）关于李大钊《史学要论》的理论成就

《史学要论》是李大钊系统地阐述他的史学思想的一部精粹之作。全书凡六章，结构严谨，言简意赅，具有理论上的深刻与实践上的激情相结合的特点。

第一章论述“什么是历史”。其主要论点是：第一，历史撰述所反映的“历史”，并不等同于“活的历史”即客观历史本身。指出这种区别和联系，在理论上使人们懂得“历史的本体”即“活的历史”比历史撰述所反映的内容更生动、更丰富，从而拓展了人们的历史视野；在实践上则使人们可以感受、体验自己也生活在“活的历史”之中，增强人们对于历史的体察和责任。第二，历史就是社会的变革。阐明这一点，使人们懂得历史是变化的、进步的、生动不已的。全人类的历史如此，一个国家、一个民族的历史也是如此。

第二章论述“什么是历史学”。本章的主要论点是：第一，关于“历史学”的对象。李大钊写道：“史学有一定的对象。对象为何？即是整个的人类生活，即是社会的变革，即是在不断的变革中的人类生活及为其产物的文化。换一句话说，历史学就是研究社会的变革的学

① 梁启超：《新史学》，见《饮冰室合集》文集之九，第11页。

问，即是研究在不断的变革中的人生及为其产物的文化的学问。”①李大钊对历史学所作的这一定义，对人们认识历史学的性质与作用，有深刻的启示。第二，历史学应着力于建立历史理论。李大钊认为：在整理、记述历史事实的基础上，“建立历史的一般理论”即历史理论，才能使“今日的历史学”成为历史科学。这表明他在历史学的发展上是一个高瞻远瞩的人。

第三章论述“历史学的系统”。从学科发展史来看，李大钊所构建的“历史学的系统”，以恢宏的视野来观察历史学的内涵和外延，在中国史学上是一个创举。

第四章论述“史学在科学中的位置”。这里所论述的，是关于史学在科学史上之地位的问题。他指出，由于“诸哲”的先后努力，已于“历史发见一定的法则，遂把史学提到与自然科学同等的地位，历史学遂得在科学系统中占有相当的位置”。② 这是从反映当时世界范围的史学思潮来说的，李大钊的基本观点是，随着人们认识的发展，人们对历史的认知和评论是会有所改变的。

第五章论述“史学与其相关学问的关系”。李大钊把史学相关的学问划分为六类，涉及二十多门学科。他认为，文学、哲学、社会学跟史学的关系尤为密切，故择出分别论述，而又以论述“史学和哲学”最为详尽，足见作者的理论旨趣。

第六章论述“现代史学的研究及于人生态度的影响”。关于这个问题，李大钊作了深刻而又精辟的论述，他的主要论断是：第一，史学

---

① 李大钊：《李大钊全集》第 4 卷，石家庄：河北教育出版社，1999 年，第 365 页。

② 同上书，第 389 页。

对于人生有密切的关系。他开宗明义地写道："历史学是研究人类生活及其产物的文化的学问，自然与人生有密切的关系；史学既能成为一种学问，一种知识，自然亦要于人生有用才是。依我看来，现代史学的研究，及于人生态度的影响很大。"①第二，现代史学研究可以培养人们的科学态度和脚踏实地的人生观。李大钊指出：

> 有生命的历史，实是一个亘过去、现在、未来的全人类的生活。过去、现在、未来是一线贯下来的。这一线贯下来的时间里的历史的人生，是一趟过的，是一直向前进的，不容我们徘徊审顾的。历史的进路，纵然有时一盛一衰、一衰一盛的作螺旋状的运动，但此亦是循环着前进的，上升的，不是循环着停滞的，亦不是循环着逆返的、退落的，这样子给我们以一个进步的世界观。我们既认定世界是进步的，历史是进步的，我们在此进步的世界中、历史中，即不应该悲观，不应该拜古，只应该欢天喜地的在这只容一趟过的大路上向前行走，前途有我们的光明，将来有我们的黄金世界。这是现代史学给我们的乐天努进的人生观"。②

在李大钊看来，有什么样的历史观就会影响到有什么样的世界观，进而影响到有什么样的人生观。第三，历史教育的重要作用。李大钊深刻地阐述了这个道理，他写道："即吾人浏览史乘，读到英雄豪杰为国家为民族舍身效命以为牺牲的地方，亦能认识出来这一班所谓英雄

① 李大钊：《李大钊全集》第4卷，第406页。

② 同上书，第408—409页。

所谓豪杰的人物，并非有与常人有何殊异，只是他们感觉到这社会的要求敏锐些，想要满足这社会的要求的情绪热烈些，所以挺身而起为社会献身，在历史上留下可歌可哭的悲剧、壮剧。我们后世读史者不觉对之感奋兴起，自然而然的发生一种敬仰心，引起‘有为者亦若是’的情绪，愿为社会先驱的决心亦于是油然而起了”。[①] 不论对于历史学家，还是对于社会公众来说，史学的魅力就在于此，就在于它的潜移默化的巨大作用。历史教育实在是一桩伟大的事业。

综观《史学要论》一书，并把它放在20世纪中国史学中加以考察，我们可以得到这样的认识：

首先，《史学要论》是20世纪中国史学上最早面世的史学理论著作之一。它明确地、系统地阐述了历史学的一些重大理论问题，比如关于什么是历史，什么是历史学，这是最基本的也是必须弄清楚的问题。又如关于历史观问题、历史理论问题、历史学的系统问题、史学与哲学的关系问题、史学对于人们树立积极进取的人生观的影响等，它都作了深刻的论述。这些论述，就其系统性和深刻性来说，在中国史学上都是前所未有的。

其次，在中国马克思主义史学发展史上，《史学要论》是第一部从理论上开辟道路的著作，成为中国马克思主义史学在理论上的奠基石之一。书中反映出作者对于马克思主义唯物史观的信念，对于史学的性质与任务的分析，对于史学之影响到社会、人生的关注等，今天读来，仍使人感觉到它巨大的理性力量和深沉的激情涌动。[②]

---

① 李大钊：《李大钊全集》第4卷，第409—410页。

② 参见白寿彝《白寿彝史学论集》(下)，北京：北京师范大学出版社，1994年，第640页。

（五）第五次反思的主要问题及其重大意义

前面讲到，第五次反思具有广泛的社会性，表现为群体形式的反思。其中，以马克思主义史学家侯外庐、尹达、刘大年、白寿彝、尚钺等有关论述具有一定的代表性。他们的共同特点，是结合中国马克思主义史学的历史和现实，从理论和实践上回答了史学界面临的一些重要问题，并且都有专门的论述，收在他们各自的论集之中。

第一个问题，是关于全面总结中国马克思主义史学的历史经验、教训。

白寿彝主编的《史学概论》，对 1949 年以前的中国马克思主义史学的成就给予高度评价，认为马克思主义史学对于革命工作具有深刻的意义。关于新中国成立后十七年的史学，尤其是 1961 年全国文科教材会议以后的史学所取得的成就也给予充分的肯定，认为：

> 文科教材会议后，中国通史及参考资料、世界通史及参考资料、中国历史文选、中国史学名著选等一些历史学科方面的教材相继出版，显示了我国马克思主义史学在高校历史系教学领域的新进展。文科教材会议还推动了历史研究领域的不断扩大，许多新的史学课题越来越受到史学界的重视。例如，史学概论、中国史学史、中国近代革命史、断代史、国别史、经济史、文学史等，在六十年代中期以前，都取得了不同程度的进展。
>
> 总的来看，建国后十七年间，我国马克思主义史学所取得的进展和成就是巨大的。但是，由于我们还不善于全面地认识和处理政治与业务的相互关系，因而不免在工作上出现某些偏差。

这就是说，既要看到“成就是巨大的”，同时也应看到“在工作上出现某些偏差”，这里，所要认真总结的是“成就”与“偏差”的关系。关于“文革”的教训，那是另一种性质的问题：

> 在十年动乱中，林彪、“四人帮”反党集团以历史的名义捏造历史，以毛泽东思想的旗号篡改毛泽东思想，以影射史学罗织别人罪名，造成了我国马克思主义史学发展史上前所未有的大破坏。马克思主义史学面临着严峻的历史考验。①

以上是从新中国成立以前、新中国成立后的“十七年”以及“十年动乱”三个阶段作了总结。由此可见，马克思主义史学既有宏伟的成就，也曾走过一些弯路，还遭受到严重破坏，并不是一帆风顺的。

关于怎样对待马克思主义史学发展中的历史教训问题，尹达指出：人们在运用马克思主义过程中，“由于客观的、主观的种种因素，在运用中往往会出现片面性、主观性，以至于失误。在革命实践中，在学术研究中，这是难免的事。”②他认为，我们决不能因为曾经片面运用或误用马克思主义，曾经有人破坏马克思主义而怀疑马克思主义的基本理论。

第二个问题，是关于坚持唯物史观。尹达指出：“唯物史观，‘是唯一的科学的历史观’，也是‘唯一科学的说明历史的方法’。用唯物史观的观点观察历史，既包括唯物主义，又包括辩证法，还包含发展学说。但是，现在似乎有一种倾向，讲马克思主义的唯物史观，只讲

---

① 以上所引见白寿彝主编《史学概论》，银川：宁夏人民出版社，1983年，第358—359页。

② 尹达：《关于史学研究中的几个问题》，见《尹达史学论文选集》，北京：人民出版社，1989年，第384页。

社会发展的物质基础这一条，关于过去的全部历史是阶级斗争的历史，关于社会存在与社会意识的辩证关系，等等，仿佛都不是马克思主义唯物史观的基本内容了，于是，只谈生产力、物质生产是社会前进的唯一动力；不谈农民起义、农民战争推动历史前进的作用，反而说起破坏作用，造成中国封建社会缓慢发展，乃至停滞不前，等等。马克思主义的唯物史观是一个完整的科学体系，是统一的、有机的整体。某一个时期，或针对问题，强调其中的某些基本理论是可以的，但是要把这样一个完整的科学体系肢解开，各取所需，甚至不惜歪曲、阉割，那是绝对不允许的。否则，我们的研究工作必然迷失方向，走入歧途。完整地、准确地、系统地学习、掌握马克思主义的思想体系，对我们从事社会科学研究，从事历史研究，十分重要。我们不要为一时的现象所迷惑，一定要学会完整地掌握和运用马克思主义的唯物史观，在自己的实际工作中加以消化，变成自己的思想、方法。这样，才能避免左右摇摆，保证我们的史学研究坚持正确的方向，取得科学成果。”①

尹达的话，讲得比较激烈，但他提出的一些问题，确是反思中应引起关注的。对于坚持唯物史观的重要性，白寿彝从历史理论的角度作了概括。他指出：“历史理论，首先是史学领域的哲学问题，主要是社会存在和社会意识的关系问题。”②他还着重阐述三个方面的理论问题：一是“社会存在决定社会意识”，二是“物质生产和物质生产者

---

① 尹达：《关于史学研究中的几个问题》，见《尹达史学论文选集》，北京：人民出版社，1989 年，第 383—384 页。

② 白寿彝：《中国史学史》第 1 册，上海：上海人民出版社，1986 年，第 11 页。

的历史”，三是“社会历史之辩证的发展及其规律性”。[①]

刘大年就坚持唯物史观应持什么态度的问题，指出：

> 事物的存在、运转是有条件的，不能什么都“放之四海而皆准”，我们要同一切不赞成马克思主义的研究者讨论问题。要排除宗派主义，反对门户之见。不要怕对立面的反驳，应该欢迎反驳。一反驳就垮了，这说明你的观点本来与真理相悖谬或者似是而非，应该垮掉；驳不倒，则说明你的观点似非而是或者部分地站得住脚，有益于自己继续追求下去。要承认人对事物的认识需要有一个过程，越是复杂的事物，认识需要的过程可能就越长。人的认识又是有矛盾有反复的，正确的和错误的认识往往交织在一起，不可以看得太单一。[②]

这是一种冷静的、理性的和充满自信的反思。

尚钺更是充满激情地写道：

> 坚持马克思主义，坚持理论联系实际，脚踏实地，认真研究。我希望史学园地百花盛开。我们留给子孙后世的，不应该是鏖战之后的残垣断壁，而应该是一座五彩缤纷的大花园。[③]

---

① 白寿彝：《中国史学史》第1册，上海：上海人民出版社，1986年，第11—19页。

② 刘大年：《当前近代史研究的几个理论问题》，见《刘大年集》，北京：中国社会科学出版社，2000年，第28页。

③ 尚钺：《坚持用马克思主义研究中国历史》，见《尚钺史学论文选集》，北京：人民出版社，1984年，第17页。

所有这些话，反映了中国马克思主义史学家们的真诚信念和学术热情，读来使人深为敬佩。

第三个问题，是关于怎样进一步发展中国史学。对此，侯外庐始终认为，中国史学工作者应当有这样的自觉意识和奋斗目标，那就是：

> 注意马克思主义历史科学的民族化。所谓“民族化”，就是要把中国丰富的历史资料，和马克思主义历史科学关于人类社会发展的规律，做统一的研究，从中总结出中国社会发展的规律和历史特点。马克思主义历史科学的理论和方法，给我们研究中华民族的历史提供了金钥匙，应该拿它去打开古老中国的历史宝库。我曾试图把中国古代社会研究，看作是恩格斯关于家庭、私有制和国家起源问题的理论在中国引申和发展。而这项工作不是我个人所能做到的，但却心向往之。

他联系历史上的教训，进一步指出：

> “五四”以来，史学界出现一种盲目效仿外国的形式主义学风，企图按照西方历史模式来改铸中国历史，搞所谓“全盘西化”，往往因此跌入民族虚无主义的泥坑。我对这种学风深不以为然，在40年代我就说过：我们中国学人应当学会使用自己的语言来讲解自己的历史与思潮，学会使用新的方法来掘发自己民

族的优良文化传统。①

从20世纪40年代到80年代，侯外庐始终坚持这一见解，可见他认为这个问题的重要。这篇写成于1982年、修定于1986年的《自序》文稿，真可谓一篇世纪的反思了，而作者的民族精神和民族文化的自尊、自信则洋溢在字里行间。

白寿彝对建设具有中国特色的马克思主义史学，提出了具体的设想，这些设想包含这样几个方面的内容："第一，关于历史资料的重新估价问题；第二，史学遗产的重要性；第三，取鉴于外国历史的问题；第四，历史教育的重大意义；第五，历史理论和历史现实的问题；第六，史学队伍的智力结构问题。"这几个问题都是专业性很强的问题，只有把这些问题都弄清楚了并做出成绩来，才谈得上马克思主义史学的中国化。白寿彝满怀史学家的高度社会责任感，语重心长地说道：

> 我们今天应该考虑这些问题了，提出来请同志们指教。要建设有中国民族特点的马克思主义史学，要站在世界前列，不能一般化，真要拿出东西来。我们国家的历史最长，史学一向是最发达的，现在不应该落后，应该大步往前走。为了往前走，好多个现实摆在面前，需要我们认识，没有认识就无法前进。②

---

① 以上均见侯外庐《侯外庐史学论文选集》自序，北京：人民出版社，1987年，第18页。

② 白寿彝：《关于建设有中国民族特点的马克思主义史学的几个问题》，《白寿彝史学论集》上册，北京：北京师范大学出版社，1994年，第307、321页。

这就是说，建设具有中国特点的马克思主义史学，不仅在思想上、理论上要有明确的认识，而且要体现在具体的研究过程中，才能使中国史学不断前进。

刘大年从历史渊源上阐述了中国传统文化同马克思主义的关系，他在晚年写成的一篇鸿文《评近代经学》中写道：

> 马克思主义与中国传统文化中古典的朴素的唯物辩证法的思想是可以沟通的。也就是说，中国人接受马克思主义哲学思想有内在的根据。尽管中国古典哲学与马克思主义哲学产生于相隔遥远的历史时代，属于截然不同的社会意识形态、属于不同的世界观和思想体系，但中国古代典籍复杂多样，其中关于唯物辩证法的思想，一向是人们所熟知的。自然它的形式是中国传统的。①

刘大年所得到的这一结论，可以帮助我们增强对于建设有中国特点的马克思主义史学的信心。

中国史学上的第五次反思，从本质上看，是中国马克思主义史学的自我反省。这次反思在更大的程度上影响着中国史学的未来。1988年，刘大年为纪念侯外庐而写下的一段话，可以视为他以深邃的历史眼光对这次反思作了总结。他这样写道：

> 50 年代末、60 年代初，历史教学、研究者中，有把郭沫若、范文澜、吕振羽、翦伯赞或侯外庐叫做“四大家族”的；有称郭、

① 刘大年：《评近代经学》，《刘大年集》，北京：中国社会科学出版社，2000 年，第 427 页。

> 范、侯、翦、吕为“五老”的，如今五老都不在世了。我想可以说，这大概宣告了中国最早一代马克思主义历史研究者活动的终结。他们那一代人为推进时代前进，付出了辛勤劳动。他们做完了时代交给的答卷。他们是应当受到我们尊敬的。世界历史潮流不断发展前进。马克思主义历史学必须跟上时代步伐，不断发展前进。这要求我们做好许多工作。了解先驱们的成就，吸收他们留下的遗产，是那些工作中的一个部分。只要以往事实证明马克思主义历史学与中国革命实践相结合，是表现出了巨大生命力的，那么，现在和今后，按照新的条件，坚持这种结合，马克思主义历史学就是长青的。先驱者们的工作不会一旦遭到白眼而速朽。①

历史就是这样。我们在上面提到的几位史学家也都已经辞世。我们是不是也可以说，前辈们的这些反思，是不会白费的。他们的反思作为中国马克思主义史学的思想遗产，同样会产生积极的效果，推动中国史学继续前进。

四、简短的小结

最后，我还要说明几点。

第一，中国史学上的五次反思，都不应视为史学家个人的思想和行为，这是因为每一次反思，一方面都有时代的原因所促成，换言之，史学家的反思都不能脱离他们所处的时代及面临的问题；另一方面又都是史学发展上的积累和要求，尤其是思想上、理论上的积累和

① 刘大年：《侯外庐与马克思主义历史学》，见《刘大年集》，第302页。

要求。总之，每一次反思，都是时代和史学共同促成的，因而都具有积极的社会影响。

第二，中国史学上的五次反思所产生的影响，有的表现得很迅速、很明显，如梁启超的《新史学》为代表的第三次反思；而有些反思却要经过一段时间才会被人们充分理解并予以接受，成为史学发展的新的内在动力。这或许是一个规律。

第三，史学上的反思之所以能够推动史学的发展，是因为每一次反思都有代表性的理论成果面世。从刘知幾的《史通》、章学诚的《文史通义》、梁启超的《新史学》、李大钊的《史学要论》，一直到侯外庐、尹达、刘大年、白寿彝、尚钺等老一辈史学家对中国马克思主义史学的论述，都在他们所处时代之史学的理论成就上，具有不可替代的作用。

中国史学有自我反思的优良传统，这是中国史学之树能够常青不衰的重要原因之一。

第三辑

中国史学史专论

论史学在社会中的位置*

——为中国史学步入21世纪而作

21世纪已经到来，中国社会以前所未有的面貌和姿态迎接新世纪的到来，参与新世纪的建设。作为一个史学工作者，此时此刻想得最多的一个问题，其实也是一个老问题，那就是：史学在社会中的位置。

这些年来，人们重视发展经济，重视科学技术，无疑是顺乎历史潮流的。与此同时，人文社会科学自亦应有合适的位置。这里说的合适的位置，一是指它应有的位置，二是指它实际上是否处在应有的位置之上。对于其他学科的情况，不可妄说；对于史学来说，它在社会中所应有的位置和实际所处的位置，恐怕是值得认真思考、认真对待的一个重要问题。其所以重要，一则是这个问题的性质非常重要，二则是这些年来史学被人们误解得太多、太深。这两点，不讨论清楚，其消极影响不仅仅是关系到史学的发展，还会涉及社会的发展。兹事重大，不可轻视，更不

---

* 原载《史学月刊》2001年第1期。

可忽视，乃旧题新议，陈述浅见，愚者千虑，或有一得，借以祝福步入21世纪的中国史学前程远大，为社会进步做出新的贡献。

一、一个有长久传统的重要话题

史学在社会中应处于怎样的位置？这是一个有古老传统的话题。古人虽然没有用这样的语言来表述它，但他们的所言所作，往往都表明了他们对于这个问题的关注和意向。在久远的古代，史学在社会中的位置，突出地表现为它对于政治统治的重要。譬如，所谓“君举必书，书而不法，后嗣何观?”(《左传·庄公二十三年》)这里一方面说明了史官的职责和记事的原则，一方面说明应让后人读到合乎“法度”的历史记载，而更重要的是使当时的“君”懂得自律，谨慎地处理政事和其他事务，以保证社会的稳定和发展。由此我们可以懂得孟子说的这句话的含义：“《春秋》，天子之事也。”(《孟子·滕文公下》)其意谓撰写史书，必然包含对有的人和事或是赞扬，或是指摘，使人们有所警示。在西周，这是天子主持下史官们要做的事情。春秋时期，“礼崩乐坏”，“孔子惧，作《春秋》”，并说：“知我者其惟《春秋》乎！罪我者其惟《春秋》乎！”(杨伯峻《孟子译注·滕文公下》)可见从天子主持撰写史书，到诸侯主持撰写史书，再到孔子以私人身份撰写史书，其中贯穿着一个基本思想，即史书对于社会生活特别是对于政治统治的重要意义。到了司马迁所处的时代即西汉前期，司马迁对《春秋》的认识是：“《春秋》辩是非，故长于治人”；“《春秋》以道义”；“拨乱世反之正，莫近于《春秋》”。(《史记·太史公自序》)司马迁强调了“辩是非”、“治人”、“道义”、拨乱反正等等，把《春秋》的社会作用阐述得更加清晰了，其主旨则仍在于政治统治的原则。

但是，在这个问题上，司马迁还是提出了新的认识，他指出：

“居今之世，志古之道，所以自镜也，未必尽同。帝王者各殊礼而异务，要以成功为统纪，岂可绲乎?”(《史记·高祖功臣侯者年表》)司马贞“索隐”解释此话的核心思想是：“言居今之代，志识古之道，得以自镜当代之存亡也。”以历史为“鉴”的思想，至晚在西周的政治家那里已经十分明确和深刻；司马迁所说的“自镜”是以“居今之世，志古之道”为前提，可见他是就史学的社会作用来说明“自镜”的价值的。人们从历史与现实的关系中，进而认识到史学与社会的关系，表明了人们史学意识的深化。

诚然，人们的史学意识，随着史学的发展而发展，随着史学与社会关系的更加密切而不断深化。隋及盛唐时代，这种发展和深化又达到一个新的阶段。在魏晋南北朝史学多途发展的基础上，唐初史家把史书分为13类，即正史、古史、杂史、霸史、起居注、旧事、职官、仪注、刑法、杂传、地理、谱系、簿录，并对每类史书都说明其性质、源流、著述成就。(《隋书·经籍志二》)从各类目录名称来看，史学在社会中的影响更加扩大了和突出了：政治仍占有主要的分量，而民族、家庭、人物、文献积累等，也从不同的方面显示出了史学内涵的丰富以及它对于社会面貌的影响。盛唐时期的史家们认为：“夫史官者，必求博闻强识，疏通知远之士，使居其位，百官众职，咸所贰焉。是故前言往行，无不识也；天文地理，无不察也；人事之纪，无不达也。内掌八柄，以诏王治，外执六典，以逆官政。书美以彰善，记恶以垂戒，范围神化，昭明令德，穷圣人之至赜，详一代之亹亹。”(《隋书·经籍志二》)这里，一是反映了史官的职责和人们对史官的要求，二是反映了史学的极其广泛的社会作用：历史、天文、地理、人事，都在史学的视野之内；彰善，垂戒，揭示圣人治国安邦的智慧，描述朝代兴盛的风貌，都是史学社会功能的表现。

如果说，司马迁把史学在社会中的位置从反映伦理(法度)的层面进一步发展到总结历史经验(自镜)的层面；那么，盛唐时期的人们便是在这些层面上的自觉行动者，同时又进而开辟新的层面，即史学在“树之风声”方面的社会教育层面。如果说，在司马迁那里，表现出了许多天才的发现的话；那么，盛唐时期的人们，就显示出了他们是站在天才的肩膀上高瞻远瞩的群体，把史学在社会中的位置审视得更加清晰，看待得更加重要。

在这个群体当中，有两个人是应该特别予以强调的：一是政治家唐太宗，一是史学家刘知幾。

唐太宗命房玄龄、魏徵等大臣撰写梁、陈、齐、周、隋五代史，于贞观十年(636)成书，他很高兴，并深刻地指出：

> 朕睹前代史书，彰善瘅恶，足为将来之戒。秦始皇奢淫无度，志存隐恶，焚书坑儒，用缄谈者之口。隋炀帝虽好文儒，尤疾学者，前世史籍竟无所成，数代之事殆将泯绝，朕意则不然，将欲览前王之得失，为在身之龟镜。公辈以数年之间，勒成五代之史，深副朕怀，极可嘉尚。(《册府元龟·国史部·恩奖》)

唐太宗对秦始皇、隋炀帝的批评是正确的，他所持的“览前王之得失，为在身之龟镜”的态度是诚恳的，这从“贞观之治”的政治作风和社会面貌可以得到充分的证明。我们甚至可以说，唐太宗在对待历史经验和对待史学的重视程度上，在中国封建社会的几百个皇帝中，是前无古人，后无来者的。这还可以从他与大臣的关系中得到进一步证明。贞观初年，边臣李大亮“论今引古，远献直言”，婉拒唐太宗“使遣献鹰”的要求。唐太宗很是感动，送李大亮荀悦《汉纪》一部，并致书李大亮说："卿立志方直，竭节至公，处职当官，每副所委，方大任使，以申重寄。公事之闲，宜寻典籍。然此书叙致既明，论议深博，极为治之体，尽君臣之义，今以赐卿，宜加寻阅也。"(《旧唐书·李大亮传》)唐太宗不仅重视史书的思想、功用，还重视史书的叙述和论议，可见他对于史学的关注和评价是真诚的，绝非随意说说而已。他同大臣虞世南的交往，更是反映出史学与政治的密切关系，史载：

> 太宗重其博识，每机务之隙，引之谈论，共观经史。世南虽容貌懦愞，若不胜衣，而志性抗烈，每论及古先帝王为政得失，必存规讽，多所补益。太宗尝谓侍臣曰："朕因暇日与虞世南商略古今，有一言之失，未尝不怅恨，其恳诚若此，朕用嘉焉。群臣皆若世南，天下何忧不理。"(《旧唐书·虞世南传》)

由此可以看出，虞世南渊博的历史知识，对唐太宗的治国安邦之举产生了重要的影响。贞观十二年(638)虞世南辞世，唐太宗感叹地说："石渠、东观之中，无复人矣，痛惜岂可言耶!"①太宗时有一个优秀的史家群体，他的这番话，只是表明了虞世南在他的政治生活中的重要地位。唐太宗还破例向史官们提出阅读本朝史的要求，为的是"将却观所为得失以自警戒"；"若有不善，亦欲以为鉴诫，使得自修改"②。他说的"以自警戒""得自修改"并非粉饰之词。贞观初年，他撰《金镜》一文，"游心前史"，探讨历代"兴亡之运"③。显然，唐太宗的目的，是要在统治集团中树立起一种重视历史经验教训的风气。应

① 《旧唐书·虞世南传》。

② 《贞观政要·文史》。

③ 《文苑英华》卷三六〇。

当公正地评价，在20多年的贞观政治中，这种风气是树立起来了。贞观末年，他又撰《帝范》12篇以赐太子李治："自轩昊已降，迄至周隋，以经天纬地之君，纂业承基之主，兴亡治乱，其道焕然。所以披镜前踪，博采史籍，聚其要言，以为近诫云尔。"他还反省自己"在位已来，所缺多矣"，"勿以兹为是而取法焉"。[①] 这里，我们不对"贞观之治"作具体评价，也不就唐太宗自己所说的"所缺""深过"作具体分析，我们只是要说明：史学始终伴随着唐太宗的政治生涯，并成为他政治思想的源泉之一和政治决策的参照之一。唐太宗曾在《修晋书诏》中以赞叹的口吻说道："大矣哉，盖史籍之为用也。"[②]这句话，凝聚了他对史学在社会中的位置的全部认识。

刘知幾是史学批评家，他对于史学在社会中的位置的认识，有鲜明的职责感和突出的理性色彩。刘知幾指出：

> 苟史官不绝，竹帛长存，则其人已亡，杳成空寂，而其事如在，皎同星汉。用使后之学者，坐披囊箧，而神交万古，不出户庭，而穷览千载，见贤而思齐，见不贤而内自省。若乃《春秋》成而逆子惧，南史至而贼臣书，其记事载言也则如彼，其劝善惩恶也又如此。由斯而言，则史之为用，其利甚博，乃生人之急务，为国家之要道。有国有家者，其可缺之哉！（《史通·史官建置》）

在这里，刘知幾合乎逻辑地阐明了一个道理：因有"史官不绝"，才有"竹帛长存"；因有"竹帛长存"，后人才得以"神交万古"，"穷览千

① 《全唐文》卷一〇。
② 《唐大诏令集》卷一〇。

载”，了解历史上的人和事；由此进而辨别“贤”与“不贤”，“思齐”或“自省”，都可以从中受到教育。史学于是发挥出广泛的和重要的作用。“生人”(生民)和“国家”都应当重视史学的这种作用。重复地说，这个道理是从人的认识途径上说明史学为什么会对社会产生作用，产生什么样的作用，这种作用的重要性何在。值得注意的是，刘知幾讲史学的社会作用，已经把“生人”(生民)放到和“国家”同等重要的位置上看待。从今天的眼光来看，史学在总结历史经验方面无疑是极其重要的，而史学在“劝善惩恶”方面则更具有广泛的社会性。刘知幾还从人性的角度，指出人性“邪正有别”，有“小人之道”，有“君子之德”，而“史之为务，申以劝诫，树之风声”①。史学能够起到“申以劝诫，树之风声”的作用，足见它在社会中的位置之重要了。其实，这种认识在唐初统治者那里已表现得十分突出。如唐高祖《命萧瑀等修六代史诏》开篇就说：“经典序言，史官纪事，考论得失，究尽变通，所以裁成义类，惩恶劝善，多识前古，贻鉴将来。”②又如唐太宗在《修晋书诏》中，讲到梁、陈、齐、周、隋五代史的撰写时说：“莫不彰善瘅恶，激一代之清芬。褒吉惩凶，备百王之令典。”可以认为，关于史学之“惩恶劝善”“彰善瘅恶”的认识，是史学思想在唐初得到发展的特点：一是指出了如何去说明史学的社会作用，二是强调了“国家”和“生人”都应当十分重视这个作用。

盛唐以下，关于史学作为兴亡治乱之借鉴和惩恶劝善之参照的社会作用，已成为统治集团、士人阶层以至于更多人的共识，这方面的言论、措施也更加丰富起来。同时，人们在此基础上进一步提出史学

① 《史通·直书》。

② 《唐大诏令集》卷八一。

对于“明道”，即对于人们认识社会的演进法则和规律有不可忽视的作用，对于培养国家的栋梁之材也有不可忽视的作用，从而更加清楚地认识到史学在社会中的重要位置。

在古代，有很长一段时间，人们认为只有“经”是载“道”的，“史”不过是记事而已。元代史家胡三省不赞成这种见解，他指出：

> 世之论者率曰：“经以载道，史以记事，史与经不可同日语也。”夫道无不在，散于事为之间。因事之得失成败，可以知道之万世亡弊，史可少欤！（《资治通鉴》胡三省音注）

胡三省说的“道无不在，散于事为之间”，是一个很重要的命题。汉初的政论家、史论家们分析“逆取”与“顺守”的关系，司马迁的“究天人之际，通古今之变”，唐代李百药、柳宗元等人探讨“势”的作用等等，都是在揭示社会演变的法则，即都是在“明道”。脱离了他们所说的史事，“道”就成了抽象的概念。因此，胡三省认为，人们正是从“事之得失成败”中去认识“道”；这样的“道”对人们来说是不可少的，因而史学无疑也是不可少的。其后，王夫之分析“势”与“理”的关系，龚自珍阐述“史”与“道”的关系，都是遵循同一认识路线来说明“理”和“道”的性质，即“理”不能离开“势”，“道”不能离开“史”。龚自珍说：“欲知大道，必先为史。”①所谓“大道”，当指关乎治国安邦、社会演变的根本性法则和规律；所谓“必先为史”，即研究历史不仅是必要的，而且是首位的。这是龚自珍对史学明道思想的发展。

---

① 《龚自珍全集·尊史》。

史学在社会中的位置，还可以从史学与培养人才的关系得到进一步说明。这里说的培养人才，在中国古代都是同政治统治密切联系的。因此关于这个问题的认识和实践，最先都是在统治集团中受到重视的。春秋时期，楚国大夫申叔时论教导太子，认为应该教之“春秋”，教之“世”，教之“令”，教之“语”，教之“故志”，教之“训典”等，以便从各方面提高太子的素养。[①] 据韦昭的《国语》注文来看，这些都与史事有关。十六国时期，后赵石勒设史学祭酒一职，史学立为官学之一，与经学、律学鼎足而立。[②] 南朝宋时，国子学有玄、儒、文、史四科。[③] 唐朝国子学设有“文史直者”，其宏文馆宏文生要通过《史记》、两《汉书》和《三国志》的考试；科举考试有“史科”，从一史科到三史科，“每史问大义一百条，策三道，义通七、策通二以上，为及第”。唐穆宗长庆二年(822)，谏议大夫殷侑鉴于“近日以来，史学都废，至于有身处班列，朝廷旧章昧而莫知，况乎前代之载”的不正常现象，提出加强史科的建议，为穆宗所采纳。[④] 我们知道，盛唐时期的人们是十分重视史学的，但是一个正确的认识和一项正确的措施，要坚持下去并不是很容易的事情。晚唐时竟然出现“史学都废”的局面，以至官员不懂得“朝廷旧章”和前代历史，这实在是一个严重的教训。诚如后来顾炎武论殷侑建议时所说：“今史学废绝，又甚唐时。若能依此法举之，十年之间，可得通达政体之士，未必无益于国家也。”[⑤]“朝廷旧章昧而莫知”的官员同“通达政体之士”，二者孰有益于

① 《国语·楚语上》。

② 《晋书·石勒载记下》。

③ 《宋书·明帝纪》。

④ 《唐会要》卷七六。

⑤ 《日知录》卷一六。

国家，是任何人都可以作出判断的。仅此而论，史学在培养人才方面，其社会作用是其他知识和学问所无法替代的。

从最广泛的意义上看，史学对社会各个阶层、各个群体中的人，都有教育上的作用，这种教育作用的积极效果和社会影响，怎样估计都不算过分。先师白寿彝先生对此有详尽而精辟的论述，足资参考。①

综上，我们从史学与政治统治、“树之风声”、史以“明道”、培养人才、社会的历史教育等几个方面，揭示出史学对于社会历史的发展所产生的积极作用，由此可以判断它在社会中的位置了：在政治统治方面有借鉴作用，在世风建设方面有示范作用，在认识社会历史演进方面有引导作用，在人才培养方面有提高作用，而在教育方面则有丰富的内涵，既可以包括上述各方面的作用，还可以包括蒙学教育、历史文化传承教育、科学与人文精神教育、优良民族传统教育等等。这里，我们不妨换一种思维方式来提出问题：如果在社会中没有了史学，政治家们将会怎样思考？世风建设将何所依凭？人们将如何去认识历史？国家各级官员不懂历史将怎样履行公职？社会教育将失去哪些有价值的内容？我想，那必将是一种不可想象的、可怕而又可悲的局面。

刘知幾从“国家”的角度来看，说史学是“要道”，从“生民”即一切个人的角度来看，说史学是“急务”。我们是否可以认为，这大致说明了史学在社会中的位置。

---

① 《白寿彝史学论集》上册，北京：北京师范大学出版社，1994 年，第 155—304 页。

二、20世纪中国史学的启示

20世纪的中国史学给我们留下了丰富的思想遗产和许多宝贵的启示。

当20世纪刚刚揭开序幕的时候，梁启超发表了《新史学》一文，倡言“史界革命”。在这篇文章中，梁启超极其郑重地指出史学在社会中的重要位置。他写道：

> 今日欲提倡民族主义，使我四万万同胞强立于此优胜劣败之世界乎？则本国史学一科，实为无老、无幼、无男、无女、无智、无愚、无贤、无不肖所皆当从事，视之如渴饮饥食，一刻不容缓者也。然遍览乙库中数十万卷之著录，其资格可以养吾所欲，给吾所求者，殆无一焉。呜呼，史界革命不起，则吾国遂不可救。悠悠万事，惟此为大。①

按其本意，史学对于社会上所有的人来说，应当是“视之如渴饮饥食，一刻不容缓”的大事、要事。梁启超之所以有这样的认识，一是因为他接受了西方近代进化论的观点，看清楚了“此优胜劣败之世界”；二是他积极参与的戊戌变法遭到失败，痛心疾首之际，反思历史和史学，深感史学对于激发国人之“民族主义”精神有至关重要的作用。当然，梁启超对“史界革命”的期望值过高，有不切合实际的地方，但他说的这番话的基本精神是反映了时代的要求的。他所倡言的“新史学”，对中国史学的近代化历程有很大的促进作用。

---

① 《梁启超史学论著三种》，香港：三联书店香港分店，1980年，第9页。

在中国史学走向近代的过程中，中国的马克思主义史学诞生了。关于史学在社会中的位置，中国马克思主义史家是怎样看待的呢？中国马克思主义史学的奠基者之一李大钊认为："研究历史的趣味的盛行，是一个时代正在生长成熟，正在寻求聪明而且感奋的对于人生的大观的征兆。"①在李大钊看来，史学与时代就是这样紧密地联系在一起。李大钊的充满激情的话，是包含着丰富的理性底蕴的。他指出了这样一个真理：社会历史的发展推动了史学的产生和发展，决定着史学变化演进的面貌；换言之，史学发展的面貌和水准，也反映着社会历史前进的步伐，记录着它进步的尺度，以及作为历史主体的人的自觉意识和历史精神的不断提高的尺度。由此出发，我们似还可以作进一步的理解，即从史学工作者本身来说，"研究历史的趣味的盛行"与否，在一定意义上反映出史学工作者对时代脉搏感受的程度和对历史前途认识的程度。李大钊在《史学要论》这一名著的最后写道：

> 吾信历史中有我们的人生，有我们的世界，有我们的自己，吾故以此小册子为历史学作宣传，煽扬吾人对于历史学研究的兴趣，亦便是煽扬吾人向历史中寻找人生、寻找世界、寻找自己的兴趣。②

这就是说，历史学同人生和社会有直接的密切联系，认识历史学对于人们认识人生与社会有特殊的作用和意义。

这里，引发了我们如下的思考：梁启超是一位资产阶级改良主义

---

① 《李大钊史学论集》，石家庄：河北人民出版社，1984 年，第 245 页。

② 同上书，第 247 页。

者，他的《新史学》是以信奉近代进化论为其思想原则的；李大钊是一位无产阶级革命家，他的《史学要论》是以信奉马克思主义唯物史观为其思想原则的，而他们对于史学在社会中的位置的认识，却有许多相通之处，这是一种“巧合”呢，还是有某种必然的联系？我想答案自然是后者。这种必然的联系，源于史学的本质属性，即它是社会历史发展的记录，又昭示着社会历史的前途和未来；人们从史学中可以学到许多经验，得到许多启示，增益许多智慧，加强许多信心。当然，梁启超与李大钊在历史观上的不同，也决定了他们所倡导的史学在性质上的区别。同时，梁启超与李大钊还有一个不同之处，就是梁启超的“新史学”是完全否定旧史学，强调“史界革命”；李大钊说的“现代史学”是指在批判继承以往史学基础上的马克思主义史学。这样一个区别，恰是造成它们在后来发展中不同的历史命运之关键所在。这属于另外一个问题，不是本文所要讨论的范围。

20 世纪中国史学给予人们的一个最重要的启示是：中国马克思主义史学的发展，把认识历史和审视现实辩证地统一起来，一方面开辟了人们科学地认识历史的道路，一方面则更加强烈地、理性地反映了社会变革的要求和趋势。反映这种辩证统一关系的一个较早的突出例证，是中国马克思主义史学另一位奠基者郭沫若的《中国古代社会研究》。他在 1929 年为这本书所写的《自序》中开宗明义地说道：

> 对于未来社会的待望逼迫着我们不能不生出清算过往社会的要求。古人说：“前事不忘，后事之师。”认清楚过往的来程，也正好决定我们未来的去向。①

① 《郭沫若全集》历史编第 1 卷，北京：人民出版社，1982 年，第 6 页。

这段经常被人们引用的话，科学地说明了史学在社会中的位置，即史学既是认识“过往社会”的手段，又是指示“未来社会”的路标。史学使人们“认清楚过往的来程”，需要用科学的精神揭示历史演进的路径、发展的规律；史学帮助人们抉择“未来的去向”，有一个重要的依据和参照，那就是“前事不忘，后事之师”。社会历史无非是实现自己的目的的人的活动而已。但是，任何时代中的任何人，在实现自己目的的过程中，都不可能完全脱离前人的经验教训，区别仅仅在于自觉认识程度的高低和吸收、借鉴的正确与否。许许多多的历史事实表明：人们自觉认识历史经验教训重要性的程度愈高，愈是能够正确地看待和借鉴历史经验教训，愈是能够能动地、积极地参与当前的历史运动，实现新的目标，创造新的业绩。史学就是向人们提供历史经验教训的最好的老师。马克思主义史学的特点，一是它以唯物史观为指导，使人们能够不断地走向科学认识历史的道路；二是它对历史经验教训能够作出唯物的辩证的和历史主义的说明。因此，马克思主义史学在社会中的位置也就显得更加突出、更加重要了。

上述论点，可以从毛泽东的有关论述中得到有力的说明。毛泽东在领导中国新民主主义革命、社会主义革命和社会主义建设的过程中，一向十分重视史学工作。

首先，他重视史学工作对指导革命实践活动的重要意义。早在抗日战争时期，毛泽东就曾经这样说过：“指导一个伟大的革命运动的政党，如果没有革命理论，没有历史知识，没有对于实际运动的深刻的了解，要取得胜利是不可能的。”因此，他向全党提出了学习历史、研究历史的任务，指出要“学习我们的历史遗产，用马克思主义的方法给以批判的总结”；“我们这个民族有数千年的历史，有它的特点，有它的许多珍贵品。对于这些，我们还是小学生。今天的中国是历史的中国的一个发展；我们是马克思主义的历史主义者，我们不应当割断历史。从孔夫子到孙中山，我们应当给以总结，承继这一份珍贵的遗产。这对于指导当前的伟大的运动，是有重要的帮助的。”①这里，毛泽东把学习和研究历史、把史学工作提到革命政党能否指导当前的革命运动的高度上来看待，提到关乎革命运动成败的重要位置来看待。毛泽东之所以把史学工作摆在这样重要的地位加以强调，是因为：第一，他认为，马克思主义的史学工作是一种能够正确地阐释人类社会历史发展的科学工作。对于指导一个伟大运动的政党来说，如果不能正确地认识人类社会历史的发展，就不能正确地说明历史的前途，就可能在当前的革命运动中迷失方向。他的这个思想，在《实践论》中作了明确的阐述。他说：“在很长的历史时期内，大家对于社会的历史只能限于片面的了解，这一方面是由于剥削阶级的偏见经常歪曲社会的历史，另一方面，则由于生产规模的狭小，限制了人们的眼界。人们能够对于社会历史的发展作全面的历史的了解，把对于社会的认识变成了科学，这只是到了伴随巨大生产力——大工业而出现近代无产阶级的时候，这就是马克思主义的科学。”②这种对于社会历史的发展作全面的历史的了解，正是马克思主义史学工作的重要任务。第二，他认为，只有运用马克思主义的立场、观点和方法，认真地研究中国历史，认真地研究中国现状，才能把马克思主义和中国实际结合起来，“在各方面作出合乎中国需要的理论性的创造。”③如果没有这种理论性的创造，无产阶级政党就不能胜利地指导革命运动。第三，他认为，史学工作可以给无产阶级政党提供许多有益的历史经

① 《毛泽东选集》第2卷，北京：人民出版社，1991年，第532—533页。

② 《毛泽东选集》第1卷，北京：人民出版社，1991年，第283—284页。

③ 《毛泽东选集》第3卷，北京：人民出版社，1991年，第820页。

验，作为指导当前革命运动的借鉴。中国新民主主义革命是无产阶级领导的新式农民革命，为了避免重蹈历史上农民战争的覆辙，毛泽东在红军创建初期就指出："历史上黄巢、李闯式的流寇主义，已为今日的环境所不许可。"[①]他在 1944 年给郭沫若的信中写道："你的《甲申三百年祭》，我们把它当作整风文件看待。小胜即骄傲，大胜更骄傲，一次又一次吃亏，如何避免此种毛病，实在值得注意。倘能经过大手笔写一篇太平军经验，会是很有益的；……你的史论、史剧有大益于中国人民，只嫌其少，不嫌其多，精神决不会白费的，希望继续努力。"[②]这足见他对史学工作者所总结的历史经验教训十分重视。20 世纪 60 年代初，他读《新唐书·姚崇传》，把姚崇向唐玄宗的十条建议誉为"十条政治纲领"。他认为"这十条政治纲领，简单明了，古今少见……有的对我们今天也还有一定的参考价值。"[③]这说明他自己读史，也是极注重于吸取历史经验的。

其次，他重视史学工作对提高民族自信心的重要作用。史学工作不仅对于无产阶级政党来说是重要的，对全民族来说也是重要的。关于后者，主要是提高民族自信心的问题。毛泽东认为，批判继承古代文化遗产，"是发展民族新文化提高民族自信心的必要条件"。[④] 所谓"必要条件"，当然不是可有可无的。他在讲到中华民族的历史传统时说："中国是世界文明发达最早的国家之一，中国已有了将近四千年的有文字可考的历史"；"中华民族又是一个有光荣的革命传统和优秀

① 《毛泽东选集》第 1 卷，北京：人民出版社，1991 年，第 94 页。

② 《毛泽东同志给文艺界人士的十五封信》，《人民日报》，1982 年 5 月 23 日。

③ 忻中：《毛泽东读书生活纪实》，《社会科学战线》，1982 年第 4 期。

④ 《毛泽东选集》第 2 卷，北京：人民出版社，1991 年，第 707—708 页。

的历史遗产的民族。”[①]他在讲到1840年以来的中国历史时指出：“中国人民，百年以来，不屈不挠、再接再厉的英勇斗争，使得帝国主义至今不能灭亡中国，也永远不能灭亡中国。”1945年，他在总结北伐战争、土地革命战争和抗日战争的经验时写道：“三次革命的经验，尤其是抗日战争的经验，给了我们和中国人民这样一种信心：没有中国共产党的努力，没有中国共产党人做中国人民的中流砥柱，中国的独立和解放是不可能的，中国的工业化和农业近代化也是不可能的。”[②]由此可以看出，史学工作应当给人们以启发，给人们以信心，不是引导人们向后看，而是引导人们向前看。这是史学工作之所以重要的原因之一，也是马克思主义史学工作的一条基本原则。

再次，他重视史学工作和端正学风的关系。毛泽东一贯认为，能否注重研究历史，是区别马克思主义的学习态度和主观主义的学习态度的标志之一。他说：主观主义的学习态度，“就是割断历史，只懂得希腊，不懂得中国，对于中国昨天和前天的面目漆黑一团”；而马克思主义的学习态度则相反，“就是不要割断历史。不单是懂得希腊就行了，还要懂得中国；不但要懂得外国革命史，还要懂得中国革命史；不但要懂得中国的今天，还要懂得中国的昨天和前天”。他批评有些人“对于自己的历史一点不懂，或懂得甚少，不以为耻，反以为荣”。[③] 他号召“一切有相当研究能力的共产党员，都要研究马克思、恩格斯、列宁、斯大林的理论，都要研究我们民族的历史，都要研究当前运动的情况和趋势；并经过他们去教育那些文化水准较低的党

---

① 《毛泽东选集》第2卷，北京：人民出版社，1991年，第632页。

② 《毛泽东选集》第3卷，北京：人民出版社，1991年，第1097—1098页。

③ 同上书，第798页。

员”，而“干部应当着重地研究这些，中央委员和高级干部尤其应当加紧研究”。[①] 他的这些话，都是在讲到党的作风和学习的问题时反复加以强调的。在这方面，毛泽东是一个很好的榜样。无论在革命战争年代，还是在社会主义时期，他都十分重视史学工作，对我国著名历史学家郭沫若、范文澜、吕振羽等都曾给予热情的关怀。新中国成立以后，毛泽东系统地阅读二十四史，并且作了许多批注、圈点、勾画，有的部分是一阅，再阅，以至达到五遍之多。[②] 他的这种勤奋读史的精神，证明他始终坚持把马克思主义和中国历史及现状相结合的原则。他的这种严肃的科学的态度，正是他一贯提倡的理论联系实际的学风的表现。

毛泽东重视史学工作还表现在其他许多方面，如研究历史的重点和研究历史的方法等，不一一论述。毛泽东关于史学在革命和建设中的重大作用的论述，是毛泽东思想的一部分，也可以看作他对于中国马克思主义史学在这个问题上的精辟概括，具有重要的指导意义。

在20世纪后半期的中国史学发展史上，关于对史学在社会中的位置的认识与处置，给人们留下了特别深刻的教训与启示。这就是：一方面，把史学问题视为政治问题，使得史学走向教条和僵化；另一方面，把政治宣传视为史学思潮，使得人们对这种政治宣传进行批判时伴随着对史学的误解和冷淡。前一种情况在50年代后期至60年代前期反映得比较突出。其主要表现是往往把历史研究中一些有争论的学术问题归结为政治上的倾向，从而把史学与政治的关系简单化，也把史学在社会中的位置庸俗化了。造成这种情况的主要原因，是政治

① 《毛泽东选集》第2卷，北京：人民出版社，1991年，第532—533页。

② 忻中：《毛泽东读书生活纪实》，《社会科学战线》，1982年第4期。

上“左”的思潮的影响和对马克思主义的教条式的理解与运用，这在对阶级和阶级斗争理论的理解方面尤为突出，一些学术上的争论常常被视为阶级斗争的反映。于是在相当的程度上史学被政治化了，政治被阶级斗争化了，阶级斗争被扩大化了。史学的发展受到了严重的阻碍。后一种情况在80年代至90年代反映得比较明显。其主要表现是认为“文革”中因史学受到“重视”而有“儒法斗争史”的泛滥，从而使史学走向自己的反面，于是认为史学应同社会、同现实保持一定的距离，不必强调史学的社会作用，以免重犯“文革”中“儒法斗争史”那样荒唐的错误。因此，在学术界，在社会公众中，逐步滋生出种种对史学的误解、偏见和冷淡的情绪。造成这种情况的根本原因，是“四人帮”为了推行他们的反动政治，盗用“史学”的名义和术语，打着“史学”的旗帜，编造并强行兜售“儒法斗争史”的说教，从而极其严重地败坏了史学的声誉，其流毒既广且深。造成这种情况的另一个原因，是人们在清算“四人帮”炮制“儒法斗争史”的罪恶阴谋时，一方面揭露其反动的政治目的，另一方面则揭露其篡改历史的卑劣手法，这无疑都是正确的。但是，“儒法斗争史”本身是“史学”还是穿着史学外衣的政治？对于这个问题有进一步分析的必要。我认为，所谓“儒法斗争史”不过是穿着史学外衣的政治，而绝不是什么“史学”。“儒法斗争史”的泛滥，也绝不是史学受到高度重视的结果。事实表明：“文革”中绝大部分有成就的史学家都被“打倒”了，绝大部分历史著作都成了批判对象，大学历史系停止了教学，历史研究机构中断了研究工作，历史学刊物被迫停刊等等，历史学领域呈现出一片萧条破败景象，哪里谈得上受到“重视”？哪里谈得上成为“显学”？事隔20多年了，对于这一点，我们确有深入认识的必要。否则，总会有人担心：对于史学的重视，就会重蹈“儒法斗争史”的覆辙。这是认识上的一个误区。

不走出这个误区，必将妨碍我们对于史学在社会中的位置的正确估量。

综上，要而言之，不论是给史学贴上政治的标签，还是给政治披上“史学”的外衣，虽然这两种情况在本质上是有区别的，但它们都混淆了史学同政治的关系，从而曲解了史学在社会中应有的位置，既有碍于史学的发展，也有碍于社会的进步。重复地说，把史学等同于政治是完全错误的。但是，如果我们从以往的教训中得到这样的认识，即史学应同社会保持一定的距离，或者“超越”社会，才能保证史学的纯洁与发展。这样的认识恐怕也还是需要进一步推敲的。这是因为：史学作为意识形态，社会作为客观存在，它们并非一回事，本存在着“距离”；同时，一时期社会的史学，又是该社会意识形态的一部分，前者要“超越”后者，不论是从理论上还是从实践上来看，都是行不通的。问题的关键，说到底还是要回过头来认识和处理好史学在社会中的位置，使史学发展和社会进步成为双向互动、相得益彰的合理的运动形态。

70年代末以来，中国进入新的历史时期。处在改革开放中的中国人，怎样看待史学在社会中的位置，仍然是一个有重要意义的问题。邓小平作为中国改革开放的伟大领导者，他在1990年曾十分有力地说过这样一句话，“要懂得些中国历史，这是中国发展的一个精神动力。”①只要是真正懂得些中国历史的人，就会从这句话中感受到它的丰富的内涵。这里说的“精神动力”，概括了中华民族的历史意识、忧患意识、民族精神、爱国精神和改革进取精神。毋庸讳言，懂不懂中国历史，在对这句话的理解上是有很大的差别的，从而在参与

① 《邓小平文选》第3卷，北京：人民出版社，1993年，第358页。

现实的历史运动的自觉性和能动性上也是有很大的差别的。可以说，这句话极其精辟地道出了现时期史学在社会中的位置，值得每一个中国人三思。

关于史学在社会中的位置，20 世纪中国史学给人们留下了深刻的启示，留下了许多经验教训。它们连同 20 世纪以前中国史学上的丰富的启示和经验教训，都是迈进又一个新的世纪的中国人可以继承、学习、运用的宝贵遗产。

三、21 世纪中国史学面临的形势与抉择

人类已经进入 21 世纪。从史学在社会中的位置来看，中国史学在新的世纪里将如何发展？它面临着怎样的机遇、挑战和抉择？这是中国史学工作者不能回避的问题。

大家知道，21 世纪给人类带来的突出问题，在经济领域一是知识经济不断发展的趋势，二是经济全球化的趋势。这两个问题又是相互联系的。在知识经济越来越走近我们的时代，在经济全球化不断加强的时代，中国史学在社会中占有怎样的位置？它将作出怎样的抉择？这将是史学工作者在新世纪里不断探索的新问题。本文提出如下两个问题，为的是抛砖引玉。

第一个问题：知识经济和以人为本及其与中国史学人本主义思想传统的关系。

在人类迎来又一个新的世纪的今天，中国传统史学的人本主义思想传统给予我们的新的启示是：在新的世纪里，海内外炎黄子孙为了实现振兴中华的大业，必须继承和发扬以人为本的思想传统，比以往任何时候都更重视人的作用。这是我们进入 21 世纪时所面临的最重要的历史任务之一。

近年来，经济学界以至整个理论界、学术界，都十分关注21世纪新型经济的出现，即知识经济的到来。当然，对于“知识经济”的概念还有不同的理解。有人认为，知识经济是以知识为基础的经济，它直接依赖于知识的创新、传播和应用。有人认为，知识经济是以高技术产业为支柱、以智力为主要资源和以知识为基础的经济；“知识经济”的中国表述就是“科学技术成为第一生产力”的经济。有的研究者认为，知识经济是以高技术产业为第一产业支柱，以智力资源为首要依托的可持续发展的经济，它包含着这样的观念：“人类正在步入一个以知识(智力)资源的占有、配置、生产、分配、使用(消费)为最重要因素的经济时代”，简而言之就是“科学技术是第一生产力”的时代等等。当然，这些阐述并无根本的不同之处；而在各种阐述中有一点是共同的，即高技术产业—知识(智力)—人。人们指出：“知识经济是在充分知识化的社会中发展的经济”。所谓“充分知识化”当然是人的充分知识化。知识经济“核心是科技，关键是人才，基础是教育”。这一点是十分清楚的：只有雄厚的教育基础，才能造就高素质的人才，只有高素质的人才群体，才能不断创造出高技术产业。正是在这个意义上，人们强调知识经济时代是真正以人为本的时代。

笔者对经济学理论素无研究，只是从一个史学工作者的敏感来关注这些问题，认为中国传统史学的人本思想传统同人类面临的知识经济时代，有一种表面看来毫无关系而事实上却存在着的历史联系：以人为本。这种联系表明了历史之螺旋式的发展和否定之否定的历史法则。司马迁提出的“究天人之际”的问题，是要回答历史演进的真正动因是什么，为此，他写出了中国史学上第一部以人物为中心的综合体史书——《史记》，确立了中国史学的人本主义传统；当人类面临一个新的经济时代到来的时候，最终还是把着重点放到了“人”的上面。历史走过了两千多年，时代的内容大为迥异，然而以人为本这一思想传统，却使我们在不同的时空中看到了一个契合点。有的研究者指出：联合国系统和西方国家对高科技产业的研究者、决策者和管理者的个人基本知识要求，可以简单总结为六个方面。其中，第六方面是："社会科学的基本知识(特别是法律，经济，本国历史和科学史)。"同时指出："一个人的观察、分析、判断和归纳的能力在很大程度上取决于上述知识基础，而这些基础知识的普及将大大提高国家经济发展的能力。"①本国史，科学史，知识经济，在未来社会中它们的关系竟如此紧密。正是这个契合点，使中国史学的优良传统能够在未来社会中启迪以至鼓舞中华民族增强走向新的经济时代的信心和勇气。一部二十四史(当然，中国史书汗牛充栋，绝不限于二十四史)告诉人们：一般说来，凡兴盛的时代，都是人才辈出的时代；或者说，凡人才辈出的时代，都是富于朝气、充满生机的时代。汉初的人才群体和西汉盛世的出现，唐初的人才群体和盛唐局面的形成，是两个最突出的例子，而类似的史实在中国历史上可以举出许多。可以这样说，一部中国人才开发史，从一个重要方面反映出了中国历史的进步；而一个时代继一个时代的人才，便铸成了"中国的脊梁"。加强对于人的作用的研究，是 21 世纪中国史学的一个重要任务。

走进新世纪，"温故而知新"，只要我们真正把科教兴国的国策落到实处，努力推进全民族文化知识水平的提高，努力促进大批优秀人才的涌现，努力加快全社会的"充分知识化"，那么，21 世纪的中国历史定将谱写出以人为本的新篇章，"中国的脊梁"将变得更壮实、更

① 吴季松：《21 世纪社会的新趋势——知识经济》，北京：科学技术出版社，1998 年，第 162—163 页。

坚强，振兴中华的宏愿必将实现。

第二个问题：在经济全球化日益发展的时代，作为中国文化一部分的中国史学，怎样认识和把握其发展的趋势及基本走向？

大家知道，经济全球化是一个漫长的过程，它在21世纪里将变得范围更广阔、程度更深入、影响更明显，中国的经济建设也将逐步融入经济全球化过程之中，因而必然也会涉及文化领域。有研究者指出，全球化是一个矛盾的统一体，是“合理的悖论”，“在全球化的背景下，即使是开放化程度最高的国家，也不可能完全没有本民族的胎记，反之，最封闭的民族也不可能没有全球化的痕迹”；“全球化的这种矛盾有利于人类社会的进步，社会本身就是多样性的统一，多元一体化也好，一元多体化也好，都应当是人类发展的真谛。”①这是从一般意义上对“全球化”的分析。有的研究者从世界经济趋势对“全球化”进行分析，认为：“世界经济越是全球化，经济中的民族利益就越是突出，民族化倾向也就越明显。”②也有的研究者认为：“经济全球化的一个直接后果就是文化全球化。”③这个结论，似还可以商榷。同样，一位外国学者提出的所谓“乡愁和全球化的尖锐化形式”的命题④，似也未能阐明在“全球化”过程中民族文化的价值与前途。如果说，经济中的民族利益必然会影响到文化中的民族化倾向的话，那么

---

① 俞可平：《全球化的二律背反》，《文化的悖论》，北京：中央编译出版社，1998年，第23—24页。

② 高德步：《全球化还是民族化》，《全球化与中国》，北京：中央编译出版社，1998年，第229页。

③ 王宁：《全球化时代的东西方文化对话》，载《中国文化报》，1999年3月20日。

④ 罗兰·罗伯森：《全球化：社会理论和全球文化》，上海：上海人民出版社，2000年，第224—234页。

民族文化中固有的民族传统和民族特色自然不会悄然消失。在这种历史条件下，中国文化的发展应当具有积极的、高屋建瓴的态势。首先，要认识到这是一个良好的发展机遇。全球范围的空前的开放性，为世界各国文化进入中国提供了条件，也为中国文化走向世界创造了机遇。条件和机遇，对不同的国家和不同的国家的文化发展，因其存在种种差异，故客观上不会是完全相同的，但它们却可以共享这种条件和机遇。改革开放以来的中国，越来越懂得什么是历史的机遇，也越来越懂得把握历史机遇的重要性，中国文化将以从未有过的姿态走向世界。对此，我们应当有信心，也要有准备，有具体的实施步骤。其次，要保持一个合理的发展心态。自西方资本主义开始发展起，随着殖民主义的扩张，西方文化对东方文化有过多次冲击，并且产生了巨大的影响和严重的后果。但是，几百年来，西方文化没有也不可能"吞并"东方文化，使东方文化湮没无闻，以至"全盘西化"。反之，在新的世纪，东方文化尤其是中国文化的积极走向世界，同样也不可能去"压倒"西方文化，使西方文化泯灭下去，以至"全盘东化"。这是历史事实和现实经验都可以证明的道理。中国文化应以一种合理的、健康的心态积极走向世界，即既把优秀的中国文化(包括传统的和现实的优秀中国文化)向世界传播，使世界各国文化从中国文化中得到裨益；同时，又把世界各国的优秀文化吸收过来，用以丰富自己。这种心态和实践，将有大益于中国文化的发展和世界文化的进步。再次，要努力把握互动的发展趋势。在经济全球化日益发展的条件下，不同文化的相互接触亦将日益密切。但是文化并不等同于经济，它除了现实的发展要求外，还有悠久的历史传统，这二者之间又是不可分割的。因此，在新的世纪里，中国文化发展的主要趋势，是民族性和世界性在更高层次上的互动和结合，即在民族性中反映出世界性的走向，在世界性中体现出民族性的特点。对于这一趋势认识的自觉程度，必将深刻地影响着这一趋势的进程。

在这样的中国文化走向中，中国史学也就可以确定它在21世纪中国社会中的位置。一方面，中国史学要积极地利用知识经济、信息社会所提供的有利条件，在研究课题、研究方法、研究手段上提高自己；另一方面，清醒地、理性地看待和估量中外史学发展的历史及其特点，用平等的心态吸收外国史学的长处来丰富自身，同时也弘扬中国史学的长处让他人真正认识自己，以达到相互促进的目的。经过一个多世纪的中西文化的论争，中国史学界有充分的智慧和根据，用以科学地对待这个问题。从历史上看，中国是史学大国，有丰富的遗产和优良的传统。近代以来，西方史学崛起并在20世纪取得了非常突出的成就。中国史学在20世纪也取得了非常突出的成就，尤其是在考古学、历史文献学同历史研究的结合上，始终吸引着世界各国同行的关注。由于科学技术水平、经济发展水平和其他历史的和社会的条件的差别，中西史学在发展上各有特色，存在许多可以相互取长补短的地方。中国史学要走向世界，既要学习他人的长处，又要宣扬自身的长处。在这方面，中国史学界有许多艰苦的工作要做。

我们需要更加关注的问题是，在经济全球化的形势下，中国史学的民族特点、民族精神是否适应世界历史的潮流？我们的回答是肯定的。中国史学以其悠久的历史、丰富的内容、多样的形式和人本主义思想传统著称于世，中国史学所蕴含的自强不息的进取精神、多民族统一国家的凝聚意识和厚重的历史智慧，是中华民族民族精神的集中体现，也是全人类精神财富的重要组成部分。这些，都不会在经济全球化的过程中失去它的价值和意义；相反，它将在这一过程中更加显示出自己的活力和魅力，为中国史学的新发展提供丰富的养料，并为促进世界各国史学的发展提供有益的借鉴。这是从总的方面的估量。从具体的研究领域和研究课题来说，在事实判断的基础上，总是不能脱离价值判断，而理论、方法论又是同价值判断联系在一起的。因此，当着历史观乃至哲学观、政治观并不相同或存在分歧的情况下，人们对同一史事的价值判断往往会有很大的差别，甚至会得出完全相悖的结论。这些年来，关于日本侵略军在南京大屠杀的历史事实，有人一再予以否认或轻描淡写，就是明显的一例。这方面的实例不胜枚举，是人所尽知的。

总之，21 世纪的中国史学，在当今的中国社会中仍然占有着固有的重要位置，其基本走向仍将是在马克思主义唯物史观指导下进行创造性研究，开辟新的领域，攀登新的高峰。1999 年 3 月，在国内外有广泛影响的史学家白寿彝教授总主编的《中国通史》全部出版，江泽民同志于 1999 年 4 月 26 日致信白寿彝教授表示祝贺。我们可以认为，这部《中国通史》是 20 世纪中国史学一个带有总结性的成果，而江泽民同志的贺信，则是对 21 世纪中国史学提出了明确的要求。

以史为鉴，可以知兴替。中华民族历来重视治史。世界几大古代文明，只有中华文明没有中断地延续下来，这同我们这个民族始终注重治史有着直接的关系。几千年来，中华文明得以不断传承和光大，一个重要原因就是我们的先人懂得从总结历史中不断开拓前进。我国的历史，浩淼博大，蕴含着丰富的治国安邦的历史经验，也记载了先人们在追求社会进步中遭遇的种种曲折和苦痛。对这个历史宝库，我们应该运用历史唯物主义的观点不断加以发掘，在前人研究的基础上不断作出新的总结。这对我们推进今天祖国的建设事业，更好地迈向未来，具有重要的意义。

> 中华民族的历史，是全民族的共同财富。全党全社会都应该重视对中国历史的学习，特别是要在青少年中普及中国历史的基本知识，以使他们学习掌握中华民族的优秀传统，牢固树立爱国主义精神和正确的人生观、价值观，激励他们为中华民族的伟大复兴而奉献力量。我一直强调，党和国家的各级领导干部要注重学习中国历史，高级干部尤其要带头这样做。领导干部应该读一读中国通史。这对于大家弄清楚我国历史的基本脉络和中华民族的发展历程，增强民族自尊心、自信心和奋发图强的精神，增强唯物史观，丰富治国经验，都是很有好处的。同时，我们也要学习和借鉴外国历史。历史知识丰富了，能够“寂然凝虑，思接千载”，眼界和胸襟就可以大为开阔，精神境界就可以大为提高。我提倡领导干部“讲学习、讲政治、讲正气”，而讲政治、讲正气，也是要以丰富的历史知识作基础的。
>
> 我相信，这套《中国通史》，一定会有益于推动全党全社会进一步形成学习历史的浓厚风气。①

江泽民同志的这封写于世纪之交的信，精辟地概括了中国历史的宝贵价值及其与史学的密切关系，深刻地阐明了研究、学习中国历史的极其重要性，同时也指出了在新的世纪里史学在社会中的重要地位。

“中华民族的历史，是全民族的共同财富。”对于这一论断，我们应有深入的理解。这里说的“财富”主要是指精神财富，即民族的精神传统、民族的文化遗产、民族的智慧积累；这里说的“财富”，也指物

① 《中共中央总书记江泽民给白寿彝同志的贺信》，《史学史研究》，1999年第3期。

质财富，即我们的先人们在历史上曾经创造出人类最先进的物质文明，对世界历史的发展产生过重大的影响。从发展的观点来看，认识历史同迈向未来有着密切的联系，因而对于“全民族的共同财富”的珍惜就显得格外重要。

在强调“中华民族的历史，是全民族的共同财富”的基础上，江泽民同志指出：

——全党全社会都应该重视对历史知识的学习。这就是说，凡是有学习能力和学习条件的人，都应该学习历史知识；只有这样，“全民族的共同财富”才能真正转变为现实历史运动中的巨大的精神力量和物质力量。

——特别要在青少年中普及中国历史的基本知识。青少年朋友具备了中国历史的基本知识，就能更好地认识和继承中华民族的优秀传统，牢固树立爱国主义精神和正确的人生观、价值观，确立为中华民族的伟大复兴做贡献的志向。各级学校近年来都在大力提倡素质教育，尽管说法不一，但对于中国历史的基本知识掌握多少，理解程度如何，是基本素质的一个重要方面，应毋庸置疑。各级学校的教育教学工作应采取有力措施，加强青少年对中国历史基本知识的学习，促进素质教育的发展。

——党和国家的各级领导干部要注重学习中国历史，高级干部尤其要带头这样做。这对增强民族自尊心、自信心和奋发图强的精神，对增强唯物史观、丰富治国经验，对开阔眼界和胸襟、提高精神境界，都是很有好处的。这是对学习中国历史的很高的要求，因为它关系到各级领导干部的思想境界、精神面貌、治国才能和国家、民族的前途命运。其重要性，当最为突出。

读了江泽民同志的信，不禁联想到上文所引先人们的一些言论，如“大矣哉，盖史籍之为用也”“史之为用，其利甚博，乃生人之急务，为国家之要道”“欲知大道，必先为史”等，可见先人们的卓识和睿智，以及这种卓识和睿智在今天所得到的继承和发扬。

现在，我们可以得到这样的认识：在经济全球化时代，在这个空前开放的历史条件下，中国史学的民族特色和民族精神，仍是史学工作者所应坚持的原则。正如著名哲学家张岱年先生在《经济全球化与中国文化发展道路》一文中所说：

> 在哲学人文科学方面，与自然科学有所不同。哲学人文科学是具有一定的民族性的。我们要了解西方自古希腊以来的哲学人文科学的成就，也要了解中国自周秦以来的哲学人文科学的成就。对于传统文化中的腐朽的内容必须加以严肃的批判；同时对于传统文化中的优秀的内容必须加以有力的弘扬，在批判继承的基础上发挥创造性的思维，才能建设社会主义新文化。
>
> ……
>
> 经济趋于全球化，科学技术也将趋于全球化，同时必须保持民族文化的独立性，这才是中国新文化建设的道路。经济趋于全球化，但是各个伟大民族必然保持民族文化的独立性。文化的丰富多彩是世界文化发展的前景。①

这样的认识和理念是符合实际的。21世纪的中国史学将在这样的世界形势和总的格局中开创新的前景。

---

① 张岱年：《经济全球化与中国文化发展道路》，《光明日报》，2000年10月17日。

论史家的角色与责任和史学的求真与经世[*]

在中国史学上，史家作为社会一员而与社会的关系，史学作为历史进程的反映而与客观历史的关系，是十分密切的，也是很复杂的。我们甚至可以用这样的话来说明这两个问题的重要性：它们是打开中国史学宝库丰富宝藏的钥匙。

本文将按照这样的思考程序来阐述对于上述有关问题的认识，这就是：史家的社会角色与史家的社会责任是相联系的，史学的求真要求与史学的经世目的也是相联系的；它们的这种联系，并不因为客观上存在着这样那样相互矛盾的因素而有根本上的改变。同时，史家的角色与责任和史学的求真与经世之间，存在着一种更深层次的本质的联系，以至于可以这样认为：揭示出这种联系，就是从一个重要的方面揭示出中国史学的总相和特点。

---

* 原载《社会科学战线》1996 年第 2 期。

一、史家之角色意识的发展及史家的社会责任

中国史家之角色意识的产生有古老的渊源和长期发展的历史。

中国最早的史家是史官。至晚在春秋时期(前770—前476)，中国古代史官的角色意识已经突出地显露出来。有两个人们所熟知的事例可作为明证。第一个事例发生在公元前607年：晋国史官董狐因为记载了“赵盾弑其君”一事而同执政大夫赵盾发生争论，并在争论中占了上风。[①] 另一个事例发生在公元前548年：齐国太史因为记载“崔杼弑其君”一事而被手握大权的大夫崔杼所杀，太史之弟因照样记载又被崔杼先后杀死二人，直到太史的第三个弟弟才照样记载了这件事。这时，有位南史氏听说太史尽死，便执简以往，欲为书之，中途听说已经记载下来，便返回去了。[②] 这里，董狐、齐太史兄弟数人、南史氏等，都表现出了一种鲜明的角色意识，这一角色意识的核心是对史官职守的虔诚和忠贞。因此，他们不畏权势，即使献出生命以殉其职也在所不惜。这是当时史家之角色意识的极崇高的表现。当然，在我们认识这种现象的时候，不应局限于从史家个人的品质修养和精神境界来说明全部问题；从社会的视角来看，史家的这种角色意识也是当时士大夫阶层所遵循的“礼”的要求。西周以来，天子于礼有所谓“动则左史书之，言则右史书之”[③]，此即“君举必书”之礼。[④] 在王权不断衰微，诸侯、大夫势力相继崛起的历史条件下，这种礼也在诸侯、大夫中间推行起来。董狐、齐太史、南史氏都是诸侯国的史官；国君被杀，按“礼”的要求是必须记载下来的。不仅如此，就是作为大

---

① 事见《左传》宣公二年。

② 参见《左传》襄公二十五年。

③ 《礼记·玉藻》。

④ 《左传》庄公二十三年。

夫的赵盾，也有自己的史臣。史载，周舍对赵简子说：“愿为谔谔之臣，墨笔操牍，从君之后，司君之过而书之，日有记也，月有效也，岁有得也。”[①]所谓“谔谔之臣”，是同“日有记”“月有效”“岁有得”直接联系的。由此可见，“君举必书”之礼，一方面反映了史官必须对当时所发生事件的及时记载，另一方面也反映了它对各级贵族的约束。是否可以认为，这两个方面结合起来，才全面地表现了史家的角色意识。春秋末年，孔子称赞董狐是“古之良史”，因为他“书法不隐”；称赞赵盾是“古之良大夫”，因为他“为法受恶”。[②] 此处所谓“法”，是指法度，即当时“礼”制的规范。从今天的认识来看，也可以看作从史家的主体方面和史家所处的环境方面，说明了史家之角色意识的个人原因和社会原因。

史家的角色意识随着历史的进步而增强、而升华。这一发展的主要标志，是原有的角色意识突破君臣的、伦理的藩篱而面向社会。这一变化的滥觞，当始于孔子作《春秋》。孟子论孔子作《春秋》一事说：“世衰道微，邪说暴行有作，臣弑其君者有之，子弑其父者有之。孔子惧，作《春秋》。《春秋》，天子之事也；是故孔子曰：‘知我者其惟《春秋》乎！罪我者其惟《春秋》乎！’”[③]尽管《春秋》还是尊周礼，维护君臣父子的伦理秩序，但孔子以私人身份撰写历史、评论历史的做法，已突破了过去史官们才具有的那种职守的规范；这就表明作为一个史家，孔子所具有的史家角色意识已不同于在他之前的那些史官们的角色意识了。

然而，史家之角色意识的发展的主要标志的真正体现者，还是西

---

① 《韩诗外传》卷七。

② 《左传》宣公二年。

③ 《孟子·滕文公下》。

汉前期的司马迁。司马迁很尊崇孔子、推重《春秋》，然而他著《史记》的旨趣和要求已不同于孔子作《春秋》了。司马迁的目标是“究天人之际，通古今之变，成一家之言”，是“网罗天下放失旧闻，考之行事，综其终始，稽其成败兴坏之理”，是“述往事，思来者”。[①] 由此可以看出，司马迁的博大胸怀是要拥抱以往的全部历史，探讨古往今来的成败兴坏之理，使后人有所思考和启迪。正因为如此，司马迁才能“就极刑而无愠色”，在“肠一日而九回，居则忽忽若有所亡，出则不知所如往”的境遇中完成他的不朽之作。

史家之角色意识的进一步发展，是从面向社会到在一定意义上的面向民众。其实，从“水能载舟，亦能覆舟”的古训中，史家或多或少都会认识到民众的存在及其对于政治统治的重要。司马光是极明确地表明了这一认识的史家。用他自己的话说，他撰《资治通鉴》是“专取关国家盛衰，系生民休戚，善可为法，恶可为戒者”入史。[②] 他对于历史事实、历史知识的抉择，至少在形式上是把“生民休戚”同“国家盛衰”放到同等重要的位置看待，或者他认为这二者本身就是不可分割开来的。在封建社会里，一个史家能够这样来看待历史，是难能可贵的。

从上面简略的叙述中，我们不难发现，史家之角色意识的发展，总是同史家的社会责任感相联系着。董狐、齐太史、南史氏所表现出来的“书法不隐”的勇气，一个重要的驱动力就是维护当时的君臣之礼。这在当时的社会意识形态和伦理关系中，至少在形式上还占据着主导地位。他们不惜以死殉职，正是为了维护当时的社会秩序。如上

① 《报任安书》，见《汉书·司马迁传》。

② 《资治通鉴》卷二九四《进书表》。

所述，孔子修《春秋》，也是受到社会的趋动而为。至于司马迁父子的社会责任意识，他们本人都有极明白的阐述。其中，最动人心魄的是司马谈的临终遗言和司马迁对父亲遗言的保证，《史记·太史公自序》记："太史公执迁手而泣曰：'……夫天下称诵周公，言其能论歌文武之德，宣周邵之风，达太王王季之思虑，爰及公刘，以尊后稷也。幽厉之后，王道缺，礼乐衰，孔子修旧起废，论《诗》《书》，作《春秋》，则学者至今则之。自获麟以来四百有余岁，而诸侯相兼，史记放绝。今汉兴，海内一统，明主贤君忠臣死义之士，余为太史而弗论载，废天下之史文，余甚惧焉，汝其念哉！'迁俯首流涕曰：'小子不敏，请悉论先人所次旧闻，弗敢阙。'"这一段对话，极其深刻地表明了他们的角色意识和社会责任的密切联系，表明了他们对于被"天下称诵"的周公和"学者至今则之"的孔子，是何等心向往之。后来司马迁用"述往事，思来者"这几个字深沉地表达出了他对历史、对社会的责任感。从司马光撰《资治通鉴》的目的，我们同样可以看到史家之角色意识与社会责任的联系与统一：他希望《资治通鉴》能够得到最高统治者的重视，"以清闲之宴，时赐省览，监前世之兴衰，考当今之得失，嘉善矜恶，取是舍非，足以懋稽古之盛德，跻无前之至治，俾四海群生，咸蒙其福"。倘果真如此，他自谓"虽委骨九泉，志愿永毕矣"。[①] 这就是说，史家的目的，是希望统治集团从历史上吸取经验教训，改进政治统治以达到"盛德"和"至治"的地步，从而使"四海群生，咸蒙其福"。正是为着这个目的，他认为他的精力"尽于此书"是值得的。

史家之角色意识与社会责任的联系和统一，其中有一个根本的原因，即绝大多数史家从不把史职仅仅视为个人的功名和权力，而是把

① 《资治通鉴》卷二九四《进书表》。

这一职守同社会、国家联系在一起，使其成为一定的社会责任的表现形式。个别的例外乃至少数的异常是存在的，但这并不反映中国史学的主流。

史家的角色意识与社会责任，无疑要影响着、铸造着中国史学的面貌，在很大程度上决定着它的发展趋向。

二、史学的求真与经世

上文所论史家之角色意识与社会责任，至少在两个方面影响到中国史学的基本面貌，这就是中国史学的求实精神与经世目的及其相互间在总体上的一致性。具体说来，史家的角色意识同史学的求真要求相关联，史家的社会责任同史学的经世目的相贯通。其间固有种种深层的联系，本文将在下一个问题中阐述。这里，我们首先来考察中国史学的求真与经世的内涵及其相互间的关系。

享有盛誉的史学批评家刘知幾认为："为史之道，其流有二。何者？书事记言，出自当时之简；勒成删定，归于后来之笔。然则当时草创者，资乎博闻实录，若董狐、南史是也；后来经始者，贵乎俊识通才，若班固、陈寿是也。必论其事业，前后不同。然相须而成，其归一揆。"[①]刘知幾把史学工作大致上划分成了两个阶段：前一个阶段是"书事记言"，后一个阶段是"勒成删定"，前后"相须而成"，缺一不可。他认为前一阶段工作的主要要求是"博闻实录"，一要"博"，二要"实"；后一阶段工作的主要要求是"俊识通才"，一是"识"，二是"才"。按照刘知幾的思想体系，结合他关于才、学、识的理论来看，"博闻实录"可以看作"史学"，"俊识通才"包含了"史识"和"史才"。那

① 《史通·史官建置》。

么，这里什么是最重要的基础呢？答曰："博闻实录"是基础。这是因为，没有丰富的和真实的记载(所谓"书事记言")，自无从"勒成删定"，而"俊识通才"也就成了空话。当然，仅仅有了"博闻实录"，没有"俊识通才"去"勒成删定"，也就无法写成规模宏大、体例完备、思想精深的历史著作，无法成就史学事业。刘知幾在理论上对中国史学的总结和他所举出的董狐、南史、班固、陈寿等实例，论证了中国史学是以求真为其全部工作的基础的。这种求真精神，从先秦史官的记事，到乾嘉史家的考据，贯穿着整个中国古代史学。细心的研究者或许会注意到，《史通·直书》篇列举了唐代以前史学上以"直书"饮誉的史家，他们是：董狐、齐太史、南史氏、司马迁、韦昭、崔浩、张俨、孙盛、习凿齿、宋孝王、王劭等。他们或"仗气直书，不避强御"；或"肆情奋笔，无所阿容"；或"叙述当时"，"务在审实"；等等，都需要"仗气"与"犯讳"，显示了大义凛然的直书精神。刘知幾所处的唐代，也有许多坚持秉笔直书的史官和史家，如褚遂良、杜正伦、刘允济、朱敬则、吴兢、韦述、杜佑等，在求实精神上都有突出的表现。这里，举一个不大为人所知的事例，用以说明在中国史学上求实精神是怎样贯穿下来的。武则天长安年间(701—704)，宠臣张易之、张昌宗欲加罪于御史大夫、知政事魏元忠，乃赂以高官，使张说诬证魏元忠"谋反"。张说始已应允，后在宋璟、张廷珪、刘知幾等人的劝说之下，幡然悔悟，证明魏元忠实未谋反。到唐玄宗时，此事已成为历史事件，吴兢与刘知幾作为史官重修《则天实录》，便直书其事。时张说已出任相职、监修国史，至史馆，见新修《则天实录》所记其事，毫无回护，因刘知幾已故，乃屡请吴兢删改数字；吴兢终不许，认为

“若取人情，何名为直笔”，被时人称为“当今董狐”。[①] 吴兢虽面对当朝宰臣、监修国史，仍能秉笔直书与其有关的然而并不十分光彩的事件，又能当面拒绝其有悖于直书原则的要求，这如没有史学上的求真精神，没有一种视富贵如浮云的境界，是做不到的。这种董狐精神所形成的传统，尤其在历代的起居注、实录、国史的记述与撰写中，都不同程度地表现出来。

应当指出，刘知幾说的“俊识通才”，一方面当以“博闻实录”的“当时之简”为基础，一方面在“勒成删定”中同样要求贯穿求真精神，这样才能真正反映出史家的“识”与“才”。如近代以来的考古发现一再证明，司马迁《史记》所记商代以下的历史是可靠的。这一事实使中外学人皆为之惊叹不已。后人称赞《史记》“其文直，其事核，不虚美，不隐恶，故谓之实录”。[②] 又如司马光撰《资治通鉴》，在“勒成删定”中遇到了许多疑难问题。这对于史家的求真精神实是严峻的考验。为使今人信服、后人不疑，司马光“又参考群书，评其同异，俾归一途，为《考异》三十卷”[③]，使之成为阅读《资治通鉴》的必备参考书。由《资治通鉴》而派生出来《资治通鉴考异》，极有代表性地表明了中国史学的求真精神。此外，从魏晋南北朝以下历代史注的繁荣，直到清代乾嘉时期考史学派的兴盛，也都闪烁着中国史学的求真精神之光。

当然，中国史学上也的确存在不少曲笔。对此，刘知幾《史通·曲笔》篇不仅有事实的列举，还有理论的分析，是关于曲笔现象的很有分量的专文。刘知幾之后，史学上的曲笔现象仍然存在。举例来说，唐代诸帝实录，其中就出现过几次修改，不论是修改曲笔，还是

① 见《唐会要》卷六四《史馆下·史馆杂录下》。

② 《汉书·司马迁传》后论。

③ 《进〈资治通鉴〉表》。

曲笔修改，都说明了曲笔的存在。而此种曲笔产生的原因，往往是政治因素影响所致。[①] 这样的例子，在唐代以后的史学中，也还可以举出一些来。但是，在中国史学上有一个基本准则或总的倾向，这就是：直书总是为人们所称道，而曲笔毕竟受到人们的揭露和批评。诚如南朝人刘勰在《文心雕龙·史传》篇中所说的那样："奸慝惩戒，实良史之直笔；农夫见莠，其必锄也；若斯之科，亦万代一准焉。"这话的意思是：对奸邪给予惩戒，正是优秀史家的直笔所为，正如农夫看到田间的莠草，就一定要把它锄掉一样。像这种做法，也是万代同一的准则。从"书法不隐"，到史学家们把"实事求是"写在自己的旗帜之上，证明在漫长的发展历程中，中国史学形成了这样的准则和传统，求实精神在中国史学中居于主导的位置。

在中国史学上，史家的社会责任意识必将发展为史学的经世思想。从根本的原因来看，思想是社会存在的反映，但思想也反过来影响社会存在。史学思想也是如此。从具体的原因来看，史家的社会责任意识一方面受史家的角色意识所驱动，一方面也受到儒家人生哲学的影响，从而逐步形成了尽其所学为社会所用的史学经世思想。这在许多史家身上都有突出的反映，以至于使经世致用成为中国史学的一个传统。

问题在于，史学家们采取何种方法以史学经世呢？

——以伦理的或道德的准则警醒人们，教育人们，协调或维护一定的社会秩序。按照孟子的说法，"孔子成《春秋》而乱臣贼子惧"，[②] 当属于这种方式。后来，司马迁进一步阐述了《春秋》的这种社会作

① 参见笔者所撰《晚唐史学的特点与成就》《韩愈与〈顺宗实录〉》等文，均收在《唐代史学论稿》，北京师范大学出版社，1989 年。

② 《孟子·滕文公下》。

用，他说：“《春秋》辩是非，故长于治人。”“拨乱世反之正，莫近于《春秋》。”①刘知幾说的“史之为务，申以劝诫，树之风声”②，也是这个意思。

——以历史经验启迪人们心智，丰富人们智慧，更好地利用自然、管理国家和社会。《春秋》之后，《左传》《国语》在这方面有丰富的记载，诸子论史也多以此为宗旨。在陆贾的说服之下，汉高祖刘邦命陆贾“试为我著秦所以失天下，吾所以得之者何，及古成败之国”。③这是历史上政论家、史论家和政治家自觉地总结历史经验的一个范例，对中国史学的发展有深远的影响。司马迁的《史记》，以其“究天人之际，通古今之变”的恢宏视野和深邃的历史眼光、鲜明的时代精神，为中国史学在这方面的成就奠定了广阔而深厚的基础。历代正史、《资治通鉴》以及其他各种体例的史书，在总结历史经验为社会所用方面，都受到了《史记》的影响。

——以历史上的种种制度模式与思想模式，提供现实选择的参考。这种方式，以典制体史书最为突出。唐代大史学家杜佑在《通典》序言中说：“所纂《通典》，实采群言，征诸人事，将施有政。”杜佑同时代的人评价《通典》的旨趣和价值说：“今《通典》之作，昭昭乎其警学者之群迷欤！以为君子致用，在乎经邦，经邦在乎立事，立事在乎师古，师古在乎随时。必参古今之宜，穷终始之要，始可以度其古，终可以行于今，问而辨之，端如贯珠，举而行之，审如中鹄。”④“诞

① 《史记·太史公自序》。

② 《史通·直笔》。

③ 《史记·郦生陆贾列传》。

④ 李翰：《通典》序。

章闳议，错综古今，经代（世）立言之旨备焉”。[①] 清乾隆帝评论《通典》说：“此书……本末次第，具有条理，亦恢恢乎经国之良模矣！”[②] 本文一再列举人们对《通典》的评论，意在借此说明中国典制体史书在史学之经世目的方面的作用。《通典》，不过是它们当中的杰作和代表罢了。

——以众多的历史人物的事迹、言论，向人们提供做人的标准，“见贤而思齐，见不贤而内自省”[③]，使史学起到一种特殊的人生教科书的作用。

史学经世的方式和途径，不限于这几个方面，不一一列举。而需要作进一步探讨的问题，是史学的求真与经世之间究竟有无联系？如果有联系的话，又是怎样的联系？

这样的问题，在中国史学上，史学家们是作了回答的。《史通·人物》篇开宗明义说：“人之生也，有贤不肖焉。若乃其恶可以诫世，其善可以示后，而死之日名无得而闻焉，是谁之过欤！盖史官之责也。”此篇广列事实，证明一些史书在这方面存在的缺陷，并在篇末作结论说：“名刊史册，自古攸难；事列《春秋》，哲人所重。笔削之士，其慎之哉！”所谓“诫世”和“示后”，是指史学的经世作用；所谓“难”，所谓“重”，所谓“笔削之士，其慎之哉”，是强调史学的求真。从这里不难看出，刘知幾是把史学的求真视为史学的经世的基础。换言之，如无史学的求真，便无以谈论史学的经世；求真与经世是密切联系的，在总的方向上是一致的。《史通》作为一部史学理论著作，在许多地方都是在阐述这个道理。宋人吴缜论批评史书的三个标准，一是事

① 权德舆：《杜公墓志铭并序》，见《唐文粹》卷六八。

② 乾隆丁卯《重刻〈通典〉序》。

③ 《史通·史官建置》。

实，二是褒贬，三是文采。他认为，事实是一部史书的根本，有了这一条，才不失为史之意。他说的褒贬，是著史者的价值判断，其中包含着史学经世的思想，而这些都应以事实为基础。吴缜认为，一部好的史书，应当做到这三个方面，也就是说，这三个方面是应当统一起来，也是可以统一起来的。[①] 吴缜所论，同刘知幾所论相仿佛，都强调了史学的经世以史学的求真为前提。这就是说，史学的经世与史学的求真不是抵触的，而是协调的、一致的。在中国史学上，也确有为着“经世”的目的(这常常表现为以政治上的某种需要为目的)，而不顾及甚至有意或无意损害了史学的求真的现象，但这并不是中国史学的主流，而且它有悖于本来意义上的史学经世思想。

在讨论史学的求真与经世的关系时，中国古代史家还有一点认识是十分可贵的，即史学的经世固然以史学的求真为前提，但史学的经世并不等于照搬历史或简单地模仿历史。司马迁指出：“居今之世，志古之道，所以自镜也，未必尽同。帝王者各殊礼而异务，要以成功为统纪，岂可绲乎？”[②]这是中国史家较早地然而却是明确地指出了以历史为借鉴和混同古今的区别。可见，中国史学的经世主张，并不像常被人们所误解的那样：只是告诫人们去搬用历史、模仿前人而已。关于这一点，清人王夫之有很深刻的认识，他在《读通鉴论》的叙文中写道：“引而伸之，是以有论；浚而求之，是以有论；博而证之，是以有论；协而一之，是以有论；心得而可以资人之通，是以有论。道无方，以位物于有方；道无体，以成事之有体。鉴之者明，通之也广，资之也深，人自取之，而治身治世，肆应而不穷。抑岂曰此所论

① 参见《新唐书纠谬序》。

② 《史记·高祖功臣侯者年表》序。

者立一成之侀，而终古不易也哉！”①对于这段话，我们可以作这样的理解：史学的资治或经世，本有恢廓的领域和“肆应不穷”的方式，不应对它采取狭隘的、僵化的态度或做法。

三、角色与责任和求真与经世的关系

史家的角色意识导致了史学的求真精神，史家的责任意识导致了史学的经世目的。那么，当我们考察了角色与责任的一致和求真与经世的一致之后，我们现在要进一步考察的是：角色与责任的一致，求真与经世的一致，从整体上看，它们之间是否有一种深层的联系呢？

这种联系是存在的，正因为这种联系的存在，才使角色意识导致求真精神、责任意识导致经世目的，成为可以理喻的客观存在。这种联系就是中国史学上的信史原则和功能信念。

关于信史原则。中国史学上的信史原则的形成，有一个长期发展的过程。孔子说过：“吾犹及史之阙文也。”②意思是他还能看到史书存疑的地方。孔子还认为杞国和宋国都不足以用来为夏代的礼和殷代的礼作证明，因为它们没有足够的文件和贤者。③ 这都表明了孔子对待历史的谨慎的态度。后人评论《春秋》说：“《春秋》之义，信以传信，疑以传疑。”④这个认识不必拘于某个具体事件，从根本上看，它是符合孔子的思想的。司马迁在论到夏、商、周三代纪年时说：“疑则传疑，盖其慎也。”⑤可以认为：所谓“信以传信，疑以传疑”，“疑则传

① 《读通鉴论》末卷叙论四之二。

② 《论语·卫灵公》。

③ 参见《论语·八佾》。

④ 《穀梁传》桓公五年。

⑤ 《史记·三代世表》序。

疑，盖则慎也”，乃是信史思想的萌芽。南朝刘勰概括前人的认识，在《文心雕龙·史传》篇中提出：“文疑则阙，贵信史也。”他批评“传闻而欲伟其事，录远而欲详其迹”的想法和做法，都是不顾“实理”的“爱奇”表现，不符合信史原则。这是较早的关于“信史”的简要论说。对“信史”作进一步阐述的，是宋人吴缜。他这样写道：“必也编次事实，详略取舍，褒贬文采，莫不适当，稽诸前人而不谬，传之后世而无疑，粲然如日星之明，符节之合，使后学观之，而莫敢轻议，然后可以号‘信史’。”[①]吴缜说的“信史”，包括了事实、详略、褒贬等一些明确的标准，其中所谓“不谬”“无疑”“莫敢轻议”虽难以完全做到，但他在理论上对“信史”提出明确的规范，是有重要意义的，它反映了中国史学上之信史原则逐步形成的趋势。

应当指出，这种信史原则的萌生、形成和确认，同史家的角色意识和史学的求真精神有直接的联系：它是角色意识的发展，又必须通过求真精神反映出来。换言之，没有史家的角色意识，便不可能萌生出史家对于信史的要求；而如果没有史学的求真精神，那么信史原则必将成为空话。可以认为，从“书法不隐”到“实事求是”，贯穿其间的便是逐步发展起来的信史原则和对于信史的不断追求。

关于功能信念。史家的社会责任意识和史学的经世致用目的，也有一贯穿其间的共同认识，即确信史学所具有的社会功能。《国语·楚语上》记载了这样一件事：楚庄王请教大夫申叔时，应当对太子进行怎样的教育，申叔时说了下面这番话：“教之春秋，而为之耸善而抑恶焉，以戒劝其心；教之世，而为之昭明德而废幽昏焉，以休惧其动；教之诗，而为之导广显德，以耀明其志；教之礼，使知上下之

① 参见《新唐书纠谬序》。

则；教之乐，以疏其秽而镇其浮；教之令，使访物官；教之语，使明其德，而知先王之务用明德于民也；教之故志，使知废兴者而戒惧焉；教之训典，使知族类，行比义焉。”①据三国时人韦昭注：春秋，是“以天时纪人事”；世，是“先王之世系”；令，是“先王之官法、时令”；语，是“治国之善语”；故志，是“所记前世成败之书”；训典，是“五帝之书”。可见，这些书大多是历史记载或关于历史方面的内容。从申叔时的话里，可以看出当时人们对于史学教育功能的认识。这种认识经过长时期的发展，唐代的史学家、政治家提出了关于史学功能的比较全面的认识。唐太宗在讲到史学的功用时，极为感慨地说：“大矣哉，盖史籍之为用也。”②史家刘知幾分析了竹帛与史官的作用后总结说：“史之为用，其利甚博，乃生人之急务，为国家之要道。有国有家者，其可缺之哉！”清人浦起龙在解释这段文字时，反复注曰：“析出有史之功用”，“总括其功用”。可见，他是深得刘知幾论史的要旨。

唐代以下，论史学功能的学人更多了，其中如胡三省论史之载道，王夫之论史学的治身、治世，顾炎武论史学与培育人才，龚自珍论史家的“善入”“善出”，“欲知大道，必先为史”，并倡言“以良史之忧忧天下”，等等。其间，都贯穿着对史学之社会功能的确认和信念。

准此，则史家的社会责任意识必倾注于史学之中，而史学亦必成为史家借以经世致用的智慧和手段。

最后，我们是否可以作出这样的结论：信史原则和功能信念的统一，从根本上反映了中国史学传统的精神本质。

---

① 《国语·楚语上》。

② 《修晋书诏》，见《唐大诏令集》卷八一。

司马迁怎样总结秦汉之际的历史经验*

司马迁的《史记》，是一部通史，也是一部社会史(从汉代社会来看，尤其如此)，是一部关于古代社会的经济、政治、思想、文化的百科全书。从现代的学科分类来看，不论是史学、文学、哲学、经济学、政治学、社会学、民俗学、美学，还是天文学、地理学等等，都可以选择一个角度对《史记》进行研究，而且也都可以总结出司马迁在这些方面的成就，并对我们有所启发。这些研究，无疑都是很有意义的，都具有科学史研究的价值。但是，《史记》毕竟首先是一部史书，是一部通史著作。从史学的本来的意义和主要的目的来看，从《史记》的着力所在和精彩之笔来看，从司马迁所处的时代条件和他本身所意识到的肩负的历史责任来看，我认为《史记》最重要的历史价值在于它详尽地、深刻地而且也是生动地总结了秦汉之际的历史经验。这是司马迁奉献给当时的特别是后来的人们的一笔巨大精神财

* 原载《社会科学辑刊》1989年第2、3期。

富和蕴含丰富的历史智慧。

司马迁对秦汉之际历史经验的总结，从比较开阔的视野来看，上起秦国的兴起，下讫武帝时的强盛，内容极为丰富。概而言之，我以为主要集中在以下四个问题上。

——落后的秦国为什么能够击败东方六国，完成统一大业？它为什么又招致速亡？

——楚汉战争中，为什么力量强大的项羽终于遭到失败，力量弱小的刘邦反而获得成功？

——汉初统治者为巩固统治，发展经济制定了什么样的国策？

——极盛时期的汉武帝统治面临着什么新的问题？

这些问题，是战国中期以来至西汉前期大约二百七八十年间的重大历史问题，也是司马迁所处时代的近现代史上的重大问题，有的则是属于他那个时候的当代问题。司马迁真不愧是一个伟大的历史学家，他非但没有回避这些重大问题，而是以严肃的态度、深邃的思想、卓越的见识和神奇的史笔回答了这些问题。

那么，司马迁是怎样总结秦汉之际的历史经验，又是如何回答这些问题的呢？

一

落后的秦国为什么能够击败东方六国，完成统一大业？它为什么又招致速亡？

关于这个问题，司马迁在《秦本纪》和《秦始皇本纪》中，并没有以自己的口气作许多评论。他只是在《秦始皇本纪》的后论中简略而含蓄地写道："自缪公以来，稍蚕食诸侯，竟成始皇。始皇自以为功过五帝、地广三王，而羞与之侔。"这两句话，既概括地写出了秦国发展、强大的过程，秦始皇完成统一大业后的宏大的超越前人的政治抱负，也隐约地揭露了他蔑视历史、目空一切、专横自恣的政治品质。从根本上说，这两句话也就是对《秦本纪》和《秦始皇本纪》所记秦国历史的一个总结。接着，司马迁全文引用了汉初贾谊的《过秦论》，并说“善哉乎贾生推言之也”。显然，司马迁是同意贾谊《过秦论》所提出的看法的，他是要借用贾谊的看法来回答上述问题的。这是司马迁历史评论的一种独特的形式。

贾谊《过秦论》分析秦国自缪公以来不断强大、终于统一全国的原因，主要有三条。一是有利的地理形势，即所谓“被山带河以为固，四塞之国也”。这种地理形势在军事上的优胜之处是：六国攻秦，秦可以逸待劳，“守险塞而军，高垒毋战，闭关据阨，荷戟而守之”；于是六国逐渐疲惫，而秦国则锐气养成，加之政治上的“远交近攻”方略，乃能逐一击败各国，完成统一事业。关中地区在地理上的这种优势，在中国历史上的政治斗争和军事斗争中曾经保持了相当长的时期，历代政治家、思想家、史学家都有论述。贾谊是较早总结这一历史经验的思想家，他的这一看法对后人有很大的影响，司马迁就是最先接受这种看法的人之一。二是能用人，“当此之世，贤智并列，良将行其师，资相通其谋”，同时采取了“安土息民，以待其敝”的政策。秦国国君善于广揽人才，用其所长，这有长久的历史，也是它逐步强大起来的一个重要原因。对此，贾谊之前，已有人作过评论，李斯的谏除逐客之令的上书是典型的概括。他指出：“昔缪公求士，西取由余于戎，东得百里奚于宛，迎蹇叔于宋，来丕豹、公孙支于晋，此五子者，不产于秦，而缪公用之，并国二十，遂霸西戎。孝公用商鞅之法，移风易俗，民以殷盛，国以富强，百姓乐用，诸侯亲服，获楚、魏之师，举地千里，至今治强。惠王用张仪之计，拔三川之地，西并巴、蜀，北收上郡，南取汉中，包九夷，制鄢、郢，东据成皋之险，割膏腴之壤，遂散六国之从(纵)，使之西面事秦，功施到今。昭王得范雎，废穰侯，逐华阳，强公室，杜私门，蚕食诸侯，使秦成帝业。此四君者，皆以客之功。由此观之，客何负于秦哉！向使四君却客而不内，疏士而不用，是使国无富利之实而秦无强大之名也。”①这是讲的缪公、孝公、惠王、昭王善于用人的历史，也是讲的秦国由弱变强的历史。司马迁作《李斯列传》，全文收录这篇上书，他是赞同李斯和贾谊的看法的。三是得力于商鞅变法和张仪之谋：“内立法度，务耕织，修守战之备，外连衡(横)而斗诸侯”。关于商鞅变法和张仪之谋，李斯已有评论。从秦国的历史来着，商鞅变法是许多重大事变中最重要的一件，所以司马迁说：商鞅之法，“行之十年，秦民大说(悦)，道不拾遗，山无盗贼，家给人足，民勇于公战，怯于私斗，乡邑大治”。② 把这个评价同上文所引李斯的评价结合起来看，商鞅变法对于秦国后来的富强确是起了关键的作用。以上三条，即地理形势、用人和改革，是秦国强大的主要原因。所以到了秦王嬴政时，“续六世之余烈，振长策而御宇内，吞二周而亡诸侯，履至尊而制六合，执棰拊以鞭笞天下，威振四海”，成就了统一大业。

那么，从秦国发展成为秦皇朝后，为什么反倒招致速亡呢？贾谊认为，这完全是执行了错误的政策所致。第一，“秦王怀贪鄙之心，行自奋之智，不信功臣，不亲士民，废王道，立私权，禁文书而酷刑法，先诈力而后仁义，以暴虐为天下始”。贾谊认为，“兼并”时期与安定时期应有不同的政策，叫作“取与守不同术也”。可是秦始皇不懂

① 《史记·李斯列传》。

② 《史记·商君列传》。

得这个道理，用对付六国诸侯的办法来对待民众，这是极大的错误。第二，“废先王之道，焚百家之言，以愚黔首……秦王之心，自以为关中之固，金城千里，子孙帝王万世之业也”。企图用愚民政策来巩固“万世之业”，却没有制定出如何进一步安定“黔首”的政策，这跟秦国历史上曾经实行过的“安土息民”政策相比，同商鞅变法时实行的有关政策相比，自是一个历史的退步。第三，是“多忌讳之禁”，拒绝谏谋。贾谊指出，秦皇朝在政策上的错误，当时并不是没有。看出来的，即“世非无深虑知化之士也”，但“忠臣不敢谏，智士不敢谋”，这是因为“忠言未卒于口而身为戮没矣”，人们只好“倾耳而听，重足而立，拑口而不言”。这种紧张的政治局面，同战国时期各国国君广揽人才、认真听取各种富国强兵之道的生动活泼的政治气氛实有天壤之别，就是同后来的一些英明的封建君主肯于纳谏的情况也有很大的不同。所以贾谊感叹地说：秦末，“天下已乱，奸不上闻，岂不哀哉!”秦二世时，非但不知改弦更张，反而使这些错误的做法有增无减。在这种情况下，陈胜等人“斩木为兵，揭竿为旗，天下云集响应”，最后导致秦皇朝的灭亡。

司马迁并没有用太多的话直接评论秦朝在政治上的种种失误，只是据事直书(如他写焚书坑儒事件等)。但他在这里借贾谊《过秦论》批评秦朝统治者的为政之失，充分表达了自己的看法，这不仅贯穿着一种历史的联系，而且也增强了对于历史判断的说服力。

二

楚汉战争中，为什么力量强大的项羽终于遭到失败，力量弱小的刘邦反而获得成功?

司马迁对这个问题的回答在方法上与上面所讲的有所不同，他在

《项羽本纪》中是直接而又明确地阐述了自己的看法的。毋庸置疑，司马迁对项羽这个失败的英雄是带有几分同情的。依我的浅见，这种同情主要是出于对项羽的英雄气概和直率性格的赞赏，并不含有更多的深意。而这种赞赏，在《项羽本纪》中随处可见。如：

> （汉四年）楚汉久相持未决，丁壮苦军旅，老弱罢转漕。项王谓汉王曰："天下匈匈数岁者，徒以吾两人耳，愿与汉王挑战（指挑身独战——引者）决雌雄，毋徒苦天下之民父子为也。"汉王笑谢曰："吾宁斗智，不能斗力。"

项羽的直率（甚至略带几分天真）跃然纸上，这同刘邦的冷静和老谋深算比起来，相去何止千里！又如：刘邦父母、妻子为项羽所俘，置于军中。后刘邦派人同项羽讲和，"项王乃与汉约，中分天下，割鸿沟以西者为汉，鸿沟而东者为楚。项王许之，即归汉王父母妻子。……项羽已约，乃引兵解而东归。"项羽的诚意亦跃然纸上，但他的这种诚意却使他陷入了困境，因为刘邦已经部署好了对项羽的袭击。

从垓下之战至项羽乌江自刎的一段记述，是司马迁对项羽深寄同情之心最突出的地方，其中有一段文字是：

> （汉五年）项王军壁垓下，兵少食尽，汉军及诸侯兵围之数重。夜闻汉军四面皆楚歌，项王乃大惊曰："汉皆已得楚乎？是何楚人之多也！"项王则夜起，饮帐中。有美人名虞，常幸从；骏马名骓，常骑之。于是项王乃悲歌慷慨，自为诗曰："力拔山兮气盖世，时不利兮骓不逝。骓不逝兮可奈何，虞兮虞兮奈若何！"歌数阕，美人和之。项王泣数行下，左右皆泣，莫能仰视。

今天读来，仍然使人感到，这是一幅多么悲壮的历史画面！后人据此编写出“霸王别姬”的故事并搬上舞台，广为流传，当非偶然。接着，司马迁写了项羽不愿一人渡江（“天之亡我，我何渡为！且籍与江东子弟八千人渡江而西，今无一人还，纵江东父兄怜而王我，我何面目见之？纵彼不言，籍独不愧于心乎？”），赐马亭长（“吾知公长者，吾骑此马五岁，所当无敌，尝一日行千里，不忍杀之，以赐公。”），自刎于故人吕马童之前（“吾闻汉购我头千金，邑万户，吾为若德。”），等等。司马迁的史笔可谓写尽了其人的性格与气质，有很大的感人力量。

但是，司马迁毕竟是一位严肃的史学家，他对项羽又是采取批判态度的：对项羽的刚愎自用，不懂得罗织人才和总结经验教训，以及过分相信自己的武力等等，都是予以否定的。从中可以看出项羽为什么终于遭到失败的历史教训。如司马迁写其垓下之战失败后，仅存二十八骑，而汉军追者数千人：

> 项王自度不得脱。谓其骑曰：“我起兵至今八岁矣，身七十余战，所当者破，所击者服，未尝败北，遂霸有天下。然今卒困于此，此天之亡我，非战之罪也。”

他甚至要采用“快战”的战术，“必三战之”，以“令诸君知天亡我，非战之罪也”。到了此时，他还要用这种匹夫之勇来证明“天亡我，非战之罪也”，足见项羽刚愎自用几乎达到了愚蠢的地步！他对乌江亭长说的“天之亡我，我何渡为！”表明他始终认为，他的失败，其意在天，自己是毫无责任的。

正因为项羽是这样一个人，所以司马迁在《项羽本纪》后论中，一方面充分肯定他“将五诸侯灭秦，分裂天下，而封王侯，政由羽出，号为‘霸王’，位虽不终，近古以来未尝有也”。另一方面又批评他不懂得谋略，“放逐义帝而自立”；迷信武力，“自矜功伐，奋其私智而不师古，谓霸王之业，欲以力征经营天下，五年卒亡其国，身死东城，尚不觉悟而不自责，过矣！乃引‘天亡我，非用兵之罪也’，岂不谬哉！”从轰轰烈烈走向失败，然不知何以失败，至死不悟，这真是英雄的双重悲剧。而与这个悲剧恰成鲜明对照的则是刘邦的喜剧。

楚汉战争中，刘邦多次失败，以至父母、妻子都成了项羽的俘虏，为什么最后终于获得成功？司马迁虽然没有如同《项羽本纪》后论那样，集中地、明确地写出自己的看法，但通观《史记》全书，他是回答了这个问题的。如《高祖本纪》后论说：“秦政不改，反酷刑法，岂不谬乎！故汉兴，承敝易变，使人不倦，得天统矣。”这里说的“承敝易变”，指的是变秦苛法。关于这一点，《高祖本纪》有具体而生动的记载：

> （汉元年十月，刘邦）还军霸上。召诸县父老豪桀曰：“父老苦秦苛法久矣，诽谤者族，偶语者弃市。吾与诸侯约，先入关者王之，吾当王关中。与父老约法三章耳：杀人者死，伤人及盗抵罪。余悉除去秦法。诸吏人皆案堵如故。凡吾所以来，为父老除害，非有所侵暴，无恐！……”乃使人与秦吏行县乡邑，告谕之。秦人大喜，争持牛羊酒食献飨军士。

这应当就是司马迁说的“承敝易变”的主要内容。项羽是“欲以力征经营天下”，而刘邦懂得人心向背对于政治活动的得失起着重要作用，因而是懂得政治大局的。经验与教训，成功与失败，竟是如此泾渭分明。

这样的历史认识，司马迁在《萧相国世家》后论中也有类似的表述。他称赞萧何辅佐刘邦，“谨守管籥，因民之疾秦法，顺流与之更始”。这里，“顺流”一词用得很好，既形象，又深刻。这是顺民心之所向，在一定程度上说，也是顺应历史潮流。

刘邦在楚汉战争中获得成功，原因当然是多方面的，但“承敝易变”，顺应民心，“顺流与之更始”，则是最根本的原因。善于用人，是刘邦成功的很重要的原因。关于这一点，以往的许多论著讲得不少了，这里不再重复。

楚汉战争是秦汉之际的重大事件，其间得失成败当然不只是项羽、刘邦个人的事情，也不只是他们个人的才能、品质、性格的较量。唯其如此，我们从司马迁所总结的这一出历史悲剧的经验教训中，可以得到许多有益的启示。而对于刘邦来说，楚汉战争中的胜利，也只是初步的成功；他的更大的成功，是要在完成对于西汉政权的巩固之后才能获得。

三

汉初统治者为巩固统治、发展经济制定了什么样的国策？

这是司马迁在《史记》中写得最丰富、最精彩的部分，也是他对秦汉之际的历史经验总结得最深刻的部分。因此，本文不可能对司马迁的这一总结作比较详尽的评论。这里，我想指出一个带根本性质的问题，即司马迁对汉初统治者所制定的并历经几代连续贯彻的基本国策的记述与评价。

我想先讲一讲陆贾这个人，因为他跟这里所要讨论的问题有极大的关系。陆贾是楚地人，以有辩才而从刘邦定天下，深得刘邦的信任。司马迁记下了他在汉初所做的一件具有重大历史意义的事情。这就是：

> (汉初定)陆贾时时前说称《诗》《书》。高帝骂之曰："乃公居马上而得之，安事《诗》《书》!"陆生曰："居马上得之，宁可以马上治之乎？且汤武逆取而以顺守之，文武并用，长久之术也。昔者吴王夫差、智伯极武而亡；秦任刑法不变，卒灭赵(秦)氏。向使秦已并天下，行仁义，法先圣，陛下安得而有之?"高帝不怿而有惭色，乃谓陆生曰："试为我著秦所以失天下，吾所以得之者何，及古成败之国。"陆生乃粗述存亡之征，凡著十二篇。每奏一篇，高帝未尝不称善，左右呼万岁，号其书曰《新语》。①

可以想见，这在当时是何等庄严、深沉而又富有生气的场面！值得注意的是，刘邦这个人的文化素养并不高，有时还带有几分无赖习气，但他毕竟是一个政治家，不像项羽那样"自矜功伐，奋其私智"，因而能够采纳臣下的合理建议。他命陆贾总结秦何以失天下、汉何以得天下及古成败之国的历史经验，实在是一个极其英明的决定。汉初统治集团，以皇帝为首这样重视总结历史经验，对于西汉初年乃至西汉前期基本国策的制定和贯彻，无疑产生了重大的影响。还有一点值得注意的是，陆贾说的"逆取而以顺守之，文武并用，长久之术也"的话，跟后来贾谊说的"取与守不同术也"的话，是相通的。从这个历史的联系中，可以窥见汉初知识分子在总结历史经验、思考当代治国方略

---

① 《史记·郦生陆贾列传》。

上，有不少共同的认识，也作出了重大的贡献。

陆贾《新语》十二篇，今存。有人认为是后人伪托，但也有认为是大致可信的，我倾向后一种说法。十二篇中的第四篇即《无为》篇指出："秦非不欲为治，然失之者，乃举措暴众而用刑太极故也"。认为实行"宽舒""中和"之政是非常必要的。是否可以认为，"无为""宽舒""中和"，既是对秦朝"用刑太极"政策的否定，也是直接影响到西汉前期基本国策的理论根据之一。汉初统治者内部在政治上存在着激烈的斗争，有朝廷同异姓封国的斗争，有刘氏集团同诸吕集团的斗争，有同姓封国同朝廷的斗争等等，但"无为""宽舒""中和"为理论根据的基本国策却相沿未改，在较长的时期里得到了贯彻。

司马迁显然十分重视这一历史经验。他在考察这个问题的时候，一方面注意到它的连续性，另一方面也注意到它的实际效果。他在《吕太后本纪》后论中指出："孝惠皇帝、高后之时，黎民得离战国之苦，君臣俱欲休息乎无为，故惠帝垂拱，高后女主称制，政不出房户，天下晏然。刑罚罕用，罪人是希；民务稼穑，衣食滋殖。"《吕太后本纪》所记述的史事，大多是关于诸吕同刘氏宗室及开国功臣争夺权力的斗争，是关于吕后在这个斗争中的种种残酷手段。从上文所引司马迁语来看，说明他在总结惠帝、吕后统治时期的功过得失时，没有局限于统治集团内部的纷争，而着眼于这一时期的总的社会发展趋势。这正是司马迁的历史见识的非同凡响之处。而所谓"君臣俱欲休息乎无为"，同刘邦废秦苛法，萧何"顺流与之更始"，陆贾提出"逆取而以顺守之"的历史经验和"无为"的主张等等，是一脉相承的。这里贯穿着一个基本的国策，即顺应民心，与民休息。这一国策在文、景时继续得到贯彻，所以司马迁一再称颂文帝的"盛德"："汉兴，至孝文四十有余载，德至盛也”①，“汉兴，孝文施大德，天下怀安”②。司马迁这样盛赞文帝是很有道理的，因为正是在他统治的二十多年中，西汉的社会经济得到了恢复并迅速发展起来，在惠帝、吕后时期“民务稼穑，衣食滋殖”的基础上，进而发展到“海内殷富，兴于礼义”的局面。对于文帝本人的政治才能和治国方略，司马迁有一段记载，写得平实、感人，使人能于细微处见其不平凡的政治家风度，兹录于下：

> 孝文帝从代来，即位二十三年，宫室苑囿狗马服御无所增益，有不便，辄弛以利民。尝欲作露台，召匠计之，直百金。上曰：“百金中民十家之产，吾奉先帝宫室，常恐羞之，何以台为！”上常衣绨衣，所幸慎夫人，令衣不得曳地，帏帐不得文绣，以示敦朴，为天下先。……与匈奴和亲，匈奴背约入盗，然令边备守，不发兵深入，恶烦苦百姓。……群臣如张武等受赂遗金钱，觉，上乃发御府金钱赐之，以愧其心，弗下吏。专务以德化民，是以海内殷富，兴于礼义。③

从这里所列举出的一些事例，可以看出文帝时期的政治特点。值得注意的是，司马迁用了“海内殷富”这四个字，反映出这个时期的社会经济状况已完全摆脱了汉初那种“天子不能具钧驷，而将相或乘牛车，齐民无藏盖”的贫困局面。这是自西汉建立至文帝时四十余年中的根本性变化。从惠帝、吕后时期的“无为”到文帝时期的“以德化民”，这

① 《史记·孝文本纪》后论。

② 《史记·孝景本纪》后论。

③ 《史记·孝文本纪》。

也是基本国策的一脉相承。可见，汉初社会经济得以迅速恢复和发展，确与这一基本国策的正确制定和长期延续有极大的关系。

我们还应当看到，这一国策的延续性在大臣中的反映。史载，曹参代萧何为相，不理事，遭到惠帝斥责，曹参解释说："高帝与萧何定天下，法令既明，今陛下垂拱，参等守职，遵而勿失，不亦可乎！"①惠帝认为曹参说得对。曹参是刘邦旧臣，对刘邦和萧何的政治举措自然了解至深。从刘邦的"承敝易变"、萧何的"顺流与之更始"，到惠帝、吕后的"无为"和曹参的"遵而勿失"，这正是秦汉之际封建皇朝政策转换中的两种不同表现形式，是"易变"和稳定的统一。汉初统治者的成功之处，是他们比较恰当地把握住了这一政策转换中的两个不同的环节；而司马迁的高明之处，是他完全洞察了这种"变"与不变的政治举措对当时社会生活的重要性，故而能对它们进行深刻而生动的总结。然而，司马迁的这一总结并不限于此，他还引用当时的民谣来说明上述国策的连续性在民间的反映："萧何为法，顜若画一；曹参代之，守而勿失。载其清净，民以宁一。"又说："参为汉相国，清静极言合道。然百姓离秦之酷后，参与休息无为，故天下俱称其美矣。"②这是从历史的高度来看待当时的民谣和评价曹参的思想与做法，是历史经验的形象的表示和理论的概括的统一。

以上这些，说明司马迁是从秦的酷法役民到汉的"清净""无为""与民休息"这一政策的变化，来总结汉初统治者是如何巩固统治、发展社会经济的。不论是处置封国问题，还是解决民族矛盾问题，汉初统治者都没有改变"与民休息"的基本国策，这就证明汉初统治者是真

① 《史记·曹相国世家》。

② 同上。

正总结了秦亡的教训。司马迁不愧是伟大的史学家，他非常准确地把握住了这一重大的历史经验，并在《史记》中一再反映出来，其深意所在，可以想见。这就是他总结历史经验不仅仅是为了说明历史，他还以此来观察现实。他对于汉武帝统治时期政治的认识，正是他上述历史认识的合乎逻辑的产物。

四

极盛时期的汉武帝统治面临着什么新的问题？

这是司马迁所亲身经历的历史变化。应当说，司马迁所处的时代，正是西汉最富庶、最强大的时期。如他自己所说："汉兴五世，隆在建元。"①"建元"元年是公元前 140 年，而司马迁就诞生于公元前 145 年或公元前 135 年，可谓生当其时。古往今来，有不少政治家、思想家、史学家对汉武帝统治时的盛世讴歌备至。但是他们忽略了一个重要的事实，即身处汉武帝时代的司马迁，却没有陶醉于对盛世的歌颂。他以一个冷静的、负责任的史学家的眼光，看到了这个盛世表象后面的社会问题，并在《史记》中有所记载，从而显示出他的卓越的史识和实录的精神。

司马迁于盛世之中洞察到事物的变化和存在的问题，当从《史记》的《今上本纪》《封禅书》《平准书》等篇中看得尤其突出。可惜《今上本纪》已佚，今《史记·武帝本纪》为后人以《封禅书》所补，所以我们只能以《封禅书》和《平准书》作为主要根据来考察司马迁的这一思想。司马迁在《封禅书》后论中说："余从巡祭天地诸神名山川而封禅焉。入寿宫侍祠神语，究观方士祠官之意，于是退而论次自古以来用事于鬼

① 《史记·太史公自序》。

神者，具见其表里。后有君子，得以览焉。”十分清楚，他是要以自己的所见所闻来揭露方士祠官的虚妄和笃信鬼神的帝王们的荒诞。《封禅书》除记述了历代的封禅活动外，主要落笔在对汉武帝笃信神仙、受方士愚弄的揭露和讽刺上。篇中说到汉武帝“尤敬鬼神之祀”，先后为方士李少君、少翁、栾大、公孙卿等人的一再要弄而执迷不悟，以至于“东至海上，考入海及方士求神者，莫验，然亦遣，冀遇之”，达到了欲罢不能的地步。篇末有几句带有结论性的话是：“今上封禅，其后十二岁而还，遍于五岳、四渎矣。而方士之候祠神人，入海求蓬莱，终无有验。而公孙卿之候神者，犹以大人之迹为解，无有效。天子益怠厌方士之怪迂语矣，然羁縻不绝，冀遇其真。自此之后，方士言神祠者弥众，然其效可睹矣。”这无异是说，入海求仙，不过是一出出闹剧而已。汉武帝本人虽久求而不可得，未免感到厌恶，但还是抱着希望，能够见到神仙。由于皇帝的笃信不改，毒化了社会风气，相信神仙的人愈来愈多，但那结果不是十分清楚吗？

显而易见，司马迁正是通过《封禅书》从一个方面揭示了汉武帝统治时期盛世表现背后的阴暗面，汉武帝的这些愚蠢行径使他看到了“物盛而衰”的历史变化。这种历史变化，已不只是表现为对于神仙的笃信和求访，而是人世间的活生生的反映。司马迁在《平准书》中描绘了汉武帝即位后不久，西汉经过七十余年的发展而达到的繁荣局面，可谓一派盛世景象。但他接着就写道：“当此之时，网疏而民富，役财骄溢，或至兼并豪党之徒，以武断于乡曲。宗室有土公卿大夫以下，争于奢侈，室庐舆服僭于上，无限度。物盛而衰，固其变也”。司马迁以朴素的辩证观点来看待和解释这种变化，即他说的“物盛而衰，固其变也。”从今天的观点来看，这种变化正是封建的经济关系和政治统治固有矛盾发展的结果；武帝不同于高祖、文景，因为他处在这个矛盾发展的新的阶段上。从这个意义上说，最高统治者的变化，不应看作是上述变化的原因，而恰恰是这个变化的一部分。但是，最高统治者的变化因其所处地位的特殊性，他的变化必然会在相当的程度上影响到社会的变化。司马迁虽然还不能科学地说明这二者之间的关系，但他毕竟是十分敏感地观察到了这两种变化。他在概括地描绘了社会的变化之后，又从一些具体方面揭示了“物盛而衰”的种种表现。如：由于通西南夷道和筑卫朔方，弄得“府库益虚”；由于对匈奴的连年用兵，“于是大农陈藏钱经耗，赋税既竭，犹不足以奉战士”；由于置赏官武功爵，“军功多用越等，大者封侯卿大夫，小者郎吏。吏道杂而多端，则官职耗废”；由于“张汤用峻文决理为廷尉，于是见知之法生”；由于“有腹诽之法以比”，于是“公卿大夫多谄谀取容矣”；以及“富商大贾或蹛财役贫，转毂百数，废居居邑，封君皆低首仰给。冶铸煮盐，财或累万金，而不佐国家之急，黎民重困”；“县官往往即多铜山而铸钱，民亦间盗铸钱，不可胜数。钱益多而轻，物益少而贵”；等等。这些现象是以前所没有的，或者虽然有但却没有显露得如此突出。当然，武帝时代的西汉社会比惠、高、文、景时代的西汉社会是向前发展了，于是新的社会问题也就跟着产生了。司马迁以朴素的辩证思想来说明他看到的这些变化，认为：“物盛则衰，时极而转，一质一文，终始之变也。”他当然还不能完全跳出循环论的窠臼，但他毕竟敏感地揭示了社会的变化，于盛世之中看到了新的社会问题。这些变化，这些问题，因不可完全视为盛衰之变，但也确实包含着盛衰之变。唯其如此，司马迁才给后人留下了永远值得思考的历史课题。

司马迁不愧是伟大的史学家。他不仅能够以冷静的态度看待历史，也能够以同样冷静的态度看待现实。他善于以历史的经验来揭示现实的问题，也善于以现实的问题去反衬历史的经验。他的思想上无疑还带着历史循环论的印记，但他确实是那个时代的思想巨人，因为他对历史与现实中发生的变化从不感到惊奇和困惑。——他的历史哲学是："物盛而衰，固其变也"；"事势之流，相激使然，曷足怪焉！"

要之，司马迁所总结的秦汉之际的历史经验中包含的历史智慧，是他留给后人的一笔丰厚的精神遗产。

唐代谱学简论*

唐代谱学是唐代史学的一个组成部分。郑樵《氏族略》指出：

> 自隋唐而上，官有簿状，家有谱系。官之选举，必由于簿状；家之婚姻，必由于谱系。历代并有图谱局，置郎、令史以掌之，仍用博通古今之儒，知撰谱事。凡百官族姓之有家状者，则上之官，为考定详实，藏于秘阁，副在左户；若私书有滥，则纠之以官籍，官籍不及，则稽之以私书。此近古之制，以绳天下，使贵有常尊，贱有等威者也。所以人尚谱系之学，家藏谱系之书。"①

可见，谱学在封建地主阶级的政治生活和婚姻关系中，起着极其重要的作用。据《新唐书·艺文志》乙部《谱牒类》著

* 原载《中国史研究》1981 年第 1 期。

① 《通志》卷二五《氏族略》一《氏族》序。

录，谱系之书凡二千零五十卷，内中属唐代者近半数；故郑樵认为，“姓氏之学，最盛于唐”①，这话不是没有根据的。

本文仅就谱学在唐代的发展情况，以及谱学和唐代的政治生活、社会风气的关系等问题，作初步的探讨，以就教于史学界的同志们。

一、谱学在唐代的兴替

唐代谱学是魏晋以来谱系之学的继续和发展。唐代著名谱学家柳芳曾经对谱学源流作过详细的论述②，从中不难窥见唐代谱学与魏晋以来谱系之学的渊源关系。宋人郑樵进而写道：

> 汉有《邓氏官谱》，应劭有《氏族篇》，又有颍川太守聊氏《万姓谱》。魏立九品、置中正：州大中正、主簿，郡中正、功曹，各有簿状，以备选举。晋、宋、齐、梁因之。故晋散骑常侍贾弼、太保王弘，齐卫将军王俭，梁北中郎将谘议参军知撰谱事王僧孺之徒，各有《百家谱》，徐勉又有《百官谱》。宋何承天撰《姓苑》，与后魏河南《官氏志》，此二书尤为姓氏家所宗。唐太宗命诸儒撰《氏族志》一百卷，柳冲撰《大唐姓系录》二百卷，路敬淳有《衣冠谱》，韦述有《开元谱》，柳芳有《永泰谱》，柳璨有《韵略》，张九龄有《韵谱》，林宝有《姓纂》，劭思有《姓解》。③

这是郑樵对汉、唐间谱学发展情况所勾画的一个基本轮廓，其中尤以唐代最详。唐肃宗时史官柳芳在谈到本朝的谱学家时说：“唐兴，言

① 《通志》卷二五《氏族略》一《氏族》序。

② 《新唐书》卷一九九《儒学传中·柳冲传》。

③ 《通志》卷二五《氏族略》一《氏族》序。

谱者以路敬淳为宗，柳冲、韦述次之。李守素亦明姓氏，时谓‘肉谱’。后有李公淹、萧颖士、殷寅、孔至，为世所称。”①总括柳芳、郑樵所论，本文将首先对唐代的主要谱学家和主要谱牒著作作一简要的考查，庶几可见唐代谱学兴替之一般情况。

(一)主要谱学家

唐代谱学家甚多，我们按照唐代前期、中期、后期三个时期分别加以考查。唐代前期的谱学家主要有李守素、高士廉、路敬淳、柳冲等。

李守素，赵州(今河北赵县)人，出身于山东名族；唐高祖四年(621)，任文学馆学士、天策府仓曹参军。李守素“尤工谱书，自晋、宋以降，四海士流及诸勋贵，华戎阀阅，莫不详究”，因而“世号‘肉谱’”②，被人们看作一部活的谱书。当时著名学者虞世南与李守素讨论谱系之学，亦为之叹服，并把李守素比作一本活的《人物志》③。李守素可以称得上是唐代第一位谱学大师了，但他并没有留下什么谱学著作。与李守素同时的，还有渭州刺史李淹“亦明谱学，守素所论，惟淹能抗之”④。不过对于李淹，人们知之甚少。(高士廉，下文将论及，此不赘述。)

较李守素稍晚一点的路敬淳是唐代前期最有影响的谱学家。路敬淳(？—697)，贝州临清(今山东临清)人。他在贞观末年，“官至申州司马”；武则天天授年间(690—692)，“历司礼博士、太子司仪郎，兼

---

① 《新唐书》卷一九九《儒学传中·柳冲传》。

② 《旧唐书》卷七二《褚亮传》附《李守素传》。

③ 《隋唐嘉话》上：“秦王府仓曹李守素，尤精谱学，人号为‘肉谱’。虞秘书世南曰：‘昔任彦升善谈经籍，时称为五经笥，宜改仓曹为人物志。’”

④ 《新唐书》卷一二《褚亮传》附《李守素传》。

修国史，仍授崇贤馆学士”。路敬淳勤奋好学，“不窥门庭，遍览坟籍”，而“尤明谱学，尽能究其根源枝派，近代已来，无及之者”①。他曾撰《著姓略记》二十卷、《衣冠谱》六十卷②，对唐代谱学发展产生很大影响。故柳芳认为：“唐兴，言谱者以路敬淳为宗”。《新唐书》也说：“唐初，姓谱学唯敬淳名家。其后柳冲、韦述、萧颖士、孔至各有撰次，然皆本之路氏”③。可见，路敬淳的影响又在李守素之上。

柳冲（？—717），蒲州虞乡（今山西平陆）人。唐中宗景龙年间（707—710），任左散骑常侍，修国史。“（柳）冲博学，尤明世族，名亚路敬淳”④，于唐中宗神龙元年（705）受命参与修撰《姓族系录》，至唐玄宗先天二年（713）成书，开元二年（714）定稿，凡二百卷⑤。

此外，生活在唐代前期的大史学家刘知幾（661—721），对谱学也有精湛的研究。他的谱学著作受到当时学者极高的评价；同时，他还参与过大型官修谱牒的著述和定稿工作。

唐代中期的谱学家主要有韦述、萧颖士、孔至、柳芳等。

韦述（？—757），京兆万年（今陕西西安）人。唐玄宗开元五年（717）为栎阳尉，受诏于秘阁编次图书。“（韦）述好谱学，秘阁中见常侍柳冲先撰《姓族系录》二百卷，述于分课之外，手自抄录，暮则怀归。如是周岁，写录皆毕，百氏源流，转益悉详。乃于《柳谱》之中，别撰成《开元谱》二十卷。”⑥韦述在谱学方面的造诣很深，声誉很高。

---

① 以上均见《旧唐书》卷一八九下《儒学传下·路敬淳传》。

② 见《新唐书》卷五八《艺文志》二。

③ 《新唐书》卷一九九《儒学传中·路敬淳传》。

④ 《旧唐书》卷一八九下《儒学传下·柳冲传》。

⑤ 同上。

⑥ 《旧唐书》卷一〇二《韦述传》。

封演说他“练士族，举朝共推，每商姻亲，咸就访”[①]，俨然是当朝的谱学顾问。

韦述居史职时，曾竭力推荐萧颖士来接替他的职务。萧颖士，梁鄱阳王七世孙，“四岁属文，十岁补太学生。观书一览即诵，通百家谱系”。唐玄宗天宝初年，萧颖士已经“名播天下”。他曾经依《春秋》体例著史传百篇，起汉初，迄隋末[②]。因爱好谱学，“通百家谱系”，乃撰《梁萧史谱》二十卷[③]。

孔至，越州山阴(今浙江绍兴)人，唐玄宗时任著作郎。孔至“明氏族学，与韦述、萧颖士、柳冲齐名”，曾撰《百家类例》；“时述及颖士、柳冲皆撰《类例》，而至书称工”[④]，受到韦述的赏识。

柳芳是在学术上与韦述关系更为密切的谱学家[⑤]。他是蒲州河东(今山西永济)人，唐肃宗时为史官，受诏“与韦述缀辑吴兢所次国史，会述死，芳绪成之，兴高祖，讫乾元，凡百三十篇”。他又仿编年法，著《唐历》四十篇，“颇有异闻”[⑥]。柳芳于唐玄宗开元末年入仕，自永宁尉、直史馆，转拾遗、补阙、员外郎，多居史任，“勤于记注，含毫罔倦”，而尤“精于谱学”。唐代宗永泰年间(765—766)，柳芳“按宗正谱牒，自武德已来宗枝昭穆相承，撰皇室谱二十卷，号曰《永泰新

① 《封氏闻见记》卷一《讨论》。

② 均见《新唐书》卷二〇二《文苑传中·萧颖士传》。

③ 见《新唐书》卷五八《艺文志》二。

④ 《新唐书》卷一九九《儒学传中·孔若思传》附《孔至传》。

⑤ 《唐国史补》卷上：“柳芳与韦述友善，俱为史官。述卒后，所著书有未毕者，多芳与续之成轴也。”

⑥ 《新唐书》卷一三二《柳芳传》。

谱》”[①]。他对于谱学源流的研究着力不小，“著论甚详”，《新唐书》作者曾予以删削而载其要旨[②]。

韦述、萧颖士、孔至、柳芳等是唐代谱学持续发展阶段的几个代表人物。这一时期，不论是从谱学家的个人造诣来看，还是从官修谱书的数量、质量来看，都不逊于前一时期。此后，唐代谱学便转而走向衰落，突出的谱学家寥寥可数。

唐代后期，治谱学者尚有柳璟、李衢、林宝等。

柳璟，柳芳之孙。他在唐敬宗宝历年间(825—827)登进士第，三迁监察御史，累迁吏部员外郎。唐文宗开成初年为翰林学士；开成四年(839)，奉敕“修《续皇室永泰新谱》”[③]。其始末是这样的：“(柳)璟召对，言及图谱事，文宗曰：‘卿祖尝为皇家图谱，朕昨观之，甚为详悉。卿检永泰后试修续之。’璟依芳旧式，续德宗后事，成十卷，以附前谱。”[④]其实，柳璟的撰成《续皇室永泰新谱》，并非是他长于谱系之学，而是因为其祖柳芳撰《永泰新谱》，“自后无人续修”，他为了继承祖志，又得到唐文宗的指示，乃撰成是书。唐代谱学的衰落趋势，于此可见一斑。

林宝和李衢是唐代谱学家中的两位殿军。林宝是唐代后期以谙于

---

① 《旧唐书》卷一四九《柳登传》附《柳璟传》；《唐会要》卷三六《氏族》亦载：“永泰二年十月七日，宗正卿吴王祇奏修史馆太常博士柳芳撰《皇室永泰谱》二十卷，上之。”

② 《新唐书》卷一九九《儒学传中·柳冲传》。

③ 《唐会要》卷三六《氏族》。

④ 《旧唐书》卷一四九《柳登传》附《柳璟传》。“修德宗后事”，依照上文，当为“续永泰后事”之误。《新唐书》卷一三二《柳登传》附《柳璟传》作：“诏璟捃摭永泰后事缀成之”，当是。

谱学而著称的学者之一[①]，于唐宪宗时撰成《元和姓纂》10 卷[②]。唐文宗开成二年(837)，林宝与李衢合撰《皇唐玉牒》110 卷[③]，这是唐代最后一部较大的官修谱书。开成四年(839)，李衢奉敕“修撰《皇后谱牒》”[④]，还著有《大唐皇室新谱》一卷[⑤]。但是，林宝和李衢无论如何也造成不了像路敬淳、韦述、柳芳那样的影响，他们毕竟只是唐代谱学衰落时期的代表人物。

谱学在唐代的发展，不仅表现在产生了这些谱学家，而且还突出地表现在产生了一些大型的官修谱牒著作和许多私家著述的谱书，据《新唐书·艺文志》著录，其总数在六十种以上、将近一千卷。

(二)主要的谱牒著作

《氏族志》。唐太宗时期修订的《氏族志》是唐代第一部大型官修谱牒。贞观五年(631)，唐太宗“诏高士廉与御史大夫韦挺、中书侍郎岑文本、礼部侍郎令狐德棻等刊正姓氏。于是普责天下谱牒，仍凭据史传考其真伪，忠贤者褒进，悖逆者贬黜，撰为《氏族志》。……及书成，凡一百卷，诏颁于天下”[⑥]。《氏族志》成书于贞观十二年(638)，自起手至撰成，历时七年。参加编撰的高士廉等人，不仅均出身于士

---

① 《唐国史补》卷下：“大历已后，专学者有蔡广成《周易》，强象《论语》，啖助、赵匡、陆质《春秋》，施士丐《毛诗》，刁彝、仲子陵、韦彤、裴茝讲礼，章廷珪、薛伯高、徐润并通经。其余地理则贾仆射，兵赋则杜太保，故事则苏冕、蒋乂，历算则董和，天文则徐泽，氏族则林宝。”

② 见《新唐书》卷五八《艺文志》二。

③ 同上。

④ 《唐会要》卷三六《氏族》。

⑤ 《新唐书》卷五八《艺文志》二。

⑥ 《旧唐书》卷六五《高士廉传》。按《氏族志》、《唐会要》卷三六《氏族》、《旧唐书》卷四六《经籍志》上、《新唐书》卷五八《艺文志》二等，亦均作一百卷；唯《旧唐书》卷三《太宗纪》下云：“高士廉等上《氏族志》一百三十卷”，当误。

族，“谙练门阀”，熟悉各地的士族门第，而且又都是当时的著名文学之士。高士廉，渤海蓨（今河北景县）人，出身于山东著名士族。他于贞观五年任吏部尚书，其“奖鉴人伦，雅谙姓氏，凡所署用，莫不人地俱允”[①]，颇具士族遗风。韦挺，雍州万年（今陕西西安）人，是关中士族。他任御史大夫时，对于寒门出身的官员，“殊不礼之”[②]，俨然士族风度。岑文本，南阳棘阳（今河南南阳）人，是南方没落士族，因而自称是“南方一布衣”，唐太宗时官至中书令。岑文本“博考经史，多所贯综，美谈论，善属文”。他在参与撰写《氏族志》的同时，还于贞观十年（636）同令狐德棻共同撰成《周书》，“其史论多出于文本”[③]。令狐德棻，宜州华原人，“先居敦煌，代为河西右族”。他“博涉文史，早知名”。唐高祖武德五年（622），与陈叔达等撰《艺文类聚》；唐太宗观十年（636），与岑文本撰成《周书》；以后又参与《新礼》《晋书》《高祖实录》等书的著述工作，史称“武德已来创修撰之源，自德棻始也”[④]，故其在唐初学术史上具有一定的影响。正因为如此，这部奉旨修订的《氏族志》撰成以后，“升降去取，时称允当，颁下诸州，藏为永式”[⑤]。

《姓氏录》。事实上，《氏族志》并没有真正成为“藏为永式”的谱牒著作。唐高宗显庆四年（659），即《氏族志》成书二十一年后，在武则天的支持下，许敬宗、李义府建议修改《氏族志》。唐高宗乃“专委礼部郎中孔志约、著作郎杨仁卿、太子洗马史玄道、太常丞吕才重修

① 《旧唐书》卷六五《高士廉传》。

② 《旧唐书》卷七七《韦挺传》。

③ 以上均见《旧唐书》卷七〇《岑文本传》。

④ 以上均见《旧唐书》卷七三《令狐德棻传》。

⑤ 《旧唐书》卷八二《李义府传》。

……更名为《姓氏录》"[1]，凡二百卷[2]。据称，参加修订《姓氏录》的共有十二人[3]，足见最高统治集团对此事的重视。

《姓族系录》。自《氏族志》颁行后，近七十年间，"门胄兴替不常"，故谱学家柳冲于唐中宗神龙元年(705)上表"请改修其书"。唐中宗命魏元忠、张锡、萧至忠、岑羲、崔湜、徐坚、刘宪、吴兢以及柳冲等九人，"共取德、功、时望、国籍之家，等而次之"[4]，从而开始了《姓族系录》的第一阶段的修撰工作。其后，因魏元忠等相继物故，修撰工作便中止了。逮至唐玄宗先天二年(713)，"(柳)冲始与侍中魏知古、中书侍郎陆象先及徐坚、刘子玄、吴兢等撰成《姓族系录》二百卷奏上"[5]。这是《姓族系录》的第二阶段的修撰工作，参加这一阶段工作的还有萧至忠、窦怀贞和崔湜等人[6]。开元二年(714)，唐玄宗"又(柳)冲及著作郎薛南金刊定《系录》，奏上，赐绢百匹"[7]。这是《姓族系录》的第三阶段的修撰工作，即定稿工作。参加这次定稿工作

---

① 《旧唐书》卷八二《李义府传》。

② 《旧唐书》卷四六《经籍志》上："《姓氏谱》二百卷，许敬宗撰"；《新唐书》卷五八《艺文志》二："《姓氏谱》二百卷，许敬宗、李义府、孔志约、杨仁卿、史玄道、吕才撰。"

③ 参见《唐会要》卷三六《氏族》"显庆四年"条原注。

④ 《新唐书》卷一九九《儒学传中·柳冲传》。

⑤ 《旧唐书》卷一八九《儒学传下·柳冲传》。参见《唐会要》卷三六《氏族》："先天二年三月，柳冲奏所备《姓族录》成，上之，凡二百卷。"

⑥ 《旧唐书》卷九二《萧至忠传》："先天二年，(萧至忠)复为中书令。是岁，至忠与窦怀贞、魏知古、崔湜、陆象先、柳冲、徐坚、刘子玄等撰《姓族系录》二百卷。"

⑦ 《旧唐书》卷一八九《儒学传下·柳冲传》。

的除了柳冲和薛南金外，还有著名史家刘知幾[①]。《姓族系录》一书，从柳冲提出动议，着手修撰，至最后定稿，凡十年。其间，撰人几经补充，前后参加工作的共十三人，极当时之选。内中，徐坚、刘知幾、吴兢等是著名的学者和史家，柳冲是当时最有声望的谱学家。《姓族系录》可以被认为是唐代官修谱牒发展到全盛时期的主要标志。

《百家类例》。唐肃宗乾元元年(758)，著作郎贾至撰。其序旨称："以其婚姻承家，冠冕备尽，则存谱。大谱所记者，唯尊官清职，传记本源，分为十卷"[②]。

《元和姓纂》。唐宪宗元和七年(812)七月，太常博士林宝撰，王涯为之序，故《唐会要》题为"王涯撰"[③]。关于林宝撰《元和姓纂》的起因，宋人陈振孙曾这样写道：

> 《元和姓纂》十卷，唐太常博士林宝撰。元和中，朔方别帅天水阎某者，封邑太原。以为言。上谓宰相李吉甫曰："有司之误，不可再也！宜使儒生条其源系，考其郡望、子孙、职任，并总缉之。每加爵邑，则令阅视。"吉甫以命(林)宝，二十旬而成此书。[④]

把一个天水人封邑于太原，被视为笑话，以至使唐宪宗非常生气。为

---

① 《旧唐书》卷八《玄宗纪》上：开元二年七月，"昭文馆学士柳冲、太子左庶子刘子玄刊定《姓族系录》二百卷，上之。"

② 《唐会要》卷三六《氏族》。

③ 《唐会要》卷三六《氏族》："元和七年七月，尚书兵部员外郎、知制诰王涯撰《姓纂》十卷，上之。"按此即林宝所撰《元和姓纂》。

④ 《直斋书录解题》卷八。

了使有司不重犯类似错误，林宝乃受命撰成《元和姓纂》，以备“每加爵邑，则令阅视”之需。

《皇室永泰谱》与《续皇室永泰谱》。此二书分别撰成于唐代宗永泰二年(766)和唐文宗开成四年(839)。唐代官修谱书，至此已明显地衰落下来。第一，在著述规模上已大不如前，说明修订新的大型谱牒已不是最高统治集团的迫切政治需要；第二，在著述内容上也日渐狭窄，由修撰总谱而变为修撰皇室谱，说明刊正全国姓氏、区分门第高下已逐步失去了它原有的那种重要意义。

《皇唐玉牒》。此书《旧唐书·经籍志》不著录。《新唐书·艺文志》云：“《皇唐玉牒》一百一十卷。开成二年，李衢、林宝撰。”如同李衢、林宝是唐代谱学家的两位殿军一样，他们合著的《皇唐玉牒》乃是唐代官修谱书的尾声。

在唐代谱学著作中，除了这些官修谱牒外，还有许多私家著述的谱牒，其中多以家谱为主。例如，著名史家刘知幾曾撰《刘氏家史》十五卷及《谱考》三卷[①]。比刘知幾稍早一点的王方庆(？—702)，“博学好著述，所撰杂书凡二百余卷”[②]，曾著《王氏家牒》十五卷、《家谱》二十卷。武则天时的四门博士、直弘文馆王元感一生中著书数百篇，“年虽老，读书不废夜”[③]，撰《姓氏实论》十卷。凡此等等，《新唐书·艺文志·谱牒类》所载甚详，不一一赘述。

综上所述，不论从谱学家来看，还是从谱学著作(主要是官修谱牒)来看，唐代谱系之学的发展呈现出明显的阶段性：自唐初至玄宗以前为发展时期，玄宗年间为全盛时期，肃宗以后为衰落时期。唐代

① 《旧唐书》卷一二《刘子玄传》；《新唐书》卷五八《艺文志》二。

② 《旧唐书》卷八九《王方庆传》。

③ 《新唐书》卷一九九《儒学传中·王元感传》。

谱学的这个兴盛、衰落的发展趋势，是同唐代的政治生活紧密地联系在一起的，尤其是同唐代地主阶级中士族地主与庶族地主的矛盾、斗争相关联的。

二、唐代谱学和唐代的士庶斗争

有唐一代，为什么那么多的史家、学者潜心积思，致力于谱学的研究？为什么最高统治集团如此重视谱系之学，组织修撰了一部又一部大型谱牒著作？究其主要原因，这是唐代政治生活的需要，即是最高统治集团为了调节地主阶级各阶层之间的关系的需要。唐代谱学是唐代政治的附属品和折光镜；它从属于政治，又曲折地反映着政治；它由于政治上的某种迫切需要而发展起来，又随着此种需要的迫切性的逐步消失而衰落下去。

早在南朝时期，士族地主的政治势力开始出现衰落的迹象，庶族地主在政治上的权势则不断上升。庶族地主中的一些人，“有的致位将帅，任专方面；有的作为皇帝的爪牙，出任宗室诸王镇将的典签，实际上掌握了州郡和军府的权柄。在中央政权中，寒族地主充当中书省的通事舍人，参预机密，出纳王命，权势更为显赫”①。隋朝统一后，在全国实行均田制和科举制，进一步削弱了士族地主的势力。在轰轰烈烈的隋末农民战争中，起义军“得隋官及士族子弟，皆杀之”②，给士族地主以特别沉重的打击。但是，士族地主并没有就此退出历史舞台。众所周知，李唐王朝就是依靠着关陇士族、山东士族、江南士族和一部分庶族地主的支持而建立起来的。因此，唐太宗

① 翦伯赞：《中国史纲要》第2册，北京：人民出版社，1965年，第99页。

② 《资治通鉴》卷一八三《隋纪》七炀帝大业十二年。

初年，随着唐王朝对各地大规模军事征服活动的结束，以及国家统一局面的形成和政治统治的逐步走上轨道，为了巩固中央集权、稳定统治秩序，唐太宗在采取一系列经济、政治措施的同时，还十分注意于调整统治阶级内部错综复杂的关系。《氏族志》的修订，就是在这种历史条件下进行的。

贞观五年(631)，唐太宗命高士廉、韦挺、岑文本、令狐德棻等“刊正姓氏”，基本原则有两条：一条是普遍搜集全国谱牒，“凭据史传考其真伪”，真者存之，伪者黜之，即仍然承认魏晋以来士族地主的门阀地位。另一条是“忠贤者褒进，悖逆者贬黜”；所谓“忠贤”“悖逆”，自然主要是视其对李唐政权的态度而定。前一条原则注重于历史，后一条原则则着眼于现实。但是，传统的门阀观念很深的高士廉诸人，根据这两条原则，在《氏族志》的初稿中，依然习惯地把山东崔干列为第一等。对此，出身于关陇士族且又身居最高统治者的唐太宗当然是不能接受的。事实上是自唐王朝建立以来，最高统治者就曾不止一次地批评过山东士族①，现在居然又搞出了一部把山东崔氏置于天下之冠的《氏族志》来，这使唐太宗不能不感到愤慨。因此，他严厉而又明确地指出：

> 我与山东崔、卢、李、郑，旧既无嫌，为其世代衰微，全无冠盖，犹自云士大夫，婚姻之间，则多邀钱币。才识凡下，而偃仰自高，贩鬻松槚，依托富贵。我不解何为人间重之？只缘齐家

① 如《唐会要》卷三六《氏族》：“武德元年，高祖尝谓内史令窦威曰：……‘比见关东人崔、卢为婚，犹自矜伐……’。”又如《资治通鉴》卷一九二《唐纪》八太宗贞观元年：“上尝语及关中、山东人，意有同异。殿中侍御史义丰张行成跪奏曰：‘天子以四海为家，不当有东西之异；恐示人以隘。’上善其言，厚赐之。”

> 惟据河北，梁、陈僻在江南，当时虽有人物，偏僻小国，不足可贵，至今犹以崔、卢、王、谢为重。我平定四海，天下一家，凡在朝士，皆功效显著，或忠孝可称，或学艺通博，所以擢用。见居三品以上，欲共衰代旧门为亲，纵多输钱币，犹被偃仰。我今特定族姓者，欲崇重今朝冠冕，何因崔干犹为第一等？昔汉高祖只是山东一匹夫，以其平天下，主尊臣贵。卿等读书，见其行迹，至今以为美谈，心怀敬重。卿等不贵我官爵耶？不须论数世以前，止取今日官爵高下作等级。①

在这里，唐太宗强调了：第一，必须突出皇室的崇高地位，以歌颂其“平定四海，天下一家”的盛德；第二，“崇重今朝冠冕”，以肯定开国元臣们的“功效显著”；第三，重新评定山东士族的门第，以符合他们“世代衰微，全无冠盖”的现实状况。为此，他重新规定了总的修撰原则，即：“不须论数世以前，止取今日官爵高下作等级”。这个总原则，不仅是对以山东士族为代表的旧士族的沉重打击，而且也是对魏晋南北朝以来谱学传统的重大改变。按照这个总原则修订的《氏族志》，必将不是原来意义上的（即魏晋南北朝时期那样的）谱牒著作了，因为它看重的是现实而不是历史，它突出的是官爵高下而不是血统、郡望。

根据唐太宗的意见，高士廉等对《氏族志》初稿作了修改，以皇族为第一等，后族为第二等，“遂以崔干为第三等”②，全书“合二百九十三姓，千六百五十一家，分为九等”③。《氏族志》的修撰和颁行，

① 《旧唐书》卷六五《高士廉传》。

② 同上。

③ 《唐会要》卷三六《氏族》。

从政治上和理论上确立了皇室和新贵的地位，有些非士族出身的新贵也由此进入士流；对于历来地位崇隆的山东士族，一方面给以限制和打击，另一方面也实行某些妥协，故使崔干居于皇族、后族之下列为三等，也还是二族之下、百族之上了；对于江南士族，虽自南朝以来已渐陵替，但经过"考其真伪"，也予以承认。总之，最高统治者通过修订《氏族志》，取得了抑制山东士族的胜利，提高了最高统治集团的威望，也作出了不妨碍大局的妥协，故《氏族志》颁行后，"升降去取，时称允当"，起到了在一定程度上调节地主阶级内部相互关系的作用。从谱学的发展演变来看，像《氏族志》这样混士、庶于一书之中的谱牒，自然已不同于魏晋六朝旧有谱牒。这是谱学发展中的一个不可忽视的新的动向。

随着唐代科举制度的发展，越来越多的地主阶级知识分子由科举踏入仕途①，有些庶族地主并由此登上显位。因此，《氏族志》所规定的门第等级状况，也越来越不符合那些出身于庶族寒门的新贵们的意愿了。唐高宗永徽六年(655)，出身于商人地主家庭的武则天被立为皇后，参预朝政，与高宗并称"二圣"。武则天为了巩固自己的政治地位，打击那些在皇后废立问题上反对她的关陇贵族(多数是开国功臣)，争取更多的庶族地主的支持，便积极主持了对《氏族志》的修改工作。

首先提出修改《氏族志》的是许敬宗和李义府。许敬宗认为《氏族志》"不载武后本望"，应当删正；李义府则出于"耻先世不见叙"，建议对《氏族志》进行修改。他们的主张得到了唐高宗、武则天的支持。

---

① 据徐松《登科记考》统计：在唐太宗统治的二十三年中，进士共205人；而在唐高宗和武则天统治的五十五年中，进士共有1000余人，平均每年录取人数较贞观时增加一倍以上。(转引自《中国史纲要》第2册第166页)。

这次修改《氏族志》的总的政治原则是："以仕唐官至五品者皆升士流"①。这个原则，比起唐太宗所制定的"崇重今朝冠冕""不须论数世以前，止取今日官爵高下作等级"这一原则来说，不仅明确得多、具体得多，而且范围也扩大得多了。这将使大批庶族地主涌入士流，也使许多由科举入仕的士族地主得以继续保持其门第。因此，我们可以认为：这个政治原则事实上已经打破了传统的士庶界限，进一步促使了士庶合流。修改后的《氏族志》更名为《姓氏录》，于唐高宗显庆四年(659)颁行，其具体情形是这样的：

> 合二百三十五姓，二千二百八十七家，帝自叙所以然。以四后姓、酅公、介公及三公、太子三师、开府仪同三司、尚书仆射为第一姓，文武二品及知政事三品为第二姓，各以品位高下叙之，凡九等，取身及昆弟子孙，余属不入，改为《姓氏录》。当时军功入五品者，皆升谱限，搢绅耻焉，目为"勋格"。②

由于《姓氏录》所排列的姓氏等级是"各以品位高下叙之"，故虽出身士族而品位低下者当然不得入谱，相反，虽出身庶族而位至五品者则可升入谱限。可见，《姓氏录》所载"士流"，已非魏晋六朝之士族；在此基础上形成的唐代谱学，自然也有别于魏晋六朝之谱学。

如果说，《氏族志》是庶族与士族、新门与旧家相互斗争和相互妥协的产物的话，那么，《姓氏录》则是前者对后者的斗争取得进一步胜利的产物。从谱学的变化来看，《氏族志》与《姓氏录》都是将当时官高

① 以上均见《新唐书》卷二二三上《奸臣传上·李义府传》。

② 《新唐书》卷九五《高俭传》。

者收入谱限，混士（魏晋以来旧家）庶（唐代新起豪门）于一书，反映了唐代士庶合流的客观趋势：如果把《氏族志》比作士庶合流的滥觞，则《姓氏录》就是士庶合流的巨澜了。

这里，有必要简略地讨论以下两个问题。

其一，有的论者认为，由于经过隋末农民革命战争的打击，在唐代，“士族地主作为一个特殊阶层，便退出了历史舞台”，“士族和庶族在经济上和政治上的差别已经基本消失，地主阶级中也就不存在这两个等级的区别了”[①]，因此，不应当用士庶斗争来解释唐代地主阶级内部斗争。笔者对于唐代经济史、政治史所知甚少，本文也不打算就此进行专门讨论。但是，通过谱学曲折反映出来的若干事实来看，在唐初，不仅士族没有“退出了历史舞台”而且士庶之间的矛盾还是很尖锐的。唐太宗修订《氏族志》，矛头对着魏晋六朝以来影响最大的士族门阀。如北魏太和年间（477—499）“定四海望族”，陇西李宝，太原王琼，荥阳郑温，范阳卢子迁、卢浑、卢辅，清河崔宗伯、崔元孙，前燕博陵崔懿，晋赵郡李楷等均为天下冠族；“其后矜尚门地，故《氏族志》一切降之”[②]。唐太宗认为，山东士族“世代衰微，全无冠盖”，重新评定他们的门第是理所当然的。他这样做的目的，当然是为了突出皇室的崇高地位，同时也是为了“崇重今朝冠冕”，以新贵（其中有些乃是庶族出身）代替旧家。许敬宗建议修改《氏族志》，是为了巴结非士族出身的武则天；李义府建议修改《氏族志》，则是为了使自己挤入士流。他们的出发点，格调不高，但却说明士庶差别是存在的。《姓氏录》规定以仕唐品位高下叙其等级，把大批庶族地主“升入谱

① 参见何汝泉：《关于武则天的几个问题》，《历史研究》，1978 年第 8 期。

② 《新唐书》卷九五《高俭传》。

限”，目的就是从政治上打掉魏晋六朝旧家“矜尚门第”的威风，所以《姓氏录》才被旧士族谥为“勋格”。这不也证明士庶区别是客观存在的吗！当然，唐代士族不同于魏晋六朝士族，但不能因此而否认唐代士族的存在。同样，唐初出现了士庶合流的趋势，但不能因此而否认士庶之间的差别，因为这种差别的缩小乃至消失，是一个历史发展过程。最近，读到韩国磐教授所著《隋唐五代时的阶级分析》一文，很受教益。韩文根据对大量历史材料的分析，指出：

> 隋唐时的士族就是魏晋以来士族的继续，他们仍然享有很高的社会地位和政治特权，有着很大的经济势力。固然，在阶级斗争和统一局面下中央集权的发展，其势力已日趋衰落，其经济地位和政治特权已发生若干变化，但不是士族这一等级已不存在了。唐末农民起义，才结束了士族势力，直到宋代，才“不复以氏族为事”，这是我国中世纪等级关系的一大变化，不可忽略的。①

笔者认为，韩国磐对士族地主的历史发展过程的论断，是符合历史本来面貌的。

其二，有的论者也认为唐代存在着士族地主和庶族地主这两个阶层以及他们之间的矛盾、斗争，但是，在对于唐太宗修订《氏族志》和唐高宗、武则天修订《姓氏录》的评价上，却提出了不完全一致甚至完全不一致的两种见解。如：认为唐太宗修订《氏族志》，“对于提高现

① 韩国磐：《隋唐五代史论集》，北京：生活·读书·新知三联书店，1979 年。

政权的威信，削弱门阀观念，显系具有进步意义的”；唐高宗、武则天修订《姓氏录》，“以五品入士流（包括军功者在内），不过扩大了士族的队伍，并没有打击或贬抑士族，有何进步可言！”[①]如前所述，唐太宗修订《氏族志》，是要“崇重今朝冠冕”，规定“不须论数世以前，止取今日官爵高下作等级”的原则，对于“削弱门阀观念”确实起了积极的作用。根据同样的道理，武则天修订《姓氏录》，是“各以品位高下叙之”，规定“以仕唐官至五品者皆升士流”的原则，对于“削弱门阀观念”当然起了更加积极的作用。一个十分明显的问题是：修订《氏族志》和修订《姓氏录》的总的政治原则是一致的，前者是后者的依据，后者是前者的发展，它们所起的作用，当然是在同一个历史发展方向上的作用。因此，不能认为《氏族志》“具有进步意义”，而《姓氏录》反倒“有何进步可言”了。至于说“扩大了士族的队伍”，那也是《氏族志》开其端，《姓氏录》继其后。再说，这种“扩大了”的“士族队伍”中，已包括了大批仕进的庶族地主在内，因而与魏晋六朝旧有士族有别。可见，这种“士族队伍”的出现，并不是历史的倒退，而是历史的前进。一言以蔽之，武则天修订《姓氏录》同唐太宗修订《氏族志》一样，都是应当给予肯定的。

现在，让我们再回到这一部分的本题上来。

唐玄宗开元二年（714），柳冲等撰成《姓族系录》，上距《氏族志》成书的贞观十二年（638）已经将近八十年，士庶力量的消长又发生了一些变化，即所谓“门胄兴替不常”。但柳冲等人修订《姓族系录》的宗旨仍然是“叙唐朝之崇，修氏族之谱”，继承了《氏族志》和《姓氏录》的遗风。《姓族系录》是唐代最后一部重要的大型官修谱牒，是唐朝建国

---

① 熊德基：《论武则天》，长春：吉林人民出版社，1979年。

以来，地主阶级内部各种矛盾、斗争反映到谱学上的一个总结。此后，皇家也还陆续组织了一些谱学家撰写谱牒，但不论是在规模上还是在重要的程度上，都已经大不如前了。这种现象，曲折地反映出唐代建国以来的近百年中，士庶斗争日益缓和(不是矛盾消失了，而是被新的矛盾所代替)，士庶界限日渐缩小；唐代谱学(主要是官修谱牒)作为士庶斗争的一个工具，已逐步失去它的重要作用而不断走向衰落。有的学者认为：六朝以前，谱学在官，唐宋而下，谱在私家，唐代实谱学转变的关键时期之一①。我认为这个看法是对的。《姓族系录》便是这个“谱学转变的关键时期”的一个重要标志。

唐代宗时，谱学家柳芳论谱学源流以及谱学与政治的关系，认为：“人无所守，则士族削；士族削，则国从而衰”；又说：“隋氏官人，以吏道治天下，人之行，不本乡党，政烦于上，人乱于下……故亡”②，等等。显然，柳芳把国家衰落的原因归结为士族的衰落，认为隋亡于“以吏道治天下”，没有紧紧依靠士族云云，都是错误的。

唐代后期，由于士庶界限十分模糊，官修谱牒不再受到重视，谱牒著述上亦出现严重的紊乱、不实等情况。唐宣宗大中六年(852)，宗正寺修图谱官李宏简奏称：

> 伏以德明皇帝之后，兴圣皇帝以来，宗祊有序，昭穆无差。近日修撰，率多紊乱，遂使冠履僭仪，元黄失位，数从之内，昭穆便乖。今请宗子自常参官并诸州府及县官等，各具始封建诸王、及五代祖、及见在子孙，录一家状，送图谱院，仍每房纳，

---

① 韩国磐说。按此系韩国磐教授于1980年4月16日写给笔者信中的一段话。

② 《新唐书》卷一九九《儒学传中·柳冲传》。

于官取高，处昭穆取尊，即转送至本寺所司，磨勘属籍，稍获精详。①

宗正寺是专门掌管序录皇室诸王及诸宗室亲属远近的机构。现在，在这个机构任职的修图谱官李宏简都认为，皇家宗室图谱“冠履僭仪，元黄失位”，紊乱无稽。这就充分证明，唐代后期，官修谱牒已成强弩之末，走到了它的尽头了。

这里，还有一个问题是需要简略地加以说明的。旧说：唐代后期的牛李党争，是出身于“关东著名士族地主的后裔”的李德裕、郑覃为首的“李党”，同进士出身的“进士贵族”牛僧孺、李宗闵为首的“牛党”的斗争②。这样，牛李党争无疑便成了唐代前期士庶斗争的继续，岂不是与上文所述唐代后期士庶界限日渐缩小的论点相抵牾？其实，在9世纪上半叶唐代历史上延续了数十年之久的牛李党争，并不是什么士庶斗争。众所周知，唐代后期的一个严重社会问题是藩镇割据。所谓牛李党争，即是唐代后期官僚集团在如何对待这一割据势力方面所形成的两种政见、两个派别的斗争。至于说“科场出身与非科场出身的互相排斥，不过是争夺（官位）时若干借口中的一个，事实上首领出身门荫的朋党也容纳进士，首领出身科场的各个朋党，互相间也同样仇视，并不因出身相同有所减轻”③。

现在，我们可以作出这样的结论：唐代的谱系之学（特别是官修谱牒）是政治斗争的工具，是为最高统治集团加强中央集权、调整地

---

① 《唐会要》卷三六《氏族》。

② 翦伯赞：《中国史纲要》第2册，北京：人民出版社，1965年，第209页。

③ 范文澜：《中国通史》第3册，北京：人民出版社，1978年，第209—210页。

主阶级各阶层相互关系（主要通过提高庶族地主地位、限制士族地主势力发展以造成士庶合流的新关系）服务的。唐代前期，由于士庶矛盾、斗争比较尖锐，官修谱牒自然受到最高统治集团的重视，得到了相当程度的发展；唐代后期，随着士庶矛盾、斗争的缓和以及它终为新的矛盾、斗争所代替，这种官府谱学也就随之失去了它存在的必要性而衰落下去。此其一。其二，唐代的谱系之学既是魏晋六朝谱学的继续和发展，又不完全同于魏晋六朝的谱学，即继承了形式，改变了内容。郑樵云"姓氏之学最盛于唐"，只是看到了唐代谱学发展中的表面现象，而未窥见谱系之学在唐代的这种形式上的"发展"，正是它开始自我否定的表现。如果用"官之选举，必由于簿状；家之婚姻，必由于谱系"这两条原则来检验"姓氏之学最盛于唐"的结论的话，人们不难看出：前一条原则在唐代已经越来越不管用了，而后一条原则在唐代却还起着相当的作用。这是唐代谱学不同于魏晋六朝谱学的又一个方面。至于这后一条原则在唐代究竟起着多大作用，这可以从唐代的社会风气中得到进一步的证明。

三、唐代谱学和唐代的社会风气

唐代的谱学，不独是当时政治生活的记录，而且也是当时社会风气的反映。

魏晋六朝谱学的突出特征之一是鲜明的门阀观念和森严的等级界限。刘宋谱学家王弘因"日对千客而不犯一人讳"①，传为美谈。唐代谱学本脱胎于魏晋六朝谱学，因而这种鲜明的门阀观念和森严的等级界限当然也就得以继续传播。它们在官谱（如《氏族志》《姓氏录》）中虽

① 《通典》卷三《食货典·乡党》。

一再遭到削弱，但在大量的私谱中却仍旧保持着相当的影响。

郭沫若指出："中国封建时代的地主阶级，一般都以氏族传统的'高贵'而自豪。"[1]这种炫耀家庭出身与众不同的门阀观念，正是魏晋以来士族地主的意识形态的重要支柱之一。唐代地主阶级中的许多人承袭了这种庸俗的世风，竞相吹嘘，以其家世不凡而自鸣得意。与此密切有关的，便是十分讲究宦婚，即在婚姻关系上严格计较门第，鼓吹"门当户对"，否则就会遭到物议。

唐代地主阶级中的许多人，为了证明自己的身世"高贵"，也为了给宦婚提供依据，因而热衷于谱系之学。这是唐代私家谱学发展的重要原因。例如，凡大臣显官，均"各修其家法，务以门族相高"[2]；许多学者、史家，亦以谙于谱学为荣；有些非士族出身的官僚，则厚着脸皮与山东士族叙昭穆、拉关系，强行"合谱"；有的人甚至滥用职权，为所亲者"曲叙门阀"；凡此种种，证明谱牒之学与唐代的社会风气之间存在着密切的联系。

在夸耀身世方面，唐高祖李渊算得上是一个庸俗透顶的人物。唐王朝刚刚建立，他十分得意地与内史令窦威作了这样一番谈话：

> 武德元年，高祖尝谓内史令窦威曰："昔周朝有八柱国之贵，吾与公家，咸登此职。今我已为天子，公为内史令，本同末异，无乃不可乎！"威曰："臣家昔在汉朝，再为外戚，至于后魏，三处外家。今陛下龙兴，复出皇后，臣又阶缘戚里，位忝凤池，自唯叨滥，晓夕兢惧！"高祖笑曰："比见关东人崔、卢为婚，犹自

① 《李白与杜甫》大字精装本，北京：人民文学出版社，1971年，第220—221页。

② 《新唐书》卷七一上《宰相世系表·序》。

矜伐；公世为帝戚，不亦贵乎！”①。

李渊对自己的家世引为无上的荣耀，而窦威也以与皇室屡次联婚，以至“再为外戚”“三处外家”，用来吹嘘。像李渊这样公然夸耀自己出身的人，竟批评山东士族“崔、卢为婚，犹自矜伐”，岂不是绝妙的讽刺！

更有甚者，李渊居然认为，他的这个“高贵”的出身，使得他比起历史上其他一些皇帝来说，都显得更加非凡。武德三年(620)，李渊对尚书右仆射裴寂说：“我李氏在陇西，富有龟玉，降及祖祢，姻娅帝王。及举义兵，四海云集，才涉数月，升为天子。至如前世皇王，多起微贱，劬劳行阵，下不聊生。公复世胄名家，历职清要，岂若萧何、曹参，起自刀笔吏也?！唯我与公，千载之后，无愧前修矣。”②显然，当李渊如此得意地夸耀其非凡的身世时，他早已把如火如荼的隋末农民大起义忘得一干二净了，不仅如此，就连他儿子李世民为建立唐王朝而东征西讨的赫赫战功也都忘得一干二净了，剩下的只是他那“高贵”的出身！

这种传统的思想影响和庸俗的门阀气味，在唐代的一些士族出身的大臣中间，都不同程度地存在着。例如，武则天时的宰相王方庆，是东晋大姓王导之后。武则天曾向其询问有关王羲之墨迹。非常熟悉自己家谱的王方庆，便乘此机会向武则天炫耀了他的非凡的身世③。反之，出身于庶族地主的官员们则没有此种优越感。他们中间，有的

---

① 《唐会要》卷三六《氏族》。

② 同上。

③ 《旧唐书》卷八九《王方庆传》。

人为士族地主的“矜尚门阀”而愤愤不平。唐太宗时，马周“以布衣上书，太宗览之，未及卷终，三命召之。所陈世事，莫不施行”①。后马周任监察御史，关中士族韦挺“以周寒士，殊不礼之”；及马周官至中书令，便多方设法给以报复②。有的人则为自己出身于庶族寒门而感到羞耻，一旦有人问到他的出身，竟然丧魂失魄，“殆不能步，色如死灰”③。事实证明，在唐初，庶族寒门出身的官员在政治上存在着一种深刻的自卑感，他们同士族高门出身的官员的思想裂痕是很深的。有的论者不承认唐代有士庶之分，那么此种现象又应作何解释呢?!

值得注意的是，即使是那些在某个方面具有进步思想倾向的人，也都不能摆脱这种庸俗气味的影响。著名大史学家刘知幾，曾经花费很大的气力考证自己的家世，撰写了《刘氏家史》十五卷和《刘氏谱三考》，“推汉氏为陆终苗裔，非尧之后。彭越丛亭里诸列，出自宣帝子楚孝王嚣曾孙司徒居巢侯刘恺之后，不承楚元王交。皆按据明白，正前代所误，虽为流俗所讥，学者服其该博”④。著名的现实主义大诗人杜甫，在诗文中也曾一再矜夸自己身世的不凡与高贵。他宣扬杜姓是陶唐氏尧皇帝的后人，又以东晋杜预为远祖而自豪。他在诗文中曾

---

① 《隋唐嘉话》卷中。

② 《旧唐书》卷七七《韦挺传》。

③ 《资治通鉴》卷一九五《唐纪》十一，太宗贞观十四年：“上闻右庶子张玄素在东宫数谏争，擢为银青光禄大夫。行左庶子。……玄素少为刑部令史，上尝对朝臣问之曰：‘卿在隋何官?’对曰：‘县尉。’又问：‘未为尉时何官?’对曰：‘流外。’又问：‘何曹?’玄素耻之，出阁殆不能步，色如死灰。谏议大夫褚遂良上疏，以为：‘君能体其臣，乃能尽其力。玄素虽出身寒微，陛下重其才，擢至三品，翼赞皇储，岂可复对群臣穷其门户！弃宿夕之恩，成一朝之耻，使之郁结于怀，何以责其伏节死义乎！’上曰：‘朕亦悔此问，卿疏深合我心。’”

④ 《旧唐书》卷一〇二《刘子玄传》。

反复吟咏他作为陶唐氏后裔的光荣和骄傲[1]。可见这种门阀观念在当时地主阶级中具有多么广泛的影响！

《新唐书·宰相世系表》序云："唐为国久，传世多，而诸臣亦各修其家法，务以门族相高。其材子贤孙不殒其世德，或父子相继居相位，或累数世而屡显，或终唐之世不绝。呜呼，其亦盛矣！"由此可以看出，所谓"诸臣亦各修其家法，务以门族相高"，实为有唐一代的世风。尤其应当指出的是，在"唐宰相三百六十九人，凡九十八族"中[2]，士族出身的宰相有一百二十五人，其余多为庶族出身的宰相[3]。这说明不仅仅是士族地主热衷于"修其家法"，就是出身于庶族寒门而登宰辅之位者，亦同样热衷于"修其家法"。这正是唐代私家谱牒能够得到发展的社会根源，也是唐代之所以成为由谱学在官向谱在私家转变的关键时期的历史原因之一。

谱系之学原与仕宦、婚姻有密切联系。由于唐代继承并且发展了隋代的科举制，九品官人法(九品中正制)早已废除，因此簿状、谱牒日益失去了作为仕宦依据的那种重要作用。唐高祖武德七年(624)，曾下诏"依周、齐旧制，每州置大中正一人，掌知州内人物，品量望第，以本州门望高者领之，无品秩"[4]。然而这不是真的要恢复九品中正制，不过是给士族地主做个样子而已。因此，这不是现实本身，只是现实对于自身以往历史的回忆罢了。

---

① 《李白与杜甫》大字精装本，北京：人民文学出版社，1971 年，第 220—221 页。

② 《新唐书》卷七五下《宰相世系表》五下。

③ 参见乌廷玉：《唐代士族地主和庶族地主的历史地位》，《中国史研究》，1980 年第 1 期。

④ 《资治通鉴》卷一九〇《唐纪》六。

但是在婚姻方面，唐代地主阶级仍然保持着较严格的门户界限。这一方面表现为某些士族地主虽然在政治上日益失意，但他们还力图维持在婚姻上的门当户对的传统，保住他们作为士族的“高贵血统”。另一方面又表现为某些庶族地主虽在政治上有所提高，但他们为着进一步巩固自己的地位，还必须利用社会上仍然存在着的士族的影响，不惜低声下气向士族攀亲，迎合整个社会崇尚门阀的风气。

关东士族“自魏太和中定望族，七姓子孙迭为婚姻，后虽益衰，犹相夸尚”①，约在一个半世纪中维持着这种门当户对的“高贵”的联姻。唐太宗决定修订《氏族志》，主要目的固然是从政治上削弱关东士族的势力和影响，突出皇室和功臣的地位；但是“山东士人尚阀阅，后衰落，子孙犹负世望，嫁娶必多取资，故人谓之卖昏（婚）”的情形②，也使唐太宗极为不满，认为此种做法“甚伤教义”③。因此，唐太宗一方面指示高士廉等撰《氏族志》，一方面杜绝皇室与山东士族联姻，故当时“王妃、主婿皆取当世勋贵名臣家，未尝尚山东旧族”④。这样做的目的无疑是抬高皇室和新贵，着意打击山东士族。这个政策，在唐代前期是没有改变的；直到唐代中后期，随着士庶界限的日益缩小，它才不再具有原先那样的约束力了⑤。

皇室和新贵们在婚姻方面刻意抑制山东士族，主要是出于政治上

---

① 以上均见《新唐书》卷二二三上《奸臣传上·李义府传》。

② 《新唐书》卷九五《高俭传》。

③ 《旧唐书》卷六五《高士廉传》。

④ 《新唐书》卷九五《高俭传》。

⑤ 《新唐书》卷一四六《李栖筠传》附《李吉甫传》载：唐宪宗时，“十宅诸王既不出阁，诸女嫁不时，而选尚皆由中人，厚为财谢乃得遣。（李）吉甫奏：自古尚主必慎择其人。江左悉取名士，独近世不然。帝乃下诏皆封县主，令有司取门阀者配焉。”

的需要，并不是他们自己完全没有门阀等级观念。唐高宗开耀元年(681)，薛绍尚武则天女儿太平公主。武则天听说薛绍之嫂萧氏、弟媳成氏出身“非贵族”，乃曰：“我女岂可使与田舍女为妯娌邪!”甚至要迫使萧、成二氏与薛家离婚，后经他人解释，才未予以深究[①]。此外，尽管大部分新贵不与山东士族联姻，但也有少数显赫新贵还是攀附名门士族结为姻亲，以进一步提高自己的声望；山东士族虽然“矜尚阀阅”，但对于少数名声卓著的新贵，也是乐于巴结的，从而借以延缓他们的衰落。例如，房玄龄、魏徵、李勣等与山东士族为婚，后者因此得到扶持，“故望不减”[②]，足见此种婚姻，原是互相利用。有的人甚至认为，未能与山东五大姓崔、卢等联婚，乃是人生三大憾事之一[③]。至于唐高宗时的吏部尚书李敬玄与山东士族联婚，可以说是互相利用而联婚的典型。史载：“敬玄久居选部，人多附之。前后三娶，皆山东士族，又与赵郡李氏合谱，故台省要职，多是其同族婚之家。”[④]又如，“新门”张说，“好求山东婚姻，当时皆恶之。及后与张氏为亲者，乃为甲门”[⑤]，也属于此类情形。如果我们忽略了这种相互利用的婚姻关系，就会误认为唐代士庶之间在婚姻上的界限已经消失，认为当时已“彻底打破了‘身份内婚制’。唐代的庶族只要有财有

---

① 以上见《资治通鉴》卷二〇二《唐纪》一八。

② 《新唐书》卷九五《高俭传》。

③ 《隋唐嘉话》卷中：“薛中书元超谓所亲曰：‘吾不才，富贵过分，然平生有三恨：始不以进士擢第，不得娶五姓女，不得修国史。’”又见《唐语林》卷四《企羡》。

④ 《旧唐书》卷八一《李敬玄传》。

⑤ 《唐国史补》卷上。

势，便可以与士族通婚”①。事实上在唐代前期，这只是一种为数不多的现象。李敬玄终为唐高宗所贬斥，张说则为当时人们所“恶之”，证明那时的庶族并非“只要有财有势，便可以与士族通婚”。关于此，我们从以下的事实中可以看得更加清楚。

李义府出身于庶族地主，但其门第观念极重。史书上说他：“既贵之后，又自言本出赵郡，始与诸李叙昭穆，而无赖之徒苟合，藉其权势，拜伏为兄叔者甚众。给事中李崇德初亦与同谱叙昭穆，及义府出为普州刺史，遂即除削。义府闻而衔之，及重为宰相，乃令人诬构其罪，竟下狱自杀。”②。这不只是士庶之间利用谱学进行勾结、角逐的一幕丑剧，而且还生动地揭示了谱牒作为婚媾依据的虚伪。李义府为了攀附士族，曾多次为其子求婚于士族，均遭拒绝。于是他一怒之下，“乃奏陇西李等七家，不得相与为婚”③，作为他对于那些好自矜尚的士族地主的报复。这件事，一则说明身居相位的李义府门阀观念的浓厚，同时也说明士族地主也并非是只要有财有势便可与婚，他们是要有所选择的。这里，我们还要提到一个人，即是与李义府同时的许敬宗。许敬宗掌修国史，“嫁女与左监门大将军钱九陇，本皇家隶人，敬宗贪财与婚，乃为九陇曲叙门阀，妄加功绩，并升与刘文静、长孙顺德同卷”④，因而遭到物议。许敬宗死后，袁思古历数其错误，其中之一便是“嫁少女于夷落”，名与实爽，请谥为“缪”。许敬宗出身于士族，他的所作所为受到非议，反映了舆论的倾向仍在于崇尚门

---

① 参见乌廷玉：《唐代士族地主和庶族地主的历史地位》，《中国史研究》，1980年第1期。

② 《旧唐书》卷八二《李义府传》。

③ 同上。

④ 《旧唐书》卷八二《许敬宗传》。

阀；而许敬宗因为贪财替钱九陇“曲叙门阀”，也正是这种崇尚门阀的社会风气的表现。这种情形，自然不能称为历史的漫画，而是漫画化的历史。

通过以上论述，我们可以归结为这样一些认识：在唐代，旧士族以婚姻相矜尚，拒绝与庶族地主联婚，是为了保持他们“高贵”的血缘传统，并以此证明他们过去曾经是非常高贵的，现在也还是十分特殊的；皇室不与山东士族联婚，是为了打击这个历来势力最大、目前虽已削弱但仍有相当影响的旧士族集团，从而突出最高统治者和皇室在政治统治、思想传统、社会影响等方面的绝对优越地位；少数新贵与旧家的联婚，前者是仰慕旧士族的传统声望，后者则企图借此来延缓自身衰落的趋势和进程；一些庶族地主不惜以重金作为聘礼，去“高攀”旧士族的千金小姐，是企图借此来提高自己的身份，而旧士族不顾背着“卖婚”的恶名，恰是为了证明庶族地主与他们联婚该是何等的艰难和荣耀，等等。这就是以谱学作为某种理论上和历史上的根据而表现出来的唐代地主阶级的婚姻状况。不管我们今天看起来是怎样的庸俗不堪和不可理解，但这毕竟是唐代存在着的历史现象。恩格斯在剖析中世纪的剥削阶级的婚姻关系时指出：“对于骑士或男爵，以及对于王公本人，结婚是一种政治的行为，是一种借新的联姻来扩大自己的势力的机会；起决定作用的是家世的利益，而决不是个人的意愿。”①唐代地主阶级在门阀观念指导下所实行的婚姻关系的本质，不正是如此吗！历时近三百年的唐王朝，是我国封建社会史上一个非常重要的朝代。这一时期产生了许多极其宝贵的物质文明和精神文明，

① 《马克思恩格斯文集》第4卷，北京：人民出版社，2009年，第92页。

至今还给人们以种种启示和鼓舞。我们要批判地加以总结和继承这一份珍贵遗产。然而，对于这种崇尚门阀的婚姻制度，以及由此而产生的种种庸俗的社会风气，除了对其给予科学的说明之外，实在不值得作任何肯定并应彻底摒弃之！

唐代的谱系之学，作为政治斗争的工具，它曾经起到了抑制和打击旧士族的积极作用；反之，作为地主阶级各阶层（主要是士族地主阶层）在婚姻关系上的依据，它却发挥着那种崇尚门第的庸俗透顶的婚姻关系的护法神的作用。唐代谱学在不同的领域中产生了不同的影响和作用，怎样解释这一“矛盾的”现象呢？这是因为：唐代谱学作为政治斗争的工具，它只是承袭了魏晋六朝谱学的外壳（形式），而它的内核（本质）已经不是为突出士族地主的政治地位（“官之选举，必由于簿状”）服务了，而是为加强李唐王朝的皇权和新贵的政治地位服务，并为大批庶族地主的青云直上、涌入“士流”提供依据。可是，在婚姻关系方面，唐代谱学作为讲究门户、崇尚阀阅的婚姻关系的根据，却依然保持着它历来所发挥的那种传统的作用（“家之婚姻，必由于谱系”），这正是魏晋六朝谱学的本质特征之一；所以它既是唐代地主阶级庸俗的社会风气的产物，同时又转而为这种庸俗的社会风气张目。

四、结语

唐代的谱系之学作为唐代史学的一个组成部分，给我们提供了阐明史学发展与历史发展密不可分的有力证据。即：唐代谱系之学的兴替，既反映了士族地主、庶族地主双方力量的消长，也反映了士族地主的门阀观念（一种典型的封建等级观念）的顽固性；如果离开了唐代的士庶矛盾斗争，离开了门阀观念所赖以存在的封建等级制度和历史传统影响，也就无法去讨论、认识与说明唐代的谱系之学，此其一。

其二，中国封建史学固然有其基本的、一般的发展规律；但它在每一个发展阶段上，却往往会显示出某些不同于其他阶段的特征。例如，谱系之学就是魏晋至隋唐这一时期封建史学的重要特征之一，而在此之前或在此之后，都不存在这样发展的、典型的谱系之学。声势浩大的唐末农民革命战争，使“衣冠荡析”，故宋人王明清云：“唐朝崔、卢、李、郑，及城南韦、杜二家，蝉联珪组，世为显著，至本朝绝无闻人”，反映出士族地主被彻底清除[①]。郑樵认为：五代以前，“人尚谱系之学，家藏谱系之书。自五季以来，取士不问家世，婚姻不问阀阅，故其书散佚，而其学不传”[②]。他的这个结论，大抵是不错的。

① 参见韩国磐《隋唐五代时的阶级分析》，《隋唐五代史论集》，北京：生活·读书·新知三联书店，1979年，第22页。

② 《通志》卷二五《氏族略》一《氏族》序。

论《通典》的方法和旨趣*

唐代有两部历史著作在中国史学史上极负盛名，一是刘知幾(661—721)所撰的《史通》，一是杜佑(735—812)所撰的《通典》。《史通》着意于对史学活动的反省，意在作出评论和总结；《通典》则注重于沟通史学与社会的联系，意在推动史学的经世致用。刘知幾和杜佑分别生活在唐盛世和唐中叶，他们的历史撰述以不同的风貌和成就反映了那个时期我国史学发展的特点。本文仅就《通典》的方法和旨趣作初步的分析，不当之处，祈请学术界同志批评指正。

一

杜佑的《通典》跟它以前的历史著作比较，在史学方法上有很大的发展，从而在一定程度上反映了历史和逻辑的一致。

恩格斯在讲到对经济学的批判时指出，“逻辑的研究方式”实际上无非是“历史的研究方式”，二者是一致的。

---

* 原载《历史研究》1984 年第 5 期。

他说：

> 历史从哪里开始，思想进程也应当从哪里开始，而思想进程的进一步发展不过是历史过程在抽象的、理论上前后一贯的形式上的反映；这种反映是经过修正的，然而是按照现实的历史过程本身的规律修正的，这时，每一个要素可以在它完全成熟而具有典范形式的发展点上加以考察。①

恩格斯在这里所阐明的，是历史发展和人类思想进程的一致性的原则。然而，就历史家个人（当然，也包括其他任何个人）来说，其认识能力究竟能够在多大的程度上反映客观的“历史过程”，则是千差万别的。唯物主义和唯心主义的歧异，对历史上思想资料积累和继承的多寡，以及对现实生活经验的总结和吸收的程度，等等，都可能造成这种差别。这种差别，毫无疑义地要表现在历史家研究历史、撰写历史的方法上。

《通典》问世以前，最有影响的历史著作莫过于《史记》和《汉书》。因此，考察《史》《汉》的史学方法，对于我们认识《通典》的史学方法究竟在何等意义上取得了重大的发展，是有很大的启发的。司马迁在谈到他著《史记》的具体方法时说：

> 网罗天下放失旧闻，王迹所兴，原始察终，见盛观衰，论考之行事，略推三代，录秦汉，上记轩辕，下至于兹，著十二本

① 《卡尔·马克思〈政治经济学批判〉》，《马克思恩格斯选集》第 2 卷，北京：人民出版社，1972 年，第 122 页。

> 纪，既科条之矣。并时异世，年差不明，作十表。礼乐损益，律历改易，兵权、山川、鬼神，天人之际，承敝通变，作八书。二十八宿环北辰，三十辐共一毂，运行无穷，辅拂股肱之臣配焉，忠信行道，以奉主上，作三十世家。扶义俶傥，不令已失时，立功名于天下，作七十列传。①

这里说的纪、表、书、世家、列传，反映着社会历史的五个方面，也是《史记》一书的五个层次。在司马迁看来，他所制定的纪、表、书、世家、列传，是有其自身的逻辑的，不论他是否意识到这一点。那么，司马迁所提出的逻辑和客观历史进程是什么关系呢？它们在多大的程度上达到了一致呢？依我的浅见：《史记》写了大量的、不同社会地位的人物的活动和思想，写了政治、经济，写了天文、地理，写了有关的制度；其中，有许多是光辉的篇章，也有不少卓识。但是，从它的纪、表、书、世家、列传这五个方面或五个层次来看，还不能说它基本上(或者说在一定程度上)反映了历史和逻辑的一致。不错，这五个部分是相互补充、相互联系的，但这种联系毕竟不同于客观历史进程中的那种联系。

班固断代为史，撰写《汉书》百卷，他的方法是：

> 叙帝皇，列官司，建侯王(按：以上指帝纪、《百官表》及《诸侯王表》)。准天地，统阴阳，阐元极，步三光(按：以上指《天文志》《五行志》《律历志》)。分州域，物土疆，穷人理，该万方(按：以上指《地理志》《沟洫志》《古今人表》及《郊祀志》)。纬《六经》，

---

① 《史记》卷一三〇《太史公自序》。

> 缀道纲，总百氏，赞篇章(按：以上指《艺文志》和人物列传)。函雅故，通古今，正文字，惟学林(按：以上是说《汉书》文字的典雅和内容的宏富)。①

这一段话，集中反映了班固撰写《汉书》的逻辑方法，即首叙帝、王、百官，天文、五行、律历次之，地理、沟洫、郊祀又次之，艺文又次之，末叙各种人物。班固提出的这个逻辑，同样也没有反映出客观的历史进程。但是，有一点是应当注意到的，就是：班固在表述他的逻辑方法时，好像比司马迁表述自己的逻辑方法更清楚一些，而这主要表现在班固对《汉书》十志的作用的认识上。

《史记》和《汉书》在中国古代史学史上都有很高的地位，但如果从历史和逻辑的一致这一要求来看，从它们所反映出的史学方法来看，它们还处在史学发展的早期阶段。这并不奇怪，因为它们都是我国封建社会成长时期的史学著作。

《通典》产生于封建社会的发展时期，它的作者所处的历史环境，所能够继承的历史上的思想资料，所能够接触的当时的社会思潮，都比马、班时代广泛得多、丰富得多、深刻得多。这些，都会反映在杜佑对社会历史的观察和分析上，反映在他研究、撰写历史的方法上。

先从宏观方面考察。杜佑明确地指出：

> 夫理道之先，在乎行教化；教化之本，在乎足衣食。……夫行教化在乎设职官，设职官在乎审官才，审官才在乎精选举，制礼以端其俗，立乐以和其心，此先哲王致治之大方也。故职官

① 《汉书》卷一百下《叙传》下，括号中语为引者所加。

设，然后兴礼乐焉；教化隳，然后用刑罚焉；列州郡，俾分领焉；置边防，遏戎狄焉。是以食货为之首，选举次之，职官又次之，礼又次之，乐又次之，刑又次之，州郡又次之，边防末之。或览之者，庶知篇第之旨也。①

杜佑的这一段话，是用大手笔勾画出封建社会的经济、政治结构及其相互关系。在杜佑看来：应当通过教化去达到“致治”的目的，而“教化”，则应以食货为基础；在这个基础上，制定出一套选举办法和职官制度；礼、乐、兵、刑，乃是职官的职能；州郡、边防是这些职能在地域上的具体实施。因此，作者在《通典》中首先论述经济制度，然后依次论述选举制度和职官制度，礼、乐制度，战守经验，刑罚制度，最后论述地方政权的建置和边防的重要。

这里应当指出两点。第一，杜佑把《食货》置于《通典》各门之首，然后分别论述了上层建筑的一些重要方面。作者这一研究和表述历史的方法，可以说是在根本点上体现了历史和逻辑的一致。杜佑这一方法的理论根据是：“《洪范》八政，一曰‘食’，二曰‘货’。《管子》曰：‘仓廪实，知礼节；衣食足，知荣辱。’夫子曰：‘既富而教。’斯之谓矣。”②乍看起来，这些理论根据并没有什么新奇之处，只是集中了古代思想家在同一个问题上的一些思想资料的片段而已。但是我们应该注意到：在杜佑之前的所有历史家，都没有像他这样重视前人的这些思想资料，并把它们作为首先必须研究社会经济制度的理论根据。仅此而论，杜佑的史学思想和史学方法已经远远超过了他的前辈。马克

① 《通典·自序》。

② 《通典·自序》。又见《通典》卷七《食货七》后论。

思和恩格斯指出：

> ……一切人类生存的第一个前提也就是一切历史的第一个前提，这个前提就是：人们为了能够“创造历史”，必须能够生活。但是为了生活，首先就需要衣、食、住以及其他东西。因此第一个历史活动就是生产满足这些需要的资料，即生产物质生活本身。同时这也是人们仅仅为了能够生活就必须每日每时都要进行的(现在也和几千年前一样)一种历史活动，即一切历史的基本条件。……因此任何历史观的第一件事情就是必须注意上述基本事实的全部意义和全部范围，并给予应有的重视。①

马克思和恩格斯在这里说的是唯物史观的基本原则。科学的唯物史观，在马克思恩格斯以前，人们是不可能提出的。但是，在中国哲学史和史学史上，唯物史观的萌芽是早就存在的。是否可以这样认为：杜佑已朦胧地意识到物质生活本身在人类历史发展中的重要作用。他的《通典》一书以“食货为之首”的见识和方法，是我国中世纪史家“为历史提供世俗基础”②的天才尝试。杜佑虽然从他的先辈那里继承了某些思想资料，但他对它们都进行了一定的改造，并赋予它们新的含义和新的生命。本来只是某些思想片段，而在杜佑这里却成了一种史学观点和史学方法，成了一种学术思想的基础和出发点。毫无疑义，杜佑取得了他的前辈们所不曾达到的思想成果。

诚然，这一新的思想成果，与其说是思维发展的必然结果，毋宁

① 《德意志意识形态》，《马克思恩格斯选集》第 1 卷，北京：人民出版社，1972 年，第 32 页。

② 同上。

说是历史现实的必然产物。《通典》以“食货为之首”的思想和方法，无疑反映了时代的精神。唐代自安史之乱以后，不仅政治上从极盛的顶点跌落下来，社会秩序极不安定，而且社会经济也出现了日益严重的危机，国家财政十分窘迫。对于这样一个巨大的历史变化，盛唐以后的政治家、思想家、史学家、诗人在他们的著述、作品和言论里都有强烈的反映。而整顿社会经济，增加财政收入，则是人们关注的重大问题。于是，在肃、代、德、顺、宪、穆、敬、文、武等朝的八九十年间，讨论经济问题的史者纷至沓来，相继于世。其中，比杜佑略早或大体跟杜佑同时的，有刘晏、杨炎、陆贽、齐抗；比杜佑稍晚的，有韩愈、李翱、白居易、杨於陵、李珏等①。刘晏的理财，“常以养民为先”②。杨炎倡议和实行的两税法，以及朝廷围绕实行两税法所展开的激烈的争论，是唐代经济制度史上很重要的事件。陆贽的经济思想在某些方面跟杜佑很相近，他认为：“建国立官，所以养人也”，“故立国而不先养人，国固不立矣；养人而不先足食，人固不养矣”③。这些政治家的经济改革活动和经济思想，都是当时的历史现实的产物。而这样的历史现实、经济改革和经济思想，在很大程度上影响着、启迪着杜佑的史学理论和史学方法。我们是否可以这样说：杜佑在《通典》里以“食货为之首”，正是一个卓越的历史家在自己的历史著作中回答了现实所提出的问题。《通典》之所以在根本点上反映了历史和逻辑的一致，这是一个重要原因。

第二，从《通典·食货》以下所叙各门来看，它们之间的逻辑联系

① 参见胡寄窗：《中国经济思想史》(中)，上海：上海人民出版社，1963年，第450页。

② 《资治通鉴》卷二二六德宗建中元年。“养民”，一作“爱民”。

③ 《陆宣公奏议全集》卷四。

也是很显然的，反映了作者对封建社会上层建筑各部门的关系及其重要性的认识。杜佑认为，在选举、职官、礼、乐、兵、刑、州郡、边防各门中，职官制度是最重要的，所谓“行教化在乎设官职”，就是着重强调了这一点。选举制度是为职官制度服务的；而礼、乐、兵、刑等则是各级官吏代表最高封建统治者行使的几种职能，这些职能主要表现为两个方面，一是教化，二是刑罚，所谓“职官设然后兴礼乐焉，教化隳然后用刑罚焉”，就是这个意思。至于州郡，需要各级官吏“分领”；边防，也需要各级官吏处置；这是实施上述各种职能的必不可少的环节。由此可以看出，杜佑所叙封建社会上层建筑的各个部分，大致有三个层次：一，选举、职官；二，礼、乐、兵、刑；三，州郡、边防。这三个层次，把封建国家在政治领域的几个主要方面都论到了，反映了作者对历史和现实的卓越的认识。

现在，我们再从微观方面考察。杜佑《通典》对封建社会历史的观察和分析，一方面是用大手笔勾画轮廓，另一方面是对每一领域作细致的解剖，而于后者也同样略见其逻辑的研究方法，体现出历史同逻辑的一致。以《食货典》而论，它共包含十二卷，即：第一，田制上；第二，田制下，水利田，屯田；第三，乡党，土断、版籍并附；第四，赋税上；第五，赋税中；第六，赋税下；第七，历代盛衰户口，丁中；第八，钱币上；第九，钱币下；第十，漕运，盐铁；第十一，鬻爵，榷酤，算缗，杂税，平准（均输附）；第十二，轻重。人们不能不注意到：这是一个很严密的逻辑体系。作者首先叙述土地制度，因为土地是封建经济中最基本的生产资料；其次，叙述与这种封建土地制度相适应的农村基层组织；再次，叙述以这种土地所有制形态为基础的赋税制度；再其次，叙述历代户口盛衰，这关系到劳动人手的多寡和赋税的数量；最后，从第八卷以后，叙述到货币流通、交通运输、工商业、价格关系等等。这样一个逻辑体系，极其鲜明地反映了作者研究封建社会经济的几个层次：从基本的生产资料出发，依次叙述劳动组织形式、赋税关系、人口关系和其他社会经济关系。在这里，作者研究问题的逻辑方法，跟封建经济的特点是相吻合的。因此，可以认为："《通典·食货门》，从生产论到流通，从土地关系论到一切社会经济关系，这种逻辑体系应该说在当时的历史条件下是最能反映社会经济中基本问题的"①。毫无疑问，这又体现出杜佑的卓识。然而，杜佑的这种卓识，并不仅仅限于他对"食货"所作的剖析，在《通典》其他各门中也有不同程度的反映。例如《职官典》包括二十二卷：首先论历代官制要略（第一卷），然后分别论述三公、宰相、尚书、御史、诸卿、武官、东宫官属、王侯封爵、州郡、散官（第二卷至第十六卷），最后论禄秩和秩品（第十七卷至第二十二卷）。作者从京官论到外官，从职事官论到散官，从禄秩论到秩品，逻辑体系十分严密。值得注意的是，杜佑即便在这样一个具体的领域里，也是采用鸟瞰全局和剖析局部相结合的研究方法。如他论宰相，首先是把这个官职放在整个职官的全局中加以考察，然后才对这一官职进行细致的分析。而进行细致分析的时候，则是层层推进，条分缕析。如作者在《宰相》条下，列子目"门下省""侍中""中书省""中书令"；进而于"侍中"之下又分细目"侍郎""给事中""散骑常侍""谏议大夫""起居""补阙""拾遗""典仪""城门郎""符宝郎""弘文馆校书"等等。作者用这种研究方法，把历代职官制度剖析得清清楚楚，洪纤无失。《通典》全书除《兵典》一门外，其他各门，亦多类此。

---

① 胡寄窗：《中国经济思想史》（中），上海：上海人民出版社，1963 年，第 452 页。

总之，不论是从宏观方面还是从微观方面来考察，可以说《通典》都有其自身的逻辑体系。这个逻辑体系，是作者观察和分析历史，特别是观察和分析现实社会所取得的成果。对于这个成果，当时人的评价是："若使学者得而观之，不出户知天下，未从政达人情，罕更事知时变。为功易而速，为学精而要。其道直而不径，其文甚详而不烦。推而通，放而准，语备而理尽，例明而事中，举而措之，如指诸掌，不假从师聚学，而区以别矣。非聪明独见之士，孰能修之。"①"(杜佑)阅天下之义理，究先王之法志，著《通典》二百篇，诞章闳议，错综古今，经代立言之旨备焉。"②这些评论，虽有过誉之处，但这里说的"推而通，放而准，语备而理尽，例明而事中，举而措之，如指诸掌""诞章闳议，错综古今"，却都不失为中肯的评价。当然，我们的认识还有超出前人的地方，这就是：我们是把《通典》一书及其逻辑体系放在客观历史和作者主观认识之相互关系的位置上来考察的。通过上面的分析，是否可以认为，杜佑研究历史，并不是按照某种传统的思想模式(特别是儒家的思想模式)来铸造历史；恰恰相反，他大致上是按照历史发展的本来面貌来撰写历史。虽然他也照例要受到历史条件和阶级地位的局限，但跟他的那些杰出的前辈或同辈比起来，他毕竟又朝着历史的真实向前跨越了一步。因此，是否可以进而认为，杜佑《通典》所反映的逻辑体系，是那个时代历史家对客观历史之认识所达到的最高成就。

杜佑之所以能获得这样的成就，是有几个方面的原因的。第一，我国封建社会的经济制度、政治制度经过将近一千年的发展，至唐代

---

① 李翰：《通典》序。

② 权德舆：《唐丞相金紫光禄大夫守太保致仕赠太傅岐国公杜公墓志铭并序》，见《唐文粹》卷六八。

中叶已臻于完备，这就为历史家进行系统的总结提供了可能。诚如陈寅恪先生所说，“隋唐两朝为吾国中古极盛之世，其文物制度流传广播，北逾大漠，南暨交趾，东至日本，西极中亚”①。对这样的文物制度作出总结，并考镜源流，厘清脉络，阐明得失成败，本是历史提出的课题。第二，杜佑的历史见识，是他能够完成这个课题的主观条件。李翰说杜佑“雅有远度，志于邦典，笃学好古”，是“聪明独见之士”②，这当不是凭空吹捧的谀辞。《旧唐书·杜佑传》谓：杜佑“敦厚强力，尤精吏职”；“性嗜学，该涉古今，以富国安人之术为己任”。要之，宦途的实践，渊博的学识，对史学的兴趣和时代的责任感，是造成杜佑这种历史见识的内在因素。第三，前人的思想资料，特别是同时代的一些政治家、历史家、学者的思想的启迪，是杜佑获得如此成就的又一个原因。第四，这是最直接、最重要的一个原因，就是唐代中叶以后的社会动乱，尤其是封建国家财政收入日益窘迫的现实，把作为政治家和历史家的杜佑，推到了他应当占据的位置之上。关于这一点，本文下面还要详细地加以论述。

二

杜佑的卓越的史识，固然反映在《通典》写作方法的成就上，但这仅仅是从史学发展的一个方面即史学如何反映一定的经济、政治这个方面来考察的。如果从另一个方面即史学如何反作用于一定的经济、政治这个方面来考察的话，那么，杜佑的卓识，还有其更重要的意义和价值。这主要表现在他的历史撰述的旨趣上。

---

① 《隋唐制度渊源略论稿》第1页，参见同书第158页，北京：中华书局，1963年。

② 李翰：《通典》序。

为《通典》作序的李翰[①]，因为“颇详旨趣，而为之序”，可以说是深得《通典》要指的第一人。有的论者认为，杜佑在大历初年请李翰为《通典》作序，是想借助于李翰作为左补阙的官取及其名气，以扩大《通典》的影响。这无疑是把李翰的《通典序》理解得过于狭窄了。李翰说：

>……学者以多阅为广见，以异端为博闻，是非纷然，澒茫昧，而无条贯；或举其中而不知其本，原其始而不要其终，高谈有余，待问则泥；虽驱驰百家，日诵万字，学弥广而志弥惑，闻愈多而识愈疑，此所以勤苦而难成，殆非君子进德修业之意也。今《通典》之作，昭昭乎其警学者之群迷欤！以为君子致用在乎经邦，经邦在乎立事，立事在乎师古，师古在乎随时；必参古今之宜，穷终始之要，始可以度其古，终可以行于今，问而辨之，端如贯珠，举而行之，审如中鹄。夫然。故施于文学，可为通儒；施于政事，可建皇极。……非圣人之书，乖圣人微旨，不取焉，恶烦杂也；事非经国礼法程制，亦所不录，弃无益也。[②]

在李翰看来，杜佑撰《通典》，绝非为了追求广见博闻，高谈阔论，为史学而研究史学；反之，他是为了“经邦”“致用”而撰述《通典》的。“度其古”是为了“行于今”，“问而辨之，端如贯珠”最后还是要落实到“举而行之，审如中鹄”上。因此，《通典》跟一般的“文章之事，记问之学”迥然不同。此即李翰所窥见的《通典》一书的旨趣所在。这同上

① 李翰：《旧唐书·文苑传》下及《新唐书·文艺传》下均有传。

② 李翰：《通典》序。

文所引另一个杜佑的同时代人权德舆所说的《通典》"诞章闳议，错综古今，经代(世)立言之旨备焉"，是完全一致的。

当然，考察一部史书的旨趣，更重要的还要看作者撰述的目的。杜佑撰述《通典》的目的，在《通典》自序、《进〈通典〉表》以及他后来撰写的《理道要诀》自序、《进〈理道要诀〉表》中，都有明确的说明。在《通典》自序里，他开宗明义地写道："不达术数之艺，不好章句之学。所纂《通典》，实采群言，征诸人事，将施有政。"这几句话，集中地反映了《通典》一书的旨趣所在。杜佑在《进〈通典〉表》中，进一步阐述了他的撰述旨趣，着重指出两点：一，《孝经》《尚书》等儒家经典，多属空泛言论，"罕存法制"，使人不得要领。二，历代前贤论著，大多是指陈"紊失之弊"，往往缺少"匡拯之方"。因此，他主张："理道不录空言"，必须"探讨礼法刑政"①，仅仅停留在对最高统治者的"规谏"上是远远不够的，要研究"政理"的具体措施②。杜佑的这些看法，贯穿着一个主旨，就是"理道"。他在贞元十九年(803)，辑录《通典》要点，另成《理道要诀》三十三篇(一说三十二篇)，"详古今之要，酌时宜可行"③。《理道要诀》可以认为是《通典》的"简本"或缩写本，杜佑用"理道要诀"名之，可见他撰述《通典》的主旨本在于此。说"《通典》的精华是'理道'的'要诀"，可谓切中肯綮。

杜佑说的"理道"即"治道"，同李翰《通典序》说的"经邦""致用"是一致的。李翰自称"颇详旨趣，而为之序"，当是实话。这里，有一点需要特别指出：像杜佑这样明确地宣布，其历史撰述就是"征诸人事，将施有政"，为现实"理道"服务的，在他以前的史家中，几乎还不曾

① 杜佑：《进〈理道要诀〉表》，见《玉海》卷五一。

② 范文澜：《中国通史》第4册，北京：人民出版社，1978年，第363页。

③ 杜佑：《进〈理道要诀〉表》，见《玉海》卷五一。

有过。从中国古代史学发展来看，杜佑以前的史家，主要是通过他们的历史撰述来反映客观的历史，总结历史经验，从而给人们提供丰富的历史借鉴。据说，“孔子成《春秋》而乱臣贼子惧”①，但这只是孟子的说法；孔子是怎么讲的，人们并不清楚。而所谓“乱臣贼子惧”，主要也是从“君君臣臣父父子子”的关系上来说的，还谈不到具有“经世”的意义。司马迁是伟大的史家，他撰《史记》是要“究天人之际，通古今之变，成一家之言”，是要“述往事，思来者”，设想和成就都是很高的，但他却宣布要把《史记》“藏之名山，副在京师，俟后世圣人君子”②，也不是要用它来“经邦”“致用”。至于班固撰《汉书》，只是为了证明“汉绍尧运，以建帝业”③，格调就低得多了。陈寿著《三国志》，时人称为“辞多劝，明乎得失，有益风化”④。其实，他着力宣扬的不过是皇权神授的思想和封建伦理观点，苍白的历史观和政治观决定了他不可能考虑“经邦”“致用”的问题。杜佑不赞成前人“多主于规谏而略于体要”⑤的撰述宗旨，把历史撰述跟“理道”直接联系起来，这是对史学作用认识的一个很重要的发展。当然，这决不是说杜佑以前的历史撰述是脱离现实、不为现实服务的。恰恰相反，《春秋》以下的任何一部史书，都是和现实有密切联系的，都是在一定程度上为现实服务的，而且在有些方面已经达到了很高的成就。例如西汉初年的政治家、思想家、历史家在总结秦亡汉兴的历史经验方面，唐初的政治家、思想家、历史家在总结隋亡唐兴的历史经验方面，都有比较深

① 《孟子·滕文公下》。

② 以上见《汉书》卷六二《司马迁传》、《史记》卷一三《太史公自序》。

③ 《汉书》卷一〇〇下《叙传》下。

④ 《晋书》卷八二《陈寿传》。

⑤ 《理道要诀》自序，见《玉海》卷五一。

刻、系统的见解；《史记》《隋书》分别集中了这方面的成果，特别是《隋书》总结的历史经验，对于唐太宗贞观年间的政治是有直接的影响的[①]。杜预说孔子作《春秋》，“上以遵周公之遗制，下以明将来之法[②]”；司马迁“述往事，思来者”；唐初李渊《命萧瑀等修六代史诏》说“多识前古，贻鉴将来”[③]；等等，都包含着要以史学为现实和将来服务的思想。这样的例子在史学上是很多的。那么，杜佑在把史学和现实直接联系起来这个问题上，比起他的前辈究竟有什么不同呢？我以为至少有两个方面：一，从认识的自觉程度来看。杜佑宣布他撰《通典》是“征诸人事，将施有政”，为“理道”服务，表明他在这个问题的认识上有较高的自觉性，这是中国古代史家对史学的社会作用之认识的一个飞跃。二，从撰述的内容来看。杜佑对“术数之艺”“章句之学”“文章之事，记问之学”，都没有很大兴趣。故《通典》一书“不录空言”，专事“探讨礼法刑政”，“事非经国礼法程制”者，不录。这样，《通典》在内容上就突破了“规谏”“劝诫”的窠臼，更讲求实际，其所叙历代典章制度，多与现实有直接联系。这是杜佑不同于他以前的史家的又一个重要之处。

诚然，杜佑以史学著作“理道”“施政”的经世致用的主张，并不是他思想上固有的模式，而是时代的产物，是时代潮流的反映。杜佑生活在唐中叶的变乱时期。从玄宗后期起，至宪宗末年，朝政的紊乱，朝廷和藩镇割据势力的斗争，藩镇之间的斗争，以及民族间的矛盾、斗争，是这一时期政治上和军事上的特征。由于变乱的不断发生，人民流离失所，生产遭到破坏，社会经济和国家财政面临着严重的困

① 参见拙作《略谈〈隋书〉的史论》，见《历史研究》，1979年第8期。

② 《春秋左氏经传集解序》。

③ 《唐大诏令集》卷八一。

难，则是这一时期经济上的特征。唐中叶变乱的转折关键是历时八年之久的安史之乱，而其影响所及，则终唐之世。然而，正是这样的社会变乱，造就了一大批人才。中唐时期，地主阶级中的有识之士接踵而至，形成了继唐初之后又一个人才高峰。其中，比较著名的有：政治家如陆贽、李吉甫、裴度，军事家如郭子仪、李晟、李愬，理财家如刘晏、杨炎，思想家和文学家如韩愈、柳宗元、刘禹锡，诗人如杜甫、白居易，等等。他们大多是一些思想进取、锐意改革的人。他们的言论、行事、著作和作品，一般都反映了时代的精神和特征。杜佑和他的这些同时代人一样，是站在历史潮流前面的人，而他的"以富国安人之术为己任"的政治胸怀和经世致用的学术思想，也都可以从他们那里找到渊源或共鸣。史称：理财家刘晏"富其国而不劳于民"[①]，"休国安民之心，不可没矣"[②]。政治家陆贽"以天下事为己任"，对"理道""理兵""足食"有许多切中时弊的建议，他的"经国成务之要，激切仗义之心"[③]对当时和后世都有极大的影响。柳宗元、刘禹锡都是"永贞革新"的积极参加者，这次革新虽然失败了，但他们的改革精神是应该肯定的。特别是柳宗元的政论、史论、杂文和其他作品，都贯穿着"不以是取名誉，意欲施之事实，以辅时及物为道"[④]的宗旨。白居易在宪宗元和十年(815)写道："自登朝来，年齿渐长，阅事渐多，每与人言，多询时务；每读书史，多求理道：始知文章合为时而著，歌诗合为事而作。"[⑤]白居易的这种文学思想，无疑也是中唐

① 《旧唐书》卷一二三《刘晏传》后论。

② 王夫之：《读通鉴论》卷二四。

③ 《旧唐书》卷一三九《陆贽传》及后论。

④ 《答吴武陵论〈非国语〉书》，见《柳河东集》卷三一。

⑤ 《与元九书》，见《白居易集》卷四五、《旧唐书》卷一六六《白居易传》。

时期的经世致用的社会思潮在文学创作上的反映。李吉甫当国，史称其“该洽多闻，尤精国朝故实，沿革折衷，时多称之”；他撰的《六代略》、《元和郡县图志》、《元和国计簿》和《百司举要》等书，都有鲜明的经世致用的特点，用他的话说，就是“成当今之务，树将来之势”①。清代学者孙星衍说李吉甫主要行事“皆切时政之本务”，所著诸书“悉经世之学”②，是很中肯的。上面所举这些事实证明，在唐代中叶，倡导并致力于经世之学者，绝非三两个人而已；经世之学，至少在地主阶级的一些有识之士中，已逐渐形成一种倾向。而杜佑正是这种倾向在史学领域的先驱和突出代表，《通典》一书可以认为是开中国史学史上经世史学的先河。

杜佑的经世致用的主张，在《通典》一书各部分内容中都有具体的反映，兹撮述其要点如下。

（一）经济思想方面。杜佑经济思想之最重要的方面，首先是他认为物质经济生活是一切政治措施的基础。他在给卷帙浩繁的《通典》所写的极其简短的序言中，用画龙点睛之笔勾勒出他的“教化之本在乎足衣食”的经济思想和《通典》在编次上以“食货为之首”的撰述意图，序言末强调了“或览之者，庶知篇第之旨也”，尤其显示出他对序言中所写的这些话的高度重视。有的研究者认为：杜佑的这种认识和做法，“在某种程度上，反映了经济基础对建筑在其上的全部庞大的上层建筑的主要的决定作用”③。这种评价是并不过分的。我们可以认为，在经济和政治的关系的认识上，杜佑是我国封建史家中第一个达

① 以上均见李吉甫《元和郡县图志·序》。

② 孙星衍：《元和郡县图志》序，见丛书集成本。

③ 胡寄窗：《中国经济思想史》(中)，上海：上海人民出版社，1963 年，第 456 页。

到这种成就的人。其次是《通典·食货典》的逻辑体系，反映出杜佑对封建社会经济各部门及其相互联系的认识，已经达到了基本上符合当时历史实际的程度。如果说以上这两个方面主要表现为认识上的价值的话，那么以下几个方面则反映了杜佑经济思想在实践上的意义，即：一，谷、地、人，是从经济上达到"治政"的三个关键。他说："谷者，人之司命也；地者，谷之所生也；人者，君之所治也。有其谷则国用备，辨其地则人食足，察其人则徭役均；知此三者，谓之治政。夫地载而不弃也，人著而不迁也，国固而不动，则莫不生殖。"①在杜佑看来，只要解决好粮食、土地、劳动人手这三个问题，就能达到"国用备""人食足""徭役均"的目的，社会经济才能不断发展。二，在经济政策上要处理好"国足"和"家足"的关系。他认为："国足则政康，家足则教从"；家足的办法不是逃税而是土著，国足的办法不是重敛而是相反的做法②。杜佑还说："宁积于人，无藏府库。百姓不足，君孰与足？"③认为"家足"是"国足"的基础，"国足"不能离开"家足"，这样社会才能安定。三，在财政思想方面主张"薄敛"和"节用"。杜佑说："夫欲人之安也在于薄敛，敛之薄也在于节用；若用之不节而敛之欲薄，其可得乎？④"他高度评价了唐代开国初的"薄赋轻徭"的政策在稳定社会秩序方面的作用，多次指出"厚敛"必然导致社会的动乱和政权的败亡。因此，他主张国家应该"省不急之费，定经用之数"，改变当时"甲兵未息，经费尚繁"的状况。杜佑的这些具体经济

① 《通典》卷一《食货一·田制上》序。

② 《通典》卷七《食货七·历代盛衰户口》后论。

③ 《通典》卷四《食货四·赋税上》序。

④ 《通典》卷一二《食货》后论。

主张，都是为了避免“赋阙而用乏，人流而国危”[①]的局面的出现。

（二）人才思想方面。杜佑认为，人才对于管理国家政治起着决定的作用，他说：“为国之本资乎人，人之利害系乎官政。”[②]他不认为政治的好坏只是“明君”或“昏君”一个人的事情，即所谓“君不独理，故建庶官”，所以“官政”如何，于“国本”关系极大。这是杜佑人才思想的一个基本出发点。他在人才思想方面的具体主张是：一，以教育促进人才的成长。杜佑认为：“上材盖寡，中材则多，有可移之性，教其教方善；若不教其教，欲求多贤，亦不及已。非今人多不肖、古人多材能，在施政立本使之然也。”这里有两点是值得重视的，一是人才不是“天生”的，是要靠教育的手段才能得到的；二是今人并非不如古人，人才都是在政治活动的实践中造就的。二，反对以言取士。杜佑对魏晋以来的取士制度颇持批判的态度，他主张选拔人才，要注意到“行备，业全，事理，绩茂”这样几个因素，即着重从其实际才能方面进行考察，那么真正的人才就会被选拔出来。所以，他坚定地认为“以言取士，既已失之；考言唯华，失之愈远。若变兹道，材何远乎！”三，主张采用多种办法和途径选拔人才，鼓励人才发挥作用。杜佑认为，在人才问题上，“诚宜斟酌理乱，详览古今，推仗至公，矫正前失。或许辟召，或令荐延，举有否臧，论有诛赏，课绩以考之，升黜以励之。拯斯顽弊，其效甚速，实为大政，可不务乎！”这里，他提出了一套综合的人才管理办法，包括古今的经验教训，当事人的公正态度，考核制度和升黜制度。杜佑把这看作一件“大政”，足见他对

---

① 《通典》卷一二《食货》后论。

② 以下所引，凡未注明出处者，均见《通典》卷一三《选举》序，《通典》卷一八《选举六评》。

人才问题的重视。正因为如此，他极不赞成“行教不深”而“取材务速”的急躁做法和“以俄顷之周旋定才行之优劣”的轻率态度。

（三）吏治思想方面。杜佑的吏治思想有两点是很突出的，一是省吏员，一是用有才。他在《通典·职官典》后论中引用唐睿宗时监察御史韩琬的话说：“量事置官，量官置人，使官称其人，须人不虚其位。”①又引他自己在唐德宗建中年间的“上议”说，“详设官之本，为理众庶，所以古昔计人置吏。”所以他认为历史上那种“约人定员，吏无虚设”的办法是正确的。杜佑从经济的观点和财政收入的具体状况考虑，认识到维持一个庞大的官吏队伍，这对封建国家本身来说实在是一个严重的负担，是一个“大弊”，不改革是不行的。这就是杜佑关于省吏员的基本出发点。他断然说“有才者即令荐用，不才者何患奔亡!”在他看来，在“并省官吏”的改革中，起用“有才者”，沙汰“不才者”，是很正常的事情，有什么可以担心的呢！这是他的用有才的主张。

（四）法制思想方面。杜佑的法制思想有两点是很突出的。首先，他认为对于刑的“善用”和“不善用”，直接影响到社会的“治”和“乱”。所谓“善用”，关键“在乎无私绝滥，不在乎宽之与峻”。其次，他认为法律不可随意解释，并须有相当的稳定性，不应“斟酌以意，变更屡作”②。

（五）军事思想方面。杜佑饱读兵书，而且熟悉中唐以前的全部战争史。他的《通典·兵典》部分，不记历代兵制，而叙军事理论和战争胜败的经验。早在宋代，“世之言兵者，或取《通典》”③，足见《兵典》

① 《通典》卷四《职官》二二，下同，不一一作注。

② 以上所引，均见《通典》卷一六三《刑典》序。

③ 苏轼：《东坡志林》卷四“房琯陈涛斜事”条。

影响之大。我认为,《兵典》不记兵制而专论用兵之道,是因为作者认识到后者比前者有更重要的实践意义。杜佑写道:“语有之曰:‘天时不如地利,地利不如人和’,诚谓得兵术之要也。以为孙武所著十三篇,旨极斯道。故知往昔行师制胜,诚当皆精其理。今辄捃摭与孙武书之义相协并颇相类者纂之,庶披卷足见成败在斯矣。”[①]研究兵事,目的在于了解行师制胜的道理,这就要涉及战争史上的各种战例,而不是靠着记述历代兵制所能达到的。作者的撰述意图即在于此,这应是我们评价《通典·兵典》的一个基本出发点。杜佑的军事思想可以从两方面来看,一个方面是战略思想,另一个方面是战术思想。在战略思想方面,杜佑认为,封建国家在军事上应始终保持着“强干弱枝之势”。他引用贾谊的论点说:“治天下者,令海内之势如身之使臂,臂之使指,莫不制从。若惮而不能改作,末大本小,终为祸乱。”他认为安史之乱的发生,就是“边陲势强”“朝廷势弱”的缘故。他主张在政治上和军事上加强朝廷对地方的控制,以保持社会的安定局面。在战术思想方面,杜佑认为,每一战役的胜利,主要在于指挥者的应变能力,即“因我便而乘敌”,这也就是他进而解释的“凡兵以奇胜,皆因机而发”。因此,他主张在军队的训练上应讲究实际,将帅还要善于“抚众”,这样就可“用无弱卒,战无坚敌”[②]。可见,杜佑在战役应变思想方面,主要立足于从实际情况出发,他基本上摆脱了战争理论上的神秘因素,这是很可贵的。《兵典》凡十五卷,下列一百三十余条子目,大多是关于战术方面的理论。由于《兵典》是以《孙子兵法》为纲撰述的,所以从一定的意义上来说,它是一部对《孙子兵法》作了最详尽

① 《通典》卷一四八《兵典》序。

② 《通典》卷一四八《兵典》序及序末自注。

的阐发的军事著作。

（六）民族思想方面。杜佑在民族思想方面的一个突出的贡献，是他提出了“古之中华，多类今之夷狄”的论点。用我们今天的观点来看，他是从民族学和民俗学的角度来论证这个论点的。杜佑写道：“人之常情，非今是古，其朴质少事，信固可美，而鄙风弊俗，或亦有之。缅惟古之中华，多类今之夷狄：有居处巢穴焉，有葬无封树焉，有手团食焉，有祭立尸焉，聊陈一二，不能遍举。”[①]对此，他在自注中都作了明确的解释。杜佑从民族习俗上证明，上古之时，“中华”也有许多“鄙风弊俗”，跟“夷狄”是没有什么两样的。他在讲到古代礼俗的时候，甚至认为：“古之人朴质，中华与夷狄同。”[②]杜佑的这些看法在理论上有重要的意义：它们进一步打破了中国历史上这样一个传统观念，即“中华”一向就是先进的民族，而“夷狄”从来就是落后的民族；同时，作者已经朦胧地认识到，上古之时“中华”与“夷狄”本是“一家”。杜佑的这些论点是有意义的，甚至可以说是包含着某些真理的成分。恩格斯曾经说过：

> 我们越是深入地追溯历史，同出一源的各个民族之间的差异之点，也就越来越消失。一方面这是由于史料本身的性质，——时代越远，史料也越少，只包括最重要之点；另一方面这是由这些民族本身的发展所决定的。同一个种族的一些分支距他们最初的根源越近，他们相互之间就越接近，共同之处就越多。……这一种或那一种特点，可能只有地方性的意义，但是它所反映的那

---

① 《通典》卷一八五《边防》序。

② 《通典》卷四八《礼典》八后议。

> 种特征却是整个种族所共同具有的，而史料的年代越是久远，这种地方性的差别就越是少见。①

杜佑当然不可能懂得这样的科学观点和科学方法，但他在一千多年前能够提出“古之人朴质，中华与夷狄同”的论点，的确是难能可贵的。在民族关系上，杜佑反对对周边少数民族滥施兵革，提出“来则御之，去则备之”的方针；他批评秦始皇、汉武帝、隋炀帝在这方面的失误，造成了“万姓怨苦”的局面，称赞汉光武帝在这方面“深达理源”，有所节制。他的结论是：“持盈固难，知足非易”；“持盈知足，岂特治身之本，亦乃治国之要道欤!”为了进一步证明这个看法的正确，杜佑针对玄宗以来的历史现实写道：“向无幽寇内侮，天下四征未息，离溃之势，岂可量耶？前事之元龟，足为成监（鉴）者矣”②。关于民族间的战争，其情况是非常复杂的，杜佑不可能对它们作出具体的分析、判断；但是，他对民族间战争的总的看法，还是有积极意义的。

从以上列举的杜佑的几个方面的思想来看，贯穿于其中的一个鲜明的特点，是他十分重视把历史经验跟当时的社会现实结合起来，他的许多见解和主张都有相当的准确性和突出的针对性，具有直接为现实服务的作用和价值。这是他“征诸人事，将施有政”的经世致用学术旨趣的反映。关于这一点，不仅仅是与杜佑同时代的李翰、权德舆等非常重视，而且也引起了后人的十分注意。朱熹一语破的地指出，“杜佑可谓有意世务者”③。乾隆《重刻通典序》谓：“此书……本末次

① 《爱尔兰史》，《马克思恩格斯全集》第16卷，北京：人民出版社，1965年，第570—571页。

② 《通典》卷一八五《边防》序。

③ 《朱子语录》卷一三六。

第，具有条理，亦恢恢乎经国之良模矣！”这个看法，也可以说是深得《通典》的要旨。后永瑢、纪昀等修《四库全书总目》，称《通典》是：“凡历代沿革，悉为记载，详而不烦，简而有要。元元本本，皆为有用之实学，非徒资记问者可比。”[①]在考据之学盛行的年代，清人尚能如此称道《通典》，说它是“经国之良模”“有用之实学”，正可以反衬出《通典》在经世致用方面的特点是何等突出。近人梁启超认为：杜佑的“《通典》之作，不纪事而纪制度，于国民全体之关系有重于事焉者也”[②]。这是从《通典》的内容来说明它的经世致用的旨趣。要之，自唐代至近世，人们对杜佑的经世致用的学术思想是给予了相当的评价的。

关于经世致用之学，我国学者一般都认为它产生于明末清初，而在清嘉道年间得到发展。但是，根据唐代中叶一些思想家、政治家、历史家、文学家的学术思想，尤其是根据杜佑在《通典》中所反映的经世致用的学术旨趣判断，上述看法是可以商榷的。我初步认为：中国历史上的经世致用之学，滥觞于唐中叶，从代宗大历年间至宪宗元和年间则显得尤其活跃；这时期的经世致用之学，用杜佑的话来说，它是作为“术数之艺”“章句之学”的对立物而出现的。其后，南宋学者陈亮、叶适主张“功利”之学和“务实”之道，对朱熹学派宣扬的义理说教进行批判，是经世致用之学在理论上的前进；明末清初顾炎武等人更进一步把对理学的批判跟著述的实践结合起来，力倡“文须有益于天下”[③]。所有这些，都是嘉道年间勃兴起来的经世致用之学的前驱。

---

① 《四库全书总目》卷八一《史部·政书类》一。

② 《新史学》第1章《中国之旧史》，见《饮冰室合集·文集》第4册，北京：中华书局，1937年，第5页。

③ 《日知录》卷一九“文须有益于天下”条。

《通典》的旨趣，反映了作者鲜明的时代感。这就是说，杜佑在《通典》中不仅反映了他所处的那个时代的特点和问题，而且在一定程度上回答了这些问题。《通典》的时代感，上承司马迁《史记》实录精神的遗风，下开经世史学的先河，在中国史学史上起着继往开来的重要作用。《通典》的旨趣，建立在作者的朴素的唯物主义历史哲学的基础上。这样一种历史哲学，在作者的认识论和方法论上都有比较充分的表现。《通典》的旨趣，还反映了作者的历史进化思想。进化的观点，讲“形势”、讲“事理”的观点，以及变革的观点，是杜佑历史进化思想的几个主要方面，而核心则在于主张对陈旧的、过时的制度进行变革。正因为如此，杜佑在《通典》中反复阐明“随时立制，遇事变通”①“随时拯弊，因物利用”②“弊而思变”③“便俗适时”④的论点。这里最重要的，一是“变通”，二是“适时”。离开“变通”和“适时”，经世致用也就成了空话。在杜佑的历史哲学中，还有一点也不可忽视，这就是他的朴素的辩证思想。是否可以认为，杜佑是以“《食货》为之首”作为构筑其著作大厦的基础的；但是，他并不是只强调“食货”的作用，无视或轻视其他领域的作用，恰恰相反，他对于后者的作用是给予极大的注意的。他在《兵典》序中指出：对于甲兵，“若制得其宜，则治安；失其宜，则乱危”。他对于刑罚的作用也是这么看的：“善用则治，不善用则乱”⑤。他甚至对于音乐和人的情绪的关系，也持有这种朴素的辩证观点，认为：“夫音，生于人心，心惨则音哀，心舒则音和；

① 《通典》卷四《职官》二二引杜佑《省官议》。

② 《通典》卷一八五《边防》序。

③ 《通典》卷一二《食货》一二后论。

④ 《通典》卷七四《礼典》三四《宾礼》序。

⑤ 《通典》卷一六三《刑典》序。

然人心复因音之哀和，亦感而舒惨”[①]。像这样带有朴素辩证观点的认识，在《通典》里还可以举出不少。这是《通典》的作者留给后人的一份宝贵的思想资料。

三

《通典》是我国史学史上的巨制，甚至可以说是史学史上的一座丰碑。但是，它也不是没有缺陷的。

首先，从历史编纂来看。《通典》以一百卷、占全书二分之一的篇幅写“礼”，其中“沿革篇”六十五卷、“开元礼”三十五卷，不仅失于重复，而尤其失于烦琐。这是它在历史编纂上最突出的缺陷。

其次，从历史思想来看。在杜佑的历史哲学中，朴素的唯物观点、朴素的辩证观点和历史进化的观点，是其积极的一面。其消极的一面，主要表现为“英雄史观”，而与此相联系的则是对人民群众的作用的漠视，并把人民群众的起来造反斥为“群盗蜂起”[②]。他还说：“民者，瞑也，可使由之，不可使知之。审其众寡，量其优劣，饶赡之道，自有其术。”在杜佑看来，人民群众完全成了等待“贤者”“圣者”恩赐的、消极的历史因素。反之，那种“成王业兴霸图”“富国强兵”的伟大事业，都是个别杰出人物造成的，而这样的人物又是很难得出现的，以至自汉代以降，“不可多见”[③]。这种把历史的活动归结为个别杰出人物活动的英雄史观，不仅同杜佑自己说的“非今人多不肖，古人多材能，在施政立本使之然也”相矛盾，而且同唐初史家如魏徵等

① 《通典》卷一四一《乐典》序。

② 《通典》卷一七一《州郡》序。

③ 《通典》卷一二《食货》后论。

人在这个问题的看法上相比也是一个退步。①

再次，从社会思想来看。《通典》从经济制度和政治制度方面对封建社会确有不少深刻的揭露，本文已择其重要者作了评论。这是《通典》的民主性精华方面。但是，《通典》的作者毕竟是封建社会秩序的积极的维护者，是一个"始终言行，无所玷缺"②的标准的士大夫。因此，要求改革封建社会的某些弊端同从根本上为封建统治秩序作辩护，构成了杜佑社会思想中两个相反相成的方面。而他的这种辩护，有时甚至成了对封建统治的粉饰。这是《通典》的封建性糟粕方面。其中，杜佑对封建国家的刑罚的看法，是最能说明问题的。如他论唐代的刑罚说："圣唐刑名，极于轻简……如罪恶既著，制命以行，爱惜人命，务在哀矜，临于绝，仍令数复。获罪自然引分，万姓由是归仁，感兹煦妪，藏于骨体……国家深仁厚德，固可于尧、舜。夏、殷以降，无足征矣。"③在这里，严峻的法律，被说成是阳光雨露、"深仁厚德"！杜佑还认为：武则天以周代唐、安史之乱倾陷两京的事件所以不能长久，是因为唐开国以来"刑轻故也"，这就近于奇谈了。更有甚者，杜佑还替帝王执法过程中"急于黎庶，缓于权贵"④的屈法行为作辩护。在他看来，衣冠（士族）受刑，虽罪有应得，亦应为之"伤悯"；黎庶（匹庶）被戮，虽法不当罚，也无须为之"嗟叹"。这二者的区别，就像"摧茂林"和斩野草那样的不同⑤。像杜佑这样直率地为最高统治者徇情枉法作护、宣扬"黎庶"和"权贵"在法律面前本应受到不

---

① 参见《隋书》卷六六后论及《贞观政要》卷三《君臣鉴戒》篇等。

② 《旧唐书》卷一四七《杜佑传》。

③ 《通典》卷一七〇《刑典》八《宽恕》后论。

④ 《通典》卷一七〇《刑典》八《舞素》。

⑤ 《通典》卷一六四《刑典》二《刑制》中。

平等待遇的论调，在封建统治者的言论中，也是比较突出的。可见，杜佑毕竟是他那个阶级的忠实的历史家和代言人。

《通典》的这些缺陷，究其原因，或是受着总的时代条件和阶级地位的限制，或是由于具体历史环境的影响，或是因为作者见识上的局限，等等。对此，本文不再作详细的论述。尽管《通典》一书存在着这些缺陷，但作者从许多方面提出了前人不曾提出的见解，取得了前人不曾达到的成就，这是必须给予恰当的评价的。

柳宗元史论的理论价值和历史地位*

作为文学家和诗人，柳宗元在中国文学史上的崇高地位是早已被承认了的。作为思想家，他在中国唯物主义、无神论发展史上的杰出贡献，也为当代中国思想史研究者所肯定。然而，这些成就却“掩盖”了他在史学史上的建树。柳宗元的学术活动及其撰述，实为中唐史学的重要组成部分，这是一个被历史学界所忽略的问题。

一、《贞符》《封建论》：关于国家起源和历史进程的新认识

天人关系问题，一直是中国思想家、史学家长期争论不休的问题。司马迁第一次明确地提出要把推究“天人之际”作为历史撰述的重要内容，这在史学思想发展上具有重大的理论价值。此后，在很长的历史年代里，关于“天人之际”的问题，一直为思想家、政治家和史学家所关注，它既是哲学、政治，又是历史理论的重要问题。其间，始终贯

---

* 原载《历史研究》1988 年第 4 期。

穿着“天人相合”和“天人相分”两种论点的斗争。在这个理论斗争中，柳宗元继承和发展了荀子、王充等人的唯物主义和无神论传统，把“天人相分”的理论发展到一个新的水平。他的《天说》《天对》《禇说》《时令论》《断刑论》等著作都有精彩论断，其中有的“在中国唯物主义史上是值得大书特书的见解”①。近人章太炎指出：“排天之论，起于刘、柳(原注：王仲任已有是说，然所排者惟苍苍之天而已，至刘、柳乃直拔天神为无)”②。柳宗元以其光辉成就，与刘禹锡同为“排天之论”的健将，这是学术界公认的结论。

柳宗元对“天人之际”问题所作的批判性总结，还表现在他对国家起源、历史进程等重大历史理论问题提出了新的认识。如果说他对“天命”的否定，是廓清了有关天神历史的种种迷障，那么他对“圣人之意”的否定，则是为了矫正人们对于世俗历史的种种曲解。诚如有的论者指出：柳宗元“对神学天命论的斗争，从自然观一直贯穿于历史观”，从而展开了“对神学历史观的批判”③。

在柳宗元的论著中，《贞符》和《封建论》比较集中地讨论了有关国家起源和历史进程问题。《贞符》的主旨是要以历史事实批判传统的符命之说，阐明“生人之意”(即“生民之意”)在历史发展中的作用。柳宗元在《贞符》序文中一开始就把批判锋芒指向前代的名儒硕学如司马相如、刘向、扬雄、班彪、班固等，斥责他们“皆沿袭嗤嗤，推古瑞物

---

① 侯外庐：《柳宗元哲学选集》序，《侯外庐史学论文选集》(上)，北京：人民出版社，1987 年。

② 《太炎文录初编》别录卷二《答铁铮》，《章太炎全集》第 4 册，上海：上海人民出版社，1985 年，第 372 页。

③ 侯外庐主编：《中国思想史纲》上册，北京：中国青年出版社，1981 年，第 263、265 页。

以配受命”，类似“淫巫瞽史”之言，起了“诳乱后代”的不良作用①。他不赞成所谓“古初朴蒙空侗而无争，厥流以讹，越乃奋敚斗怒震动，专肆为淫威”这种想当然的说法。同时，勾勒出一幅人类从初始阶段开始进入国家产生时代的历史画卷。从思想渊源上看，柳宗元无疑是继承了荀子和韩非关于国家起源的进化观点；以今天的眼光看，这幅画卷不免过于粗糙和幼稚，有些细部距离历史真实甚远。但是，在他之前能够作这种具体的历史描绘的人是不多见的。尤其值得注意的是，柳宗元在描绘这幅历史画卷时，是从外在的自然条件（“雪霜风雨雷雹暴其外”）和人类的生理欲望（“饥渴牝牡之欲驱其内”）来说明人类社会的进化的。即人类为了吃、穿、住、“牝牡之欲”而逐步懂得“架巢空穴”“噬禽兽，咀果谷”“合偶而居”；而后由于对物质生活资料的争夺，而产生交争、搏斗，于是才有“强有力者出而治之”，才有“君臣什伍之法立”，才有“州牧四岳”，才达到“大公之道”；而“大公之道”的实现，又是“非德不树”。可见，柳宗元在阐述人类初始生活状况和国家起源问题时，是从人类自身的历史来说明的。这些看法，包含着对于人类如何从原始社会进入阶级社会的“天才的猜想”，在古代历史理论发展史上闪现出耀眼的光辉。从世界范围来说，诚如恩格斯所指出的：在 19 世纪 60 年代以前，“根本谈不到家庭史。历史科学在这一方面还是完全处在摩西五经的影响之下”；这是就家庭史说的，如果从原始社会史来说，“摩尔根的主要著作《古代社会》(1877 年版)(本书即以这部著作为基础)”……“非常清楚，这样就在原始历史的研究方面开始了一个新时代”②。这

① 《柳河东集》卷一《贞符》。下同。

② 《家庭、私有制和国家的起源》第 4 版序言，《马克思恩格斯选集》第 4 卷，北京：人民出版社，2012 年，第 16、25—26 页。

说明，整个人类对于本身初始阶段的历史的认识，确是一个十分艰难的过程。柳宗元在9世纪初提出的这些看法，是很难得的。

《贞符》的理论意义，是通过对于历史的考察，证明“唐家正德，受命于生人之意”，进而证明历代皇朝的兴起“受命不于天，于其人；休符不于祥，于其仁”，强调人事的作用和政策的作用。作者痛斥历史上那些“妖淫嚚昏好怪之徒”制造“诡谲阔诞”，“用夸诬于无知氓”，并公开反对帝王的封禅活动。所有这些，对于揭去笼罩在历史上的神秘外衣，恢复历史的世俗面貌，启发人们正确地认识历史，都起了积极作用。但是，柳宗元关于历史进程的理论并没有只停留在这个认识上，他在《封建论》中进一步探讨了历史变化、发展的原因，从而把他的史论又推向一个新的境界。

《封建论》的主旨，是作者提出“势”这个哲学范畴作为“圣人之意”的对立面来说明历史变化、发展的原因。《封建论》一开始就提出“生人果有初乎”[①]的问题，这里的“初”跟《贞符》里说的“惟人之初”的“初”是同一个意思，即从无“封建”到有“封建”的发展过程。“封建”是指所谓“封国土，建诸侯”的分封制。作者从分封制的出现和沿袭去推究它产生的原因，这在方法论上是由近及远、由现代去认识过去的一种方法。从今天的观点来看，柳宗元所阐述的分封制产生的历史原因显然是很肤浅的；他把分封制一直上溯到尧、舜、禹时代，也是不符合历史事实的。但是，《封建论》的理论价值在于，它提出了“不初，无以有封建”和“封建，非圣人意也”这两个前后相关联的命题。作者从人类处于“草木榛榛，鹿豕狉狉”的初始阶段，为了“自奉自卫”必须“假物以为用”到“假物者必争”，从“争而不已”到听命于“能断曲直

① 《柳河东集》卷三。下同。

者”，从“告之以直而不改”到“君长刑政生焉”，一直说到里胥、县大夫、诸侯、方伯、连帅、天子的出现，触及了人类从野蛮步入文明亦即国家起源的那一段历史。在这一点上，《封建论》同《贞符》有共同之处，它们的不同之处，是前者特别强调了“势”是历史发展的动因，而后者强调的是“生人之意”的作用。

“势”作为“圣人之意”的对立面提出来，柳宗元是以丰富的历史知识和深刻的理论洞察力来加以说明的。除了阐明“封建，非圣人意也”之外，他又举周、秦、汉、唐为例，认为“周之丧久矣，徒建空名于公侯之上耳！得非诸侯之强盛，末大不掉之咎欤?”这是“失在于制，不在于政”。秦朝废“封建”，设郡县，“此其所以为得也”；但“不数载而天下大坏”，是因为它“亟役万人，暴其威刑，竭其货贿”的缘故，此所谓“咎在人怨，非郡邑之制失也”，或者叫作“失在于政，不在于制”。汉代，“有叛国，而无叛郡”，可见“秦制之得，亦以明矣”。唐代，“有叛将，而无叛州”，证明“州县之设，固不可革也”。他反复论证：在殷周时代，实行分封制带有必然趋势：“圣贤生于其时，亦无以立于天下，封建者为之也。岂圣人之制使至于是乎？吾固曰：‘非圣人之意也，势也。’”他对分封制和郡县制得失的分析，从政治和历史的角度看，都包含了不少真知灼见。他反复强调“封建”的出现是“生人”初始阶段不可避免的现象，是客观情势所决定的，并不是“圣人”主观意图的实现；同样，自秦以下，废分封而设郡县，也是一种必然的趋势，“其不可变也固矣”，不能看作是违背了“圣人”的意愿。这些论述不仅在历史理论上有重要的价值，从中唐社会藩镇林立的局面来看，也有重大的现实意义。可以认为：《封建论》真正是作者的历史感和时代感闳于其中而肆于其外的杰作。宋人苏轼说：“昔之论‘封建’者，曹元植、陆机、刘颂，及唐太宗时魏徵、李百药、颜师古，其后有刘秩、杜佑、柳宗元。宗元之论出，而诸子之论废矣，虽圣人复起，不能易也。”①当然，自柳宗元以下，对《封建论》研究、评论，赞扬訾议，褒贬轩轾，代有其人，但它在历史理论发展上所起的辉煌作用，却是人们无法抹杀的。近人章士钊著《柳文指要》，认为《封建论》是“从来无人写过之大文章”。值得注意的是，章士钊从史论的角度评价了《封建论》的学术影响：“从来史论扎定脚跟，无人动得分毫，唯见子厚(宗元)此论，罔识其他。”②千余年来，视《封建论》为史论并进行系统研究，章士钊可谓第一人矣。

《贞符》提出“生人之意”以与“天命”对立，《封建论》提出“势”以与“圣人之意”对立，这是它们的不同之处。“生人之意”认为历史变化的动力是人们的意志、愿望和要求，还没有摆脱历史唯心主义的束缚；“势”是情势、趋势，接近于认为历史发展是一种自然过程的看法，属于历史唯物主义萌芽的一种见解。《封建论》作于《贞符》之后，于此可以看到柳宗元历史思想的变化和发展。还要指出一点：柳宗元提出的“势”，是对前人如司马迁所讲的“形势”的继承和发展，又为后人如王夫之讲“势”与“理”的统一提供了新的思想资料，在有关“势”与“理”的理论发展上占有承前启后的重要地位。

二、《非国语》：史学批判的理论价值

柳宗元关于国家起源和历史进程的看法，都带有鲜明的批判性。在柳宗元的著作中，还有一种批判是从具体的史学著作入手的。这种批判，因为涉及的问题多带有根本的性质，所以具有普遍意义和理论

① 《东坡志林》卷五《论古·秦废封建》。

② 见《柳文指要》上卷，北京：中华书局，1971年，第83—118页。

价值。《非国语》就是这种批判的代表著作。《非国语》67篇[①]，一般被看作柳宗元的哲学著作，事实上，它更是一部史学评论著作：评史事，评人物，评史家，评史书编撰，而于其中见作者的思想旨趣和批判精神。

《国语》这部书，是战国早期的私人撰述，也是记述春秋时期史事的重要著作之一。《国语》的作者，相传为左丘明，但不可信[②]。在历史上这种说法有长时期的影响，认为左丘明同时撰有《左传》和《国语》，《左传》为"内传"，《国语》为"外传"。柳宗元似亦执此说。他为什么把史学批判的锋芒首先对着《国语》？这既有理论上的原因，又有社会实践方面的考虑。他在《非国语·序》中写道："左氏《国语》，其文深闳杰异，固世之所耽嗜而不已也；而其说多诬淫，不概于圣。余惧世之学者溺其文采而沦于是非，是不得由中庸以入尧舜之道，本诸理，作《非国语》。""本诸理"，是从理论上考虑。他在《非国语》书末跋文中写道：他担心后世读者不能看出《国语》中的错误，为"庸蔽奇怪之语"所惑，甚至把它抬高到近于经书的地步，为了"救世之谬"，而作《非国语》。"救世之谬"，也还是从理论上说的。撰《非国语》的社会实践目的，在他给友人的两封书信中讲得很真切、具体。一是《与吕道州温论〈非国语〉书》，一是《答吴武陵论〈非国语〉书》。在前一封书信中，他指出当时从事政治活动的人缺少正确的治世之道的几种表现，最严重的是"好怪而妄言，推天引神，以为灵奇"。他明确表示："苟不悖于圣道，而有以启明者之虑，则用是罪余者，虽累百世滋不

---

① 《非国语》上、下卷，见《柳河东集》卷四四、四五。下引不另注。

② 参见白寿彝《中国史学史》第1册，上海：上海人民出版社，1986年，第228页。

憾而恧焉。"只要对世人有所启迪，他不担心因《非国语》之作而被加上种种罪名。一种强烈的社会责任感，使柳宗元产生了批判的勇气。在后一封书信里，他申述了自己"以辅时及物为道"的志向，自永贞事件后这种志向已无法实现了，"然而辅时及物之道，不可陈于今，则宜垂于后"①。他是要通过著书来发挥他"辅时及物之道"的社会影响和历史影响。《非国语》撰于柳宗元被贬永州之后，作者以"身编夷人，名列囚籍"的"罪人"的身份，仍然具有这样的思想和抱负，读来令人感动。

《非国语》择《国语》之"诬怪""阔诞"之处，予以分析、评论。作为史学评论的专著，《非国语》提出的主要理论问题是：天人关系、历史发展中的因果关系、历史评价的标准、史家书法问题等。

(一)关于天人关系。这是《非国语》中最突出的部分和最重要的成果。据粗略统计，《非国语》67 篇中约有三分之一的篇幅是批评《国语》在天人之际问题上的错误观点的，《三川震》《料民》《神降于莘》《问战》《卜》《杀里克》《伐宋》《祈死》《褒神》诸篇，尤为突出。而其基本思想，是明确地否定"天命"的存在，同时指斥种种以占卜、预言、梦寐、童谣与人事相比附的虚妄。如《国语·周语上》记：周幽王二年(前 780 年)，"西周三川(按：指泾、渭、洛三水)皆震。伯阳父曰：'周将亡矣！……夫国必依山川，山崩川竭，亡之征也。川竭，山必崩。若亡国不过十年，数之纪也。夫天之所弃，不过其纪。'是岁也，三川竭，岐山崩。十一年，幽王乃灭，周乃东迁。"《国语》所记"印证"了伯阳父说的"亡国不过十年"的话。这在《国语》宣扬"天人相合"的观点中是很典型的一段文字。柳宗元在《非国语·三川震》中批判了伯阳

① 以上均见《柳河东集》卷三一。

父的说法，认为："山川者，特天地之物也；阴与阳者，气而游乎其间者也。自动自休，自峙自流，是恶乎与我谋？自斗自竭，自崩自缺，是恶乎为我设？彼固有所逼引而认之者，不塞则惑。"这就是说，自然界的运动、变化是出自内在的原因，不是为人们打算和安排的，自然界自身就存在着互相排斥和互相吸引的现象，如果把这些看作国家兴亡的征兆，那是太可笑了。柳宗元进而指出，所谓"天之所弃，不过其纪"，就更加荒谬了。侯外庐先生在评论《三川震》的理论价值时写道："这八个'自'的四对命题是超越前人的理论。"[①]从历史理论的发展来看，"自"的范畴的提出具有极重要的意义。这是因为：第一，"天人之际"问题，首先要辨明"天"是神，还是物？是有意志的，还是没有意志的？第二，是"天人相合"（"天人感应"），还是"天人相分"？第三，"人事（社会、历史）变化的原因是什么？（是"天"？是"圣人之意"？是"生人之意"？是"势"？）仅仅回答了这三个问题，关于"天人之际"的问题还没有完全解决，即："天"作为自然界，其运动的根源何在？柳宗元正确地回答了这个问题。这样，就把司马迁提出"究天人之际"以来的有关认识，推进到一个新的阶段。当人们不仅在对历史的认识中，而且也在对自然的认识中驱逐了"天命"的影响时，"天命"就无处藏身而最终失去其欺骗的作用。在其他有关各篇，柳宗元反复阐述了"天命"是不存在的。如在《伐宋》篇中从历史事实上证明"天之诛"的说法是没有根据的。在《神降于莘》篇中更进一步指出："力足者取乎人，力不足者取乎神。"此外，柳宗元从否定"天命"而否定梦寐、卜史、童谣等与人事的关系，把朴素的唯物主义思想贯穿到社会和历史方面。《非国语》中所包含的这一部分思想与《天说》《天对》

---

① 《柳宗元哲学选集》序。

互相发明，构成柳宗元的唯物主义、无神论思想的独特体系，亦是他把“天人相分”问题推进到比较完整的理论化形式。

（二）关于历史发展中的因果关系。《国语》一书，有时把本来并没有任何联系的历史现象生拉硬扯到一块，甚至说成是因果关系，其思想认识上的根源仍是“天命论”在作怪。《非国语》对此有不少评论。如《国语》记周灵王二十二年（前550），谷水、洛水暴涨，因为洪水冲击，王宫受到威胁。灵王打算堵塞洪水，以保王宫。太子晋认为不能这样做，讲了一大篇理由，并断言：“王室其愈卑乎？其若之何？”灵王不听，命人堵塞洪水。《国语》接着写道：“及景王多宠人，乱于是乎始生。景王崩，王室大乱。及定王，王室遂卑。”[①]这一段记载，是把灵王堵塞洪水这件事，跟后来景王时期的“乱于是乎始生”和定王时期的“王室遂卑”直接联系起来，看成因果关系。针对这一记载，柳宗元在《谷洛斗》篇中评论道：“谷洛之说，与三川震同。天将毁王宫而勿壅，则王罪大矣，奚以守先王之国？壅之诚是也。彼小子之譊譊者，又足记耶？王室之乱且卑，在德，而又奚谷洛之斗而征之也？”这一段话的理论意义在于，从《三川震》和《谷洛斗》所批判的错误观点上升到了普遍性的认识。所谓“谷洛之说，与‘三川震’同”，就是从对个别事物的认识上升到对一般事物的认识，也就是从具体的批判到理论的批判。

当然，《国语》中也有这样的记载，就是撇开了“天命”而讲事情的因果关系，这在当时无疑是一种进步，但也有讲得不近情理的。如记周简王十一年（前575）诸侯会于柯陵，单襄公因见有些人“视远步高”，或其语“犯”“迂”“伐”“尽”，就断言这些人必遭杀身之祸[②]。柳宗元在

① 《国语·周语下》。

② 同上。

《柯陵之会》篇中嘲笑说："若是，则单子果巫史矣。……夫以语之迂而日宜死，则单子之语，迂之大者，独无谪邪？"真是辛辣的讽刺！

在类似的评论中，柳宗元坚持以唯物观点来看待历史现象，包括事情的因果、国家的兴亡、人物的祸福等等，这对于人们正确地认识历史现象和分析它们之间的内在联系，是有理论上的启发作用的。

（三）关于历史评价的标准。《非国语》对一些史事和人物的评论，往往反映出柳宗元在历史评价上的独到见解和历史评价标准。如《国语·晋语二》记：晋国大夫里克杀死奚齐、卓子以后，派屠岸夷至狄地请公子重耳返国，重耳要狐偃拿主意。狐偃认为不可返国，说："以丧得国，则必乐丧，乐丧必哀生。因乱以入，则必喜乱，喜乱必怠德。"后来秦穆公派公子絷至狄，也请重耳返回晋国，重耳还是要狐偃拿主意。狐偃认为返国"不仁不信，将何以长利？"于是重耳没有返国，其弟夷吾却返国，是为惠公。柳宗元在《狐偃》篇就此事对狐偃作了评论，认为后来"晋国不顺而多败，百姓之不蒙福"是狐偃失策造成的。在柳宗元看来，狐偃不仅犯了"国虚而不知入"的错误，而且大讲乐、德、仁、信一类的空话，"徒为多言，无足采者"。这里实际上是提出了一个评价人物的标准：对于人物的言行，应以考察其实际效果为主，不能以仁、信一类的空话为根据。在《获晋侯》篇，柳宗元认为秦穆公听信了公孙枝不杀晋惠公，而以惠公太子为晋国人质以控制晋国的主张①，是"弃至公之道而不知求"，是"舍大务小，违义从利也甚矣"，过分看重了眼前的一点小利，没有从长远的霸业上考虑。这里，柳宗元又提出了一个评价人物的标准：评价政治人物，应以其是否认清全局的政治形势并有恰当的举措为主，不能以其是否能够获得

① 《国语·晋语三》。

一点眼前的利益为根据。

在《非国语》中，还可以看出柳宗元往往以是否“知变”作为历史人物评价的重要标准之一。如《命官》篇批评晋文公以旧姓掌近官、诸姬之良掌中官、异姓之能掌远官的用人政策①，提出用人应以“材”不以“姓”，而晋文公“不知变是弊俗以登天下之士”，可见其政策的浅薄。《救饥》篇则嘲笑晋国大夫箕郑提出用“信”来解救饥荒的主张②，“是道之常，非知变之权也”。道理很显然：“人之困在朝夕之内，而信之行在岁月之外”。以“信”救饥，是远水不能解近渴，是政治上的空谈。这两件事都讲到，评价历史人物，尤其是政治人物，不应忽视其能否顺应历史的变化而采取相应的步骤，也不应忽视其能否把“道之常”与“变之权”结合起来。这点启示是值得重视的。柳宗元在《董安于》篇提出了这样一个问题，即“自洁”和“谋国”、个人和大局的关系，我以为也是评价历史人物的一个标准。柳宗元认为，一个人不能为了“自洁”而有功不受赏，以致造成“受赏者耻”的舆论和风气，那样国家就要衰弱了。他明确指出：“功之受赏也，可传继之道也。”而“董子之洁”是不值得称道的，因为他可能会造成一种消极的社会效果。这里就涉及“自洁”和“谋国”、个人和大局孰轻孰重的问题了。在柳宗元看来，评价历史人物言行的功过得失，不应拘泥于董安于式的“自洁”。

《非国语》中反映出来的历史评价理论，具有鲜明的现实感。这些评论，或表达了政治抱负，或借以讽喻时政，或启迪人们辨别是非，使人们在对历史的评价中受到教育。

(四)关于史家作史态度及书法。《非国语》不仅在历史理论上和历

① 《国语·晋语四》。

② 同上。

史评价上有不少独到见解，而且对史学理论也有广泛的涉及，它们大多针对《国语》作者而发，多是关于史家作史态度及书法问题。如：

第一，批评《国语》作者记事“迂诞”。如《神降于莘》篇：“斯其为书也，不待片言而迂诞彰矣！”《卜》篇：“左氏惑于巫而尤神怪之，乃始迁就附益，以成其说，虽勿信之可也。”等等。这是指出《国语》作者有神论思想的危害，以致把“迂诞”“神怪”之事以及巫者之言用来附会人事，写入史书，这种记载是不可信的。

第二，批评《国语》作者把预言当作历史，并拼凑“证据”，宣扬宿命论。如《灭密》篇批评密国康公之母关于命数的谈话，而“左氏以灭密征之，无足取者”。《不藉》篇指出《国语》作者把“宣王不藉千亩”跟后来“战于千亩，王师败绩于姜氏之戎”联系起来，显然是附会之说。他如《宰周公》篇所论，亦类此。这都是批评《国语》作者把毫无根据的预言当作真实的历史看待，又从历史记载上来“证明”这些预言的不诬，这种作史态度是不可取的，甚至是可耻的。

第三，批评《国语》作者把“后之好事者为之”当作当时的历史写入史书。如《葬恭世子》篇批评晋国国人歌谣和郭偃预言，说什么 14 年后重耳就可以回国图霸了等等①，“是好事者追而为之，未必偃能征之也”。《乞食于野人》篇也是批评《国语》作者的这种书法：重耳在外流亡 12 年，一次乞食于野人，后者以土块与之，重耳大怒。狐偃乃据此事预言 12 年后重耳可以得到这块土地②。柳宗元明确指出：“是非子犯(狐偃)之言也，后之好事者为之。”这两个例子说明柳宗元对于史料的鉴别是非常认真而又十分敏感的，哪些记载确是当时发生的事

① 《国语·晋语三》。

② 《国语·晋语四》。

情，哪些记载是后人附会牵合之词，他都详加分辨，予以澄清。

第四，批评《国语》作者还存在一些书不当书之处。如《箴》篇认为：晋国司空季子“博而多言，皆不及道者，又何载焉?”这是反对以空言入史。《叔鱼生》篇指出：“君子之于人也，听其言而观其行，犹不足以言其祸福，以其有幸有不幸也。”批评《国语》“取赤子之形声，以命其死亡”的记载是“以其鬼事知之乎？则知之未必贤也。是不足书以示后世”。从这些批判中，我们可以感受到柳宗元对于史学工作的认真严肃精神。

此外，柳宗元还指出《国语》记事有自相矛盾的地方，有“嗜诬”前人的地方，也有粉饰前人的地方，甚至还批评《春秋》记事有不真实之处[①]，等等。

《非国语》一书是柳宗元的史学批判的代表著作。在这部书里，其所论主旨，是反复强调历史撰述的真实性和严肃性。在他以前，除刘知幾外，还没有别的史家能够这样全面地、具体地总结史学工作在这些方面的经验教训，并从历史理论上提出这么多问题。刘知幾《史通》的成就主要在史学理论方面；柳宗元《非国语》的成就则主要在历史理论方面。这是刘、柳在中国史学上贡献的不同之处。然而《史通》和《非国语》的历史命运却有某些相似之处：《史通》问世后，晚唐人柳璨“以刘子玄(知幾)所撰《史通》议驳经史过当，纪子玄之失，别纂成十卷，号《柳氏释史》，又号《史通析微》”[②]。《非国语》问世后，则有人反其道而行之作《是国语》[③]《非〈非国语〉》[④]。表明了刘、柳的批判史

① 参见《非国语》的《韩宣子忧贫》《料民》《长鱼矫》《荀息》等篇。

② 《唐会要》卷六三《修前代史》。

③ 《宋史·艺文志一》著录：“叶真《是国语》七卷”。

④ 《元史·虞集传附虞槃传》。

学触动了正宗史学的弊端，也从一个角度反映出他们的史学批判精神所产生的历史影响。

柳宗元同刘知幾在史学思想上也有不少共同之处，重视史家自身的修养即是其中之一。刘知幾倡言史家须有“三长”，并撰写了《直书》《曲笔》等名篇；柳宗元除了在《非国语》中有许多地方讲到这方面问题外，还撰有有关专篇，其论述之精到，与刘知幾相比自另有一番气象。

三、《与韩愈论史官书》：史家的信念与职责

柳宗元的史论，除了《天说》是为回答韩愈“言天之说”外，《与韩愈论史官书》也是为批评韩愈而作。这虽然是韩、柳之争的问题之一，但其在中国史学上的意义却远远超出了这一争论的界限。概括地说，柳宗元的《与韩愈论史官书》是一篇述史家信念与职责的杰作。

宪宗元和八年(813)，韩愈任史馆修撰。有位刘秀才致书韩愈，希望他在史事方面有所贡献。韩愈不摆史官架子，复书刘秀才，谈到他对史事的一些看法。次年正月，谪降永州的柳宗元读到了韩愈的《答刘秀才论史书》①，当即致书韩愈，阐述了他同韩愈的不同看法，此即《与韩愈论史官书》②。

这两封书信所反映的对于史事的不同见解，从历史观点来看，仍然是天命论历史观同朴素的唯物论历史观的辩论。韩愈在信中列举历代史家如孔子、齐太史、左丘明、司马迁、班固、陈寿、王隐、习凿齿、崔浩、范晔、魏收、宋孝王、吴兢等，都因作史而没有好结果，

① 《韩昌黎集》外集卷二。

② 《柳河东集》卷三一。

结论是："夫为史者，不有人祸则有天刑，岂可不畏惧而轻为之哉？"又说："若无鬼神，岂可不自心惭愧？若有鬼神，将不福人。"柳宗元在信中严肃而又充满激情地指出："退之以为纪录者有刑祸，避不肯就，尤非也。"柳宗元根据历史事实，具体分析前代史家的种种不幸结局，并不都是因为作史才造成的。因此他认为："'不有人祸则有天刑'，若以罪夫前古之为史者然，亦甚惑。"他进而指出："凡鬼神事，眇茫荒惑无可准，明者所不道，退之之智而犹惧于此"，这是应当引起深思的。唯物主义、无神论同唯心主义、有神论的争论，直接与史学工作联系起来，甚至影响到史学工作的开展，这两封信于此很有代表意义，在中国史学史上不应忽略。

从史学工作来看，尤其是从史家应当如何对待自己的工作来看，柳宗元的《与韩愈论史官书》也具有重要的理论意义。在他看来，一个史官贵在有坚定的信念和崇高的职责感。信念，就是"思直其道"；职责感，就是一旦位居其职，则以撰述一代史事为己任。主张"直道"，这是柳宗元这封书信中十分突出的思想。他认为："凡居其位，思直其道。道苟直，虽死不可回也；如回之，莫若亟去其位。"一个史官为尽其"直道"，"虽死不可回"，这就是坚定的信念。柳宗元著作里有不少讲"中道"的地方①；"中道"，即中正之道。这里讲"直道"，意谓正直之道、公正之道，跟"中道"应是同一含义。所以他在此书中向韩愈指出："退之宜守中道，不忘其直，无以他事自恐。退之之恐，唯在不直、不得中道，刑祸非所恐也。""宜守中道，不忘其直"与"思直其道"是一致的，柳宗元视此为做人的信念和准绳，亦为史官应有的德

① 参见章士钊《柳文指要》下《通要之部》卷一《柳志》"大中"条，北京：中华书局，1971年。

行。当然，史家要恪守自己的信念，还必须有足够的勇气。柳宗元针对韩愈“不敢率尔为也”的思想，指出：一个史官，不应因“史以名为褒贬”而“恐惧不敢为”，更不应当“不为史而荣其号、利其禄”，要敢于“居其位而直其道”，真正去做点事情。这就需要有职责感。柳宗元在致韩愈的信中反问道：关于有唐二百年史事，“今退之曰：‘我一人也，何能明?’则同职者又所云若是，后来继今者又所云若是，人人皆曰‘我一人’，则卒谁能纪传之耶?”这是一个很尖锐的问题，如果人人都说“我一人，无可为”，这将是一种十分悲哀的局面，“非有志者所忍恣也”！柳宗元所热烈希望的，是人人“孜孜不敢息”地勤奋工作，则唐代历史“庶几不坠，使卒有明也”。而对于每一个史家来说，“果有志，岂当待人督责迫蹙，然后为官守耶?”柳宗元讲史家职责有一个明显的特点，即把史家不仅看作单个的人，而且看作一个前后相承的崇高事业的承担者群体。从史学家的自我意识来看，这包含着认识上的新的迈进。

《与韩愈论史官书》是柳宗元在永贞革新失败、被贬官将近十年的情况下写的。岁月流逝，人事沧桑，但他对于友人的情谊却没有改变，甚至理论的分歧也没有影响热烈的期望。他赞叹韩愈的“史才”，希望他“更思”，鼓励他“可为速为”，不要贻误时光。柳宗元的这种积极情绪和真诚精神是非常感人的。

继《与韩愈论史官书》之后，同年，柳宗元又写了《与史官韩愈致段秀实太尉逸事书》①，对韩愈的热忱期望溢于言表，书中说：“太史迁死，退之复以史道在职，宜不苟过日时。昔与退之期为史志甚壮，今孤囚废锢，连遭瘴疠羸顿，朝夕就死，无能为也，第不能尽其业！”

① 《柳河东集》卷三一。

这段话，还非常真切地透露出韩、柳早年共事时“期为史志甚壮”的情怀。联想到柳宗元对于史学事业曾经有过豪迈的抱负，我们对他的史学修养和历史理论造诣的认识，或许会更加深刻些。

《与史官韩愈致段秀实太尉逸事书》还反映出柳宗元在历史撰述上的认真实践精神，说明他并不是只擅长于理论思维的人。他向韩愈推荐的《段太尉逸事状》①，是他亲身调查所得，并多方核实无误。所以他在此书中写道：“太史迁言荆轲，征夏无且；言大将军，征苏建；言留侯，征画容貌。今孤囚贱辱，虽不及无且、建等，然比画工传容貌尚差胜。《春秋·传》所谓传信传著，虽孔子亦犹是也，窃自以为信且著。”他充分肯定了司马迁为撰写历史而进行社会调查的求实精神，同时也坦率地估量自己的作品“信且著”。《段太尉逸事状》在柳宗元丰富的史学撰述中虽非重要作品，但却给他的历史理论作了一个极好的注脚。大约250年后，《段太尉逸事状》为《新唐书》作者采用，写入《段秀实传》。宋祁在传后赞语中写道：“唐人柳宗元称：‘世言段太尉，大抵以为武人，一时奋不虑死以取名，非也。太尉为人姁姁，常低首拱手行步，言气卑弱，未尝以色待物，人视之，儒者也。遇不可，必达其志，决非偶然者。’宗元不妄许人，谅其然邪，非孔子所谓仁者必有勇乎？”②这可以看作宋人对柳宗元治史作风的评价。

四、简短的结语：高峰和局限

唐代的史论，盛唐以虞世南、魏徵、朱敬则、刘知幾等最为知名，中唐则以杜佑、柳宗元为杰出代表。刘知幾的成就，主要在史学

① 《柳河东集》卷八。

② 《新唐书·段秀实传》。文中所引柳宗元评段秀实语，出自宗元上史馆书，见《柳河东集》卷八，然文字稍有变动。

理论方面。虞世南、魏徵、朱敬则等，都不愧为史论名家，在他们的著作中，如《帝王略论》，《隋书》史论及梁、陈、北齐等三书总论，《十代兴亡论》等，不乏真知灼见，奇语宏论，往往使人惊叹不已。但他们的史论，大多针对具体的史事和人物而发，其理论价值主要在于对历史经验教训的总结。而杜佑和柳宗元的史论，则是在通观历史全部行程的基础展开的，其理论价值主要在于对历史进程规律性的探讨。我认为，唐代的史论，至杜佑和柳宗元而达到发展中的高峰。而杜、柳史论又各具特色：杜佑的史论，是从丰富而连贯的历史发展来阐述自己的见解，因而较多地带着历史的形式；柳宗元的史论，是从对历史的宏观整体认识来阐述自己见解的，因而鲜明地带着哲学的形式。他们的史论形成了唐代史论的高峰，且又各呈异彩，这不独是唐代史学的奇观，也是整个古代史学发展中的光华灿烂的一幕。

现在，我们可以对柳宗元史论的理论价值和历史地位作如下概括：第一，柳宗元的史论，坚持和发展了天人相分的唯物主义和无神论思想传统，进一步廓清了笼罩在世俗历史上的种种神秘主义光环。他对于“天”的唯物解释和对于历史进程的唯物说明，是中国古代思想史和史学史上的光辉成果。这一成果表明：早在9世纪初，中国的思想家和史学家在按照历史发展本来面貌说明历史方面，已经达到了相当高的认识水平。第二，柳宗元的史论，表现在对自然、对历史、对史学等各方面的认识都具有其一贯性和整体性，从而构成了一个理论体系。在中国历史理论发展史上，这个理论体系是对司马迁以下、汉唐间历史理论成果的新概括。第三，柳宗元的史论，既是对历史的总结，又是对现实的思考。关于“天人之际”的争论，关于历史发展趋势的争论，他的总结性阐述都达到了那个时代的最高成就；而这些阐述又同中唐的社会实际和他的“大中之道”的社会理想结合在一起。柳宗元的一生，通晓历史而面对现实，所以他的史论具有鲜明的历史感与时代感相统一的特色。在这一点上，他和他的同时代人杜佑是完全一致的。这是中唐史学发展的一个很重要的趋势，对后来的经世致用史学的进一步发展有很大的影响。

当然，柳宗元的史论也有明显的局限性。这有时代原因，也有他个人的原因。如柳宗元提出“生人之意”的命题，用以和“君权神授”的神学历史观相对立；他又提出“势”是社会历史发展的动因，用以和“圣人之意”决定社会历史面貌的唯心史观相对立。这无疑是进步的。但“生人之意”跟“势”究竟是什么关系，柳宗元并没有作进一步的探讨；这样，他就没有把朴素唯物史观继续推向前进，而“生人之意”这个命题也就不能不拖着一条唯心史观的尾巴。柳宗元史论的最重要的局限或缺陷，是由于他笃信佛教而造成其思想体系上的矛盾，以致不可能把他的朴素唯物史观贯彻到对宗教的认识领域中去。柳宗元的唯物主义、无神论思想发端甚早，至永贞革新失败被贬后则有了更大的发展；同时，他从少年时代起就相信佛教，至中年时期则通晓佛教经典。柳宗元从来没有把“天”“神”“鬼”跟“佛”放到一起一并加以反对，这当然不是一种疏忽，恰恰证明他的朴素唯物史观在宗教面前却步了。另一方面，柳宗元的笃信佛教，又跟一般的佞佛者有所不同，他主要是把佛教当作一种学问、一种思想来看待的。他在回答韩愈“尝病余嗜浮图言，訾余与浮图游”时，认为：“浮图诚有不可斥者，往往与《易》《春秋》合，诚乐之，其于性情爽然，不与孔子异道。……吾之所取者与《易》《论语》合，虽圣人复生不可得而斥也。”①他认为佛教经论“往往与《易》《论语》合”，这就把佛教作了世俗的理解；认为“虽圣

① 《柳河东集》卷二五《送僧浩初序》。下同。

人复生不可得而斥也”，则要证明佛教存在和发展的合理性。由于柳宗元思想上的这种弱点，所以他不能像前辈唯物主义思想家如范缜那样反佛，甚至也不能像同辈唯心主义思想家如韩愈那样辟佛，对佛教作比较合理的说明。造成柳宗元史论的这种局限或缺陷，也还有政治环境和个人遭际的原因。柳宗元说：“与其人游者，未必能通其言也。且凡为其道者，不爱官，不争能，乐山水而嗜闲安者为多。吾病世之逐逐然唯印组为务以相轧也，则舍是其焉从？吾之好与浮图游以此。”中唐以来的政治腐败现象，尤其是永贞革新前后的种种变故，使柳宗元对现实看得更清楚了，“爱官”“争能”“逐逐然唯印组为务以相轧”的龌龊现象使他厌恶、厌倦，促使他“嗜浮图言”“与浮图游”。这些话，固然反映出柳宗元于积极奋发之中确也存在着消极悲观的一面，但不也正是他对当时腐败政治的愤怒的斥责吗！清人章学诚说：“不知古人之世，不可妄论古人文辞也；知其世矣，不知古人之身处，亦不可以遽论其文也。”[①]此话对于我们认识柳宗元史论之局限或缺陷产生的社会原因和个人原因，是有启发的。柳宗元的唯物主义和无神论思想在佛教面前停止不前，他的史论也随着在这里停止不前，这是难以置信的，但这毕竟又是一个不可改变的事实——就像近代哲人黑格尔的辩证法在“绝对观念”面前停止不前、费尔巴哈的唯物主义在历史面前停止不前一样。

---

① 《文史通义·文德》。

顾炎武的社会理想及政治学说*

——读《亭林文集》郡县论及相关诸论书后

一、引言

顾炎武(1613—1682)是明清之际的思想家、史学家，他的《日知录》《亭林文集》《天下郡国利病书》以及其他许多著作，对清初以来的学术发展产生了重大影响。三十多年来，关于顾炎武学术思想及其价值的研究有广泛的展开。

研究中国学术史或学术思想史的学者，重视顾炎武提出的“古之所谓理学，经学也”的论点，认为顾炎武“给理学开辟了新的领域”①；指出，晚明以来，阳明心学以至整个宋明理学已日趋衰颓，思想学术界出现了对理学批判的实学高潮，顾炎武顺应这一历史趋势，在对宋明理学的批判中，建立了他的以经学济理学之穷的学术思想。② 也可以

---

* 原载《苏州大学学报》2013 年第 5 期。

① 张国刚、乔治忠：《中国学术史》，上海：东方出版中心，2002 年，第 477 页。

② 步近智、张安奇：《中国学术思想史稿》，北京：中国社会科学出版社，2007 年，第 489 页。

说，顾炎武开辟了"'经学即理学'的学术新途径"①。研究中国思想文化史的学者，从"明清之际的早期启蒙思潮"视角出发，综合顾炎武、黄宗羲、王夫之三位思想家和史学家的共同特点和各自说法，强调指出，顾炎武区分"国家"和"天下"的两个概念，认为"矫正极端君主专制的有效措施乃是分权"，提出"寓封建于郡县之中"的论断，以及顾炎武的学术活动"都围绕着经世致用这一宗旨展开"②的时代特点等，凸显出顾炎武思想的历史价值。有的中国史学史研究者在"清初史学的创新"这一史学背景下，深入阐述了"顾炎武与清代历史考据学——崭新治史方法的出现"，并从普遍归纳证据、反复批评证据、精确提出证据、审慎组合证据、重视直接证据等几个方面，论述了顾炎武的考据思想和考据方法。③ 有的史学史研究者在"反对专制主义倾向"这一主题之下，对黄宗羲、王夫之、顾炎武的思想作综合性研究，着重指出"顾炎武认为'国'和'天下'是两个不同的概念"，反映了政治内涵和文化内涵的区别。④还有史学史研究者对顾炎武的学术作了较全面的考察，包括对顾炎武"两巨著"即《天下郡国利病书》和《日知录》的分析，对顾炎武的"政治思想和社会经济思想"的分析，以及对顾炎武"治史方法"的分析；其于"政治思想和社会经济思想"领域，则着重剖析顾炎武"倡清议以正风俗""寓封建于郡县""废生员，行选举"等几个

---

① 步近智、张安奇：《中国学术思想史稿》，北京：中国社会科学出版社，2007年，第489页。

② 张岂之：《中国思想文化史》，北京：高等教育出版社，2013年，第417—423页。

③ 杜维运：《中国史学史》(三)，台北：三民书局股份有限公司，2004年，第207—224页。

④ 尹达：《中国史学发展史》，郑州：中州古籍出版社，1985年，第292—295页。

方面主张的意义。[①] 以上这些学术见解，一方面反映了研究者从不同的学术领域对顾炎武研究提出各自的看法；另一方面也反映了关于顾炎武研究空间的广阔。

近年来，关于顾炎武研究的论文，亦如上述有关专书一样，其着眼点亦不尽相同，各抒己见，都有不同程度、不同研究侧面的参考价值。而关于顾炎武政治思想的研究，受到较多的关注，[②] 其中《论顾炎武在"郡县"等七篇政治论文中提出的社会问题》一文，尤具代表性。这篇论文有两个突出的特点：一是把顾炎武、黄宗羲、王夫之这三位思想家和史学家所处的时代背景及历史发展趋势，交代得十分清晰；二是把顾炎武的"郡县"等七篇政治论文的核心思想概括得十分准确，读来颇受启发。作者在此文结束时这样写道："顾炎武在 17 世纪中叶提出的社会问题，是中国封建社会发生变动和资本主义萌芽有所发展的反映。后来，随着封建制(社会)又趋稳定，这些社会问题也随着变了样，在 19 世纪以前，很少有人再去注意它、讨论它。"[③]在这里，

① 陶懋炳：《中国古代史学史略》，长沙：湖南人民出版社，1987 年，第 430—438 页。

② 如李洵：《论顾炎武在"郡县"等七篇政治论文中提出的社会问题》，《史学集刊》1983 年第 1 期。相关论文还有，许苏民：《论顾炎武政治思想的三大理论特色》，见《湖北社会科学》2006 年第 8 期；李少波：《顾炎武政治思想的成就及其内在缺陷》，见《第十一届明史国际学术讨论会论文集》(2005 年)；郝润华：《从〈日知录〉一书看顾炎武的政治思想》，见《甘肃理论学刊》1991 年第 6 期；等等。按：邹贤俊在 20 世纪 60 年代初发表长篇论文《顾炎武的史学》，就"顾炎武史论的历史价值""顾炎武在历史编纂学上的贡献""顾炎武的历史考据"这三个问题作了深入论述，是当时顾炎武史学研究的代表性论文(见《北京师范大学学报》1961 年第 1 期)。

③ 李洵：《论顾炎武在"郡县"等七篇政治论文中提出的社会问题》，《史学集刊》，1983 年第 1 期。

作者的历史感慨渗透于字里行间。

当然，我们也可以换一种思维方式，即从鸟瞰历史进程、总结历史经验教训来看待顾炎武的"'郡县'等七篇政治论文中提出的社会问题"，进而揭示这些"政治论文"的历史价值，即"在他的文集中，《钱粮论》《郡县论》《生员论》《军制论》《形势论》《田功论》《钱法论》等七篇，是他总结历史经验，对于政治制度、军事制度、财政和选举的专门论述，表达了他的经世致用的几个方面"①。这样，一方面我们可以从它们讨论问题的"去向"上判断它们的成就与局限；另一方面我们也可以从它们讨论问题的"来程"上评价它们的进步性与保守性。

本文试图在前贤与当代同行研究的基础上，就顾炎武的社会理想及其政治学说，提出一点粗浅的认识，希望多少起到一点拾遗补阙的作用。

二、"厚民生，强国势"："寓封建之意于郡县之中"的主旨

顾炎武的社会理想，首先是着眼于对历代政治体制运行轨迹的考察，并从理论上加以概括，进而作出明确的判断。

《郡县论·一》开宗明义指出："知封建之所以变而为郡县，则知郡县之敝而将复变。然则将复变而为封建乎？曰：不能。有圣人起，寓封建之意于郡县之中，而天下治矣。"②这是顾炎武社会理想的基本出发点，即"天下治矣"。他进一步阐明他的社会理想和政治主张，这就是："然则尊令长之秩，而予之以生财治人之权，罢监司之任，设

① 白寿彝：《中国史学史》(一)，上海：上海人民出版社，1986年，第81—82页。

② 顾炎武：《顾亭林诗文集》，北京：中华书局，1983年，第12页。

世官之奖，行辟属之法，所谓寓封建之意于郡县之中，而二千年以来之敝可以复振。后之君苟欲厚民生，强国势，则必用吾言矣。”①在中国历史上，自秦汉以下以至宋、元、明，“封建制”即分封制与郡县制的争论时起时伏，伴随着历代政治体制运行轨迹始终未曾消失。三国时期曹冏作《六代论》，总结夏、殷、周、秦、汉的历史经验教训，认为曹魏的政治形势是：“子弟王空虚之地，君有不使之民，宗室窜于闾阎，不闻邦国之政；权均匹夫，势齐凡庶，内无深根不拔之固，外无盘石宗盟之助，非所以安社稷，为百代之业也。”②一言以蔽之，没有实行真正的分封拱卫朝廷。西晋时陆机撰《五等论》，认为分封制是治世的基础，郡县制是乱世的根源。③ 可见，在朝代频繁更迭之时，人们认为分封制是“百代之业”的保证。唐朝建立不久，有人向唐太宗提出分封宗室、功臣的建议，遭到许多大臣的反对，如李百药、马周先后上疏，均言分封之制不可恢复。④ 这表明，魏晋南北朝至唐初，分封制与郡县制孰是孰非的问题，存在两种截然相反的认识。中唐时期，节度使势力膨胀，出现藩镇割据局面，以致形成尾大不掉之势，再次引发人们对于历史上分封制和郡县制孰优孰劣的思考。在这种历史背景下，思想家、文学家、史论家柳宗元写出了他的名篇《封建论》，反复论证“封建非圣人意也，势也”。同时以具体的历史事实证明：在汉代，“时则有叛国，而无叛郡”；在唐代，“时则有叛将，而无叛州，州县之设，固不可革也”。“失在于政，不在于制，秦事然

---

① 顾炎武：《顾亭林诗文集》，北京：中华书局，1983 年，第 12 页。

② 萧统：《文选》，北京：中华书局，1977 年，第 721—725 页。

③ 同上书，第 742—743 页。

④ 吴兢：《贞观政要》，上海：上海人民出版社，1978 年，第 98—111 页。

也。”[①]这是把周、秦、汉、唐的历史经验教训都讲到了，具有极大的说服力。值得注意的是，在柳宗元之前，人们关于这方面的辩难，主要是力图证明其中某种制度的优劣；而柳宗元的论证，则突出了中央与地方的关系。宋人苏轼高度赞扬柳宗元的《封建论》，在一则名为《秦废封建》的短文中认为：“昔之论‘封建’者，曹元植(按即曹冏)、陆机、刘颂，及唐太宗时魏徵、李百药、颜师古，其后有刘秩、杜佑、柳宗元。宗元论出，而诸家之论废矣，虽圣人复起，不能易也。”[②]显然，在苏轼之前，还不曾出现综合论述分封制与郡县制之各有优劣长短以至于互补的议论。

但是，到了顾炎武所处时代，他从对以往历史的全面考察，对政治权力的分配与使用作了较理性的分析，揭示出分封制与郡县制在一定的历史条件下并非完全对立，二者可以互补，进而形成另一种政治体制，即“寓封建之意于郡县之中”。人们的社会存在决定人们的思想，由于顾炎武处在专制主义中央集权高度发展的时期，对于专制主义中央集权的弊端比前人看得更加清楚，故而他能站在更高的认识层面上判断这两种政治体制在历代政治运行中的弊端，这就是：“封建之失，其专在下；郡县之失，其专在上。”[③]因此，寻求新的政治体制，就必须改变“其专在下”和“其专在上”的现象，使其形成合理的权力分配的政治局面。所谓“寓封建之意于郡县之中”，就是在郡县制的框架下，适当限制或削弱朝廷专权，同时赋予地方一定程度的权力，使其根据当地的实际情况有所作为，从而达到“厚民生，强国势”的目

① 柳宗元：《柳河东集》(上)，上海：上海人民出版社，1974年，第46页。
② 苏轼：《东坡志林》，北京：中华书局，1981年，第104页。
③ 顾炎武：《顾亭林诗文集》，北京：中华书局，1983年，第12页。

的。这样看来，苏轼所说的对于郡县制“虽圣人复起，不能易也”的观点，就不免过于武断了。从学术史和政治思想史来看，顾炎武这位新的“圣人”就改变并且发展了柳宗元的《封建论》。

顾炎武说的“富民生，强国势”，是其“寓封建之意于郡县之中”的主旨，可以看作他的社会理想。从历史上看，一些有重大影响的史学家都有类似的社会理想。司马迁说：“扶义俶傥，不令己失时，立功名于天下，作七十列传。”[①]这是他心目中的历史人物，他借此表达了自己的社会理想。唐代史学家杜佑主张“以富国安人（民）之术为己任”[②]，这表明他把“富国安民”作为社会理想。宋代史学家司马光主编《资治通鉴》，他在《进书表》中明确指出，此书专取“关国家盛衰、系生民休戚，善可为法、恶可为戒”[③]者入史。顾炎武说的“厚民生，强国势”同这里说的“富国安民”“国家盛衰，生民休戚”本质上是一脉相承的，反映了这些优秀史学家的见识和胸怀。这是因为，在任何时代，有关国家和民生的问题都是最根本的两件大事。

三、关于推行“世官”制度的设想

顾炎武的“寓封建之意于郡县之中”的一个具体设想，即实行地方官制的改革：改知县为县令，如其称职，可为“世官”，任职终身，退休后可举子弟或他人代之。这就是说，在郡县制的体制下，县令之职可袭用分封制下所特有的世袭制并作适当变通。

顾炎武对于这种“世官”制度以及与此相关的措施，提出了一些基本原则和操作程序：

① 司马迁：《史记》，北京：中华书局，1959年，第3319页。
② 刘昫等：《旧唐书》，北京：中华书局，1975年，第3982页。
③ 司马光：《资治通鉴》，北京：中华书局，1956年，第9607页。

第一，选拔与考核。首先是提高品级："改知县为正五品官，正其名曰县令。"其次是选拔那些对一方社会情况熟悉者予以任用："任是职者，必用千里以内习其风土之人。"再次是每三年一考核，如十二年中经过四次不同程度的考核均为"称职"者，即"进阶益禄，任之终身"。

第二，继任者，以世袭与荐举相结合。具体做法是："其老疾乞休者，举子若弟代，不举子若弟，举他人者听"；所举之人如在十二年中经过每三年一考核而"称职"者，"如上法"。可见，这是一种世袭与前任荐举相结合的县令"世官"制度。与此直接相关的是，县令的副手丞，由吏部"选授"，丞任职九年以上可以补令。这是县令的又一任职途径，是否也可以看作朝廷监督地方的一种措施。丞以下的各种名目的属官、小吏，均由县令自择，只须向吏部备案即可。

第三，重赏与重罚相结合。顾炎武主张，对于县令，朝廷实行重赏重罚相结合的管理方法："令有得罪于民者，小则流，大则杀；其称职者，既家于县，则除其本籍。"顾炎武所期待的政治秩序是："夫使天下之为县令者，不得迁又不得归，其身与县终，而子孙世世处焉。不称职者流，贪以败官者杀。夫居则为县宰，去则为流人，赏则为世官，罚则为斩绞，岂有不勉而为良吏者哉！"①

在顾炎武的政治学说中，对这种"世官"的"称职"有很高的期待，他这样写道："何谓称职？曰：土地辟，田野治，树木蕃，沟洫修，城郭固，仓廪实，学校兴，盗贼屏，戎器完，而其大者则人民乐业而已。"②这里说的诸多要求，都是很高的标准，而以"人民乐业"为指

① 顾炎武：《顾亭林诗文集》，北京：中华书局，1983年，第13页。
② 同上。

归。当然，县令可以责成县丞及县丞以下的属官分头掌管有关事务，但对任何一项事务负责者都是县令本人。换言之，凡上述诸项事务，县令必须亲自过问并作出决定，为的是避免凡事皆“政出多门”，效率低下，无补于事。顾炎武以一比喻而作出这样的结论：“故马以一圉人而肥，民以一令而乐。”①

顾炎武为了表明此种“世官”身份的县令制度的可行性，还自我设问，对“无监司，令不已重乎”，“子弟代，无乃专乎”，“千里以内之人，不私其亲故乎”等质疑，一一作了辨析。② 同时顾炎武还从“公”与“私”的辩证关系，进一步从理论上论证这种“世官”制度的合理性：“自令言之，私也；自天子言之，所求乎治天下者，如是焉止矣。”换句话说，“为其私，所以为天子也。故天下之私，天子之公也”③。当然，这里包含着一个前提，即天子是天下之公的代表。

四、精简驿递、驳勘、迎候等冗政，提高行政效率

顾炎武从他所处时代的社会状况出发，强调改革的必要性，在《郡县论·六》的开篇，一针见血地指出：“今天下之患，莫大乎贫。”④为了说明致贫的原因，顾炎武列举了两件事例以证其说。

其一，“且以马言之：天下驿站往来，以及州县上计京师，白事司府，迎候上官，递送文书，及庶人在官府所用之马，一岁无虑百万匹，其行无虑万万里。”⑤顾炎武认为，如减少六七成“驿递往来”诸

---

① 顾炎武：《顾亭林诗文集》，北京：中华书局，1983年，第14页。

② 同上。

③ 顾炎武：《顾亭林诗文集》，北京：中华书局，1983年，第15页。

④ 同上。

⑤ 同上。

事，则西北之马不可胜用。

其二，“以文册言之：一事必报数衙门，往复驳勘必数次，以及迎候、生辰、拜贺之用，其纸料之费率诸民者，岁不下百万。”顾炎武认为，凡此减去七八成，就提高了行政效率，“而东南之竹箭不可胜用矣。他物之称是者，不可悉数。……而田功之获，果蓏之收，六畜之孳（滋），材木之茂，五年之中必当倍益”①。顾炎武进而谈到矿业，认为：“今有矿焉，天子开之，是发金于五达之衢也；县令开之，是发金于堂室之内也。利尽山泽而不取诸民，故曰此富国之策也。”②

顾炎武进而自信地写道：“用吾之说，则五年而小康，十年而大富。”③显然，这个判断太过于夸大了。应当指出的是，他对于“驿递往来”所办之事，以及“一事必报数衙门，往复驳勘必数次”等烦琐冗事的批评，是十分尖锐的，但他对于“迎候、生辰、拜贺”之风，仅从“纸料之费率诸民者”着眼，而对于这些官场活动中的贪污腐败行为则未曾触及，这就把大事化小了，甚至可以说是避重就轻了。以顾炎武的博学和智慧，他是不会如此简单地来揭示“今天下之患，莫大于贫”的问题的。而他说的富国之策，亦显得过于简单。但可贵的是他毕竟揭示了朝廷与地方之间，以及上下级官员之间存在的种种弊端，只是没有把它说得更加明白而已。

为了扩大地方的行政、财政权力，顾炎武写道：“法之敝也，莫甚乎以东州之饷，而给西边之兵；以南郡之粮，而济北方之驿。”为避免大规模的转运、调配，顾炎武提出了一些设想，其基本做法是：“一切归于其县，量其冲僻，衡其繁简，使一县之用，常宽然有余。”

---

① 顾炎武：《顾亭林诗文集》，北京：中华书局，1983年，第15页。

② 同上。

③ 同上。

一是官禄“亦不使之溢于常数”；二是“则壤定赋”；三是“若尽一县之入用之而犹不足，然后以他县之赋益之，名为协济”；四是“天子之财，不可以为常额”。顾炎武认为：“行此十年，必无尽一县之入用之而犹不足者也。”①顾炎武的设想固然很好，但中国地域之广，各地经济发展不平衡，要完全避免东西南北的转运、调配，绝非易事。此其一。其二，县与县之间的“协济”之法，实施起来，必有不少障碍和困难。其三，“天子之财，不可以为常额”，亦非地方官员可以确定。准此，顾炎武所论克服“法之敝也”的种种设想，行之亦难。

顾炎武还论及选拔人才的设想，他在《郡县论·九》中明确表明“取士之制”，可略用“古人乡举里选之意”与“唐人身言书判之法”，每县隔年荐举一人参与部试，以成绩高下分别任职。学校师资由县令与该县士人共商聘任，“谓之师不谓之官”。对于如何充分发挥人才的作用，顾炎武的设想是：“夫天下之士，有道德而不愿仕者，则为人师；有学术才能而思自见于世者，其县令得而举之，三府得而辟之，其亦可以无失士矣。”这些设想表明：人才的选拔、荐举，学校的兴办，也都是作为“世官”的县令的责任。顾炎武对他设想的这种人才选拔制度作了这样的概括：“化天下之士使之不竞于功名，王治之大者也。”②县令要营造这样一种社会环境，使士人达到这样一种思想境界，进而形成“王治”的政治秩序，可见顾炎武对于“世官”制度有极高的期许。

五、改革“病民”“病国”的赋税制度

如果说《郡县论》集中反映了顾炎武的改革政治体制思想的话，那

---

① 顾炎武：《顾亭林诗文集》，北京：中华书局，1983 年，第 16 页。

② 同上书，第 17 页。

么他的《钱粮论》(上、下)，则集中反映了他关于改革“病民”“病国”的赋税制度的见解。

顾炎武研究历史、考察社会，以“厚民生，强国势”为其根本而非空谈理论，他结合历史经验和社会现实，或揭示存在之弊端，或提出改革之设想，处处闪烁着经世致用的治学宗旨。他关于“苏松二府田赋之重”的认识，引丘濬《大学衍义补》转述韩愈“赋出天下，而江南居十九”的论点，并以现实材料为之论证发挥，把韩愈、丘濬等人的认识贯穿起来，得出了令人信服的结论。① 《钱粮论》所揭示的“病民”“病国”的根源，是官府令农民以银缴纳赋税，而农民无银纳赋而造成种种社会悲剧。顾炎武从实地考察中发现：

> 往在山东，见登、莱并海之人多言谷贱，处山僻不得银以输官。今来关中，自鄠以西至于岐下，则岁甚丰，谷甚多，而民且相率卖其妻子。至征粮之日，则村民毕出，谓之人市。问其长吏，则曰，一县之鬻于军营而请印者，岁近千人，其逃亡或自尽者，又不知凡几也。何以故？则有谷而无银也。所获非所输也，所求非所出也。②

山东登、莱两地农民无银输官，或许地处偏僻商贾往来不多所致；那么为什么关中地区在“岁甚丰，谷甚多”的年成，甚至出现“民且相率卖其妻子”以致“逃亡”“自尽”的惨象呢？顾炎武认为，从历史上看，这是“唐宋之季所未尝有也”的现象。原因很简单：农民“有谷而无

① 顾炎武、黄汝诚集释：《日知录》，长沙：岳麓书社，1994 年，第 359—370 页。

② 顾炎武：《顾亭林诗文集》，北京：中华书局，1983 年，第 17 页。

银”，无法向官府缴纳田赋。换言之，即“所获非所输也，所求非所出也”，这就形成了极大的反差和无法解决的社会矛盾。

对于这种反差和矛盾，顾炎武试图从历史上寻求解决问题的答案。他认为：唐代实行两税法以前，国家“所取于民者，粟帛而已”；两税法的实行，“始改而征钱”。宋仁宗时，因地而异，“诸路岁输缗钱，福建、二广以银，江东以帛”。金哀宗时，“民但以银市易而不铸”。“至于今日，上下通行而忘其所自”，“然则国赋之用银，盖不过二三百年间尔”。这是一个从征粟、帛到征钱，从征钱到征银的国赋征收过程，其中也还有因地而异的灵活处置的做法。顾炎武尤其称赞唐朝的“杨於陵之议”，肯定杨於陵任户部尚书时，“令两税等钱皆易以布帛丝纩，而民便之”①的做法。

诚然，从劳役地租发展到实物地租，再从实物地租过渡到货币地租，这是地租形态也是国家赋税形态发展的规律，是不以人的意志为转移的。顾炎武所提出的问题的本质在于：在当时条件下，“天地之间，银不益增而赋则加倍，此不供之数也”。在这种情况下，官府以至朝廷令民以银纳赋，实为荒唐无理之举。顾炎武对此作了形象的比喻，说这如同“树谷而征银，是畜羊而求马也”。又说，这种“倚银而富国，是恃酒而充饥也；以此自愚，而其敝至于国与民交尽，是其计出唐宋之季诸臣之下也”②。于是，顾炎武结合历史上某些朝代或某些大臣的灵活做法，慨然大声疾呼：“以此必不可得者病民，而卒至于病国，则曷若度土地之宜，权岁入之数，酌转般之法，而通融乎其间？”③不难想象，顾炎武写这几句话时，心情是多么沉重。

---

① 顾炎武：《顾亭林诗文集》，北京：中华书局，1983年，第18页。

② 同上书，第19页。

③ 同上书，第18页。

值得注意的是，顾炎武在这里所反映出的一些认识，同《日知录》中所述是互为印证的。在《日知录》中，顾炎武详细考察了中国古代用银的历史过程，进而带有讽刺意味地写道："今民间输官之物皆用银，而犹谓之钱粮，盖承宋代之名，当时上下皆用钱也。"同时，他也称赞那些能够从实际情况出发，作出某种变通的决策，他举出如下一个实例：

> 正统十一年九月壬午，巡抚直隶工部左侍郎周忱言："各处被灾，恐预备仓储赈济不敷，请以折银粮税悉征本色，于各仓收贮，俟青黄不接之际，出粜于民，以所得银上纳京库，则官既不损，民亦得济。"从之。此文襄权宜变通之法，所以为一代能臣也。①

在顾炎武看来，"权宜变通之法"确是矫正某些弊政的途径之一，只有"一代能臣"方有此胆略。

官府令民以银纳赋，已是弊政，顾炎武对此分析至深至切。然而伴随这一弊政的还有"火耗"之说。顾炎武写道：

> 呜呼！自古以来，有国者之取于民为已悉矣，然不闻有火耗之说。火耗之所由名，其起于征银之代乎？此所谓正赋十而余赋三者欤？此所谓国中饱而奸吏富者欤？此国家之所峻防，而污官猾胥之所世守，以为子孙之宝欤？此穷民之根，匮财之源，启盗

---

① 顾炎武、黄汝诚集释：《日知录》，长沙：岳麓书社，1994年，第397页。

之门而庸愞在位之人所目睹而不救者欤？[①]

这一段话，把“火耗”的由来，“火耗”的本质，“火耗”的危害，揭示得淋漓尽致。

所谓“火耗”，是指弥补所征赋税银两熔铸所耗的加征。按常规，银两熔铸过程中的损耗在百分之一二，而明代的“火耗”却高达百分之二三十，高出正常损耗一二十倍，这显然是在巧取豪夺基础上的再度巧取豪夺。此外，还有所谓“羡余”和“常例”等杂赋，也已成为常态，“责之以不得不为，护之以不可破，而生民之困，未有甚于此时者矣”[②]。这种情况不改革，顾炎武所憧憬的“富民生”的社会理想，就成为一句空话了。这或许正是顾炎武撰写《钱粮论》的原因。

六、多途取士，选拔“实用之人”“用世之材”

顾炎武所设想的实行“世官”制度的政治改革即“寓封建之意于郡县之中”，以及改革国赋以银的赋税制度，在他看来，能够真正有效推行这种改革和制度的人，只有类似杨於陵、周忱这样的“一代能臣”才能做到。而他所见、所闻、所读到的明朝的生员制度，是造就不出这种人才的。他不无感慨地写道：

> 使枚乘、相如而习今日之经义，则必不能发其文章；使管仲、孙武而读今日之科条，则必不能运其权略。故法令者，败坏人才之具。以防奸宄，而得之者十三；以沮豪杰，而失之者常十

① 顾炎武：《顾亭林诗文集》，北京：中华书局，1983年，第19页。

② 同上。

七矣。

他还说："自万历以上，法令繁而辅之以教化，故其治犹为小康。万历以后，法令存而教化亡，于是机变日增，而材能日减。"①

基于这一认识，顾炎武作《生员论》上中下三篇，一方面对当时现行的生员制度作深入的剖析，一方面提出改革这种弊制的途径和方法。《生员论》上篇起首即高屋建瓴地写道："国家之所以设生员者何哉？盖以收天下之才俊子弟养之于庠序之中，使之成德达材，明先王之道，通当世之务，出为公卿大夫，与天子分猷共治者也。"但是，现今全国有生员不下五十万人，他们所学习的，都是应付考试的"场屋之文"，"然求其成文者，数十人不得一；通经知古今，可为天子用者，数千人不得一也"。这是因为，生员之中有十分之七的人不是为了建功立业，而是为"保身家"。所谓"保身家"，一是可以"免于编氓之役，不受侵于里胥"，二是"齿于衣冠，得于礼见长官，而无笞捶之辱"。这样一个享有特权的生员群体显然同设科取士的初衷相悖。因此，顾炎武果断地提出："请一切罢之，而别为其制。"②这是对隋唐以来实行了约千年的科举制度的大胆挑战。

顾炎武论改革生员制度的途径和方法是：选择通《五经》之士，并以"二十一史与当世之务"考核合格，"如此而国有实用之人，邑有通经之士，其人材必盛于今日也"③。至于那些一心只为"保身家"之人，则可仿效历史上的"买爵"之法，"入粟拜爵，其名尚公，非若鬻诸生以乱学者之为害也"。顾炎武把上述两种办法概括为："夫立功名与保

① 顾炎武、黄汝诚集释：《日知录》，长沙：岳麓书社，1994年，第313页。
② 顾炎武：《顾亭林诗文集》，北京：中华书局，1983年，第21页。
③ 同上书，第22页。

身家，二途也；收俊义与恤平人，二术也，并行而不相悖也。”①面对五十万生员的庞大队伍，顾炎武提出的这种做法，虽有对旧习妥协之嫌，但在当时或许就是两全之策了。

顾炎武之所以提出对当时的生员制度进行改革，是因为他对这一制度的危害之深之大，看得再清楚不过了。他认为：“天下之病者有三：曰乡宦，曰生员，曰吏胥。是三者，法皆得以复其户，而无杂泛之差，于是杂泛之差，皆尽归于小民。”②他进而指出：“病民之尤者，生员也。”这不仅是生员的数量多，而其能量也大，为害极广。顾炎武这样胪列生员的危害：

> 今天下之出入公门以挠官府之政者，生员也；倚势以武断于乡里者，生员也；与胥吏为缘，甚有身自为胥吏者，生员也；官府一拂其意，则群起而哄者，生员也；把持官府之阴事，而与之为市者，生员也。③

生员作为科举取士制度的后备群体，竟然有如此广泛的危害，恐非身处其境者不能有如此深刻的认识与剖析。正因如此，顾炎武敢于断言：“废天下之生员而官府之政清，废天下之生员而百姓之困苏，废天下之生员而门户之习除，废天下之生员而用世之材出。”④任何合适的与可行的政策、制度，任何得力的措施，都必须由合适的、得力的人去执行，顾炎武所说的“用世之材”实为关键，这也是《生员论》的核

---

① 顾炎武：《顾亭林诗文集》，北京：中华书局，1983 年，第 22 页。

② 同上书，第 22—23 页。

③ 同上书，第 22 页。

④ 同上。

心思想。

在人才问题上，顾炎武有多方面的思考与主张，除主张改变旧有生员之格局，将其“分流”为“立功名与保身家”“收俊乂与恤平人”二途、二术外，还提出可仿效历史上的“辟举之法”，使其与“生儒之制”并存，从而达到“天下之人，无问其生员与否，皆得举而荐之于朝廷，则我之多收者，既已博矣”①。他进而具体筹划，认为辟举之人，小郡可十人，大郡不超过四十人；小县可三人，大县不超过二十人，宁阙毋滥。若阙至二三人时，可选拔“通经能文者补之”。顾炎武强调不拘一格选拔人才的理念和做法，认为：“夫取士以佑人主理国家，而仅出于一途，未有不弊者也。”从另一方面来看，由于“辟举之法”的施行，“则天下之为生员者少矣。少则人重之，而其人亦知自重”②，此亦不失为提高生员自身素质与社会影响的良方。

总之，顾炎武的《生员论》三篇，集中反映了他的人才思想。这一思想，一则源于当时社会的乱象，尤其是这一无作为而有特权的“今日之生员”群体；二则源于对历史经验即荐举制度的借鉴。

七、“乙酉四论”的理论价值

如果说顾炎武的《郡县论》《钱粮论》《生员论》，是从明朝以前的全部历史进程并结合当时的现状来看待明朝的政治统治及其存在的社会问题，进而总结历史经验教训以为当世所用的话，那么，他在乙酉之年(1645)所撰写的《军制论》《形势论》《田功论》《钱法论》等四论，则是从南明的现实出发而凭借其对历史的洞察和时势的判断所提出的几个

① 顾炎武：《顾亭林诗文集》，北京：中华书局，1983年，第24页。

② 同上。

方面的策略。诚如有的研究者所概括的那样："顾氏的乙酉四论，基本上也是从南明偏安一隅为前提而写的偏安策。"①可以认为，顾炎武的《郡县论》《钱粮论》《生员论》承载着历史的积淀而从中泉涌出丰富的历史智慧；他的"乙酉四论"是为了南明政权所面临的形势而"求助"于历史经验。前者和后者，在顾炎武来说，都是他的经世致用的治学宗旨的反映，但它们在理解历史和现实的关系上，仍有其不同之处：前者是从历史进程(即过去的现实)到寻求历史法则，再到当前的现实；后者是从当前现实的需要到寻求历史的参照，再回到当前现实的需要。

这种情况，正是顾炎武所经历的朝代更迭的历史变动及其自身遭际所决定的。清代史家章学诚说得好："不知古人之世，不可妄论古人文辞也；知其世矣，不知古人之身处，亦不可以遽论其文也。"②对于顾炎武的"乙酉四论"正应以这一原则看待。

一方面，从南明政权面临的状况来看，以顾炎武所处之"世"及其"身处"来看，他的这四篇政治论文确是一份"偏安策"的具体反映。尽管这四论并未完全得以付诸实施，但也不能因此而掩盖顾炎武在当时历史条件下为人的原则和治学的宗旨。

另一方面，从超越南明政权的整个历史进程来看，顾炎武的《军制论》强调兵制的整顿和改革而提高军队的作战能力；他的《形势论》从本质上说，是阐述"战守有余"的原则；他的《田功论》是讲的垦田、积粟、强兵三者关系的道理；他的《钱法论》似可视为《钱粮论》的姊妹篇，它们虽撰于不同的时间、不同的环境，但都是探讨有关财政问题

① 李洵：《论顾炎武在"郡县"等七篇政治论文中提出的社会问题》，《史学集刊》，1983年第1期。

② 章学诚：《文史通义》，北京：中华书局，1994年，第278—279页。

尤其是货币问题。这些问题，既是南明政权之下人们关注的问题，因而具有一定的实际意义；同时，在一般的历史条件下，这些问题也都是政治家、思想家、史学家所关注的重大问题而具有广泛的意义。可以这样认为，从考察顾炎武的政治学说的视角出发来看待他的“乙酉四论”，其理论价值要胜过其在当时的实际意义。

概括说来，判断“乙酉四论”的价值和意义，既要看到它们产生于南明政权这一特殊的政治环境，同时也要从一般的理论层面作出评价。这就是说，对于“乙酉四论”，既要看到它的“外壳”的局限性，又要看到它的“内核”的合理性。

八、结语

顾炎武的《郡县论》九篇，从朝廷与地方关系的层面反映了他的社会理想及政治学说。其社会理想是“厚民生，强国势”；其政治学说的核心是矫正“封建之失，其专在下；郡县之失，其专在上”的历史积弊。其论述重点，是关于在郡县制的体制下推行县令的“世官”制度，以最终实现他的社会理想。《钱粮论》和《生员论》是从财政、选举这两个方面对《郡县论》的补充与延伸；“乙酉四论”从一个特定的视角反映了顾炎武的经世致用学术宗旨，与上述三论亦有内在联系。

应当指出，顾炎武的《郡县论》是继柳宗元《封建论》之后的又一篇大文章。如果说柳宗元的《封建论》说的是郡县制代替分封制的必然性的话，那么顾炎武的《郡县论》则是论证“寓封建之意于郡县之中”的合理性，亦即在郡县制的政治体制之下实行县令的“世官”制度。从本质上看，后者是一种在地方政治机构中有限度地吸收分封制中所特有的世袭制。

柳宗元纵观历史，总结出来一条基本经验，即郡县制之下，“有叛国(按指封国)，而无叛郡”；而当节度使演变成藩镇的世袭制时，则“有叛将，而无叛州”①，这是着眼于政治大局。顾炎武经历了明代的高度专制主义中央集权，从朝廷到地方及基层，整个社会处于专制主义中央集权的控制之下，因此作了这样的总结：“方今郡县之敝已极，而无圣人出焉，尚一一仍其故事，此民生之所以日贫，中国之所以日弱而益趋于乱也。”②显然，他所设想的县令的“世官”制度，是着眼于“民生”进而改变国家之“弱”与“乱”的趋势。从具体的历史条件来看，柳、顾所论都有其合理性。他们的主要区别是：柳着眼于中央政治，顾着眼于地方权限。其中饶有兴味的是，柳宗元以《封建论》名篇，却是说的“郡县制”的合理性；顾炎武题为《郡县论》，反倒意在申述“封建制”的可借鉴性，这或许是历史辩证法的一种反映吧。

那么，顾炎武所设想的“世官”性质的县令制度，是否可行呢？推行这种制度，是否可以改变民贫、国弱的局面呢？显然，这里也还有不少尚待研究的问题。一是对于“世官”制度的理想化。如县令(首先作为“试官”)的选拔、委派，每三年的考核，“世官”身份的确定等，都必须不会受到来自任何方面的干扰。二是对于县令道德、能力的理想化。如县令必须对“私”与“公”作合理处置，既能把县令一家之“私”与一县之“公”结合得好，又能把一县之“私”与天下之“公”结合得好。三是县令的传承和荐举，必须既无县令一家内部的矛盾、纷争，又无举荐中可能出现的种种弊端等。而这些前提，在历史上曾经实行过不同类型的分封制之下，都是难以具备的。这是“世官”制度必然要碰到的最严重的、难以逾越的障碍。

---

① 柳宗元：《柳河东集》(上)，上海：上海人民出版社，1974 年，第 46 页。

② 顾炎武：《顾亭林诗文集》，北京：中华书局，1983 年，第 12 页。

更重要的是，在专制主义中央集权体制下，朝廷的赋税收入是县令听命于朝廷，还是朝廷任凭县令自定额度上缴？这是关乎朝廷与地方关系的实质性问题之一。由此推而言之，顾炎武《郡县论》及相关诸论反映出来的政治学说，主要倾向着眼于改革地方政治，并涉及财政、学校、人才等诸多方面，但对朝廷及府州一级政治机构极少涉及，对县与府、州以及朝廷的关系亦言之不详，在这种情况下，推行“世官”性质的县令制度，也只能是一种理想的政治学说罢了。在这里，既包含着改革与折中，也反映了进步与保守。但顾炎武毕竟抱着“感四国之多虞，耻经生之寡术”[①]的情怀，站在历史认识的高度，审视社会发展的趋势，从正反两个方面提出“其专在上”与“其专在下”的政治体制中的历史经验教训，希冀有所改变，确具有重要的理论价值和启示意义。

① 顾炎武：《顾亭林诗文集》，北京：中华书局，1983 年，第 131 页。

开眼看世界*

——中国近代史学开始走向世界的历程

在中国近代史学萌生过程中，中国史家关于边疆史地的研究和关于外国史地的研究，可以说是同步展开而又互有交叉的。鸦片战争前夕，出于民族危机的预感，龚自珍已着手于边疆史地的研究，而林则徐则倡导对外国史地的认识与研究。对边疆史地的研究，固已涉及对外国的历史与现状的考察；而关于外国史地的研究，则往往联系着对当时中国前途的抉择和命运的估量。这两股史学潮流的奔腾、激荡，都同时代的脉搏发生着共振。

林则徐在广州禁烟时，有一种了解世界、认识世界的迫切感，乃命人翻译英人慕瑞所著《世界地理大全》，亲自润色，编订刊刻，定名为《四洲志》。这是一本简略介绍世界各洲30多个国家地理、历史的书。此书虽止一卷，但开风气之先，对后来中国学人研究、撰述外国史地之风，有倡导的作用。这也表明林则徐作为“开眼看世界的第一人”对近代史学萌生所起的作用。继林则徐之后，魏源写出了

* 原载《社会科学战线》1993年第2期。

《海国图志》，王韬写出了《普法战纪》《法国志略》等书，黄遵宪则有《日本国志》的撰述。这些关于外国史地的著作，在当时的中国，尤其在日本，都产生了重大的影响。从史学发展的观点来看，它们反映了在近代史学萌生中，中国史学开始走向世界的历程。

一、魏源与《海国图志》

魏源(1794—1857)，原名远达，字默深，湖南邵阳人。他 28 岁中举人，50 岁才中进士，仕途不算通达，但他在三四十岁时，政治经历丰富，著作繁多。鸦片战争时，为两江总督裕谦幕僚，参与浙东抗英之役，与龚自珍、林则徐、姚莹等关系密切，思想相投。他痛感英军入侵，撰《圣武记》一书，以激励时人，并希望朝廷重温历史，振作武功，以坚御侮之志。此书共 14 卷，前 10 卷历述清朝武功及用兵成败之道，兼及有关军事制度；后 4 卷为作者论议，阐述了他关于练兵、整军、筹饷、驭夷的见解和主张。从当时的历史环境和社会思潮来看，这书在史学上的价值，其论议部分远在记事部分之上。魏源在《圣武记·叙》中写道："先王不患财用而惟亟人材，不忧不逞志于四夷，而忧不逞志于四境。官无不材，则国桢富；境无废令，则国柄强。桢富柄强，则以之诘奸，奸不处；以之治财，财不蠹；以之搜器，器不窳；以之练士，士无虚伍。如是，何患于四夷，何忧乎御侮！"可见作者认为，肃清政治是御侮的基础，而人才又是其中的关键。这实际上是指出了当时的政治腐败，造成了侵略者有可乘之机。他在叙中特意说明此书"告成于海夷就款江宁之月"，即《南京条约》签订之时，又引用《礼记·哀公问》篇中"物耻足以振之，国耻足以兴之"的话，都是寓有深意的。

魏源在《南京条约》签订之后，又撰写了《道光洋艘征抚记》上下篇。这一长文，详细记载了鸦片战争的经过和《南京条约》签订前后的清朝政治和中外关系，记事起于道光十八年(1838)四月黄爵滋奏言鸦片输入之害，迄于咸丰元年(1851)“特诏奖雪林则徐及姚莹、达洪阿之尽心竭力于边，而斥耆英畏葸骄敌之罪，中外翕然钦颂”。它阐述了当时有识之士关于英人鸦片贸易对中国危害的认识，伸张了禁烟之举的正义性，揭露了鸦片战争中道光皇帝的昏聩和琦善、耆英的无能、误国，肯定了林则徐、邓廷桢等主战派的主张和措施并为其所蒙之冤辨正；它歌颂了三元里人民的抗英斗争，阐述了作者对这一重大历史事件的认识，是关于鸦片战争的一篇信史。作者在本文末了论道，“尽转外国之长技为中国之长技”，乃是“富国强兵”的关键之举。又指出：“时乎时乎，惟太上能光时，惟智者能不失时；又其次者，过时而悔，悔而能改，亦可补过于来时。”这是他希望朝廷能从这次事变中吸取历史经验教训。此文流传甚广，名称亦多，它同稍后夏燮所撰《中西纪事》一书在当时都有广泛的社会影响。

从《圣武记》的撰述到《道光洋艘征抚记》的撰述，尽管时间相距很近，但却有了比较明显的变化，即后者把“尽转外国之长技为中国之长技”作为“富国强兵”的重要问题提出来。作者的这个思想，在其所撰《海国图志》一书中，可谓发挥得淋漓尽致。

在近代史学萌生过程中，《海国图志》是第一部系统的研究外国史地的巨著。对于魏源来说，这不仅跟他早年辑《皇朝经世文编》及经学研究有很大的不同，而且跟他的上述两种著作在内容上也有很大的不同。这部书，是确立了魏源在中国近代史学上之突出地位的代表作。此书原刻为 50 卷，后增为 60 卷，复又增为 100 卷。据咸丰二年(1852)古微堂重刊定本所载，有魏源写于道光二十二年(1842)的 60 卷本《原叙》和写于咸丰二年的 100 卷本《后叙》。(关于《海国图志》两次增补的时间，诸说歧异，且与此二叙所署时间不相吻合，故存而不论。)《海国图志》是在林则徐主持编译的《四洲志》的基础上并受到林则徐的鼓励而撰述的。魏源《原叙》一开始就写道：“《海国图志》六十卷，何所据？一据前两广总督林尚书所译西夷之《四洲志》，再据历代史志及明以来岛志及近日夷图、夷语。钩稽贯串，创榛辟莽，前驱先路。”以《四洲志》为基础，博采中外文献，尤其是最新的一些西人论著、图说，编撰一部系统的世界史地及现状的著作，的确是开创性的前驱工作。魏源又明确指出此书同以往的“海图之书”的区别是：“彼皆以中土人谭西洋，此则以西洋人谭西洋也”。这是中国历史撰述上的一大变化，是近代史学萌生的特点之一。

魏源在《原叙》中郑重指出了撰述《海国图志》的目的，他说：“是书何以作？曰：为以夷攻夷而作，为以夷款夷而作，为师夷长技以制夷而作。”有很高政治声望的林则徐任两广总督时，“日日使人刺探西事，翻译西书，又购其新闻纸”等做法，影响了一大批注重世务的士人。鸦片战争的经过及其结局，魏源进一步认识到，要富国强兵、有效御侮，不仅要内修政理，还要学习外国长技。从历史观点来看，这是中国史家从沉痛的历史教训中获得的新认识。这个事实进一步证明，中国历代的优秀史家，总是能够站在历史潮流的前头，回答历史和现实所提出的迫切问题。

《海国图志》60 卷本包含 18 个方面的内容，魏源《原叙》对每一方面的内容均有概括性说明；后增为 100 卷，亦大致未超出这些方面。它们是：《筹海篇》(卷 1 至卷 2)，《各国沿革图》(卷 3 至卷 4，咸丰二年本总目作《海国沿革图》)，《东南洋海岸各国》(卷 6 至卷 10，总目作《东南洋海岸之国》)，《东南洋各岛》(卷 11 至卷 18，总目作《东南洋海岛各国》)，《西南洋五印度》(卷 19 至卷 32，总目作《西南洋诸国》)，

《小西洋利未亚》(卷 33 至卷 36)，《大西洋欧罗巴各国》(卷 37 至卷 53，总目作《大西洋》)，《北洋俄罗斯国》(卷 54 至卷 58，总目作《北洋》)，《外大洋弥利坚》(卷 59 至卷 70，总目作《外大西洋》)，《西洋各国教门表》(卷 71，总目作《南、西洋各国教门表》)，《中国西洋纪年表》(卷 73，总目作《中西纪年通表》)，《中国西历异同表》(卷 72，总目作《中西历法同异表》，编于《纪年表》之前)，《国地总论》(卷 74 至卷 76)，《筹夷章条》(卷 77 至卷 80，总目作《筹海总论》)，《夷情备采》(卷 81 至卷 83)，《战舰条议》《火器火攻条议》《器艺货币》(卷 84 至卷 100，这 3 个方面，总目无分类标目，卷目上亦无“货币”字样，但在卷 94《西洋技艺杂述》中引《澳门杂录》有关外国货币及其与中国白银比值关系的文字)。以《原叙》中所概括的这 18 个方面，同咸丰二年刊本总目相比较，一是可以看出 100 卷本大致保持了 60 卷本的结构，二是可以看出作者增补、修订的情况(有些卷目之下，注有“原无今补”字样)。

在中国史学发展上，《海国图志》有三个方面的特点。第一，作为一部系统反映世界地理、历史和现状的著作，是前所未有的。作者从亚洲、澳洲、非洲、欧洲、美洲依次展开叙述，反映了东方学者的世界眼光，这跟欧洲人之以欧洲为世界中心大为迥异。第二，当中国史家真正具有近代意义“开眼看世界”时，便首先面临着“御侮”的问题，这在中国历史学的撰述主旨上，是一个重大转折。因此，《海国图志》开卷就是“筹海”之议：议守，议战，议款。作者在《筹海篇》起首写道：“自夷变以来，帷幄所擘画，疆场所经营，非战即款，非款即战，未有专主守者，未有善言守者。不能守，何以战？不能守，何以款？以守为战而后外夷服我调度，是谓以夷攻夷；以守为款而后外夷范我驰驱，是谓以夷款夷。自守之策二，一曰守外洋不如守海口，守海口不如守内河；二曰调客兵不如练土兵，调水师不如练水勇。攻夷之策二，曰调夷之仇国以攻夷，师夷之长技以制夷。款夷之策二，曰听互市各国以款夷，持鸦片初约以通市。”这里讲的“自守”“攻夷”“款夷”，跟古代史学上经常讲到的皇朝与皇朝的更迭、皇朝自身的盛衰得失有所不同，它讲的是中国和世界的关系，即中国是世界的一部分，世界是中国生存的环境，所谓议守、议战、议款，都以此为出发点。本书卷 77 至卷 80 为《筹海总论》，系作者所辑有关撰述、章奏，可与卷首《筹海篇》3 卷比读、参照，益见作者撰述本书之主旨。第三，《海国图志》中，讲科学技术的卷帙，占了将近五分之一的篇幅，这在以往的历史撰述中也是罕见的。本书从卷 84 至卷 100，其卷目依次是：《仿造战船议》、《火轮船图记》、《铸炮铁模图记》、《仿铸洋炮议》(含《炸弹飞炮说》、《炮车炮图说》)、《西洋用炮测量记》(上下篇)、《西洋炮台记》、《西洋自来火铳法》、《攻船水雷图记》、《西洋技艺杂述》、《西洋远镜作法》、《地球天文合论》(五篇)。这些，虽多属于攻守之器，但都与近代科学技术相关，是作者之“师夷长技以制夷”主张的重要方面。

但是，作者所谓“师夷长技以制夷”的撰述思想在本书中的反映，不论其自觉认识程度如何，当不限于科学技术方面，这在卷 81 至卷 83 作者所辑《夷言备采》中，表现得尤为突出。所辑内容，涉及西方国家的政治、经济、法律、宗教、科学技术在生产中的应用等，其中多有中西比较的言论。如卷 83 所辑《贸易通志》，其中有这样的话：“中国以农立国，西洋以商立国，故心计之工，如贾三倍。”同卷所辑伯驾翻译的《滑达尔各国律例》第 292 条中有这样的规定：“英吉利王无有巴厘满衙门会议，亦不能动用钱粮、不能兴兵，要巴厘满同心协议始可。”在作者看来，“夷言备采”的范围，原是很广泛的。道光二十八年(1848)，徐继畬撰有《瀛环志略》10卷，也是讲世界历史、地理、现状的著作，但其在“御侮”“自强”意识上，比《海国图志》逊色得多。

《海国图志》在道光三十年(1850)传入日本，对明治维新前的日本社会思潮产生了积极的影响，促进了明治维新运动的发展，从而在中国东邻的历史上扮演了喜剧的角色。它在自己的故乡，虽也产生了广泛的思想影响，但毕竟未能成为历史喜剧的角色，这说明史学之反作用于社会，仍然要受到社会条件所容纳的或所提供的限度。

二、王韬的多种撰述

王韬(1828—1897)，原名畹，字利宾，号兰卿，后改名韬，字子潜(紫诠)，号仲弢，晚年自号天南遯叟，江苏甫里(原半属昆山、半属吴县)人。道光二十五年(1845)成了秀才，次年应闱试，不中，遂绝科举之事。道光二十九年(1849)，他在上海受英人麦都思之邀，至其所办墨海书馆参与编校工作，历时13年。同治元年(1862)因上书太平军而为官军所察，以“通贼”论，乃更名而逃亡香港，开始了漫游生涯，逐步接受西方资产阶级社会思想。同治十三年(1874)，他在香港创办《循环日报》，发表政论、史论，宣传变法自强的主张，成为中国早期的改良主义者之一。他先后游历了英、法、俄、日等国。

王韬晚年回忆起他的“逍遥海外作鹏游，足遍东西历数洲”的情怀说：“于是登宗悫引风之筏，乘张骞贯月之槎。将东泛乎扶桑，西极乎阿兰。”“经历数十国，往来七万里，波涛助壮志，风雨破其奇怀，亦足豪矣。而尤足以快意肆志者，余之至泰西也，不啻为先路之导，捷足之登”(《漫游随录·自序》)。他在当时确是罕有的“曾经沧海，遍览西学”的中国学人。他的这种经历，使他有可能写出《法国志略》《普法战纪》《扶桑游记》《漫游随录》等书，从而在中国近代史学上成为研究外国史地的先驱之一。

在王韬的这些撰述中，《法国志略》是最重要的。此书初撰于同治十年(1871)，是他漫游欧洲回到香港时所作，凡 14 卷。光绪十六年重订刊刻时增补为 24 卷。据光绪庚寅仲春淞隐庐刊本《重订法国志略》卷首《法国志略·原叙》(下称《原叙》)所说，初撰 14 卷的内容和编次是：法兰西总志 3 卷；法京巴黎斯志 1 卷；法兰西郡邑志 2 卷；广述 8 卷，含法英婚盟和战纪 2 卷、拿破仑第三用兵记 2 卷、普法战纪 3 卷、琐载 1 卷。其书原有凡例 10 条，第 4 条中有“今上自美罗万氏，下至首领麦马韩，上下一千五六百年，历代治乱兴废之迹，尽括之于十数卷中，挂漏之讥，知所不免，见者幸无讥焉。”这是指初撰 14 卷本说的。凡例第 10 条又说：“此书甫经属稿，即授手民，未经删削，故字里行间，时多疵颣，知不免为识者所诃。容俟异日译事稍暇，尚当重为更定，俾法国自古迄今之事，采摭靡遗，而成一代信史，庶几大快于厥心。”由此看来，作者于初撰成稿时，便有“重为更定”的打算。《重订法国志略》不仅在内容上增补了约三分之二，在体例和编次上也有不少变化。卷 1 至卷 10，是纪事本末体和编年体相结合的事目编年，首叙“开国纪原”，从“纪元前二千年，始移于高庐”讲起，依次叙述法国历史变化、王朝更迭与复辟、普法之战，直至 19 世纪 70 年代中期法国议会的各种活动和政策，纲举目张，详近略远。卷 11 至卷 14，是纪事本末体，依次叙述了“法英婚盟和战纪”“法英助土攻俄记”“法奥战和始末”等。卷 15 是“摭遗”，记难为专篇的一些军政大事。卷 16 至卷 17 是“广志”上下篇，略如纪传体中的志，志目有名号、统系、职官、国用(附国债)、税务、国债、银肆(附国债)、商务、国会、民数、礼俗、学校、学术、教会、兵籍、车路、邮政、刑律、水利等。卷 18 是“广述”，所记略同于“摭遗”而兼及社会风俗。

卷19至卷24，略同于地理志，依次记述了“法兰西疆域总志”(上下)、“法京巴黎斯志”、“法兰西郡邑志”(上下)、“法国藩属附志”。以初撰和重订《法国志略》两两比较，前者详于地理，约占14卷的三分之一，后者详于史事和制度，地理部分只占24卷的六分之一左右，在内容上和体例上都比前者丰富、完备，其记事尤详于19世纪70年代，有的还涉及法国议会和政府关于80年代的预算。又因作者另外著有《普法战纪》一书，故《重订法国志略》中简记了这方面的记载，卷目亦不再予以反映。此外，从初撰到重订，近20年，可见作者在这期间对法国历史和现状的关注，表明了作者撰述思想和旨趣所在。

《法国志略》初撰本，作者取资于日本冈千仞的《法兰西志》、冈本监辅的《万国史记》，参考《西国近事汇编》，“不足，则复取近时之日报，并采辑泰西述撰有关于法事者”。作者对于冈千仞所译法国人所著的三本法国史《法国史要》(1866)、《近古史略》(1869)、《法国史》(1870)，亦曾披阅，认为其“尚属简略，摭拾他书以补之”(详凡例第1条、第3条)。可以看出作者在法国史的研究上视野的开阔和采辑的丰富。作者撰述《法国志略》的目的，在《原叙》、《凡例》和《重订法国志略·序言》中都反复予以说明。在《原叙》中，他说：“两经法都，览其宫室之雄丽，廛市之殷阗，人民之富庶，兵甲之盛强，未尝不叹其外观之赫耀也；及徐而察其之风俗之侈靡，习尚之夸诈，官吏之骄惰，上下之猜忌，亦未尝不虑其国不可以为国，而初不料一蹶不振如是之速也!”“吾愿欧洲诸国以法为鉴焉可也，特余志法之意。”可见他的撰述目的，是具有世界历史的眼光。他又指出：“更有进于此者，法通中国已三百余年，于泰西诸国为独先，名流硕彦接踵而来，无非借天算格致以阴行其主教，其势几至上动帝王、下交卿相，有明之季，靡然成风，实足为人心学术之隐忧，流弊至今，亦缓通商而急传教，中外龃龉，率由此起。”他认为宗教之于法国起了消极的作用，“法不自知，而尚欲强行之于他国，不亦慎乎！”这些话，对于当时中国、法国的情况，都是切合实际的。20年后，作者在重订本《序言》中，除进一步从国际关系方面指出了法国历史的变迁外，还突出批判了路易十四的“据无上之尊，肆无限之权”，以致“国人愤郁，渐至放恣。此所谓川决而堤溃，其势使之然也”。这反映了作者对君主专制政治的批判态度。此外，作者尤其强调了这样的见解：“方今泰西诸国，智术日开，穷理尽性，务以富强其国；而我民人固陋自安，曾不知天壤间有瑰伟绝特之事，则人何以自奋，国何以自立哉！”又说：“欧罗巴列邦于明万历年间已来中国，立埠通商，聚居濠镜。逮《明史》作传，犹不能明法兰西之所在，几视与东南洋诸岛国等，是其于艾儒略所著之《职方外纪》尚未寓目，况其他哉？宜其为远人所致诮也。”作者从欧洲各国的历史和现状，提出了中国人了解世界、认识世界的紧迫性，“固陋自安”则人无以自奋、国无以自立。他联想到清初修《明史》时，人们甚至说不清楚法兰西位于何处，不禁感慨万千。这是王韬撰写《法国志略》的更深层的原因。

《法国志略》突出地反映出作者对君主专制制度的批判态度。作者在卷5《波旁氏纪》卷末以“逸史氏王韬”的名义发表议论，指出法国国王所以祸国、亡身者，“顾迹其祸之由来，不能和众而得民心，自恃居民之上，而好恶不与民同，怨之所及，足以亡身。故厉王监谤，卒流于彘。法之失政，履霜坚冰，非一朝夕矣，路易至是，遂受其殃。法人弑王，而叛党旋覆；英人弑王，而高门士亦随灭。不独天道好还，而亦可以观世变矣。然则为人君者，其可逞欲而妄为哉！”这些见解并不都是正确的，但他对君主专制是持否定态度。这从作者在本卷中对路易十四的专横、路易十五的奢淫的记载中看得很清楚。作者对

"路易十六新政"表示赞赏，说他"大矫旧政之弊"；而对路易十六之"从容就死"深致同情。这又表明作者是称道君主立宪而不赞成法国大革命的暴力行动。作者向往君主立宪制度，还表现在他对拿破仑第一和拿破仑第三的评价上。他引用日人野口之布的话说："古今英雄规模宏远者，往往不留心于细务，独仑帝攻略之暇，用心吏治，定五法、创诸学，精到周详，各国奉为模范。仑帝洵高出他英雄上哉。千百世下，犹令人闻风兴起焉。"(卷 6 后论)作者以极大的兴致记述了拿破仑第三之被"公举为总统"和"终升帝位"，记述了他的种种作为，对他在"普法交兵"中遭致失败颇致惋惜之情，并历数他的许多"政绩"，说是"其所措施，裨益于人世者，不暇枚举"(均见卷 7)。作者在《凡例》第 9 条中指出："法兰西素以文明称，制度文物之备，宫室衣食之美，诸国莫能及焉。拿破仑出，更定法律，其精审为欧洲冠。"可以说，向往、宣扬君主立宪的资产阶级政治制度，是《法国志略》的主要历史观点。

本书卷 16 至卷 17"广志"上下篇，比较全面地反映了近代法国的政治制度和社会面貌，反映资本主义制度下科学技术和生产力的进步以及人类文明的发展。作者赞美法国的国会制度说："国会之设，惟其有公而无私，故民无不服也。欧洲诸国，类无不如是。即有雄才大略之主崛起于其间，亦不能少有所更易新制、变乱旧章也。"他还称道上下两院议员的"公举"之法，认为"其进身之始，非出于公正则不能得。"(卷 16《志国会》后论)作者在《志车路(附电线)》中，叙述了欧洲各国铁路交通和电报通讯的情况，惊叹于科学技术的发展促进了社会的迅速变化，他写道："车路之建不过五十年，电线之行亦不过三四十年，而甚已如此，飚发风驰，遍于各国，抑何速也!"他认为这两项技术的发展，"必相辅而行，互为表里"，"而藉以觇国势之盛强焉"(卷

17）。作者还记述了1878年5月法国巴黎博览会的盛况（卷10），记述了1253年路易第九派人“始通中国”的情形（卷18）等。《法国志略》以不少篇幅叙述了法国的外交、贸易、通商、殖民等活动。

《法国志略》不同于《海国图志》，它详细记述了一个西方国家的历史、地理、现状，反映了资本主义世界在当时取得的进步，也反映了作者进步的历史观点和社会理想。

王韬在完成《法国志略》初撰本的同年，还编撰了《普法战纪》一书。1870年至1871年的普法战争刚刚结束，王韬随即“摭拾其前后战书，汇为一书，凡十有四卷”（《普法战纪·前序》），刊行于世。他如此关注这次战争的记载，无疑是他有志于法国史研究的继续。他指出：“观夫普法战争之际，而求其盛衰升降之故，成败胜负之端。”（《普法战纪·代序》）自鸦片战争以后，中国在对外关系上，已陷于多事之秋，民族危机日甚一日。所谓“盛衰升降之故，成败胜负之端”，他想到的自然不只是“欧洲列邦”，还有“中原天地”。（王韬《漫游随录》卷2《伦敦小憩》记：“伦敦画馆请余以日影绘像，既成，悬之阁中，而以十二幅赠予。余题二律于后云……”所题二诗，有“尚戴头胪思报国，犹馀肝胆肯输人？”“异国山川同日月，中原天地正风尘”之句。）这跟他在《法国志略》中反复强调“君民共主”，以国宪定君民之分，宣扬“欲其国之永安久治，以制国宪定君民权限为第一要义也”（《法国志略》卷16），是同一个道理。光绪十二年（1886），王韬根据继续搜集到的有关文献，重订《普法战纪》，增为20卷。《普法战纪》初撰本在19世纪70年代传入日本，受到日本学人的重视，这是他后来应约东游扶桑的一个重要原因。（见王韬《扶桑游记》之中村正直序，龟谷行、平安西尾、冈千仞跋）《扶桑游记》和《漫游随录》二书，是游记性质的著作。前者是关于日本的游记；后者所记不限于外国，但主要是记作者游历欧洲的见闻。这两部书，在反映外国历史和现状方面，也有一定的价值。

《扶桑游记》3卷，作者记其光绪五年（1879）的日本之游，日记体，起三月初七，迄七月十五，有作者七月八日写于日本的自序。当年（即明治十二年），日本报知社印行上卷，翌年出版中卷、下卷。书首有重野安绎序和中村正直序，书末有龟谷行跋、平安西尾跋和冈千仞跋，语多论及王韬《普法战纪》在日本的流传和影响。作者《自序》说，此行是应日本友人"以为千日之醉，百牢之亨"之邀，"敢不维命是听"。故在日期间，"壶觞之会，文字之饮，殆无虚日"，"日所游历，悉纪于篇，并汇录所作诗文附焉"。与王韬所交游者，多是拥护明治维新的一派人物。他们所讨论的，除诗文、撰述外，就是时势、西法。四月初二记冈鹿门（千仞）的话说："方今宇内形势，以俄为急。时人比俄于战国之虎狼秦，而实为今日亚细亚洲之大患。"四月十九日记与西尾鹿峰论及中西诸法，王韬认为："法苟择其善者而去其所不可者，则合于道矣。"五月二日记其评论冈本监辅所著《万国史略》，认为"有志于泰西掌故者，不可不观"。又不无所指地发表议论说："余谓仿效西法，至今日可谓极盛；然究其实，尚属皮毛。并有不必学而学之者，亦有断不可学而学者。"时值中国洋务派活跃时期，此言当有所指。这从四月初二记与重野、鹿门笔谈看得十分清楚："重野谓予曰：'或序先生之文，谓为今时之魏默深。'""余曰：'当默深先生之时，与洋人交际未深，未能洞见其肺腑；然师长一说，实倡先声。惜昔日言之而不为，今日为之而徒袭皮毛也。'鹿门曰：'魏默深血性人耳，得先生继起，而后此说为不孤矣。'"所谓"壶觞之会，文字之饮"，实关乎兴衰、改良之旨。在日本友人中，冈千仞可称得上是王韬的知心之交，他跋《扶桑游记》说："盖先生慨欧人眈眈虎视，亲航欧洲，熟彼情形，将出其所得以施之当世，而未有所遇。”“以有为之才，处多故之世，一朝风会，去泥土，冲云霄，霈然膏雨，使万生仰苏息之恩，先生盖其人也。”这话，道出了王韬的漫游与撰述之旨。

《漫游随录》3卷，凡记51事，每事以4字为目。诠次、编订于光绪十三年(1887)，原有图80幅。所记，由故里而他乡，由中国而欧洲，约起于道光二十四年(1844)，止于同治九年十二月(1871年1月)自苏格兰回至香港，首尾20余年。其中，三分之二是游历英、法两国的见闻。此书所记，虽有不少琐闻细事，然于英、法两国文物制度、科学技术、社会风貌多有实录，并往往联系到中西比较，发其感慨。卷2《制造精奇》记：“英国以天文、地理、电学、火学、气学、光学、化学、重学为实学，弗尚诗赋词章。其用可由小而至大。如由天文知日月五星距地之远近、行动之迟速，日月合璧，日月交蚀，彗星、行星何时伏见，以及风云雷雨何所由来。由地理知万物之所由生，山水起伏，邦国大小。由电学知天地间何物生电，何物可以防电。由火学知金木之类何以生火，何以防火。由气学知各气之轻重，因而制气球，造气钟，上可凌空，下可入海，以之察物、救人、观山、探海。由光学知日月五星本有光耀，及他杂光之力，因而创电灯，变光彩，辨何物之光最明。由化学、重学辨五金之气，识珍宝之苗，分析各物体质。又知水火之力，因而创火机，制轮船火车，以省人力，日行千里，工比万人。穿山、航海、掘地、浚河、陶冶、制造以及耕织，无往而非火机，诚利器也。”作者仅以数百字，几将西方近代科学技术及其功效概括无遗，其观察思考之深，可以想见。当然，这些都是“诗赋词章”所不能达到的。卷3《游博物院》记英国所铸大炮性能之佳后，作者写道：“倘我国仿此制造，以固边防而御外侮，岂不甚美？惜不遣人来英学习新法也。”又同卷《苏京琐记》记参观一印书馆，“浇字、铸板、印刷、装订，无不纯以机器行事”，“苟中国能仿而为之，则书籍之富可甲天下”。王韬在英国曾多次发表讲演，“宣讲孔孟之道”，吟诵唐人诗文，听众为之倾倒，使其也颇有“吾道其西”之慨（《英土归帆》），反映出中西文化交会、互补的意识。

《扶桑游记》多论及形势、时政，《漫游随录》多谈到科学技术，它们是对《法国志略》和《普法战纪》之撰述宗旨的饶有兴味的补充。这四部书，集中反映了王韬在19世纪七八十年代考察和研究外国历史、地理、现状及科学技术之应用的成果。在当时，能够取得这些成果的人，在近代史学上确乎是凤毛麟角。

王韬东游日本时，曾会见了当时正在日本的黄遵宪，多次“剧谈”，志为同道。恰在王韬《漫游随录》诠次成书之年，黄遵宪写出了《日本国志》一书。

三、黄遵宪的《日本国志》

黄遵宪（1848—1905），字公度，别号人境庐主人，广东嘉应州（今广东梅州市）人。黄遵宪在光绪二年（1876）乡试中举，此后的20年中，他的政治生涯可以说是同光绪朝的历史同起同落的。光绪三年，黄遵宪作为中国驻日使馆参赞东渡日本，居留近五年。头两年中，所见所闻，寄以诗篇，名《日本杂事诗》。这两年中，他“稍稍习其文，读其书，与其士大夫交游”，开始了解日本的历史、文化，尤为明治维新以来日本近十几年的巨大变化所吸引，约当光绪五年（1879），乃发凡起例，着手撰写《日本国志》一书。经过三年，书稿未就，于光绪八年（1882）调任驻美国旧金山总领事。他携稿赴任，但“无暇卒业”。光绪十一年（1885）由美回国，谢辞他任，闭门编纂，于光绪十三年（1887）卒成此书，首尾费时八年。

《日本国志》“为类十二，为卷四十”，“以其体近于史志”，故名。作者之所谓“类”，是以事类区分，采用纪传体史书中志的体例。12类是：《国统志》3卷、《邻交志》5卷、《天文志》1卷、《地理志》3卷、《职官志》2卷、《食货志》6卷、《兵志》6卷、《刑法志》5卷、《学术志》2卷、《礼俗志》4卷、《物产志》2卷、《工艺志》1卷，凡40卷。又卷首另作《中东年表》，系中日纪年对照表，“以便观者”。作者在本书《凡例》中说：“日本古无志书，近世源光国作《大日本史》，仅成兵、刑二志；薄生秀实欲作氏族、食货诸志，有志而未就（原注：仅有职官一志，已刊行）；新井君美集中有田制、货币考诸叙，亦有目而无书。此皆汉文之史而残阙不完，则考古难。”但自维新以来“礼仪典章颇彬彬矣”，故作者较易采辑。据薛福成《日本国志序》称，黄遵宪所采之书至200余种之多。

黄遵宪在《日本国志·自叙》中说到了他撰写此书的初衷，他写道：“昔契丹主有言：‘我于宋国之事，纤悉皆知；而宋人视我国事，如隔十重云雾。’以余观：日本士夫类能读中国之书，考中国之事；而中国士夫好谈古义，足以自封，于外事不屑措意，无论泰西，即日本与我仅隔一衣带水，击柝相闻，朝发可以夕至，亦视之若海外三神山，可望而不可即！”他援引《周官礼》所载“外史”之职，乃撰此书，并自比“外史氏”而发论议，只是为了说明：“今之士夫亦思古人学问，考古即所以通今，两不偏废。”其良苦用心，可见一斑。从这些话中，反映出作者对于研究“外事”的强烈的自觉意识，对于中国当时的士大夫“好谈古义，足以自封”的狭隘眼光何等不满，何等忧虑！三年之后，即光绪十六年（1890），黄遵宪在改订《日本杂事诗·自序》中，叙述了他对于明治维新以来日本形势的认识过程。当其“拟草”《日本国志》一书时，意在“网罗旧闻，参考新政”；而后，“及阅历日深，闻见日拓，颇悉穷变通久之理，乃信其政从西法，革故取新，卓然能自树立。”作者这个认识，表明他是站在历史发展潮流前头来观察日本的历史和现状，同时也是以此为镜来观察中国的历史和现状的。而“信其政从西法，革故取新，卓然能自树立”这几句话，则集中地概括了《日本国志》的主旨。它突出表现在以下几个方面。

肯定君主立宪的政治体制。《国统志》系志名而纪体，记载了自古代至明治十一年(1878)八月的历史。于明治时期，则逐年逐月详其维新改良措施。元年(1868)，记明治“以二条城为太政官代裁决庶政”，并“亲临会公卿诸侯，设五誓：曰万机决于公论，曰上下一心，曰文武一途，曰洗旧习、从公道，曰求智识于寰宇”(《日本国志》卷3)。其后，种种“革故取新”之举，均由此开始。八年(1875)，记明治废左右院，置元老院、大审院的诏敕说：“中兴日浅，未臻上理”，在“五誓”之誓的基础上，“乃扩充誓文之意，更设元老院以定立法之源，置大审院以巩司法之权；又召集地方官，以通民情、图公益，渐建立宪政体”。又记次年明治命栖川亲王“斟酌海外各国成法”，起草立宪“条例”。作者论道：“立宪政体，盖谓仿泰西制，设立国法，使官民上下分权、立限，同受治于法律中也。”(同上)作者在《国统志》卷末发表长篇评论，分析了当时各个阶层、各种政治势力围绕着政体所展开的激烈争论，“喧哗嚣竞，哓哓未已”，但朝廷下诏“已以渐建立宪政体，许之民论”。当作者在驻英使馆改订《日本杂事诗》时，他在《自序》中写道：“今年日本已开议院矣，进步之速，为古今万国所未有。”“政从西法”，这是作者撰写《日本国志》所最关注的问题，故有此论。作者在《职官志》序中，考察了中国历史上围绕官制而展开对于《周礼》的争论，认为这是很可悲的。他说：“古人有言，礼失而求诸野。曷不举泰西之政体而一评其得失也？日本设官，初仿《唐六典》；维新之后，多仿泰西。今特详志之，以质论者。”作者首叙官制的一般原则，如等级、俸禄、勋位、章服、黜陟，而于黜陟一项尤详维新以来的重大变化；次叙设官分职，作者自注说，“维新以来，设官分置，废置纷纭”，“今专就明治十四年冬现有之官，分条胪举，其仿照西法、为旧制所无者，特加详焉”，故于元老院、大审院、文部省、府县等地方政权，叙致尤详，反映了“政从西法”在官制方面的变化。

注重富国强兵、科技实学。《食货志》序称：“日本维新以来，尤注意于求富。然闻其国用则岁出入不相抵，通商则输出入不相抵，而当路者竭蹶经营，力谋补救，其用心良苦，而法亦颇善。观于此者，可以知得失之所在矣。”(卷 6)在作者看来，求富之路，并非可以一蹴而就，维新带来的阵痛是难以避免的。《兵志》序又称：“今日之列国，弱肉强食，眈眈虎视者乎。欧洲各国数十年来，竞强角力，迭争雄霸，虽使车四出，槃敦雍容，而今日玉帛，明日兵戎，包藏祸心，均不可测。各国深识之士，虑长治久安之局不可终恃，皆谓非练兵无以弭兵，非备战无以止战。”结合自鸦片战争以来中国历史来看，作者对当时世界形势的估量可谓明澈而清醒。作者认为：“日本维新以来，颇汲汲于武事，而其兵制多取法于德，陆军则取法于佛(法)，海军则取法于英。故详著之，观此亦可知欧洲用兵之大凡。”虽言日本，而意亦含欧洲。作者进而指出：“今天下万国，鹰瞵鹗视，率其兵甲，皆可横行。有国家者不于此时讲求兵制，筹一长久之策，其可乎哉!”(卷 21 后论)他在讲到英国海军之强以及日本欲效英国之法时，又强调指出了上述见解(卷 26 后论)。黄遵宪认为，富国强兵之道，固与“政从西法”密切相关，但绝离不开工艺实学的发展。他在《工艺志》序中论道：中国古代原有重视工艺实学的传统，可惜“后世士大夫喜言空理，视一切工艺为卑卑无足道”，以致“实学荒矣”。他慨然指出：

“今欧美诸国，崇尚工艺，专门之学，布于寰区。余尝考求其术，如望气察色、结筋搦髓、破腹取病，极精至能，则其艺资于民生；穷察物性、考穷土宜，滋荣敷华，收获十倍，则其艺资于物产；千钧之炮、连环之枪，以守则固，以战则克，则其艺资于兵事；火轮之舟、飞电之线，虽千万里顷刻即达，即其艺资于国用；伸缩长短，大小方圆，制器以机，穷极便利，则其艺资于日用。举一切光学、气学、化学、力学，咸以资工艺之用，富国也以此，强兵也以此：其重之也，夫实有其可重者也。”这一段议论，同前文所引王韬《漫游随录·制造精奇》中所描述的科学技术的广泛应用，可谓同曲同工，识见相谐。所不同的是，黄遵宪对“今万国工艺以互相师法，日新月异，变而愈上”的趋势，更有紧迫之感，而对中国士大夫“喜言空理，不求实事之过”，尤有切肤之痛。他后来成为改良主义的推行者，绝不是偶然的。

主张汉学、西学兼而用之。黄遵宪在《学术志》中提出了汉学、西学兼而用之的主张，这是从观念形态上提出了更深层的认识。黄遵宪首先叙述了汉学在日本传播和发展的历史，认为它在日本有久远的渊源和深厚的基础，人们“耳濡目染，得知大义”。他举例说：“尊王攘夷之论起，天下之士一倡百和，卒以成明治中兴之功，则已明明收汉学之效矣。”他希望“日本之治汉学者，益骛其远大者以待时用可也！”(卷32《学术志·汉学》后论)同时他又指出，明治维新之前，西学也在日本传播，“今之当路诸公，大率从外国学校归来者也”，他们成了推行维新政治的得力人才。而“维新以后，壹意外交，既遣大使巡览欧洲诸大国，目睹其事物之美、学术之精，益以崇尚西学为意。”明治四年(1871)，设立文部省，“寻颁学制于各大学区”，全面推行西方教育制度和教学内容，一方面“争延西人为之教师”，一方面有大批公费、私费学生“留学外国”，同时兴建其他各种文化设施，等等。“由是西学有蒸蒸日上之势”，虽然也存在着“异论蜂起，倡一和百”的情况，但“国家政体，多采西法”，已成大势所趋。作者进而著论批评在中国存在着对于西学的保守、狭隘看法，“恶其异类而并弃之；反以通其艺为辱，效其法为耻，何其隘也!”他进而分析说：“彼西人以器用之巧，艺术之精，资以务财训农，资以通商惠工，资以练兵，遂得纵横倔强于四海之中，天下势所不敌者，往往理反为之屈。我不能与之争雄，彼挟其所长，日以欺侮我、凌逼我，我终不能有簪笔雍容坐而论道之日，则思所以捍卫吾道者，正不得不藉资于彼法以为之辅。以中土之才智，迟之数年，即当远驾其上，内则追三代之隆，外则居万国之上：吾一为之，而收效无穷矣。”这一段，显然是针对当时中国士大夫说的，颇有循循善诱之意，故在论西学之长时，口气多有缓和，不似他处激昂，足见作者良苦用心。当然，黄遵宪并不主张“尽弃所学而学他人”，但他毕竟是了解世界、面对现实的，他提醒人们注意到这样的道理和事实：“器用之物，原不必自为而后用之。泰西诸国，以互相师法而臻于日盛，固无论矣。日本，蕞尔国耳，年来发愤自强，观其学校，分门别类，亦骎骎乎有富强之势。”(卷32《学术志·西学》后论)他是以此反复说明，不可盲目排斥西学，以致陷于“不达事变”之境。

总的来看，黄遵宪以日本明治维新的历史证明汉学、西学兼用的必要性，这也是言为日本而意在中国。而他所说的“西学”，非仅指器用而言，而是同他说的“政从西体”的主张相表里的。他虽然还没有完全跳出中国士大夫传统的窠臼，但他毕竟已经清醒地认识到效法西学实为历史发展的趋势。尤为可贵的是，他在推重西学的同时，已朦胧地觉察到西方国家所潜伏的弊病：“尚同而不能强同，兼爱而无所用爱，必推而至于极分裂、极残暴而后已。执尚同、兼爱以责人，必有欲行均贫富、均贵贱、均劳逸之说者。吾观欧罗巴诸国，不百年必大乱。”（卷 32《学术志》序）19 世纪末至 20 世纪的欧洲史和世界史证明，黄遵宪的预见并不是毫无根据的。

自魏源、王韬到黄遵宪的外国史地研究，从一个重要方面反映出 19 世纪后半叶中国史家爱国图强的时代精神，以及他们开扩视野、研究外国历史的自觉意识。《海国图志》作为当时的世界史著作，《法国志略》和《日本国志》作为当时的国别史著作，都达到了较高的水平，是近代史学萌生过程中的代表性著作。它们在体裁、体例和详近略远的撰述思想上，继承了中国古代史学的优良传统，对今天的世界史研究和撰述，仍有借鉴的意义。

论中国马克思主义史学的史学观*

中国马克思主义史学在发展过程中，在其关于理论问题的研究方面，逐步形成了关于史学的有系统的认识，这可以称之为中国马克思主义史学的史学观，这是中国马克思主义史学在史学理论方面的成就。本文试对此作初步的探讨，不当之处，希望得到同行的批评、指正。

一、关于历史学学科体系

1924年，李守常(大钊)的《史学要论》一书由商务印书馆出版，它表明中国马克思主义史学从其诞生时起，就把对于史学的认识放在首要地位，此书题名“史学”之“要论”，绝非偶然。可见，一个学科之学科体系的建立，当从认识这门学科开始。

《史学要论》所反映出来的史学观，概括说来，主要有以下几个论点。

---

* 原载《上海大学学报》2006年第3期。

(一)明确区分“历史”和“历史学”的性质，提出把客观存在的历史同人们主观反映的历史加以区别的重要性

什么是“历史”？李大钊从三个方面提出对客观存在之历史的认识：

第一，历史撰述所反映的“历史”，并不等同于“活的历史”即客观存在的历史本身。李大钊指出：“不错，我们若想研究中国的历史，像那《史记》咧，《二十四史》咧，《紫阳纲目》咧，《资治通鉴》咧，乃至其他种种历史的纪录，都是很丰富、很重要的材料，必须要广搜，要精选，要确考，要整理。但是他们无论怎样重要，只能说是历史的纪录、是研究历史必要的材料。不能说他们就是历史。这些卷帙，册案，图表，典籍，全是这活的历史一部分的缩影。而不是这活的历史的本体。”①作者指出这种区别和联系，在理论上使人们懂得“历史的本体”即“活的历史”比历史撰述所反映的内容更生动、更丰富，从而拓展了人们的历史视野；在实践上则使人们可以感受到自己也生活在“活的历史”之中，增强对于历史的体察和责任。

第二，历史就是社会的变革。阐明这一点，使人们懂得历史是变化的、进步的、生动不已的。李大钊写道：“这样讲来，我们所谓活的历史，不是些写的纪的东西，乃是些进展的、行动的东西。写的纪的，可以任意始终于一定的范围内；而历史的事实的本身，则永远生动无已。不但这整个的历史是活的东西，就是这些写入纪录的历史的事实，亦是生动的，进步的，与时俱变的。”②

第三，历史是一个整体，是不可能割断的。李大钊认为：“历史

① 李守常：《史学要论》，北京：商务印书馆，1999 年，第 75 页。

② 同上书，第 79 页。

是亘过去、现在、未来的整个的全人类生活。”①全人类的历史如此，一个国家、一个民族的历史也是如此。

那么，什么是“历史学”呢？其主要论点是：

第一，关于“历史学”的对象。李大钊写道：“史学有一定的对象。对象为何？即是整个的人类生活，即是社会的变革，即是在不断的变革中的人类生活及为其产物的文化。换一句话说，历史学就是研究社会的变革的学问，即是研究在不断的变革中的人生及为其产物的文化的学问。”②李大钊对历史学所作的这一定义，对人们认识历史学的性质与作用，有深刻的启示。

第二，历史学应着力于建立历史理论。李大钊认为：在整理、记述历史事实的基础上，“建立历史的一般理论”即历史理论，才能使“今日的历史学”成为历史科学。这表明他在历史学的发展上是一个高瞻远瞩的人。

第三，历史科学是可以建立起来的。针对当时的一种见解，即认为“历史是多元的，历史学含有多元的哲学”，因此“史学缺乏属于一般科学的性质”云云，李大钊阐述道：“各种科学，随着他的对象的不同，不能不多少具有其特色；而况人事科学与自然科学不可全然同视，人事科学的史学与自然科学自异其趣。然以是之故，遽谓史学缺乏属于一般科学的性质，不能概括推论，就一般史实为理论的研究，吾人亦期期以为不可。人事现象的复杂，于研究上特感困难，亦诚为事实；然不能因为研究困难，遽谓人事科学全不能成立，全不能存在，将史实汇类在一起，而一一抽出其普通的形式，论定其一般的性质，表明

① 李守常：《史学要论》，北京：商务印书馆，1999年，第82页。

② 同上书，第85页。

普遍的理法，又安见其不能?”[①]各种科学“自异其趣”，都有自身的特点，史学亦然，历史科学是可以建立起来的。这就是作者的结论。

(二)指出历史学研究的对象包含“记述历史”和“历史理论”两个含义丰富的方面，认为这是“广义的历史学”

李大钊把“狭义的历史学”称之为“历史理论”，即指个人的、民族的、社团的、国民的、民族的、人类的“经历论”。[②]“狭义的历史学”加上记述历史，便构成“广义的历史学”。这使我们不禁想起中国古代史学中的“叙事”与“议论”，尽管两者不可同日而语，但毕竟存在着史学发展上的内在联系。

李大钊这样分析“记述历史”和“历史理论”的关系，他写道：

> 记述历史与历史理论，其考察方法虽不相同，而其所研究的对象，原非异物。故历史理论适应记述史的个人史，氏族史，社团史，国民史，民族史，人类史，亦分为个人经历论，氏族经历论，社团经历论，国民经历论，民族经历论，人类经历论等。为研究的便利起见，故划分范围以为研究。那与其所研究的范围了无关系的事项，则屏之而不使其混入；但有时为使其所研究的范围内的事理愈益明了，不能不涉及其范围以外的事项，则亦不能取不敢越雷池一步的态度。例如英雄豪杰的事功，虽当属之个人史；而以其事与国民经历上很有影响，这亦算是关于国民生活经历的事实，而于国民史上亦当有所论列，故在国民史上亦有时涉及个人氏族或民族的事实。反之社会的情形，如经济状况，政治

① 李守常：《史学要论》，北京：商务印书馆，1999年，第91页。

② 同上书，第96页。

> 状况，及氏族的血统等，虽非个人史的范围以内的事，而为明究那个人的生活的经历，及思想的由来，有时不能不考察当时他所生存的社会的背景，及其家系的源流。
>
> 记述历史与历史理论，有相辅相助的密切关系，其一的发达进步，于其他的发达进步上有莫大的裨益，莫大的影响。历史理论的系统如能成立，则就个个情形均能据一定的理法以为解释与说明，必能供给记述历史以不可缺的知识，使记述历史愈能成为科学的记述；反之，记述历史的研究果能愈益精确，必能供给历史理论以确实的基础，可以依据的材料，历史理论亦必因之而能愈有进步。二者共进，同臻于健全发达的地步，史学系统才能说是完成。①

这两段话，把“记述历史”同“历史理论”的关系阐述得十分透彻。此外，值得注意的是，李大钊把“历史研究法”、“历史编纂法”、“历史哲学”以及“特殊历史学”(即各种专史的记述部分与理论部分)同“普通历史学”(即前面所说的“广义的历史学”)合称为“最广义的历史学”。②尽管这里没有提到“自然史”，但仍使我们想起了马克思、恩格斯的那句名言：“我们仅仅知道一门唯一的科学，即历史科学。历史可以从两方面来考察，可以把它划分为自然史和人类史。但这两方面是不可分割的；只要有人存在，自然史和人类史就彼此相互制约。”③李大钊所说的“最广义的历史学”，实已大大开阔了人们对“历史学”的理解。

---

① 李守常：《史学要论》，北京：商务印书馆，1999年，第96—97页。

② 同上书，第107页。

③ 《马克思恩格斯选集》第1卷，北京：人民出版社，2012年，第146页注①。

(三)阐明了史学在科学中的位置以及它与相关学科的关系

关于"史学在科学中的位置"。这里所论述的，是关于史学在科学史上之地位的问题。作者以欧洲为例，指出在中世纪以前，史学"几乎全受神学的支配"；到了十六七世纪，随着文艺复兴的发展，近代科学的产生；其后又经许多人"先后努力的结果，已于历史发见一定的法则，遂把史学提到与自然科学同等的地位，历史学遂得在科学系统中占有相当的位置"。① 这就是说，只是当人们从历史中发现了"一定的法则"时，历史学在科学史上或者说在科学系统中才占有自己的位置。作者对马克思的有关理论作了如下的概括："马克思一派，则以物质的生产关系为社会构造的基础，决定一切社会构造的上层。故社会的生产方法一有变动，则那个社会的政治、法律、伦理、学艺等等，悉随之变动，以求适应于此新经变动的经济生活。故法律、伦理等不能决定经济，而经济能决定法律伦理等。这就是马克思等找出来的历史的根本理法。"②作者认为历史学之所以能够成为科学，其主要根据即在于此。

关于"史学与其相关学问的关系"。李大钊把与史学相关的学问划分为六类，一一阐述。他认为，文学、哲学、社会学与史学的关系尤为密切，故择出分别论述，而又以论述"史学与哲学"最为详尽，足见作者的理论旨趣之突出。

(四)强调史学的社会价值和实践意义

李大钊十分强调"现代史学的研究及于人生态度的影响"。关于这个问题，李大钊作了深刻而精辟的论述，他的主要论点是：第一，史

---

① 李守常：《史学要论》，北京：商务印书馆，1999年，第113页。

② 同上书，第116页。

学对于人生有密切的关系。他开宗明义地写道："历史学是研究人类生活及其产物的文化的学问，自然与人生有密切的关系；史学既能成为一种学问，一种知识，自然亦要于人生有用才是。依我看来，现代史学的研究，及于人生态度的影响很大。"①第二，现代史学研究可以培养人们的科学态度和脚踏实地的人生观。李大钊指出："有生命的历史，实是一个亘过去、现在、未来的全人类的生活。过去、现在、未来是一线贯下来的。这一线贯下来的时间里的历史的人生，是一趟过的，是一直向前进的，不容我们徘徊审顾的。历史的进路，纵然有时一盛一衰、一衰一盛的作螺旋状的运动，但此亦是循环着前进的、上升的，不是循环着停滞的，亦不是循环着逆返的、退落的，这样子给我们以一个进步的世界观。我们既认定世界是进步的，历史是进步的，我们在此进步的世界中、历史中，即不应该悲观，不应该拜古，只应该欢天喜地的在这只容一趟过的大路上向前行走，前途有我们的光明，将来有我们的黄金世界。这是现代史学给我们的乐天努进的人生观。"②在李大钊看来，有什么样的历史观就会影响到有什么样的世界观，进而影响到有什么样的人生观。第三，历史教育的重要作用。李大钊很深刻地阐述了这个道理，他写道："即吾人浏览史乘，读到英雄豪杰为国家为民族舍身效命以为牺牲的地方，亦能认识出来这一班所谓英雄所谓豪杰的人物，并非有与常人有何殊异，只是他们感觉到这社会的要求敏锐些，想要满足这社会的要求的情绪热烈些，所以挺身而起为社会献身，在历史上留下可歌可哭的悲剧、壮剧。我们后世读史者不觉对之感奋兴起，自然而然的发生一种敬仰心，引起'有

① 李守常：《史学要论》，北京：商务印书馆，1999年，第132页。

② 同上书，第134—135页。

为者亦若是’的情绪，愿为社会先驱的决心亦于是乎油然而起了。”①史学的魅力就在于此。历史教育实在是一桩伟大的事业。

综上，可以看出，在20世纪20年代，李大钊从当时学术界所达到的认识水平，提出了关于历史学学科体系的新认识，其学术上的价值有两点是值得注意的：第一，它拓展了人们对历史学的认识，这是中国史学在走向近代过程中的又一个重大变化。第二，它以“马克思等找出来的历史的根本理法”为指导，使这一学科体系建立在科学理论的基础上。第三，它展示出一种积极的史学观，认为史学对社会前途、对人生道路具有乐观的、奋进的影响。

李大钊所提出的这一历史学的学科体系，在20世纪80年代产生的影响尤为突出，当时面世的一些史学概论教材，有的就是对《史学要论》的继承和发展。②

二、关于历史观和方法论

中国马克思主义史学的史学观同以往史学或其他史学的一个重要区别，是它十分强调历史观以及在历史观指导下的方法论原则。这个历史观就是马克思主义的唯物史观。在1924年前后，有一些论述史学的著作出版，它们当中有的也可看作是关于历史学学科之一种体系的表述。除了在一些具体内容上的异同外，历史观是它们同《史学要论》的根本区别。

李大钊作为中国马克思主义史学的奠基者之一，在传播唯物史观

① 李守常：《史学要论》，北京：商务印书馆，1999年，第135—136页。

② 如白寿彝先生主编的《史学概论》(宁夏人民出版社1983年版)，开篇也是论述“历史”与“史学”的区别，也讲到历史观的重要，讲到史学的姊妹学科，讲到史学同文学的关系，讲到史学工作者的任务等等。

方面作出了重要贡献。1919年，李大钊在《新青年》杂志上发表《我的马克思主义观》一文，以通俗和简明的笔触，表明了他对马克思主义理论精髓的理解和认识。他指出："唯物史观也称历史的唯物主义。他在社会学上曾经，并且正在表现一种理想的运动"，[①] 它代替旧有的历史观是不可遏止的发展趋势，是历史观的本质上的变革。接着，他着重指出唯物史观的核心是："唯物史观的要领，在认经济的构造对于其他社会学上的现象，是最重要的；更认经济现象的进路，是有不可抗性的。"[②]李大钊认为，从经济现象去研究历史、说明历史，是唯物史观的核心，进而指出马克思的唯物史观"把从前的历史的唯物论者不能解释的地方，与以创见的说明，遂以造成马氏特有的唯物史观，而于从前的唯物史观有伟大的功绩"。[③] 在中国史学上，这是第一次极明确地阐述唯物史观的内容与价值，因而在史学发展历程上具有划时代的意义，它标志着中国史学走向科学化道路的开端。

1923年，李大钊发表《史观》一文，运用唯物史观的观点阐说什么是"历史"，揭示"历史"是运动的连续的和有生命的内在本质。这在中国史学发展上也是第一次。李大钊强调"历史观本身亦有其历史，其历史亦有一定的倾向"；"吾侪治史学于今日的中国，新史观的树立，对于旧史观的抗辩，其兴味正自深切，其责任正自重大"。[④] 从李大钊的这些论述来看，我们可以得到这样一个认识："五四"时期，

---

① 李大钊：《李大钊全集》第3卷，石家庄：河北教育出版社，1999年，第233页。

② 同上书，第235页。

③ 同上。

④ 李大钊：《李大钊全集》第4卷，石家庄：河北教育出版社，1999年，第309—311页。

随着马克思主义在中国的传播，中国史学上所固有的历史观即发生了极大的革命性的变化。20 世纪 20 年代初，确是中国史学发展上的一座巨大的界标。这就是唯物史观的丰碑。

在提出马克思主义唯物史观之核心的基础上，李大钊在历史思想方面尤其重视如下一些原则。

(一)强调思想变动的原因应当到经济变动中去寻找

1920 年，李大钊撰《由经济上解释中国近代思想变动的原因》，指出："凡一时代，经济上若发生了变动，思想上也必发生变动。换句话说，就是经济的变动是思想变动的重要原因。"①他分析了中国的农业经济因受到世界工业经济的压迫，从而使中国社会发生巨大变化。这变化中显著的一点是大家族制的崩颓，于是风俗、礼教、政治、伦理也都跟着发生变化，种种"思潮运动""解放运动"均由此而起。

(二)重视阶级斗争学说

李大钊在《我的马克思主义观》中写道：与马克思的唯物史观"很有密切关系的，还有那阶级竞争说"，"历史的唯物论者，既把种种社会现象不同的原因总约为经济的原因，更依社会学上竞争的法则，认许多组成历史明显的社会事实，只是那直接，间接，或多，或少，各殊异阶级间团体竞争所表现的结果。他们所以牵入这竞争中的缘故，全由于他们自己特殊经济上的动机"。② 李大钊用阶级和阶级斗争的理论来看待历史、说明历史，这在中国史学发展上是第一次。

---

① 李大钊：《李大钊全集》第 3 卷，石家庄：河北教育出版社，1999 年，第 433 页。

② 同上书，第 243 页。

(三)突出人民群众在历史发展中的作用

李大钊早年曾撰《民彝与政治》一文，认为人民的意志和力量在历史运动中起着决定的作用。他写道："古者政治上之神器在于宗彝，今者政治上之神器在于民彝。宗彝可窃，而民彝不可窃也；宗彝可迁，而民彝不可迁也。"[①]这是充分肯定"民彝"在历史运动中的重大作用。1918 年，他写了《庶民的胜利》一文。1920 年以后，他写的《平民政治与工人政治》《平民主义》等文章，就是这种观念对于现实的历史运动的诠释。

(四)对"历史"的新概括

客观历史是什么，中外学人有不少解释。李大钊提出自己的独到见解，他说："什么是活的历史，真的历史呢？简明一句话，历史就是人类的生活并为其产物的文化。因为人类的生活并为其产物的文化，是进步的，发展的，常常变动的；所以换一句话，亦可以说历史就是社会的变革。这样说来，把人类的生活整个的纵着去看，便是历史；横着去看，便是社会。历史与社会，同其内容，同其实质，只是观察的方面不同罢了。"[②]他说的"活的历史""真的历史""有生命的历史"包含这样几个特点：第一，它同"社会"的实质、内容是相同的；第二，它是变革的；第三，它不只是指的过去，而是贯穿于过去、现在和未来。在李大钊之后，郭沫若是又一位奠基者。

郭沫若之所以成为中国马克思主义史学的又一位奠基者，也正在于他在运用马克思主义的历史观研究历史方面，走在同时代人的前面，使他成为一位"先知"。郭沫若认为，近代的科学方法，近代的哲

---

① 李大钊：《李大钊全集》第 2 卷，石家庄：河北教育出版社，1999 年，第 336 页。

② 李守常：《史学要论》，北京：商务印书馆，1999 年，第 76 页。

学和社会科学知识，对于他的历史研究，是很重要的；但是，确立辩证唯物论的世界观，是更重要的。他强调说："尤其辩证唯物论给了我精神上的启蒙，我从学习着使用这个钥匙，才认真把人生和学问上的无门关参破了。我才认真明白了做人和做学问的意义。"①

这种认识，给了郭沫若巨大的智慧和胆识，把恩格斯作为自己的"向导"，写出了《中国古代社会研究》，并把它称为《家庭、私有制和国家的起源》的"续篇"。他有一种强烈的责任感和创造精神："在这时中国人是应该自己起来，写满这半部世界文化史上的白页。"②他针对20世纪20年代"整理国故"的学术思潮断然认为，只有掌握辩证唯物论的观念，才能对"国故"作出正确的解释。郭沫若所作的研究，正是这种开创性工作。他在20—40年代期间对于中国历史的卓有成就的研究，以及他对唯物史观、对"辩证唯物论的观念"之重要性的见识，把李大钊的认识丰富了、发展了、具体化了。这样，郭沫若也成为中国马克思主义史学的一位杰出的先驱者。

郭沫若关于历史研究的方法论，同他重视史家确立正确的世界观的认识是一致的。他在为《中国古代社会研究》1954年新版所写的引言中指出："研究历史，和研究任何学问一样，是不允许轻率从事的。掌握正确的科学的历史观点非常必要，这是先决问题。但有了正确的历史观点，假使没有丰富的正确的材料，材料的时代性不明确，那也得不出正确的结论。"③这是强调了"正确的科学的历史观点"和"丰富

① 郭沫若：《郭沫若全集·历史编》第2卷，北京：人民出版社，1982年，第465页。

② 郭沫若：《郭沫若全集·历史编》第1卷，北京：人民出版社，1982年，第9页。

③ 同上书，第4页。

的正确的材料”，都是研究历史所不可缺少的。他还指出：“任何研究，首先是占有尽可能接触的材料，其次是具体分析，其次是得出结论。”①这可以看作他对于历史研究方法论模式的简要概括。从重要性来看，历史观点是“先决问题”；从研究程序来看，“首先”要占有材料。他把两者的关系阐说得很清楚。时至今日，这些论述仍然具有重要的方法论的指导意义。

郭沫若的研究和认识表明，历史观和方法论是相互联系的。当然，马克思主义的历史观在方法论方面的具体运用，是同研究者的研究对象紧密联系的。在这方面，侯外庐的论述尤其值得关注。侯外庐结合自己数十年的研究生涯，总结出他所遵循的一些理论、方法论原则。他对自己研究中国社会史、思想史的原则和方法，不仅有坚定的信念，而且有明确的和清晰的概括。侯外庐在 1986 年写道，他的基本信念是：“总的说来，依据马克思主义的理论和方法，特别是它的政治经济学理论和方法，说明历史上不同社会经济形态发生、发展和衰落的过程；物质生活的生产方式制约着整个社会生活、政治生活和精神生活的过程；以及经济基础与上层建筑、意识形态之间的辩证关系，是我五十年来研究中国社会史、思想史的基本原则和基本方法。”②马克思主义的原则和方法并不限于这几个方面；而侯外庐所概括的，无疑是最重要的几个方面，也是对他的社会史、思想史研究最具有直接指导意义的几个方面。在五十多年的学术生涯中，侯外庐从不动摇和改变这些“基本原则和基本方法”，足以证明他对自己的信仰的坚定，这正

① 郭沫若：《郭沫若全集·历史编》第 3 卷，北京：人民出版社，1982 年，第 443 页。

② 侯外庐：《侯外庐史学论文选集》(上)，北京：人民出版社，1987 年，第 8—9 页。

是一个杰出的哲人和史学家之所以取得辉煌成就的重要原因。

但是，侯外庐给予人们更深刻的启示在于：对于基本原则和基本方法的运用，只有在取得一定的理论模式和方法论模式的情况下，才能同具体的研究真正结合起来，使理论不致流于空论或成为教条，而对具体问题的认识则能上升到理论的高度和有系统的认识。侯外庐从几十年的学术生涯中，总结出他所遵循的一些理论、方法论模式。即：第一，社会史研究，先从经济学入手。第二，研究中国古代社会，首先弄清亚细亚生产方式的理论。第三，对中国封建社会的研究，强调以法典化作为确定历史分期的标志。第四，依据马克思主义关于“土地私有权的缺乏”，“可以作为了解‘全东方’世界的关键”的理论，分析中国自秦汉以来封建社会皇权垄断的土地所有制形式是封建的中央专制主义的经济基础。第五，对中国思想史的研究，以社会史研究为前提，着重于综合哲学思想、逻辑思想和社会思想(包括政治、经济、道德、法律等方面的思想)。第六，研究工作重在阐微决疑。第七，实事求是，谨守考证辨伪的方法。第八，注意马克思主义历史科学的民族化。第九，执行自我批判，聆听学术批评。① 侯外庐所概括的这些理论、方法论模式，有的已经涉及对于中国社会史、思想史的若干具体的论断，其中仁智之见，在所难免，但像侯外庐对于自己治学的指导思想和方法论原则有如此自觉的和系统的认识，却并不多见。老一辈马克思主义史学家们留给后人的，不仅仅是许多辉煌的巨著，而且还有经过深思熟虑而总结出来的治学路径和学术宗旨。这后一个方面的遗产，在史学理论上有重要的价值。它向所有有志于史学

① 侯外庐：《侯外庐史学论文选集》(上)，北京：人民出版社，1987 年，第 9—19 页。

的后来者展现出一条艰难的但却是通向成功的道路。学海茫茫，前路悠悠，回首他们的治学之路，无疑是大有益处的。

还有一点是十分重要的，这就是侯外庐对于自己在治学上所遵循的理论、方法论原则本身都持有辩证的认识，而不作绝对的看待。这种理论上的造诣使他在具体的研究中始终处于创造性的、超越前人的境界，使他的学术始终保持着新鲜的活力。关于这一点，侯外庐在思想史研究的方法论上反映得最为突出。例如，他指出："经济发展虽然对思想史的各个领域起着最终的支配作用，但是，由于思想意识的生产又属于社会分工的特殊部门，因而思想史本身有其相对的独立性。""任何一个时代的任何一种思想学说的形成，都不可能离开前人所提供的思想资料。应当说，思想的继承性是思想发展自身必不可少的一个环链。"①既要看到经济发展对思想有"最终的支配作用"，也要看到思想的继承性对思想发展所起的作用。时代的脉搏和历史的传统总是在不同的程度上影响着思想家的思想发展的轨迹。侯外庐说："历史上有建树的思想家总是在大量吸收并改造前人思想资料的基础上，形成自己的思想学说。"②同样地，中国历史学家在理论上的进步、发展，只有在马克思主义指导下，"大量吸收并改造"前人和外国同行思想资料的基础上，才可能实现。

近一二十年来，史学界关于方法论的研究有不少成果问世，成绩是不小的。但是也应当看到，有些关于这方面的论述，或者过分地夸大某种方法的作用，或者只强调方法论的重要而忽略了历史观的重要，或者又因某种思想学说在世界观上的不可取而轻视了客观存在所

---

① 侯外庐：《侯外庐史学论文选集》(上)，北京：人民出版社，1987年，第12—13页。

② 同上书，第146页。

具有的积极意义的方法论，这对于理论的发展和具体研究的深入，都是不利的。侯外庐的关于方法论的辩证认识及具体运用，对当前史学方法论的深入研究有重要的借鉴价值。①

三、关于史学遗产

马克思主义不排斥人类历史上的优秀遗产。马克思主义的中国化，同样不会排斥中国历史上的优秀遗产。毛泽东有一段名言，是许多人所熟知的。他在1938年指出：

> 学习我们的历史遗产，用马克思主义的方法给以批判的总结，是我们学习的另一任务。我们这个民族有数千年的历史，有它的特点，有它的许多珍贵品。对于这些，我们还是小学生。今天的中国是历史的中国的一个发展；我们是马克思主义的历史主义者，我们不应当割断历史。从孔夫子到孙中山，我们应当给以总结，承继这一份珍贵的遗产。这对于指导当前的伟大的运动，是有重要的帮助的。②

但是，应当承认的是，在中国马克思主义史学发展史上，由于种种原因，对于史学遗产的重视，是相对滞后的。在这方面，白寿彝对于总

---

① 关于马克思主义唯物史观指导下的历史观和方法论，翦伯赞的《历史哲学教程》(1938年)有系统的论述，白寿彝主编的《中国通史·导论卷》以唯物史观与中国历史相结合而展开的论述，都是有代表性的论著。本文重点不在于此，故不评述。

② 毛泽东：《毛泽东选集》第2卷，北京：人民出版社，1992年，第533—534页。

结史学遗产的重要性以及如何总结史学遗产等问题的论述、如何致力于这方面的具体的研究，是作出了重要贡献的。他关于这方面的论述，形成了系列文章，即《谈史学遗产》《谈史学遗产答客问》《谈历史文献学》《谈史书的编撰》《谈历史文学》《再谈历史文献学》等。①《谈史学遗产》这篇长文撰于1961年，其余五篇撰于1981至1982年，前后相隔20年，而其撰述旨趣是一脉相承的。中国是一个史学大国，拥有连续不断的和丰富厚重的史学遗产。所谓史学遗产，是历史上流传下来的前人在史学活动中的创造和积累，是文化遗产的重要部分。把史学遗产从历史遗产中突出出来，并把它作为一个专门的学术领域和理论问题提出来进行研究，白寿彝的这几篇文章不仅开其先河，而且从理论上和研究对象上奠定了探讨这一领域的基础，因而产生了较大的学术影响。

《谈史学遗产》一文从理论上阐述了研究史学遗产的重要性及研究史学遗产的方法。关于研究对象，作者从七个方面作了概括，即归纳了史学遗产中的主要成就，并将其比喻为一个个“花圃”。这就是：中国史学上有关基本观点的遗产，包含历史观、历史观点在史学中的地位、在史学工作中的作用；史料学遗产；历史编纂学遗产；历史文献学遗产；重大历史问题研究成果；有代表性的史学著作；历史启蒙书方面的遗产。关于研究史学遗产的必要性，作者指出：第一，研究史学遗产，可以更具体更深刻地理解史学在社会中的作用；第二，研究史学遗产，可以逐步摸索出中国史学发展的规律；第三，研究史学遗产，可以把历史上人们提出来的一些史学问题作为当前研究的资料，

---

① 见《白寿彝史学论集》(上)，北京：北京师范大学出版社，1994年。近年，北京出版社把这6篇文章辑为一书，名曰《史学遗产六讲》，收入“大家小书”第三辑(2004年出版)。

丰富我们的研究内容。这些见解，在今天看来仍有重要的启发意义。

作者在20世纪80年代撰写的五篇文章，集中讨论了四个问题，即历史观点、历史文献学、历史编纂学、历史文学。

(一)关于历史观点问题

作者在《谈史学遗产答客问》一文中，着重分析了中国史学上关于历史进程的看法、关于地理环境的看法、关于社会经济的看法、关于政治统治之得失成败的看法、关于有民主思想内容的看法。作者继《谈史学遗产》之后，再次提出了在马克思主义史学出现以前，中国史学上是否存在"历史唯物主义的萌芽"的问题。从作者的观点来看，他的回答是肯定的。同时他也指出，这些问题需要作长期的讨论。

(二)关于历史文献学问题

作者首先指出了历史文献学的重要性，认为："历史文献学可以帮助我们搜集、分析并正确地运用历史文献，使我们的历史工作在文献方面具有良好的条件，这就是历史文献学的主要用处。"其次，作者提出了历史文献学学科建设的设想，指出："历史文献学，或者更正确地说，中国历史文献学，可以包含四个部分。一、理论的部分；二、历史的部分；三、分类学的部分；四、应用的部分。这样的分法，未必合适。现在这样分，也只是便于说明问题。"从这四个方面着手来建设历史文献学，是作者的一个创见。其中，关于"理论的部分"，提出了"历史文献学的多重性"问题；关于"历史的部分"，提出了历史文献同历史时代的关系；关于"分类学的部分"，提出了历史文献学的分类学与目录学有一定的区别，即前者"有统观全局的要求"；关于"应用的部分"，认为可以包含目录学、版本学、校勘学、辑佚学和辨伪学等。这些论点开阔了人们关于历史文献学的理解和认识，对历史文献学的学科建设有重要的参考价值。

(三)关于历史编纂学问题

作者全面地评价了中国古代的各种史书体裁，指出了它们各自的特点及相互间的联系，以及前人在对史书体裁的认识方面留给后人的启示，反映了作者的历史编纂学思想。尤其值得注意的是，作者第一次提出了“综合体”史书的概念并强调这样一个论点：“历史现象是复杂的，单一的体裁如果用于表达复杂的历史进程，显然是不够的。断代史和通史的撰写，都必须按照不同的对象，采取不同的体裁，同时又能把各种体裁互相配合，把全书内容融为一体。”作者总主编的《中国通史》，正是在这一撰述思想指导下进行并获得重大成功的。

(四)关于历史文学问题

他首先区别了两种不同的“历史文学”的含义和性质：一种含义，“是指用历史题材写成的文学作品，如历史小说和历史剧”。另一种含义，“是指历史著作中对历史的文字表述”，如写人物、写语言、记战争、表世态，都有优良的传统。作者从史文的运用上举《左传》《国语》《战国策》《史记》《资治通鉴》为例进行论述，并有广泛的涉及；又从理论上举《史通》《日知录》的有关论述作进一步分析。在讲到文与史的关系时，作者的这一段话是值得格外予以关注的，这就是：“是否有这样的作品，既可以说是历史书，又可以说是文学书?”“《史记》《汉书》《后汉书》《三国志》既是历史书，也可以说是文学书，但究竟是历史书。它们是历史书，而具有相当高的文学水平。但确实有一些书，同时具备了历史书和文学书的性质，而不好说它主要是属于哪种性质的。如《盐铁论》《世说新语》等就是这样的书。但这样的书毕竟不多。”这些见解，对于人们正确认识历史书和文学书的界限是有帮助的。作者除了阐述中国史学上的历史文学的优良传统外，还有一个鲜明的旨趣，就是为了说明这样的道理：“一个历史工作者必须有一定的文学修养。不要说我们历史上的大历史家都是文学家了，仅就一个普通的历史工作者来说，他对于文学没有一定的修养，是不能胜任这个工作的。”当今的史学工作者，如能在这方面有所提高，对于史学成果走向社会并广泛传播，进而充分发挥史学的社会功用，是大有裨益的。

白寿彝从理论上对中国史学遗产进行系统的发掘、爬梳的开创性成果，反映了作者恢宏的视野和渊博的学识。他对史学遗产之精华所作的分析及其在当今史学事业中之价值的阐释，其真知灼见，在在多有，成为人们走进史学遗产这一辽阔繁茂的园地，从而走进宏伟庄严的史学殿堂的一条路径。

四、关于建设有民族特点的马克思主义史学

这个问题，从本质上看，就是马克思主义史学的中国民族特点问题，就是马克思主义史学的中国学派问题，在一定的意义上，它也是马克思主义中国化的一个方面。

侯外庐曾提出的“注意马克思主义历史科学民族化”的问题。什么是“民族化”？侯外庐认为：“所谓‘民族化’，就是要把中国丰富的历史资料，和马克思主义历史科学关于人类社会发展的规律，做统一的研究，从中总结出中国社会发展的规律和历史特点。马克思主义历史科学的理论和方法，给我们研究中华民族的历史提供了金钥匙，应该拿它去打开古老中国的历史宝库。”①侯外庐在这方面作出了突出的贡献，他自谦地说：“对于古代社会发展的特殊路径和古代思想发展的特征的论述，对于中国思想史上唯物主义和反封建正宗思想的优良传

① 侯外庐：《侯外庐史学论文选集》(上)，北京：人民出版社，1987年，第18页。

统的掘发，都是我在探索历史科学民族化过程中所做的一些尝试。”①其实，侯外庐在这方面所作出的努力，岂止是尝试。他不仅是一位自觉的先知者，而且是一位杰出的成功者。早在20世纪40年代，他对这个问题的重要性已经提出了极为明确的认识，他指出，“中国学人已经超出了仅仅于仿效西欧的语言之阶段了，他们自己会活用自己的语言而讲解自己的历史与思潮了”，“他们在自己的土地上无所顾虑地能够自己使用新的方法，掘发自己民族的文化传统了”。② 侯外庐所概括的这种情况，可以看作中国马克思主义史学走向成熟阶段的标志。如果说“仿效”或“模仿”在特殊的条件下是不可避免的话，那么“仿效”或“模仿”终究不能代替创造也是必然的。因此，对于从“仿效”或“模仿”走向创造，不能没有自觉的意识和艰苦的努力。这是侯外庐治学的原则和方法给予人们的又一个重要的启示。侯外庐在这方面所取得的成就，是世所公认的，正如许涤新所评价的：“他根据马克思主义的理论和方法，结合丰富的历史文献和考古资料，对几千年来中国的社会史和思想史，做了广泛而深入的探索，写出了完整的系统的著作，并且提出了自己的独立的见解。”③这个评价，语言是质朴的，含义是准确的，位置是崇高的；缺少其中任何一句话，都是不足以概括侯外庐在“注意马克思主义历史科学的民族化”方面所取得的成就。研究这个成就的具体方面，固然需要继续下功夫，但更值得人们思考的一个问题，就是为什么在时隔40年后侯外庐重新提出这个“民族

① 侯外庐：《侯外庐史学论文选集》(上)，北京：人民出版社，1987年，第18—19页。

② 侯外庐：《中国古代学说思想史》，上海：文风书局，1946年，第3页。

③ 侯外庐：《侯外庐史学论文选集》(上)，北京：人民出版社，1987年，第4页。

化”的问题？他批评的“五四”以来“史学界出现一种盲目仿效外国的形式主义学风”，并表示“对这种学风深不以为然”的态度，在今天是否还有值得人们思考的地方？

侯外庐在40年中两次讲到有关“民族化”的问题，一方面是因为这个问题本身的重要，另一方面也是因为它在今天仍须引起史学界同行的重视。20世纪80年代以来，中西文化又一次出现大面积、多层次交会的形势，介绍和仿效仍是不可避免的，但真正的出路和发展却在于创造。我们对待马克思主义历史科学都要注意“民族化”的问题，更何况形形色色的外国史学流派、史学思潮呢。“民族化”的主要标志是什么？从根本上说，是“总结中国社会发展的规律和历史特点”。要做到这一点，没有马克思主义历史科学的理论和方法是不行的，没有中国丰富的历史资料也是不行的。这个道理，适用于历史学的各个领域，其中也包括史学理论这个领域。近一二十年来，我国史学界在史学理论的研究方面有了一定的发展，取得了可喜的成绩。同时我们也应当十分冷静地看到，这方面的研究跟侯外庐说的“注意马克思主义历史科学的民族化”相比较，还有很大的距离。正因为如此，我们就应更加自觉地认识到注意史学理论民族化的重要。侯外庐的辉煌巨著和理论认识，给人们提供了启示和榜样。

“民族化”的要求是要注意到民族的特点和通过一定的民族形式表现出来，它在本质上并不是排他的。关于这一点，毛泽东在1940年写成的《新民主主义论》中有明确的论述。他在1945年发表的《论联合政府》一文中讲到“中国应当建立自己的民族的、科学的、人民大众的新文化和新教育”时，也指出对于外国文化应当避免排外主义的错误和盲目搬用的错误。是否可以这样认为，只有正确地吸收了外国优秀的或有益的文化成分，中国文化的“民族化”就不仅具有民族的特点，而且也具有时代的高度。历史研究也不例外，史学理论研究自亦不能例外。我们应当把“注意马克思主义历史科学民族化”的事业继续向前推进。

侯外庐提出并实践的马克思主义史学民族化的问题，是中国马克思主义史学发展的正确方向。从历史经验教训来看，这是走出教条主义误区的正确道路；从未来前景着眼，这是中国史学不断开拓创新的正确途径。当我们回顾20世纪中国史学潮起潮落的历史，展望21世纪中国史学的前进道路时，更加强调这个问题，是有重要意义的。

这里，有必要提到白寿彝的《关于建设有中国民族特点的马克思主义史学的几个问题》。白寿彝讲的几个问题，第一，关于历史资料的重新估计，认为历史资料有记载过去历史的作用，也有解释现在的作用，还是多种学科的研究资料，这是历史资料的两重性。第二，关于史学遗产的重要性，涉及历史思想、历史文献、史书编著、历史文学。第三，关于对外国史学的借鉴。第四，强调历史教育的重大意义。第五，重视历史理论和社会现实之间的关系，认为中国是一个大国，是一个发展中的国家；我们的理论是先进的，但是我们社会的发展是不平衡的，这是正常的现象。第六，史学队伍知识结构的问题。① 这些问题，同侯外庐说的历史科学民族化的思想是相通的，前者是对后者的进一步发挥，而这个问题在现阶段可能有更重要的意义。当中国进入改革开放时期，人们接触到大量的外国著作，特别是历史理论和史学理论著作的时候，历史理论和史学理论的发展要不要具有中国民族的特色，这一点非常重要。我们要培养、造就出和外国历史学家平等对话的史学工作者，就不能没有中国的民族特色和民族精神；如果中国学者只会模仿外国学者，用他人的话语来解说我们的

---

① 白寿彝：《白寿彝史学论集》(上)，北京：北京师范大学出版社，1994年，第307—321页。

学术遗产和学术研究，中国学者就不可能和别人平等对话，以致会被别人误解为中国史学的贫乏，这个道理是显而易见的。总之，马克思主义史学的中国化，这个任务是非常艰巨的，确是任重道远。

五、关于史家修养的新境界

中国史家历来重视自我修养，中国马克思主义史学在史家修养方面又达到一种新的境界。这主要表现在以下几个方面。

(一)关于史学与时代之关系的深刻认识

史学同社会有十分密切的联系，这是中国史学的优良传统。郭沫若等中国马克思主义史家，从一开始就自觉地把研究中国历史同中国革命任务密切结合起来，从而把中国史学经世致用的优良传统发展到现代意义的高度，赋予它以崭新的含义。他在《中国古代社会研究·自序》中说："对于未来社会的待望逼迫着我们不能不生出清算过往社会的要求。古人说：'前事不忘，后事之师。'认清楚过往的来程也正好决定我们未来的去向。"①在大革命失败后被迫流亡日本的郭沫若于1929年写出这些话，反映了作者思想的深沉和对于"未来社会"的信念。历史学的时代价值之高和社会作用之大，从郭沫若的这一论述中得到了有力的说明。如果说郭沫若的文学作品、艺术创作是时代的号角、历史行程的记录；而他的史著和史论，便是在更深层的历史意识上揭示出时代的使命和社会的未来去向。

郭沫若对史学与时代之关系的认识，蕴含在他的丰富的历史撰述中，可以说他是真正继承和发展了司马迁"寓论断于序事之中"的历史表述艺术。大凡站在时代潮流前头的人，都会从他的历史著作中得到

① 郭沫若：《郭沫若全集·历史编》第1卷，北京：人民出版社，1982年，第6页。

启迪，以至于引起思想上的震撼。他的著名史论《甲申三百年祭》，被毛泽东“当作整风文件看待”，被评价为“有大益于中国人民”，“精神决不会白费的”。① 这一事例，再一次表明在史学与时代的认识上，马克思主义史家高出于同时代的许多学人。20世纪三四十年代的一大批马克思主义史学著作，都具有这一特点。后人如果不能从这一意义上去认识它的学术价值和社会价值，也难得对它作出正确的评价。

（二）关于批判、继承和创新

郭沫若自称是“生在过渡时代的人”，先后接受过“旧式教育”和“新式教育”，② 并最终接受了马克思主义。在由旧而新的转变中，在从“知其然”而追求“知其所以然”的过程中，他是一直在走着一条批判、继承、创新的路。对此，郭沫若有深刻的感受和认识。他指出：“我们要跳出了‘国学’的范围，然后才能认清所谓国学的真相。”不懂“国学”，当然谈不上“跳出”；掌握了“国学”而又能用批判的眼光来审视它，就可能对国学有新的认识，进而提出创造性的见解。这里包含着批判、继承和创新的辩证法。郭沫若对古代社会的研究，目的在于探索“未来社会”的“去向”，即认为历史、现实、未来是不可截然分开的。他研究古代学说思想，也基于这样的认识，他说：“我是以一个史学家的立场来阐明各家学说的真相。我并不是以一个宣教士的态度企图传播任何教条。在现代要恢复古代的东西，无论所恢复的是哪一家，事实上都是时代的错误。但人类总是在向前发展的。在现代以前的历史时代虽然都是在暗中摸索，经过曲折迂回的路径，却也和蜗牛

① 毛泽东：《毛泽东书信选集》，北京：人民出版社，1983年，第241—242页。

② 郭沫若：《郭沫若全集·历史编》第2卷，北京：人民出版社，1982年，第465页。

一样在前进。因而古代的学说也并不是全无可取，而可取的部分大率已融汇在现代的进步思想里面了。”①这是用思想发展的辩证法来说明对待思想遗产应取的辩证态度。郭沫若的历史研究和这些理论性认识，对于当前的历史研究、思想文化研究中有关批判、继承和创新的一些重要问题，依然有借鉴的作用。

(三)关于自得与自省的境界

对于治学上的“自得”的追求和对于学术上的“自省”境界，是马克思主义史家自我修养的又一个特点。侯外庐作为中国社会史、思想史研究的一代宗师，胸襟博大，虚怀若谷，一方面倡导坚持真理、敢于创新，一方面“执行自我批判，聆听学术批评”。他说：“我认为，学贵自得，亦贵自省，二者相因，不可或缺。前者表现科学探索精神，后者表现自我批判勇气。历史科学如同其他科学一样，总是在探索中前进的，难免走弯路，有反复，因而不断执行自我批判，检点得失，总结经验教训，是十分必要的，否则就会故步自封。”②侯外庐这种对待历史科学的态度，对待自己学术研究的态度，字里行间洋溢着实事求是的精神。侯外庐举例说：“我和我的合作者可以互相改稿，没有顾虑，即或是青年同志，只要他们对我的稿子提出了意见，我总是虚心考虑，将不妥之处反复修改。仅以《老子》研究而言，我从 30 年代撰写《中国古代社会与老子》，至 50 年代修订重版《中国思想通史》第一卷的 20 年间，曾四易其稿。每易一稿，都可以说是执行一次自我批判。”学人的自我批判，尤其是名家的自我批判，是需要勇气的；而

① 郭沫若：《郭沫若全集·历史编》第 1 卷，北京：人民出版社，1982 年，第 611 页。

② 侯外庐：《侯外庐史学论文选集》(上)，北京：人民出版社，1987 年，第 19 页。

这种勇气，总是跟超凡脱俗的自省意识结合在一起。这种自省意识愈是自觉、愈是强烈，就愈显出名家的风范、学者的本色。侯外庐说："就资质而论，我是个常人，在科学道路上自知无捷径可走，惟有砥砺自学，虚心求教，深自省察，方能不断前进。"凡认真读了侯外庐这些文字和他的皇皇巨著的史学工作者，都会从中得到深刻的启发，增强自己的"自省"意识，促进自己学术的前进。

值得人们深思的是，侯外庐所强调的"自省"精神即自我批判精神，正是老一辈马克思主义史学家的共同的治学方法和精神品质。郭沫若对先秦诸子的研究、对奴隶制时代的研究，范文澜对中国通史的研究和撰述，都提出过认真的自我批判。这种郑重的自我批判，无损于他们的成就的辉煌，反而越发显示出了他们对历史科学的真诚和宽阔胸怀，赢得史学界同人的尊敬。

这种执行自我批判的精神，在郭沫若、范文澜的治学道路上，同样有突出的反映。郭沫若的自我批判的自觉意识和理论勇气，是非常突出的，这贯穿于他在20世纪40年代至50年代的许多论著中，从而发展了中国史家重视自我修养的优良传统。范文澜撰写的《中国通史简编》出版于20世纪40年代初，是中国马克思主义史学最早的中国通史著作之一，对于唤起中国人民的抗日激情产生了很大的影响。但书中也存在一些理论、方法论和史实上的不妥与错误。新中国成立后，范文澜对于书中的错误，诚恳地作了检讨。其后，他又在1954年、1963年作了进一步反思，撰写了《中国历史上的一些问题》予以发表，同时作为"绪言"收入《修订本中国通史简编》。[①] 范文澜在此文中指出："旧本《中国通史简编》有很多缺点和错误，我在一九五一年

① 范文澜：《范文澜历史论文选集》，北京：中国社会科学出版社，1979年，第17页。

写了一篇自我检讨，希望引起大家的批评，帮助我改正。我在那篇检讨中所得到的对本书缺点的初步认识，可以归纳为以下两个方面。”他说的这两个方面，一是“非历史主义的观点”，一是“在叙述方法上缺乏分析，头绪紊乱”。① 范文澜的这种认真地“自我检讨”的态度，既反映了他的实事求是的科学态度，也反映了一个马克思主义史学家的胸怀坦荡的精神。对此，诚如刘大年所评价的那样：“历史研究的科学性，就是坚持以马克思主义理论为指导，坚持阶级斗争、阶级分析的观点。这在《中国通史简编》等著作里是首尾贯彻的。除此以外，范老对科学性的重视，还表现为客观地对待材料，实事求是和高度的自我批评精神。”“旧本《中国通史简编》借古说今，是从革命的愿望出发，斥责国民党、蒋介石，以激发人民的爱国、革命义愤。即使这样，作为科学研究，也是极不足取的。”②从这件事情可以看出，不论是范文澜的自我检讨，还是刘大年的评论，都反映出马克思主义史家的宽阔胸怀和严谨学风。

(四)关于史与论的诠释

关于史与论的关系，中国马克思主义史学提出了与过去有本质区别的认识。在中国史学上，以往的史论关系，一般是指史事与议论而言，即在记述史事或人物的基础上，发表有关的评论。马克思主义史学继承了这一古老的传统和形式，但增添了新的内涵，使其发生了本质的变化。马克思主义史学所说的史与论的关系，或者说论与史的关系，简而言之，主要是指理论如何统率史料，以及如何从史料中抽象出理论性结论。

1962年，翦伯赞在《史与论》一文中指出：“在历史研究工作中，

① 同上书，第17—18页。

② 同上书，第5—6页。

必须把史和论结合起来，所谓史就是史料，所谓论就是理论。我们所说的理论，就是马克思列宁主义。要做到史与论的结合，必须先掌握史料与理论。掌握史料与理论，是做好史与论结合的前提条件。”由此可以看出，马克思主义史学是非常鲜明地表明它是运用马克思主义为指导研究历史，这同一些掩盖或否认自身是以何种理论为指导的史学学派有明显的区别。同时还可以看出，马克思主义史学同样非常重视史料，这是因为，没有史料，历史研究就无从下手，理论指导也失却了指导的对象，成了一句空话。

对于怎样学习理论的问题，翦伯赞认为：

> 学习理论不是一件容易的事情。第一要记得，第二要懂得，但最重要的还是要能应用。记得不等于懂得，懂得不一定就会应用。我们之中有些同志，能背诵马克思主义经典著作中的名言，也懂得这些名言的意思，但是每当把这些理论结合到具体历史问题的时候，理论和史料就分了家。如果说也有结合，那不过是把史料贴上理论的标签，或者把理论加上史料的注释而已。这不能算结合，只能算生搬硬套。当然学习应用马克思主义，经过这样的阶段是不足为奇的。但必须承认，史与论没有结合好，就是由于马克思主义还没有学好。那种满足于贴标签、作注释，自以为马克思主义已经学好了的态度，是不对的。

这里，翦伯赞批评了对理论“生搬硬套”“贴标签”“作注释”的错误做法。同时，他也指出了学习理论是很不容易的事情，一要“记得”，二要“懂得”，三要“会应用”。马克思主义是科学的体系，博大精深，老一辈马克思主义史家从学习、记得、懂得到应用，走过了艰难的历程，其间也不免走了弯路，才达到他们那个时代的境界。

对于怎样“掌握史料”的问题，翦伯赞写道：

> 掌握史料不是一件容易事情。就中国史来说，历史书籍，浩如烟海，每一个历史问题的资料，散见各书，从哪里找到这些资料，这是第一个难题。找到了，问题并没有完结，因为一大堆资料，哪些是重要的，哪些是次要的，哪些是可靠的，哪些是不可靠的，还要经过审查、判断。根据什么标准来审查、判断，这是第二个难题。审查、判断了，还不等于掌握了。要掌握史料还需要通过思考，把史料放在整个问题的发展过程中，安排在恰当的地方。怎样才能把史料安排在恰当的地方，这是第三个难题。必须解决这三个难题，才能算掌握了史料。①

这里也提出了三个“难题”，一是来源，二是判断，三是安排或曰处置。

在掌握了理论和史料的基础上，才真正谈得上如何“结合”。从历史学的观点来看，这种“结合”，也可以看作理论与实际的结合。正如吕振羽指出的那样：“学习和研究历史，必须坚持和贯彻理论和实际相结合的方针。马克思主义的观点和方法是理论和实际的统一，‘史’和‘论’的统一。‘论’就是观点，就是马克思主义理论，毛泽东思想的基本原理；‘史’就是史料。‘史’和‘论’的统一，就是运用马克思主义的理论和方法，通过对具体历史进行具体分析，揭示出历史发展的规律性。”②

---

① 翦伯赞：《翦伯赞史学论文选集》第3卷，北京：人民出版社，1980年，第78—79页。

② 吕振羽：《吕振羽史论选集》，上海：上海人民出版社，1981年，第610页。

为了真正做到这种结合，吕振羽认为，必须克服“历史公式主义”。他尖锐地批评道：“公式主义者则不是以马克思主义的理论作为研究历史的指南，而是任意裁割史料，或只罗列一些个别历史事例去填充他们现成的公式。这就是历史公式主义。所谓‘以论代史’或‘以论带史’，实质上也无非是公式主义或类似公式主义”。① 理论同实际的结合，是在理论的指导下，通过对具体的研究对象的分析、判断，从中得到结论。脱离史料的理论和脱离理论的史料，都不可能做到真正的理论同实际的结合。

对于这个问题，尚钺在1957年曾作了这样的阐述：“我们在谈到理论与实际问题，就包含着三个问题：一个是理论问题，亦即马列主义关于人类发展规律的认识与掌握；第二个是历史材料的选取与掌握；第三个才是理论与实际联系，建立我们的历史科学。这三个问题是必须结合为一而且是缺一不可的。”②尚钺强调了理论、材料、结合三者缺一不可，可以认为是对史、论结合作了最简明的概括。尚钺还指出，“历史家不能要求历史为自己主观成见服务”，同时也“不能作史料的尾巴与俘虏”。这就是说，在研究历史过程中，夸大主观意愿和失却主观判断，都是不对的。

在这个问题上，胡绳结合自己的研究和撰述，强调了真实性与科学性的统一，他作了这样的总结：“作者当然不需要在写时丝毫离开历史事实的真相，恰恰相反，越是深入揭露历史事实中的本质、规律性的东西，越是能说明问题。”③理论和实际的结合，正是在这个过程中得以实现的。

---

① 吕振羽：《吕振羽史论选集》，上海：上海人民出版社，1981年，第611页。

② 尚钺：《尚钺史学论文选集》，北京：人民出版社，1988年，第22页。

③ 胡绳：《历史与现实》，上海：上海三联书店，1988年，第210页。

六、结语：三个重大转折

中国马克思主义史学在其发展过程中，有三个重大的转折。第一个转折，是从理论奠基到理论与中国历史实际相结合，从李大钊到郭沫若，实现了这一转折。第二个转折，是唯物史观在局部地区传播到在全国范围传播，并成为中国史学的主流，新中国的成立实现了这一转折。第三个转折，是从教条主义、实用主义以及简单化、绝对化的缺陷中走出来，走向更加健康的发展道路。对于这后一个转折，可以以 1979 年理论界、学术界的思想解放、拨乱反正为界标，黎澍对此作了很透彻的阐述。他写道："一九七九年是在思想解放的高潮中度过的。……历史科学工作者对于以马克思主义为指导思想和研究方法等问题，有了更深刻的理解，这是思想解放带来的有重大意义的发展。"对于"重大意义的发展"，黎澍列举了如下三条。第一条是："一九七九年历史学界在思想解放运动中一个最重要的收获，就是摆脱了现代迷信、教条主义和实用主义的精神枷锁，逐步回到了马克思主义的轨道。"第二条是："一九七九年，历史学界还有一个重要收获，就是开始抛弃过去那种简单化、绝对化的形而上学方法，使实事求是的学风逐渐得到发扬。"第三条是："一九七九年历史学在思想解放运动中所取得的进展和收获，还表现在通过双百方针的贯彻，学术空气渐见活跃，科学研究中的创造精神进一步得到发扬，从而大大调动了历史学家的积极性，为历史研究工作实现重点转移创造了有利条件。"① 黎澍所概括的这三条，对于中国马克思主义史学的发展，都是至关重要的，是历史学上的一次真正的思想解放的里程碑。正是在这种历史

---

① 黎澍：《再思集》，北京：中国社会科学出版社，1985 年，第 122—130 页。

条件下，史学界才有可能积极开展关于史学自身在发展中的理论问题的探讨。1982年，白寿彝在他主编的《史学概论》的题记中，详细地讲到了“历史唯物主义”同史学概论的区别，认为后者是在马克思主义基本学理指导下的一门课程，不应当同前者混同起来。① 这一思想的变化过程，自与思想解放有关。20世纪80年代中期，有多种史学概论著作出版，有些就属于此类情况。

可见，关于史学理论的建设，已越来越受到重视。尹达在1983年初提出，一方面要加强马克思主义历史理论研究，同时也应加强历史学科的理论探讨。他认为：

> 在加强马克思主义历史理论研究的同时，我们还应当对历史这门学科的理论探讨给予充分的重视。我国历史学的发展告诉我们，重视史学理论是我国史学的优良传统。刘知幾、章学诚、梁启超在对历史学这门科学的理论总结方面都做出过有重要影响的贡献。我们今天，在马克思主义理论指导下，应该写出超越《史通》、《文史通义》、《新史学》和《中国历史研究法》等的史学理论论著，在这方面做出更大的贡献。②

这里提出的写出“史学理论论著”的问题，同样也是在上述历史条件下才有这样的可能。当然，在中国马克思主义史学有了八十多年历史的今天，撰写这样的史学理论论著，必须充分考虑到中国马克思主义史学在史学观上的成就，这应是现时代史学理论著作的思想基础和学术基础。

本文所论，倘能有助于此，是所幸焉。

---

① 白寿彝：《史学概论》，银川：宁夏人民出版社，1983年，第1—2页。
② 尹达：《尹达史学论著选集》，北京：人民出版社，1989年，第408页。

瞿林东主要著作目录

一、专著

1.《〈南史〉和〈北史〉》，北京：人民出版社，1987。

2.《唐代史学论稿》，北京：北京师范大学出版社，1989。

3.《中国史学散论》，长沙：湖南教育出版社，1992。

4.《史学的沉思》，杭州：浙江人民出版社，1994。

5.《杜佑评传》，南宁：广西教育出版社，1996。

6.《史学与史学评论》，合肥：安徽教育出版社，1998。

7.《史学志》(《中华文化通志》之一)，上海：上海人民出版社，1998。

8.《中国史学史纲》，北京：北京出版社，1999，2000，2005；台北：台湾五南图书出版股份有限公司，2002；北京：北京师范大学出版社，2010。

9.《白寿彝史学的理论风格》，开封：河南大学出版社，2001。

10.《中国史学的理论遗产》，北京：北京师范大学出版社，2005。

11.《中国简明史学史》，上海：上海人民出版社，2005。

12. 《中国史学通论》，武汉：武汉出版社，2006。

13.《中国史学史》(魏晋南北朝隋唐卷)，上海：上海人民出版社，2006。

14.《中国历史文化散论》，重庆：重庆出版社，2008。

15.《20世纪中国史学散论》，合肥：安徽人民出版社，2009。

16.《史学在社会中的位置》，北京：商务印书馆，2011。

17.《中国史学史教程》，北京：高等教育出版社，2011。

18.《白寿彝与20世纪中国史学》，北京：高等教育出版社，2012。

19.《中国史学的理论遗产》(第2版)，北京：北京师范大学出版社，2013。

20.《中国简明史学史》，上海：上海人民出版社，2014。

21.《唐代史学论稿》(增订本)，北京：高等教育出版社，2015。

22.《中国古代史学批评纵横》(增订本)，重庆：重庆出版社，2016。

23.《我的史学人生》，北京：中华书局，2016。

24.《中国古代史学十讲》，北京：北京出版社，2017。

25.《彰往察来——探寻历史中的智慧》，北京：北京师范大学出版社，2017。

26.《瞿林东文集》(10卷)，北京：北京师范大学出版社，2017。

27.《中国历史文化散论》(增订本)，上海：华东师范大学出版社，2021。

28.《稽古与随时》，北京：商务印书馆，2022。

29.《中国史学史举要》，北京：商务印书馆，2022。

二、主编

1.《中华人物志·史学家小传》(与杨牧之合作)，北京：中华书局，1988。

2.《中国中学教学百科全书·历史卷》，沈阳：沈阳出版社，1991。

3.《中国文化的基本文献·历史卷》(何兹全主编，瞿林东副主编)，武汉：湖北人民出版社，1994。

4.《“历史·现实·人生”系列丛书》(凡 7 种)，杭州：浙江人民出版社，1994。

5.《史学巨擘》(《中华骄子》丛书之一)，北京：龙门书局，1994。

6.《白寿彝画传》(第一主编)，开封：河南大学出版社，2005。

7.《中国史学史研究文存》(20 世纪学术文存之一)，武汉：湖北教育出版社，2006。

8.《历史研究的理性抉择》，北京：北京师范大学出版社，2007。

9.《文明演进源流的思考》，北京：北京师范大学出版社，2007。

10.《历史时代嬗变的记录》，北京：北京师范大学出版社，2007。

11.《史学理论的世界视野》，北京：北京师范大学出版社，2007。

12.《中华大典·历史典·史学理论与史学史分典》(与龚书铎合作)，上海：上海古籍出版社，2007。

13.《中国少数民族史学研究》，北京：北京图书馆出版社，2008。

14.《20 世纪二十四史研究丛书》(凡 10 卷，总主编)，北京：中国大百科全书出版社，2009。

15.《20 世纪二十四史研究综论》，北京：中国大百科全书出版社，2009。

16.《史学批评与史学文化研究》，哈尔滨：黑龙江人民出版社，2009。

17.《20 世纪中国史学发展分析》，北京：北京师范大学出版社，2009。

18.《20 世纪中国史学研究系列》(7 种，总主编)，北京：北京师范大学出版社，2009。

19.《中国史学史》(“马工程”教材)，北京：高等教育出版社，2019。

20.《中国古代史学批评史》，长沙：湖南人民出版社，2020。

21.《中国古代历史理论》(3 卷，人民文库版)，北京：人民出版社，2022。